KB047678

생성형 AI 기반
CBL 수업의 이해와 실제

생성형 AI 기반 CBL 수업의 이해와 실제

박길자
정보배
심은희
김재우
송혜진
박해원
이분여
장영주 공저

학지사

프롤로그

지금, 세계는 전쟁 중이다. 생성형 AI가 그 선두에 서 있다. 생성형 AI 기술은 날마다 발전에 발전을 거듭하고 있다. 사람과 대화는 물론 사람이 원하는 이미지와 동영상을 순식간에 생성하기도 하고, 사람의 음성과 감정을 인식하며, 심지어 인간의 고유 영역이라고 생각해 왔던 창의성의 영역에 이르기까지 큰 변화를 가져오고 있다. 생성형 AI로 인한 사회 변화가 어디까지 가능할까? 인류의 삶을 어떻게, 얼마나 변화시킬까? 인간의 영역으로만 인식되어 온 노동의 영역을 얼마나 대체할까? 윤리적인 문제는 없는가? **현재,** 생성형 AI와 관련해서 다양한 사회적 이슈가 제기되고 있으며, 그에 대한 적극적인 대응이 요구되고 있다. 더불어 학교 교육은 생성형 AI로 인해 야기되는 사회 변화에 어떻게 대처해야 할까? 학생들에게 필요한 역량은 무엇인가? 학생들에게 어떤 학습 경험을 어떻게 제공해야 할까? 이에 대한 체계적인 접근이 필요한 시점이다.

유발 하라리는 "현재 학교 교육에서 배운 80~90%의 지식은 성인이 되었을 때에는 쓸모가 없어질 것이다. 우리가 아이들에게 가르쳐 줄 가장 중요한 것은 '어떻게 해야 늘 변화하면서 살 수 있을 것인가?', '어떻게 해야 내가 모른다는 사실을 직면하며 살 수 있을 것인가?'라는 질문을 지속적으로 제기하는 것"이라고 주장한다. 유발 하라리가 말했듯이 교사도 학습자도 늘 변화하는 사회의 흐름을 놓치지 않고 스스로 변화를 위한 노력을 끊임없이 지속해 가야 한다는 것만이 지금의 변화에 대처할 수 있는 유일한 길잡이가 아닐까? 생성형 AI가 세상에 발표되어 수많은 사람들이 당황하고 있을 때, 가장 먼저 생성형 AI 활용에 대한 책을 써서 그 활용의 가치를 검증해 보인 사람들은 세상의 변화에 대해서 민감하게 반응하고 흐름을 놓치지 않았던 사람들이다.

교육에서도 변화에 민감하게 반응하면서 그에 대처하는 역량을 키우는 교육을 추구해 갈 필요가 있다.

이러한 문제의식에서 '고등학교 수업·평가 혁신 연구회'는 디지털 기술의 변화를 어떻게 수업과 평가에 접목할 것인가에 대한 연구를 3년 동안 진행해 왔다. 처음에는 코로나 팬데믹 상황에서 메타버스 공간을 수업과 연계하여 활용할 수 있는 방안에 대한 연구를 진행하였다. 그러다가 팬데믹이 끝날 즈음에 오픈 AI에서 발표한 챗GPT를 학교 교육에 활용할 기회가 생기면서, 본 연구회는 생성형 AI를 활용하여 교과교육을 진행할 수 있는 방안에 대한 연구를 진행하였다. 그러나 연구를 진행하는 동안에 오픈 AI에서 발표한 챗GPT 외에도 생성형 AI는 지속적으로 발전하여 현재에도 다양한 형태의 생성형 AI가 속속 출시되고 있다. 본 연구회의 연구 초점은 '생성형 AI 기술을 교육과 융합해서 학습자들의 핵심 역량을 강화할 수 있는 방안은 무엇인가?'를 탐구하는 데에 있다.

본 연구회는 교육과 디지털 기술의 융합 방법을 도전기반학습(Challenge-Based Learning: CBL)과 생성형 AI의 결합에서 찾았다. CBL은 생성형 AI 및 제4차 산업혁명의 도래와 더불어 끝없이 변화하고 발전하고 있는 디지털 기술을 교과 수업과 융합하여, 교육의 질적 변화를 가져올 수 있는 교수법이다. CBL은 디지털 네이티브인 학습자들의 도전 의식을 주도적으로 이끌어 내면서, 기술과 교육의 융합을 추진할 수 있는 최적의 교수법이라고 할 수 있다. 여기에 생성형 AI와의 결합은 금상첨화가 아닌가?

'고등학교 수업·평가 혁신 연구회'는 디지털 기술과 교육의 융합을 생성형 AI에 기반해서 CBL 교수법과 결합하고자 하였다. 이 아이디어를 바탕으로 '생성형 AI에 기반한 CBL 수업은 어떻게 가능할까?', '어떻게 수업을 설계하고, 실행하며, 평가할 수 있을까?'에 연구의 초점을 두었다. 이렇게 진행한 교과의 실천 사례를 이 책에 정리하였다. 이 책의 구성은 다음과 같다.

먼저, 제1부에서는 생성형 AI와 미래교육의 관점에서 인공지능의 개념과 발달 과정, 생성형 AI의 유형과 특징을 살펴보고, 미래교육과 교실 혁신의 시사점을 탐색해 보았다.

제2부에서는 CBL 수업에 대한 이해의 관점에서 CBL의 의미를 살펴보고, CBL 수업의 절차와 수업을 구성하고 있는 요소를 분석하여, 수업에 적용할 수 있는 방안을 중심으로 CBL 수업에 대한 이론적 배경을 고찰하였다.

제3부에서는 생성형 AI와 CBL을 결합하여 생성형 AI 기반 CBL 수업 모형을 설정함으로써 이 모형에 따른 교육과정 분석, 수업 설계, 수업 실행, 수업 평가에 대한 내용들을 살펴보았다.

제4부에서는 생성형 AI 기반 CBL 수업 모형을 고등학교 국어, 영어, 수학, 과학, 사회, 미술, 정보, 진로의 8대 교과를 중심으로 고등학교 교과 수업 및 대학교 전공강의에서 실제 수업에 적용한 실천 사례를 정리하였다. 교과 수업 사례는 2015 개정 교육과정에서 출발하였지만, 2025년부터 실시되는 2022 개정 교육과정의 성취기준과도 접목하여 교수 · 학습 자료를 개발하고 실제 수업에 적용한 결과를 정리하였다.

진화하는 생성형 AI를 활용하여 자녀의 미래 역량 강화에 관심을 가지고 있는 학부모, 교수법의 활용을 통해서 생성형 AI를 효율적으로 수업에 활용하는 데 관심을 가지고 있는 교사, 예비교사를 양성하는 대학에서 교수법 및 교재연구법을 강의하고 있는 교수, 그리고 학교 교육의 변화에 관심을 가지고 계신 분은 누구나 이 책에서 큰 도움을 받을 것이라 믿는다.

2024년
저자 일동

차례

제4부
생성형 AI 기반 CBL 수업 실천
○ □ △

제**1**부
생성형 AI와
미래교육

제1부에서는 생성형 AI와 미래교육의 방향에 대해서 탐색해 보고자 한다. 먼저, 인공지능의 개념과 역사, 생성형 AI의 개념과 유형 및 특징을 알아본다. 그리고 생성형 AI가 사회에 미치는 영향과 미래교육의 관점에서 어떤 영향을 미칠 수 있는지에 대해서 살펴본다.

제1장
인공지능의 발전

이 장에서는 인공지능의 발전 과정을 살펴보고자 한다. 이를 위해서, 먼저 인공지능의 개념을 살펴보고, 인공지능의 역사를 제1단계, 제2단계, 제3단계로 나누어서 각 단계별 특징에 대해서 알아볼 것이다.

1. 인공지능의 개념

인공지능(Artificial Intelligence: AI)은 인간의 지능을 모방하거나 대체하기 위해 컴퓨터나 기계에 부여하는 능력이나 기술을 말한다. 인공지능은 다양한 분야에서 활용되고 있으며, 인간의 일상생활과 사회에 많은 영향을 미치고 있다.

인공지능의 역사는 1950년대에 시작되었다. 당시에는 인공지능을 인간의 논리적 사고를 컴퓨터로 구현하는 것이라고 정의하였다. 이후에는 인공지능을 인간의 지능을 포괄적으로 모방하는 것으로 확장하였고, 인공지능의 발전은 컴퓨터의 성능 향상, 데이터 증가, 알고리즘 개선 등에 의해 가능하게 되었다.

인공지능은 크게 약 인공지능과 강 인공지능으로 구분할 수 있다. 약 인공지능은 특정한 작업이나 문제를 해결하기 위해 인간의 지능을 부분적으로 모방하는 인공지능이다. 예를 들어, 음성 인식, 얼굴 인식, 기계 번역, 추천 시스템, 자율 주행 등이 있다. 강 인공지능은 인간의 지능을 완전히 모방하거나 초월하는 인공지능이다. 인간의 모든 지식과 학습 능력, 감정, 창의성, 자의식 등을 가진 인공지능이 강 인공지능인 것이다.

인공지능은 다양한 기술과 방법론을 통해 구현된다. 대표적인 인공지능 기술로는 기계 학습, 딥러닝, 자연어 처리, 컴퓨터 비전, 강화 학습 등이 있다. 기계 학습은 컴퓨터가 데이터로부터 패턴을 학습하고 예측하거나 분류하는 기술이다. 딥러닝은 기계 학습의 한 분야로, 인공 신경망을 통해 복잡한 문제를 해결하는 기술이다. 자연어 처리는 컴퓨터가 인간의 언어를 이해하고 생성하는 기술이며 컴퓨터 비전은 컴퓨터가 이미지나 비디오를 인식하고 분석하는 기술이다. 마지막으로 강화 학습은 컴퓨터가 환경과 상호 작용하면서 보상을 최대화하는 행동을 학습하는 기술이다.

인공지능은 인간의 삶과 사회에 많은 장점과 도전과제를 제시한다. 인공지능의 장점으로는 인간의 능력을 향상시키고, 효율성과 안전성을 높이며, 새로운 가치와 기회를 창출하는 것 등이 있다. 인공지능의 도전과제로는 인공지능의 윤리와 책임, 인간의 존엄성과 권리, 인공지능의 공정성과 투명성, 인공지능의 안전성과 신뢰성, 인공지능의 사회적 영향과 변화 등이 있다.

2. 인공지능의 역사

인공지능의 역사는 [그림 1-1]과 같이 구분할 수 있으며, 인공지능의 발전은 크게 다음과 같은 세 단계로 나눌 수 있다.[1]

- 제1단계(1950~1970년대): 지식 기반 시스템(Knowledge-based system)이 주류를 이루었다. 지식 기반 시스템은 전문가의 지식을 컴퓨터에 저장하여, 사용자의 질문에 대한 답변을 제공하거나 작업을 수행하는 시스템이다.
- 제2단계(1980~2000년대): 기계 학습(Machine learning)이 주류를 이루었다. 기계 학습은 컴퓨터가 데이터를 학습하여 스스로 패턴을 발견하고, 이를 바탕으로 새로운 작업을 수행하는 기술이다.
- 제3단계(2010년대 이후): 딥러닝(Deep Learning)이 주류를 이루었다. 딥러닝은 기계 학습의 한 분야로, 인공 신경망(Artificial Neural Network)을 기반으로 하는 기술이다. 인공 신경망은 인간의 뇌를 모방한 구조로 되어 있으며, 복잡한 패턴을 학습하는 능력이 뛰어나다.

---

1) 이들 내용은 생성형 AI인 코파일럿, 오픈 AI, 클로바X의 답변을 토대로 정리함.

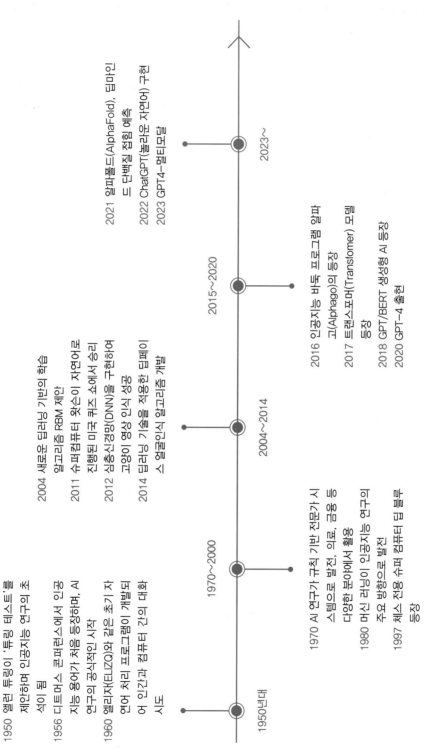

1950 앨런 튜링이 '튜링 테스트'를 제안하며 인공지능 연구의 초석이 됨

1956 다트머스 콘퍼런스에서 인공지능 용어가 처음 등장하며, AI 연구의 공식적인 시작

1960 엘리자(ELIZQ)와 같은 초기 자연어 처리 프로그램이 개발되어 인간과 컴퓨터 간의 대화 시도

2004 새로운 딥러닝 기반의 학습 알고리즘 RBM 제안

2011 슈퍼컴퓨터 왓슨이 자연어로 진행된 미국 퀴즈 쇼에서 승리

2012 심층신경망(DNN)을 구현하여 고양이 영상 인식 성공

2014 딥러닝 기술을 적용한 딥페이스 얼굴인식 알고리즘 개발

2021 알파폴드(AlphaFold), 딥마인드 단백질 접힘 예측

2022 ChatGPT(놀라운 자연어) 구현

2023 GPT4-멀티모달

1970 AI 연구가 규칙 기반 전문가 시스템으로 발전, 의료, 금융 등 다양한 분야에서 활용

1980 머신 러닝이 인공지능 연구의 주요 방향으로 발전

1997 체스 전용 슈퍼 컴퓨터 딥 블루 등장

2016 인공지능 바둑 프로그램 알파고(Alphago)의 등장

2017 트랜스포머(Transfomer) 모델 등장

2018 GPT/BERT 생성형 AI 등장

2020 GPT-4 출현

1950년대   1970~2000   2004~2014   2015~2020   2023~

[그림 1-1] 인공지능의 역사

제1단계에서는 인공지능의 발전 수준이 비교적 낮았고 1950년대에 튜링 테스트(Turing Test)가 제안되었지만, 실제 인공지능 시스템이 인간의 지능을 모방하는 데는 성공하지 못했다.

제2단계에서는 인공지능의 발전 수준이 크게 향상되었다. 1980년대에 퍼셉트론(Perceptron)이 개발되었으며, 1990년대에는 신경망(Neural Network)이 개발되었다. 신경망은 인간의 뇌를 모방한 구조로 되어 있으며, 복잡한 패턴을 학습하는 능력이 뛰어났다.

제3단계에서는 인공지능의 발전 수준이 급속도로 향상되었고 2010년대에 딥러닝(Deep Learning)이 개발되었으며, 딥러닝은 신경망을 더욱 복잡하게 만들었다. 딥러닝은 인간의 지능을 모방하는 데 성공했으며, 다양한 분야에서 인공지능의 활용이 가능해졌다.

제**2**장
생성형 AI의
개념과 유형

이 장에서는 생성형 AI의 개념과 유형에 대해서 살펴보고자 한다. 먼저, 생성형 AI의 개념을 살펴보고, 생성형 AI와 인공지능, 딥러닝의 관계도를 분석하여 제시한다. 그리고 인공지능의 유형을 텍스트형, 이미지형, 음악, 영상의 관점에서 유형화하고, 이들 각 유형에서 나타난 특징과 활용법에 대해서 알아본다. 마지막으로, 생성형 인공지능의 생성 과정에 따른 분류와 특징을 살펴본다.

1. 생성형 AI의 개념

인공지능(AI)은 기계가 인간과 유사한 지능적인 작업을 수행하는 기술을 나타낸다. 이 중에서 딥러닝은 인공신경망을 사용하여 복잡한 작업을 수행하는 한 분야이고 딥러닝은 데이터에서 특징을 추출하고 학습하여 문제를 해결하는 데 사용된다.

생성형 AI는 딥러닝의 한 분야로, 주로 새로운 콘텐츠를 생성하거나 모방하는 데 중점을 둔다. 이는 주로 생성적 적대 신경망(Generative Adversarial Network: GAN) 같은 모델을 사용하여 이루어진다. 생성형 AI는 텍스트, 이미지, 음악, 영상 등 다양한 유형의 콘텐츠를 생성할 수 있다. 생성형 AI는 딥러닝의 일종으로 볼 수 있고, 딥러닝은 인공지능의 한 부분이다. 이렇게 다양한 개념은 서로 연결되어 있으며, 현대 기술의 발전과 함께 서로 보완하고 발전시키는 역할을 하고 있다.

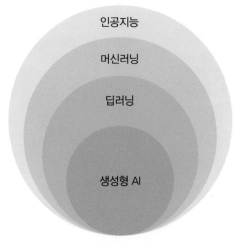

[그림 2-1] 인공지능, 머신러닝, 딥러닝, 생성형 AI의 포함관계

2. 생성형 AI의 유형

1) 텍스트 중심의 생성형 AI

생성형 AI 중 텍스트 형태는 주로 언어 모델이라 불리며, 이는 딥러닝 기술을 사용하여 텍스트를 이해하고 생성하는 데 중점을 둔다. 텍스트 생성 모델은 주어진 문맥에서 문장, 단락 또는 글을 생성할 수 있으며, 자연어 처리(Natural Language Processing: NLP) 기술의 발전으로 더욱 정교해지고 있다. 예를 들어, OpenAI의 GPT-3는 텍스트 생성 분야에서 높은 성능을 보이는 모델 중 하나이다. GPT-3는 방대한 양의 데이터를 학습하여 사용자가 제시한 문맥에 맞는 자연스러운 텍스트를 생성할 수 있고 사용자가 모델에게 질문을 하거나 문장을 제시하면, 모델은 문맥을 이해하고 이를 바탕으로 새로운 텍스트를 생성한다. [그림 2-2]의 텍스트 형성은 "과일 중에 제일 맛있는 것은?"이라는 질문에 대한 답변이다. [그림 2-2]처럼 GPT-3는 학습된 데이터를 기반으로 다양한 과일에 대한 설명을 통해 답을 생성할 수 있다.

텍스트 생성형 AI는 다양한 분야에서 유용하게 활용되며, 콘텐츠 생성, 자동 요약, 대화형 시스템 등 다양한 응용 분야에서 활발한 연구와 개발이 이루어지고 있다.

[그림 2-2] **오픈 AI 챗GPT**

2) 이미지 중심의 생성형 AI

이미지 생성형 AI는 일반적으로 GAN이라는 기술을 사용하여 작동한다. GAN은 두 개의 주요 구성 요소인 생성자(Generator)와 판별자(Discriminator)로 구성된다. 생성자는 주어진 입력으로부터 이미지를 생성하는 역할을 담당하며, 초기에는 무작위한 노이즈 벡터나 특정한 입력값을 받아들이고, 이를 기반으로 이미지를 생성한다. 생성자는 학습 과정에서 점차적으로 입력값을 조정하여 실제 이미지와 유사한 이미지를 생성하도록 학습된다.

판별자는 생성된 이미지와 실제 이미지를 구분하는 역할을 담당하고, 생성자가 생성한 이미지와 실제 이미지를 구분하여 정확한 분류를 수행한다. 이러한 분류 결과를 통해 생성자를 향상시키기 위한 피드백을 제공하며, 생성자가 더 실제 같은 이미지를 생성하도록 도움을 준다. GAN은 생성자와 판별자가 서로 대립하며 경쟁하면서 점점 더 나은 성능을 발휘하도록 학습된다.

생성자는 판별자를 속이기 위해 실제 이미지와 구분하기 힘든 이미지를 생성하려고 노력하고, 판별자는 생성자가 생성한 이미지와 실제 이미지를 구분해 내기 위해 학습을 진행한다. 이와 같은 경쟁과 학습 과정을 통해 생성자는 점점 실제 이미지와 유사한 이미지를 생성할 수 있는 능력을 향상시키게 된다. 이러한 방식으로 이미지 생성형 AI는 주어진 입력에 기반하여 이미지를 생성하고, 생성된 이미지의 품질을 점차 향상시키는 학습 과정을 거친다.

GAN은 이미지 생성 외에도 다양한 응용 분야에서 활용되고 있으며, 딥러닝 기반의 인공지능 연구에서 중요한 역할을 담당하고 있다. 딥러닝을 기반으로 기존 이미

[그림 2-3] 빙 이미지 크리에이터로 생성한 숲속에 자고 있는 작은 요정

지 데이터를 학습하여, 새로운 이미지를 생성하는 기술이다.

[그림 2-3]은 마이크로소프트사의 빙 이미지 크리에이터 프롬프트에 "울창한 숲속에 자고 있는 어린 요정의 모습을 그려 줘."라고 적으니, 완성해 준 그림이다. 이 그림 이전에 먼저, 하이퍼 클로바X에게 질문을 했다. 그랬더니 다음과 같은 답을 해 주었다.

질문	울창한 숲속에서 자고 있는 어린 요정의 모습을 그려 줘.
답변	저는 텍스트를 기반으로 학습된 AI 언어 모델로, 그림을 그릴 수 없습니다. 대신, 원하시는 그림을 설명할 수 있는 텍스트를 제공해 드릴 수 있습니다.

울창한 숲속에서 자고 있는 어린 요정은 다음과 같이 묘사할 수 있습니다. 작은 체구의 어린 요정이 무성하게 자란 풀숲 사이에 누워 곤히 잠들어 있다. 나뭇잎 사이로 새어 들어오는 햇빛이 요정의 얼굴을 비추고, 바람이 불어올 때마다 머리카락이 부드럽게 흩날린다. 주변에는 다양한 종류의 꽃과 나무들이 자라나 있으며, 새소리와 곤충 소리가 은은하게 들려온다. 이 묘사를 바탕으로, 그림을 그리시는 분께서 자유롭게 표현해 주시면 됩니다. (하이퍼 클로바X)

하이퍼 클로바X는 그림을 그려 주지는 못하지만 묘사 표현을 멋지게 할 수 있으며, 그 내용을 마이크로소프트사의 빙 이미지 크리에이터 프롬프트에 적으니 [그림 2-3]과 같은 앙증맞고 예쁜 그림을 완성해 주었다.

3) 음악 중심의 생성형 AI

음악 생성형 AI는 주로 딥러닝 기술 중 하나인 순환 신경망(RNN)이나 변형된 형태의 모델을 사용하여 음악 생성에 적용되며, 주요 단계는 다음과 같다.

- 학습 데이터 수집: 모델은 다양한 음악 장르 및 작곡 스타일의 음악 데이터를 대량으로 학습한다.
- 음악 특징 추출: 모델은 학습된 데이터에서 음악의 특징을 추출하고 이를 기반으로 음악의 구조, 리듬, 음계 등을 이해한다.
- 모델 훈련: 추출된 특징을 바탕으로 모델을 훈련시켜 음악 생성 능력을 강화하고 생성된 음악은 주어진 맥락에 따라 음악적인 의미를 가진다.
- 음악 생성: 훈련된 모델은 새로운 입력에 대해 음악을 생성하고, 사용자가 원하는 스타일, 감정, 또는 특정 요구사항을 반영하여 음악을 조정할 수 있다.

생성형 AI는 음악 분야에서 다양한 형태로 활용될 수 있다.

첫째, 이 기술은 자동 작곡에 사용될 수 있다. 모델은 다양한 음악 장르와 아티스트의 스타일을 학습하고, 이를 기반으로 새로운 곡을 작곡할 수 있다. 사용자가 특정 스타일이나 감성을 선택하여 모델에 입력하면, 해당 요소를 반영한 새로운 음악을 생성할 수 있다.

둘째, 생성형 AI는 맞춤형 음악 생성에 활용된다. 사용자가 원하는 감정, 분위기, 템포 등을 지정하면, 모델은 해당 조건에 맞는 음악을 자동으로 생성하여 제공한다. 이를 통해 사용자는 자신의 취향에 맞는 맞춤형 음악을 즉시 얻을 수 있다.

셋째, 게임 및 미디어 산업에서는 배경 음악 생성에 활용된다. 생성된 음악은 비디오 게임, 영화, 드라마 등의 특정 장면에 적용될 수 있으며, 모델은 상황에 맞게 음악을 동적으로 조절하여 적용한다.

넷째, 실시간 음악 생성은 라이브 이벤트나 행사에서 사용될 수 있다. 생성형 AI는 실시간으로 사용자들의 반응이나 특정 이벤트에 맞게 음악을 생성하여 공연에 활용할 수 있다.

다섯째, 이 기술은 음악 교육 및 연구 분야에서도 활용이 가능하다. 학습자들은 음악 이론이나 작곡 기법을 학습하는 도구로 활용할 수 있으며, 연구자들은 음악 생성과정에 대한 연구를 수행하여 음악 창작과 관련된 새로운 지식을 얻을 수 있다.

이러한 방식으로 생성형 AI는 음악 분야에서 창의적이고 다양한 활용 가능성을 제공하며, 음악 작곡과 이해에 새로운 차원을 부여하고 있다.

매사추세츠주 케임브리지에 본사를 둔 음악가와 인공지능 전문가로 구성된 팀이 만든 Suno.ai를 소개하겠다. Suno.ai를 만든 팀은 코드를 발송하고 음악을 만들고 커피 마시는 것을 좋아하며 음악과 사운드에 대한 실험을 한다.

[그림 2-4] Suno.ai에서 생성형 AI 음악을 만드는 화면

[그림 2-4]는 다음과 같은 질문과 답변에 따라서 Suno.ai에서 생성형 AI 음악을 만드는 화면이다.

질문	k-pop 발라드 형식으로 봄 내용의 곡을 만들어 줘.
답변	[Verse] 봄바람 부는 이 특별한 날에 물들어 가는 꽃들이 눈부신 쉼 속에 피어나고 새들은 노래만 합니다. [Chorus] 봄이 왔어요, 따뜻한 봄이 오고 새로운 시작이 오는 계절에 함께요, 봄 길을 따라 너와 함께 봄을(를) 확인하세요(ooh-yeah).

4) 영상 중심의 생성형 AI

영상 생성형 AI는 주로 이미지 생성과 처리를 위한 딥러닝 모델들을 사용하여 영상과 관련된 작업을 수행한다.

먼저, 모델들은 대규모의 이미지 및 비디오 데이터를 수집하고, 이 데이터를 기반으로 학습된다. 학습 데이터에는 다양한 특징과 라벨이 포함되어 있어 시각적인 정보를 학습할 수 있다.

이후, 생성적 적대 신경망(GAN)이나 변이형 오토인코더(Variational Autoencoder: VAE)와 같은 신경망 아키텍처를 선택하여 모델을 구축한다. 이러한 모델은 학습된 특징을 기반으로 새로운 이미지나 영상을 생성할 수 있다. 모델은 이미지에서 중요한 특징을 추출하고, 이를 잠재 공간에 매핑한다. 잠재 공간은 이미지의 특징을 나타내는 공간으로, 여기에서 유사한 특징을 가진 이미지들이 서로 가깝게 위치하게 된다.

학습된 모델은 이러한 특징을 활용하여 새로운 이미지를 생성하고 GAN은 생성자와 판별자라는 두 부분으로 이루어져 있다. 생성자는 실제와 유사한 이미지를 생성하고, 판별자는 생성자가 만든 이미지를 실제와 구별하도록 학습한다.

생성형 AI는 다양한 분야에서 활용된다. 예를 들어, 예술적이거나 창의적인 영상을 생성하고, 영화 제작에서는 가상 현실이나 증강 현실 경험을 향상시키기 위해 가상 환경이나 객체를 생성할 수 있다. 또한 의료 분야에서는 의료 영상 데이터를 분석하고 해석하는 데에도 사용된다. 이러한 방식으로 생성형 AI는 다양한 영상 작업에 활용되며, 예술, 엔터테인먼트, 의료 등 다양한 분야에서 창의적이고 혁신적인 결과물을 만들어 낸다.

[그림 2-5]는 이미지, 텍스트, 비디오, 오디오 및 음성을 매우 매력적인 Digital People로 원활하게 변환하여 독특한 몰입형 경험을 제공하는 D-ID를 활용하여 영상을 만든 화면이다. 얼굴 합성과 딥러닝 전문 지식을 결합하여 대화형 AI 경험을 여러

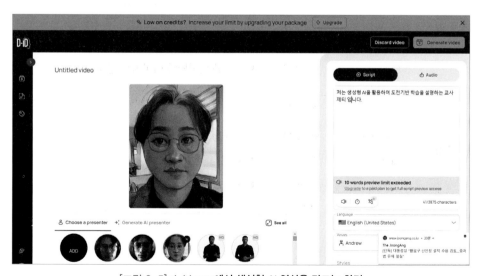

[그림 2-5] d-id.com에서 생성형 AI 영상을 만드는 화면

언어로 제공하고, 디지털 세계에서 연결하고 생성하는 방식을 향상시키며, 전 세계 콘텐츠 제작자에게 솔루션을 제공한다. 홈페이지 메뉴에 윤리학이 있어 서약서를 다운로드받게 하고 있으며, 편견, 악의적인 행위자의 오용, 허위 정보 확산 가능성과 같은 위험도 함께 가져온다고 안내하고 있다.

[그림 2-5]는 d-id.com에서 "저는 생성형 AI를 활용하여 도전기반학습을 설명하는 교사 재티입니다."라는 설명을 하고 있는 장면이다. 이처럼 자동으로 오디오가 만들어지고 이미지가 영상처럼 입을 움직여 영상이 생성된다.

3. 생성형 AI의 생성 형태에 따른 분류 및 특징

생성형 AI의 생성 형태에 따른 분류는 〈표 2-1〉과 같다.[1]

〈표 2-1〉 **생성형 AI의 생성 형태에 따른 분류**

분류	기업	플랫폼명	서비스 내용
텍스트	Open AI	ChatGPT	초거대 언어 AI 모델 GPT를 바탕으로 만든 AI 챗봇
	구글 제미나이	ChatGPT	초거대 언어모델 LaMDA를 바탕으로 만든 대화형 AI
	하이퍼 클로바X	ChatGPT	네이버에서 만든 초거대 언어 인공지능 AI 챗봇
	wrtn	ChatGPT	프롬프트 허브 제공 AI 챗봇
	MS 코파일럿	ChatGPT	마이크로소프트사 개발 AI 챗봇
이미지	Open AI	DALL-E	텍스트를 입력받아 이미지를 생성하는 AI
	MS 빙 이미지	image creator	마이크로소프트사 이미지를 생성하는 AI
음성	Google	MusicLM	미국 문자 설명을 음악으로 만드는 AI
	Suno AI	Music	문자 설명으로 원하는 스타일의 음악을 만드는 AI
영상	D-id	Imagen Video	대화형 아바타 영상을 만드는 AI
	브루	Video	문자 설명으로 영상을 만드는 AI

---

1) 〈표 2-1〉은 생성형 AI인 코파일럿, 오픈 AI, 클로바X의 답변을 참고로 하여 작성함.

생성형 AI는 다양한 분야에서 활용될 수 있다. 대표적인 활용 분야는 다음과 같다.

> 예술: 예술 작품의 창작, 음악 작곡, 영화 제작 등에 활용
> 교육: 맞춤형 교육 콘텐츠의 제공, 학습 효과의 향상 등에 활용
> 광고: 새로운 광고 콘텐츠의 개발, 광고 효과의 향상 등에 활용

생성형 AI는 아직 발전 중이지만, 이미 우리 삶의 다양한 측면에 영향을 미치고 있다. 앞으로도 생성형 AI는 더욱 발전하여 우리 삶을 보다 풍요롭게 만들어 줄 것으로 기대된다.

생성형 AI의 특징은 다양성, 창의성, 학습능력, 유연성, 사용자 상호 작용, 대화능력, 흥미로운 결과물 생성 등이 있다. 생성형 AI 모델들은 다양한 형태의 자료를 생성하며, 창의적이고 학습 가능하다. 또한 다양한 작업에 유연하게 활용되며, 사용자와 자연스러운 상호 작용을 가능하게 하고, 흥미로운 결과물을 도출하는 특성을 가지고 있다.

〈표 2-2〉 **생성형 AI의 특징**

특징	설명
창의성 및 생성성	생성형 AI는 새로운 콘텐츠를 창조하거나 변형할 수 있는 능력이 있어 예측 불가능하고 창의적인 결과물을 생산할 수 있다.
학습과 적용 능력	모델은 데이터를 기반으로 학습하며, 새로운 데이터에 대한 적용 능력이 있어 환경이나 작업에 따라 다양한 형태로 적용될 수 있다.
자동화 및 효율성	생성형 AI는 일부 작업이나 과정을 자동화하고 인간의 노동력을 대체할 수 있는 효율성을 제공한다.
다양한 응용 분야	음성, 이미지, 텍스트, 비디오 등 다양한 유형의 데이터를 처리하고 생성할 수 있어 여러 응용 분야에 적용될 수 있다.
데이터 종속성	모델의 성능과 결과물은 훈련에 사용된 대량의 데이터의 품질과 양에 크게 의존하며, 부족한 데이터는 성능에 영향을 미칠 수 있다.
연속적인 발전	기술의 발전과 함께 지속적인 개선이 이루어지며, 새로운 모델과 기술이 계속해서 등장하고 기존 모델이 발전하고 확장된다.
윤리적 고려 사항	데이터의 편향, 모델의 불공정성, 개인정보 보호 등 윤리적인 문제에 대한 고려가 필요하며, 적절한 사용과 개선이 중요하다.

생성형 AI의 발전은 우리 삶에 긍정적인 영향을 미칠 것으로 기대되지만, 동시에 윤리적 문제를 야기할 수도 있다. 생성형 AI는 학습한 데이터에 따라 편향될 수 있다. 이러한 편향성은 차별이나 불평등을 초래할 수 있다. 생성형 AI를 사용하여 저작권이 있는 콘텐츠를 무단으로 생성할 수 있다. 생성형 AI를 사용하여 허위 정보를 생성하여 유포할 수 있다. 생성형 AI의 발전을 윤리적으로 바르게 이끌기 위해서는 이러한 윤리적 문제에 대한 심도 있는 논의와 대책 마련이 필요하다.

4. 생성형 AI의 기술

생성형 AI는 새로운 데이터를 생성하는 데 사용되는 인공지능 딥러닝의 한 분야이다. 생성형 AI의 기술은 크게 다음과 같이 두 가지로 나눌 수 있다.

> 기계 학습: 기존의 데이터를 분석하고 학습하여 새로운 데이터를 생성하는 기술이다.
> 인공 신경망: 인간의 뇌를 모방한 구조로 되어 있으며, 복잡한 패턴을 학습하는 능력이 뛰어난 기술이다.

생성형 AI의 대표적인 기술로는 다음과 같은 것들이 있다.

- 생성적 적대 신경망(GAN): 두 개의 신경망을 경쟁시켜 새로운 데이터를 생성하는 기술이고 GAN은 이미지, 텍스트, 음악, 동영상 등 다양한 형태의 데이터를 생성하는 데 사용된다.
- 변이형 오토인코더(VAE): 입력 데이터를 잠재 공간으로 변환하고, 잠재 공간에서 새로운 데이터를 생성하는 기술이다. VAE는 이미지, 텍스트 등 다양한 형태의 데이터를 생성하는 데 사용된다. 생성형 AI는 다양한 분야에서 활용될 수 있으며 대표적인 활용 분야는 다음과 같다.

> 예술: 새로운 예술 작품을 창작하는 데 활용된다. 예를 들어, GAN을 사용하여 새로운 그림이나 음악을 생성할 수 있다.

교육: 새로운 교육 콘텐츠를 개발하는 데 활용된다. 예를 들어, VAE를 사용하여 가상 현실 교육 콘텐츠를 생성할 수 있다.

마케팅: 새로운 마케팅 콘텐츠를 개발하는 데 활용된다. 예를 들어, GAN을 사용하여 맞춤형 광고를 생성할 수 있다.

엔터테인먼트: 새로운 엔터테인먼트 콘텐츠를 개발하는 데 활용된다. 예를 들어, GAN을 사용하여 새로운 영화나 게임을 생성할 수 있다.

5. 생성형 AI의 윤리적 쟁점

생성형 AI는 다양한 윤리적 쟁점을 야기한다. 대표적인 윤리적 쟁점으로는 다음과 같은 것들이 있다.

- 허위 정보의 확산: 생성형 AI를 사용하여 허위 정보를 생성할 수 있다. 이러한 허위 정보는 사회적 혼란을 야기할 수 있다.
- 저작권 침해: 생성형 AI를 사용하여 타인의 저작물을 무단으로 도용하여 사용할 수 있다. 이러한 행위는 저작권 침해에 해당한다.
- 개인정보 유출: 생성형 AI를 사용하여 개인정보를 무단으로 수집하고 사용할 수 있다. 이러한 행위는 개인정보 유출에 해당한다.
- 편향성: 생성형 AI는 학습한 데이터에 따라 편향될 수 있다. 이러한 편향성은 차별이나 불평등을 초래할 수 있다.
- 책임성: 생성형 AI 시스템에 의해 발생한 피해에 대한 책임은 누구에게 있는지 명확하지 않다.

또한 생성형 AI는 다양한 법적 쟁점을 야기하며 대표적인 법적 쟁점으로는 다음과 같은 것들이 있다.

- 저작권: 생성형 AI를 사용하여 생성한 데이터는 저작권의 보호를 받을 수 있는지 여부이다.
- 개인정보 보호: 생성형 AI를 사용하여 수집한 개인정보의 보호는 어떻게 이루어

져야 하는지 여부이다.

- 광고 규제: 생성형 AI를 사용하여 허위 광고를 게재하는 행위는 어떻게 규제되어야 하는지 여부이다.

생성형 AI의 윤리적 · 법적 쟁점을 해결하기 위해서는 다음과 같은 노력이 필요하다.

- 윤리적 기준 마련: 생성형 AI의 윤리적 기준을 마련하여, 생성형 AI의 개발과 사용에 대한 가이드라인을 제시해야 한다.
- 법적 규제 마련: 생성형 AI의 법적 쟁점에 대한 법적 규제를 마련하여, 생성형 AI의 부작용을 예방해야 한다.
- 사회적 합의 도출: 생성형 AI의 윤리적 · 법적 쟁점에 대한 사회적 합의를 도출하여, 생성형 AI의 발전을 윤리적으로 바르게 이끌어야 한다.

생성형 AI는 아직도 발전 중이지만, 이미 우리 삶의 다양한 측면에 영향을 미치고 있다. 앞으로도 생성형 AI는 더욱 발전하여 우리 삶을 좀 더 풍요롭게 만들어 줄 것으로 기대된다. 하지만 생성형 AI의 발전으로 인해 발생할 수 있는 윤리적 · 법적 쟁점에 대한 심도 있는 논의와 대책 마련이 필요하다.

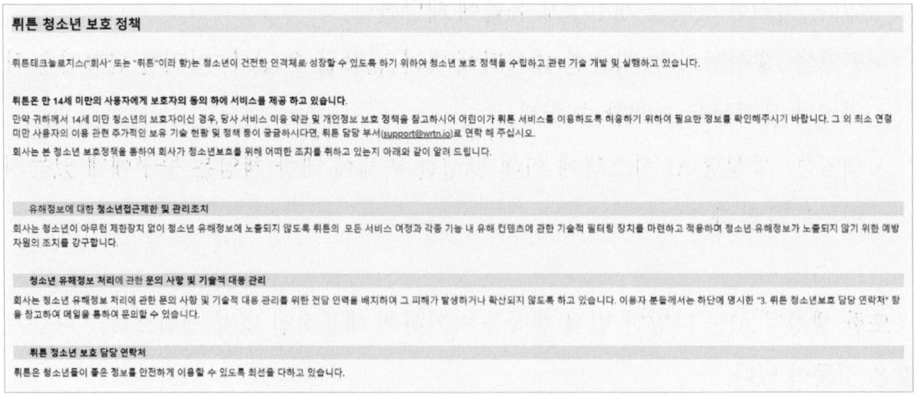

뤼튼 청소년 보호 정책

뤼튼테크놀로지스("회사" 또는 "뤼튼"이라 함)는 청소년이 건전한 인격체로 성장할 수 있도록 하기 위하여 청소년 보호 정책을 수립하고 관련 기술 개발 및 실행하고 있습니다.

뤼튼은 만 14세 미만의 사용자에게 보호자의 동의 하에 서비스를 제공 하고 있습니다.

만약 귀하께서 14세 미만 청소년의 보호자이신 경우, 당사 서비스 이용 약관 및 개인정보 보호 정책을 참고하시어 어린이가 뤼튼 서비스를 이용하도록 허용하기 위하여 필요한 정보를 확인해주시기 바랍니다. 그 외 최소 연령 미만 사용자의 이용 관련 추가적인 보유 기술 현황 및 정책 등이 궁금하시다면, 뤼튼 담당 부서(support@wrtn.io)로 연락 해 주십시오.

회사는 본 청소년 보호정책을 통하여 회사가 청소년보호를 위해 어떠한 조치를 취하고 있는지 아래와 같이 알려 드립니다.

유해정보에 대한 청소년접근제한 및 관리조치

회사는 청소년이 아무런 제한장치 없이 청소년 유해정보에 노출되지 않도록 뤼튼의 모든 서비스 여정과 각종 기능 내 유해 컨텐츠에 관한 기술적 필터링 장치를 마련하고 적용하며 청소년 유해정보가 노출되지 않기 위한 예방 차원의 조치를 강구합니다.

청소년 유해정보 처리에 관한 문의 사항 및 기술적 대응 관리

회사는 청소년 유해정보 처리에 관한 문의 사항 및 기술적 대응 관리를 위한 전담 인력을 배치하여 그 피해가 발생하거나 확산되지 않도록 하고 있습니다. 이용자 분들께서는 하단에 명시한 "3. 뤼튼 청소년보호 담당 연락처" 항을 참고하여 메일을 통하여 문의할 수 있습니다.

뤼튼 청소년 보호 담당 연락처

뤼튼은 청소년들이 좋은 정보를 안전하게 이용할 수 있도록 최선을 다하고 있습니다.

[그림 2-6] **뤼튼 청소년 보호 정책**

　　생성형 AI에서 윤리적인 문제에 대해 어떤 회사는 서약서를 제공하여 사용자가 생성하는 콘텐츠에 대해 중요한 책임을 가진다고 안내하고 있다. [그림 2-6]은 뤼튼에서 발표한 청소년 보호 정책으로 청소년 접근제한, 유해 정보, 보호자 동의 등의 내용이 기술되어 있다.

　　그리고 생성형 AI를 사용하여 기관이나 대학에서 가이드라인을 발표하였는데 그 중에서 UNIST에서 제작한 교수, 연구, 학생 관련하여 제시한 가이드라인은 [그림 2-7]과 같다.

교육

생성형 AI를 직접 사용해보세요: 생성형 AI를 한번 사용해 보세요. AI가 과제에 어떻게 대답하는지, 학생들이 AI를 어떻게 활용할지 파악할 수 있습니다. 그리고 AI를 활용해 무엇을 할 수 있는지 무엇을 할 수 없는지 파악한다면, AI를 수업에 활용할 수 있는 방법을 발견할 수도 있을 것입니다.

생성형 AI 활용 여부는 수업의 특성에 맞게 결정하세요: 현재 생성형 AI의 교육 활용에 대한 학교 차원의 금지사항은 없습니다. 학생들의 생성형 AI 활용에 대해 금지할지, 아니면 수업에 적극 활용할지는 각 수업의 특성에 따라 교수님께서 자율적으로 결정해주세요.

생성형 AI 허용 여부를 syllabus에 명시해주세요: 생성형 AI의 활용 여부가 결정되면, 성형 AI 활용에 대한 방침을 syllabus에 명확히 포함시킨 후 학생들에게 안내해주세요.

다양한 형태의 평가 방식을 활용하세요: 한번의 프로젝트나 과제만으로 학생을 평가하는 것은 부정행위 발생 가능성을 높이게 됩니다. 학생이 아이디어를 제시하고, 이를 개선하고, 자신의 학습을 돌이켜 보는 일련의 과정에 점수를 부여하는 것도 좋은 방법입니다. 그리고 구술시험이나 갑작스런 질문을 통해 학생이 제출한 과제를 잘 이해하고 있는지, 스스로 작성했는지 여부를 평가하는 것도 좋은 방법입니다.

학생들의 과제물에 인용 및 출처 표기를 요구하세요: 과제물에 출처와 근거를 엄격하게 요구하는 것만으로 학생들은 과제물에 생성형 AI 활용시 더 주의를 기울이게 됩니다.

필요하면 AI 탐지기를 사용해보세요: 학생들이 AI를 활용해 에세이를 제출하는 것이 걱정된다면, AI 탐지기를 사용해보세요. 하지만 탐지는 AI 사용 여부를 판단하기 위한 하나의 도구일 뿐입니다. 최종 판단을 위해 학생이 쓴 글을 꼼꼼히 살펴봐야 합니다. 생성형 AI 사용 여부를 정확하게 판단하는 것은 매우 어려운 일입니다.

[그림 2-7] UNIST 생성형 AI 가이드라인(교수 부문)[2]

---

2) 출처: UNIST(2023). 생성형 AI 활용 가이드, p. 10.

학습

수업 정책을 따르세요: 수업에 따라 생성형 AI 활용이 금지될 수도 있습니다. 항상 최신으로 업데이트 된 syllabus 를 주의 깊게 읽고, 수업 정책을 따르세요. 생성형 AI 를 활용하는 것이 수업에 따라서 부정행위로 간주될 수 있습니다.

사실 여부를 확인하세요: 생성형 AI 는 가짜 또는 거짓 콘텐츠를 생성할 수도 있습니다. AI 가 생성한 결과물을 사용하기 전에 항상 사실 여부를 확인을 해야합니다.

비판적으로 사고하세요: 자신이 사용하고 있는 생성형 AI 의 단점과 한계를 알아야합니다. AI 의 생성물을 항상 의심하고 비판적으로 사고해야 합니다. 그리고 AI 의 생성물 보다 더 나은 결과를 추구해야 합니다.

생성형 AI 를 보조도구로만 활용하세요: 개인의 경험을 통해서 얻게 되는 창의성과 문제해결력을 생성형 AI 가 대체할 수는 없습니다. 생성형 AI 에 의존하는 것은 여러분의 학습과 성장을 막을 수 있습니다.

[그림 2-8] UNIST 생성형 AI 가이드라인(학생 부문)[3]

UNIST 교육혁신 TF는 생성형 AI 문제를 인식하고, 구성원들의 교육, 학습, 연구와 관련하여 부작용을 최소화하고 생성형 AI를 효과적으로 활용하는 방안을 고민하여 가이드북을 만들었다. 가이드라인 중 교수 부문, 학생 부문만 가져온 것이다. 많은 기관과 대학에서는 생성형 AI 활용 가이드라인을 만들어 배포하고 있다.

---

3) 출처: UNIST(2023). 생성형 AI 활용 가이드, p. 12.

제**3**장
생성형 AI와 미래교육

이 장에서는 생성형 AI와 미래교육의 관련성을 AI에게 질문하여 답변한 내용을 토대로 탐색해 보고자 한다. 먼저, 생성형 AI가 사회에 미치는 긍정적인 영향과 교육에 미치는 영향을 살펴보고, 미래교육의 관점에서 생성형 AI가 미치는 영향에 대해서 살펴본다.

1. 생성형 AI의 사회적 영향

1) 기술 혁신과 경제적 영향

생성형 AI 기술의 급격한 발전은 사회 구조와 경제에 혁신적인 영향을 미치고 있다. 먼저, 이러한 기술은 다양한 산업 분야에서의 자동화와 데이터 분석을 통해 생산성을 향상시키고, 새로운 비즈니스 모델을 창출하고 있다. 이에 일부분에서는 새로운 일자리의 창출을 도모하고 있지만, 동시에 일부 분야에서는 인력을 대체하는 현상도 나타나고 있다. 이러한 경제적 변화는 기존의 직업 구조에 변화를 가져오고, 노동 시장에서는 기존 업무의 자동화로 인한 역량의 재조정과 새로운 기술에 대한 수요가 늘어나는 추세로 나타난다. 또한 산업 부문에서의 기술 도입은 전통적인 비즈니스 모델을 혁신하고, 경제 성장의 새로운 동력을 만들어 내고 있다.

2) 윤리와 규제의 도전

생성형 AI의 확산은 윤리적인 문제와 관련된 여러 도전을 야기하고 있다. 특히 인공지능이 의사 결정에 개입하거나 개인정보를 처리함에 따른 개인정보 보호 문제, 그리고 알고리즘의 편향성 등이 대두되고 있다. 이에 대한 명확한 윤리적 가이드라인과 규제 체계가 필요하며, 기술의 발전과 함께 이러한 윤리적 문제를 지속적으로 고려하는 노력이 필요하다.

3) 교육과 노동 시장의 변화

생성형 AI의 발전은 교육과 노동 시장에도 심각한 영향을 미치고 있다. 새로운 기술의 도입으로 노동 시장에서는 역량의 변화와 새로운 기술에 대한 수요가 증가하고 있다. 이러한 변화에 대응하기 위해서는 교육 시스템이 빠르게 적응하고, 미래 노동 시장에서 필요한 역량을 갖추는 데 중점을 두어야 한다. 또한 생성형 AI 기술을 교육에 효과적으로 활용하여 학습 경험을 개선하고 개인 맞춤형 학습을 가능케 하는 방안이 필요하다.

4) 소통과 문화의 변화

생성형 AI는 언어 모델과 대화형 시스템을 통해 소통의 패러다임을 변화시키고 있다. 자연어 처리 능력의 향상으로 인간과 기계 간의 대화가 더욱 자연스러워지고 있으며, 이는 일상적인 소통 경험을 새롭게 형성하고 있다. 문화 산업에서는 생성형 AI를 통해 창의적인 아이디어와 예술 작품이 만들어지고, 예술과 창작 활동에도 새로운 영감을 제공하고 있다.

5) 인간과 인공지능의 공생

생성형 AI의 발전은 인간과 기계 간의 협력과 공생을 강조하고 있다. 일부 작업에서는 인공지능이 인간의 업무를 보조하고 지원함으로써 생산성을 높이고, 인간은 보다 창의적이고 전략적인 업무에 집중할 수 있게 된다. 이러한 협력은 사회 전반에서 새로운 형태의 일자리 창출과 경제적 효율성을 도모하는 데에 기여할 것으로 예상된다.

생성형 AI의 사회적 영향은 빠르게 진행되고 있으며, 이러한 영향을 효과적으로 관리하고 사회적 가치를 최대화하기 위해서는 정부, 기업, 학계, 그리고 시민들 간의 긴밀한 협력과 지속적인 논의가 필수적이다. 특히 윤리적인 사용과 공정한 접근을 위한 노력이 계속되어야 하며, 기술의 발전이 사회 전반에 긍정적인 영향을 미칠 수 있도록 지속적인 관심과 노력이 요구된다.

2. 생성형 AI의 교육적 영향

1) 학습 환경의 혁신과 맞춤형 교육

생성형 AI는 교육 분야에서 혁신적인 변화를 일으키고 있다. 먼저, 이 기술은 학습 환경을 혁신적으로 개선하고 있다. 학생들은 생성형 모델을 활용하여 자신의 학습 과정을 더욱 효과적으로 관리하고, 강의나 교재가 개인의 학습 수준과 요구에 맞게 최적화되는 맞춤형 교육 경험을 얻을 수 있다. 이는 학생들의 학습 동기부여를 높이고, 더 나은 학습 성과를 이끌어 내는 데 기여한다.

2) 창의력과 문제해결 능력 강화

생성형 AI는 학생들의 창의력과 문제해결 능력을 강화하는 데 기여하고 있다. 예를 들어, 학생들은 이미지나 음악 생성 모델을 활용하여 자신만의 예술 작품을 만들거나, 자연어 처리 모델을 사용하여 새로운 아이디어를 발전시킬 수 있다. 이러한 창의적인 활동은 학생들이 문제를 다양한 관점에서 접근하고, 자율적으로 학습 경험을 확장하며, 실제 세계에서 문제에 대한 해결 능력을 키우는 데 도움이 된다.

3) 개별 학습자에게 최적화된 교육

생성형 AI는 학습자 개개인에게 최적화된 교육 경험을 제공할 수 있다. 학생들은 개별적인 학습 속도, 선호하는 학습 방식, 강점 및 약점에 맞게 생성형 모델을 활용하여 자신만의 학습 경로를 설정할 수 있다. 이는 학생들이 보다 효과적으로 학습하고, 자신의 학습에 대한 주도성을 가질 수 있게 도와준다. 또한 생성형 모델은 학습자의 진도에 맞춰 적절한 피드백을 제공하여 지속적인 학습 개선을 지원한다.

4) 다양한 교육 자원의 활용

생성형 AI는 다양한 교육 자원을 활용하여 학습 경험을 풍부하게 만든다. 온라인 강의, 교과서, 시뮬레이션, 토론 포럼 등 다양한 형태의 자료를 생성하고 제공함으로써 학습자들은 다양한 시각에서 지식을 습득할 수 있다. 이는 교육의 다양성을 확대하고, 학생들이 자신의 학습 스타일에 맞는 자료를 선택하여 활용할 수 있도록 한다.

5) 교사의 역할 변화와 협력

생성형 AI의 도입은 교사의 역할을 변화시키고 있다. 단순한 지식 전달자에서 학생들의 학습을 지원하는 촉진자로 교사의 역할이 변화하고 있다. 교사는 생성형 모델을 활용하여 학생들의 진로 탐색을 지원하고, 창의적인 프로젝트에 동참하며, 기술적인 도구를 활용한 학습을 촉진하는 등 새로운 교육 패러다임에 적응 중이다. 또한 교사와 인공지능이 협력하여 학생들에게 보다 풍부하고 유익한 교육 경험을 제공하는 방식으로 교육이 진화하고 있다.

생성형 AI는 교육 분야에서 지속적으로 발전하며, 학습 경험을 혁신적으로 개선하고 다양한 학습자에게 적응 가능한 환경을 조성하고 있다. 그러나 이러한 기술의 도입은 윤리적인 측면에서의 고려와 교육체계의 변화에 대한 적절한 대응이 필요하다. 학습자, 교사, 정부, 그리고 산업계 간의 협력을 강화하여 생성형 AI를 교육에 효과적으로 활용하고, 모든 학습자에게 공평하고 품질 높은 교육 기회를 제공하는 방안을 모색해 나가야 한다.

3. 생성형 AI와 융합한 미래교육

1) 맞춤형 학습 경험의 강화

미래교육은 생성형 AI와의 융합을 통해 맞춤형 학습 경험을 강화할 것으로 기대된다. 학습자들은 자신의 학습 스타일과 수준에 맞는 콘텐츠를 생성형 모델을 활용하여 선택하고, 각자의 속도에 맞게 학습할 수 있다. 개별 학습자에게 최적화된 교육 경험은 학생들의 학습 동기부여를 높이고 지식의 깊이를 증진시킬 것으로 예측된다.

2) 창의적 문제해결 능력 강화

미래교육은 생성형 AI를 통해 학생들의 창의적 문제해결 능력을 강화하고자 한다. 학생들은 이미지 생성, 음악 작곡, 자연어 처리 등의 생성형 모델을 활용하여 실제 문제에 대한 창의적인 해결책을 도출할 수 있다. 이를 통해 학생들은 새로운 아이디어를 발전시키고 다양한 분야에서의 문제해결에 도전하는 데 동기부여를 얻을 것이다.

3) 협력과 소통 능력의 강화

미래교육에서는 생성형 AI를 활용하여 학생들의 협력과 소통 능력을 강화하는 방향으로 나아갈 것이다. 학생들은 도전기반학습이나 팀 기반 작업에서 생성형 모델을 공유하고 협업하면서 문제를 해결하게 된다. 이는 학생들이 효과적인 팀워크와 소통 능력을 기를 수 있도록 돕고, 다양성과 협력의 중요성을 강조하는 교육 방향을 제시할 것이다.

4) 윤리 교육과 기술적 역량 강화

미래교육은 생성형 AI와 함께 윤리 교육과 기술적 역량 강화에 중점을 둘 것이다. 학생들은 생성형 모델을 사용함으로써 데이터의 윤리적 사용과 알고리즘의 투명성에 대한 이해를 갖추게 된다. 또한 인공지능과 관련된 기술적 역량을 강화함으로써 미래의 일자리에 대비할 수 있도록 교육이 진화할 것이다.

5) 교사의 역할 변화와 지속적 전문성 개발

미래교육에서는 교사의 역할이 크게 변화할 것으로 예상된다. 교사는 생성형 AI를 효과적으로 활용하여 학생들의 학습을 지원하고, 창의적인 교육 환경을 조성하는 데 주력할 것이다. 또한 교사는 지속적인 전문성 개발을 통해 생성형 AI의 활용과 교육 트렌드에 대응할 수 있도록 지원받게 될 것이다.

미래교육에서의 생성형 AI는 학생들의 창의적인 맞춤형 학습을 지원하며, 협력과 소통 능력을 강화하여 미래 세대가 지속적인 변화에 대응하는 데 기여할 것이다. 이를 위해 교육체계는 적절한 정책과 지원을 통해 교사와 학생들이 생성형 AI를 효과적으로 활용하고 윤리적인 사용과 안전한 환경을 제공하는 방향으로 발전해 나가야 한다.

제**2**부
CBL 수업의 이해

제2부에서는 CBL의 정의, 특징, 장점과 단점, 철학적 토대를 살펴보고, CBL 수업의 필요성을 제시해 본다. 그리고 CBL 수업을 구성하는 기본적인 틀과 단계별 구성요소를 살펴본다.

제**4**장
CBL이란 무엇인가

이 장에서는 CBL이 등장한 배경과 개념을 살펴본다. 그리고 CBL의 특징을 PBL과 비교를 통해서 살펴보고, CBL의 철학적 토대인 구성주의에 대해서 알아보고자 한다.

1. CBL의 개념

도전기반학습(Challenge-Based Learning: CBL)은 ACOT(Apple Classrooms of Tomorrow)에서 시작되었다. ACOT는 다음 세대를 위한 애플 교실로, 1985년 '어떻게 기술을 이용해서 학습자들의 요구에 더 잘 부응할 수 있을지'에 관한 교육 연구 계획 추진과 연구 결과 보고서에서 출발한다(존 카우치 · 제이슨 타운 지음, 김영선 옮김, 2020, p. 144). ACOT는 애플이 1985년부터 1995년까지 진행한 연구 프로젝트로 학습자들이 교실에서 일상적으로 기술을 사용함으로써 교수와 학습에 긍정적인 효과를 미쳤으며, 학습자들은 기술을 통해 협력하고 창의적으로 사고하는 역량이 향상되었다고 보고하였다. 이러한 연구는 두 차례에 걸쳐 진행되었다.[1]

최종 연구 보고서는 "ACOT 교실에서 기술은 학습 도구이자, 생각하고 협력하고 소통하기 위한 매체가 될 것이다. 교실에서 다양한 방식으로 기술을 이용할 때, 특히 협력, 정보에 대한 접근, 학습자의 생각과 발상의 표현 및 진술을 뒷받침하는 데 이용할 때 학습의 가능성이 크게 증가하였다."(존 카우치 · 제이슨 타운 지음, 김영선 옮김,

---

1) Apple-ACOT2Whitepaper.pdf

2020, p. 145)라고 보고하였다.

그 후 인터넷이 출현하고 모바일 컴퓨터 사용이 증가함에 따라 기술을 학습에 활용할 수 있는 방안을 모색하는 제2차 ACOT 연구를 진행하였다. 그 결과, 학습이 단지 정보 소비에 기초한 활동이 아니라, 학습자에게 관련성을 가지고 있으며, 창의성과 협력과 도전을 요구하는 방식으로 학습을 탈바꿈시켜야 한다는 방안을 제시하게 되었다. 그 방안으로 학습자들이 학습 과정에서 도전 의식을 갖고, 기술과 교육을 융합하여 창의성과 협력을 유지함으로써 도전과제를 해결하는 최선의 학습모델로 CBL이 탄생하였다(존 카우치 · 제이슨 타운 지음, 김영선 옮김, 2020, pp. 146-147).

그러면 CBL은 무엇인가? 어떻게 정의해야 할까? 코파일럿에게 물었더니, 다음과 같이 답해 주었다.

> **도전기반학습(CBL)**은 실제 존재하는 문제나 상황을 파악하고 이를 해결하기 위한 설루션을 만들어 실행하고 공유하는 프로젝트를 통해 학습자들이 적극적으로 참여하여 배우는 협력학습 방식입니다. 이 학습 방법은 말 그대로 실제 도전을 토대로 하여 이를 해결하면서 자연스럽게 학습을 하는 학습 틀(Framework)입니다. 프레임워크(Framework)는 우리 말로 번역해 보면 '틀 구조', '뼈대'라고 이해할 수 있습니다. 도전기반학습은 교사와 학습자가 함께 중요하게 여겨지는 이슈나 실제 문제를 학습자들이 직접 다양한 자원을 이용하여 해결책을 마련하고 실천, 공유하는 협력적 학습 경험을 제공합니다.[2]

CBL에 대해서 AI에게 여러 가지 질문을 했을 때, 지역사회경험학습, 사례기반학습 등 유사 용어들에 대한 내용을 제시해 주기도 하였다. 이들의 약자도 CBL로 검색되었다. AI 도구를 활용했을 때에, 같은 약자로 검색되는 내용과 혼동을 야기할 수 있기 때문에 유의할 필요가 있다. 여기서 CBL은 도전기반학습(Challenge-Based Learning)임을 유의할 필요가 있다.

한편, 존 카우치 · 제이슨 타운은 그들의 저서 『교실이 없는 시대가 온다』에서 도전학습은 "학습자들의 삶과 관련성을 가지면서 학습자들의 마음을 끄는 학습을 만드는 수단으로서 개인 및 집단 기반의 도전을 제기하는 탐구기반학습"이라고 정의한다(존 카우치 · 제이슨 타운 지음, 김영선 옮김, 2020, p. 154).

이상의 내용을 종합하면 도전기반학습은 다음과 같이 정리할 수 있다.

---

2) 도전기반학습(CBL)은 무엇인가요? (park3min.com)

첫째, 실제 존재하는 문제나 상황을 파악하고, 이를 해결하기 위한 설루션을 만들어 실행하고, 공유하는 프로젝트이다. 교사와 학습자가 중요하게 여기는 이슈나 문제를 다양한 자원을 이용하여 해결책(설루션)을 마련함으로써 실천, 공유하는 협력적 학습을 제공하는 틀이다.

둘째, CBL은 학습자들의 삶과 관련성을 가진 문제나 주제를 중심으로 도전과제를 선정하고, 교육과 기술을 융합하여 동료들과 협력을 통해서 이슈와 문제를 창의적으로 해결해 가는 탐구기반학습이다.

결국, 도전기반학습은 실제 존재하는 문제나 상황을 파악하고, 이를 해결하기 위한 설루션을 만들어 실행하고, 공유하는 프로젝트 활동으로, 학습자들이 적극적으로 참여하여 배우는 협력학습을 제공하는 틀이다. 이때 학습자들은 주제를 간학문적으로 접근할 수도 있으며, 컴퓨터, 휴대전화와 같은 디지털 기술을 학습에 적극 활용하기도 한다. 도전기반학습은 교사와 학습자가 중요하게 여기는 이슈나 실제 문제를 도전과제로 선정하여 이를 해결하기 위한 해결책을 만들어 실행하고 공유하는 과정을 통해서 협업, 창의적 문제해결을 자연스럽게 터득해 가는 학습 틀(framework)이다.[3]

2. CBL의 특징

CBL과 유사한 개념으로 프로젝트 기반 학습(Project-Based Learning: PBL)이 있다. CBL의 특징은 PBL과 비교해 보면 좀 더 분명하게 이해할 수 있다. 이 둘은 모두 존 듀이가 말하는 직접 해 봄으로써 배운다는 개념에 자극을 받아 발전된 것으로 기존의 강의식 수업의 개선에 기여하였다는 평가를 받고 있다. CBL도 기본적으로는 프로젝트 기반 학습에 토대를 두고 있으며, 구성주의적 원리를 바탕으로 구성하면서 배운다(building to learning)는 발상을 기반으로 한다. 그러나 CBL은 도전과제를 만들고 해결하기 위해 기술을 통합하는 데에 주력하는 새로운 교수법이다.

CBL의 특징은 PBL과의 차이점에서 살펴볼 수 있다. 존 카우치 · 제이슨 타운 (2020)에 따르면, 둘 다 프로젝트 학습에 기반을 두고 있지만, 다음의 네 가지 관점에서 차이가 있음을 제시하고 있다(존 카우치 · 제이슨 타운 지음, 김영선 옮김, 2020, pp.

---

3) https://www.challengebasedlearning.org/ko/framework/

154-156). 이들 내용을 정리하면 다음과 같다.

첫째, 학습자와의 관련성에서 차이가 있다. PBL에서 학습자들은 배정받은 프로젝트를 수행한다. 반면에 CBL에서 학습자들은 스스로 도전과제를 만들어 내도록 격려받는다. 실질적으로 도전과제를 만드는 것은 쉽지 않다. 그것은 학습자들이 스스로 무엇인가를 만들어 내거나 무엇인가를 만들어 내기 위해서 기획을 하거나, 평소 수업 시간에 질문을 하는 수업 분위기에 익숙하지 않기 때문이다. 시간이 걸리더라도 학습자들이 도전과제를 만들어 내는 연습이 필요하기 때문에, 평소에 학습자들이 질문하는 분위기를 조성하고, 학습자들이 스스로 도전과제를 만들어 내는 수업을 이끄는 것이 중요하다.

둘째, 기술을 이용하는 방식에 차이가 있다. 존 카우치는 프로젝트 기반 학습에서는 "기술은 필요하지 않거나 전혀 이용하지 않는다. 이용해도 인터넷에서 간단한 정보를 수집하는 데 그친다. 반면, CBL은 학습 전 과정에서 기술을 이용하는 것이 PBL과 다르다. 단순히 정보를 수집하는 수단만이 아니라, 소통하고 협력하고 참여를 북돋우는 다양한 방법으로 기술을 활용한다."고 주장한다. 그러나 온라인 수업이 일상화된 최근의 수업에서 시도되는 PBL도 에듀테크를 활용하려는 노력들이 많기 때문에, 존 카우치가 주장하듯이 기술 융합의 여부로 CBL이 PBL보다 기술 활용에 더 적극적이라고 말하는 것은 타당성이 낮아 보인다.

셋째, 사회문제해결책 실행 여부에 차이가 있다. PBL은 학습이 교실이나 학교 환경에서 실행하는 방안의 프로젝트에 한정된 반면에, CBL은 학습자들에게 더 폭넓은 시야를 갖게 함으로써 사회 문제에 대한 해결책을 계획하여 실행할 것을 요구한다. CBL은 기술과의 융합을 적극적으로 추구하기 때문에 사회문제의 해결책을 고안하고 지역사회 또는 국가적 차원을 넘어 세계의 다른 지역에 있는 사람들과의 공유가 쉽다. 예를 들어, 북크리에이터로 전자책을 만들어서 온라인으로 출판하는 활동을 한 경우에는 그 결과를 세계의 다른 지역 사람들과 쉽게 공유할 수 있다. 하지만 온라인 출판으로 이어지려면 저작권 관련 문제가 있어 주의를 요하기도 한다.

넷째, 활동 결과 공유 방법에 차이가 있다. PBL은 유튜브 동영상을 찾아 슬라이드 발표물로 공유하는데, CBL은 유튜브로 제작해 실시간 모의실험으로 공유한다. PBL은 블로그를 읽고 메모하는 데에 그치지만, CBL은 브이로그를 만들거나 콘텐츠 생산자이자 창작자가 되는 것을 목표로 한다. CBL은 아이들이 단순한 콘텐츠 소비자에서 벗어나 콘텐츠 생산자, 창작자가 되는 것을 목표로 한다. CBL은 틀이 유연하게 설계되어 어느 단계에서든지 변화 가능하며, 교육의 최고 요소와 기술의 최고 요소가 융합하는 방법이다. 존 카우치는 CBL을 "느껴라, 상상하라, 하라, 공유하라.", "무엇을 느끼는가? 해결책을 생각해 낼 수 있는가? 이제 문제를 해결하고, 그 해결책을 세상 사람들과 공유하라."(존 카우치·제이슨 타운 지음, 김영선 옮김, 2020, pp. 160-161)라는 말로 강조한다.

이상에서 살펴본 CBL과 PBL의 차이점을 〈표 4-1〉과 같이 정리할 수 있다.

최근, 미국 벅교육협회는 존 듀이의 전통에서 발전된 PBL의 관점에서 연구 자료들을 지속적으로 발간하고 있다. 국내에서 소개된 존 라머·존 머겐달러·수지 보스가 쓴 책을 번역한『프로젝트 수업 어떻게 할 것인가?』, 수지 보스·존 라머가 쓴 책을 번역한『프로젝트 수업 어떻게 할 것인가? (2)』를 통해서 볼 때, CBL이 PBL의 학습자관에서는 그렇게 차별성이 큰 것처럼 보이지 않는다. 이들 책자에서는 PBL 수업에서도 학습자들이 자신의 삶과 관련성을 가진 문제를 주체적으로 탐구할 것을 강력히 요구한다.

또한 기술을 이용하는 방식에서도 CBL과 PBL은 큰 차이가 없어 보인다. 특히 한국 학교에서 학교 현장에 확산되고 있는 PBL 수업도 교육과 기술의 융합을 추구하는 측

〈표 4-1〉 PBL과 CBL의 공통점과 차이점

구분		PBL	CBL
공통점		존 듀이가 말하는 직접 해 봄으로써 배운다는 개념에 영향을 받음. 프로젝트에 의존함. 기존의 강의 중심 학습법 개선에 기여	
차이점	학습자관	[수동적임] 학습자들은 교사에게 배정받은 프로젝트를 실행하며 배움.	[능동적임] 학습자들은 스스로 도전을 만들어 내도록 격려받음.
	기술 활용	[소극적 활용] 기술은 필요하지 않거나 전혀 이용하지 않음. 이용해도 인터넷에서 간단한 정보를 수집하는 데에 그침.	[적극적 활용] 학습 전 과정에서 기술을 이용함. 단순히 정보를 수집하는 수단만이 아니라 소통하고, 협력하고, 참여를 북돋우는 다양한 방법을 제공함.
	공유 방법	유튜브 동영상을 찾아 슬라이드 발표물로 공유함.	유튜브로 제작해 실시간 모의 실험으로 공유함.
	활동 예시	블로그 읽고 메모하기	브이로그 만들기 콘텐츠의 생산자, 창작자가 되는 것
	결과 실행	학습이 교실이나 학교 환경에서 실행하는 방안에 한정됨.	사회문제에 대한 해결책을 실행할 것을 요구함.

면이 강화되고 있다. 특히 코로나19 상황을 지나며 PBL 수업이 블렌디드 러닝과 결합되고 프로젝트 수업이 에듀테크와 연계되면서, 기술과의 결합이 강화되고 있다.[4] 따라서 CBL과 PBL을 기술 활용 부분에서 명확하게 구별하는 것은 쉽지 않다.

그럼에도 CBL이 가지고 있는 특징은 우리가 주목할 만하다.

CBL의 가장 큰 특징은 학습자가 도전과제를 설정하여 해결해 가는 과정에서 기술과 교육의 융합을 추구하며, 도전과제 활동 결과 만들어진 콘텐츠는 지역사회뿐만 아니라 세계의 다른 사람들과 공유를 통해서 사회변혁을 추구한다는 점이다. 도전은 어떤 일을 해결하거나 극복하려는 노력이나 시도로, 학습자의 도전과 도전의지는 학습자의 성장과 발전을 위한 중요한 요소이며, 새로운 경험과 기회를 만들어 준다.

CBL은 도전과제를 만들고, 문제를 해결하는 과정에서 기술을 통합하는 데 주력하는 교수법이다. 나날이 발전해 가는 디지털 기술을 교육에 접목하여 학습자들의 문제해결역량을 키우는 데 주력하는 교수법이다. 이러한 차원에서 최근에 지속적으로 발전하고 있는 생성형 AI를 교육과 결합하여 도전과제를 해결해 가는 과정을 통해서 학습자의 문제해결역량을 키울 수 있는 최적의 교수법이라고 할 수 있다.

그리고 CBL의 최종 목적은 학습자가 콘텐츠 생산자, 창작자가 되는 것이다. 이에 학습자들이 단순히 콘텐츠를 소비하는 소비자가 아니라, 콘텐츠를 생산하고 창작하는 주체로서 능동적인 역할이 강조되고 있다. 그와 반대로 교사는 학습 촉진자의 입장에서 학습자들이 주체적으로 자기주도적인 활동이 가능하도록 안내하여 동료와 협력적 관계를 통해서 도전과제를 해결할 수 있도록 돕는다. 그리고 맥락 전문가의 입장에서 실제에 존재하는 이슈와 문제를 문제상황으로 제공한다. 즉, 학습자들이 도전할 가치 있는 과제로 선정하여 다양한 해결책을 만들어 실행하고 공유하는 과정에서 창의적인 문제해결역량을 강화하는 역할을 한다.

3. CBL의 철학적 토대로서 구성주의

존 카우치 · 제이슨 타운(2020)은 현재의 교육을 대본이 있는 텔레비전에 비유한

---

4) 이에 대한 PBL 관련 서적으로 박길자 외(2023), 『블렌디드 러닝 기반 PBL 수업의 이해와 실제』를 들 수 있다. PBL 수업의 기반은 블렌디드 환경이며, 이는 디지털 기술의 발달로 교육과 기술이 결합된 에듀테크를 활용하여 프로젝트 수업을 전개하고 있는 것이 특징이다.

다. 학습자는 배우이고, 교사는 작가가 만들고 프로듀서가 승인한 아주 엄격히 정해진 대본대로 배우를 이끄는 책임을 맡은 감독이다. 현재의 교육을 변화시키기 위해서는 리얼리티가 필요함을 주장한다. 교사에게 필요한 것은 설명서, 대본, 지침이 아니라, 내용과 학습 과정이 학습자들의 삶과 관련성이 있으면서 창의성, 협력, 도전을 요구하는 리얼리티가 필요하다는 것이다. 그들은 구성주의적 관점에서 학생들이 직접 행하면서, 기술을 활용하여 도전과제 해결에 주안점을 두는 교육을 주장한다. 따라서 그들이 주장하는 CBL 학습의 토대는 구성주의이다.

구성주의 학습 이론은 학습자가 자신의 경험으로부터 지식과 의미를 구성해 낸다는 이론이다. 구성주의는 지식이란 무엇이며, 어떻게 구성되는지에 대한 인식론에 관심이 많다. 구성주의 학습 이론은 학습자 스스로 개인의 경험을 재구성하는 것을 강조하며 학습 이론 및 교수 · 학습 이론에 많은 영향을 주었다.

구성주의의 기본 원리는 ① 지식: 지식은 인간 인식의 주체에 의해 구성되는 주관성을 지니며, 객관적으로 외부에 존재하지 않는다. 지식은 맥락 속에서 경험하여야 하며, 이때 학습자의 능동적 문제해결이 중요하다. ② 학습: 학습자는 자신의 학습을 주도하며 교사는 학습자를 돕는 존재이다. 학습은 학습자가 사회와 상호 작용하는 과정에서 경험을 통해 이루어진다.

구성주의는 크게 인지적 구성주의와 사회적 구성주의의 입장이 있다. 이 중에서 CBL 학습은 사회적 구성주의 원리에 근접해 있다. 사회적 구성주의는 비고츠키의 발달심리이론에 기초를 두며 지식 구성의 사회적 요인에 관심을 둔다. 그는 인간은 다른 사람과의 관계에서 영향을 받으며 성장하는 사회적 관계이며, 인지적 발달은 사회적 상호 작용 속에서 형성된다고 보았다.

사회적 구성주의 입장에서 볼 때 인간 발달의 3대 요인은 사회적 요인, 문화적 요인, 개인적 요인이다. 사회적 요인은 사람들 사이에서 일어나며, 문화적 요인은 관습, 문화, 역사 등에서 일어난다. 이에 비해 개인적 요인은 유전, 개인의 특성과 관련성을 갖는다. 인간의 발달은 사회적 요인에 큰 영향을 받는 측면이 강하다.

지식의 사회적 구성과정에서 문화적 요인이 중요하게 작용한다. 이와 관련해서 강조되는 개념이 근접발달 영역이다. 근접발달 영역은 학습자가 스스로 도달할 수 있는 능력과 주변의 도움을 받아 도달할 수 있는 영역을 구별하여, 새로운 인지발달을 위해서는 근접발달 안에서의 교수활동이 섬세하게 이루어지는 것을 강조한다.

근접발달 영역에 근접하도록 교사는 수업 과정에서 학습자들에게 적절한 비계를 설정하여 제공하는 것이 매우 중요하다. 비계(scaffolding)는 학습자가 활동 과정에서 문제를 해결할 수 있도록 필요한 도움을 제공하는 것을 의미한다. 교사가 제공할 수 있는 도움은 학습자가 조사 활동 과정에서 어려움을 느낄 때, 필요한 자료를 제공하여 도달해야 하는 학습목표에 도달할 수 있도록 돕는 것이다. 학습자들이 도전과제를 해결하기 위해서 필요한 핵심질문을 만들거나, 핵심질문을 쪼개는 과정에서 어려움을 느낄 경우 여러 가지 아이디어나 피드백을 제공할 수 있다. 교사는 CBL 학습 과정에서 비계를 제공함으로써 학습자들의 도전과제 해결에 도움을 줄 수 있다.

제**5**장

CBL은 왜 필요한가

이 장에서는 CBL 수업이 왜 필요한지에 대해서 알아보고자 한다. CBL의 필요성을 CBL이 갖고 있는 장점과 미래교육의 관점에서 살펴볼 수 있다.

1. CBL의 장점

CBL은 왜 필요한가? CBL 수업이 가지고 있는 장점이 많기 때문이다. CBL 수업이 가진 장점에 대해서 생성형 AI 코파일럿에게 질문했더니 다음과 같은 답변을 주었다.

질문	CBL이 가지고 있는 장점을 알려 줘.
답변	CBL이 가지고 있는 장점은 다음과 같습니다.

1. **실제 문제해결 능력 강화**: CBL은 학습자들이 현실적이고 의미 있는 도전에 참여하도록 돕습니다. 이를 통해 학습자들은 실제 문제해결 능력을 강화하고, 이를 통해 현실 세계에서 적용할 수 있는 기술과 지식을 습득할 수 있습니다.
2. **다양한 관점 고려**: CBL은 학습자들이 문제를 다양한 관점에서 바라보도록 돕습니다. 이를 통해 학습자들은 문제를 깊이 있게 이해하고, 다양한 해결책을 고려할 수 있습니다.
3. **협력적 학습**: CBL은 학습자들이 협력적으로 문제를 해결하도록 돕습니다. 이를 통해 학습자들은 팀워크와 협력적 학습 능력을 향상시킬 수 있습니다.
4. **실제 세계와 연계**: CBL은 학습자들이 현실 세계와 연계된 문제를 해결하도록 돕습니다. 이를 통해 학습자들은 현실 세계에서 적용할 수 있는 기술과 지식을 습득할 수 있습니다.
5. **자기주도적 학습**: CBL은 학습자들이 자기주도적으로 학습할 수 있도록 돕습니다. 이를 통해 학습자들은 자신의 학습 방향을 스스로 설정하고, 학습 과정을 관리할 수 있습니다.

앞의 내용을 종합해 보면, CBL은 학습자들이 현실적이고 의미 있는 도전에 참여하게 하여 실제 문제해결 능력을 강화하고, 이를 통해 현실 세계에서 적용할 수 있는 기술과 지식의 습득에 도움을 준다. 학습자들이 다양한 관점에서 문제를 깊이 있게 이해하고, 다양한 해결책을 고려할 수 있도록 돕는다. 또한 학습자들이 실제 세계와 연계된 문제를 자기주도적이면서 협력적으로 해결하게 도움으로써 팀워크와 협력적 학습 능력을 향상시킬 수 있도록 한다.

물론, CBL은 단점도 있다. 이들 장점과 단점을 코파일럿에게 표로 만들어 달라고 요청했더니 〈표 5–1〉과 같이 정리해 주었다.

〈표 5–1〉 CBL의 장점과 단점

장점	단점
• 실제 문제해결 능력 향상: CBL은 학습자들이 실제 존재하는 문제나 상황을 파악하고 이를 해결하기 위한 설루션을 만들어 실행하고 공유하는 프로젝트를 통해 문제해결 능력을 키울 수 있습니다.	• 시간과 자원의 제약: CBL은 다양한 자료와 도구를 필요로 하며, 문제해결 과정이 복잡하고 길어질 수 있습니다. 따라서 시간과 자원의 제약으로 인해 CBL을 적용하기 어려울 수 있습니다.
• 협력적 학습 경험 제공: CBL은 교사와 학습자가 함께 중요하게 여기는 이슈나 실제 문제를 학습자들이 직접 다양한 자원을 이용하여 해결책을 마련하고 실천, 공유하는 협력적 학습 경험을 제공합니다. 이를 통해 학습자들은 다른 사람과의 상호 작용 및 의사소통 능력을 발달시킬 수 있습니다.	• 학습목표와 일치성 확인 필요: CBL은 교과 목표와 일치하는 문제를 선정하고, 적절한 평가 방법을 활용해야 합니다. 그렇지 않으면 학습의 효과가 저하될 수 있습니다.
• 학습 동기와 참여도 증진: CBL은 학습자들의 흥미와 지역사회의 요구를 반영하여 하나의 필수적인 주제로 진행합니다. 이는 학습자들에게 의미 있고 도전적인 학습 동기를 부여하고, 적극적인 참여도를 증진시킵니다.	• 교사 역할 변화에 대한 준비 필요: CBL은 교사가 지식 전달자에서 가이드나 멘토로 역할 변화를 해야 합니다. 이는 교사에게 새로운 역량과 지식을 요구하며, 교사의 준비와 지원이 필요합니다.

CBL이 가지고 있는 장점은 학습자들이 실제 존재하는 문제나 상황을 파악하고 이를 해결하기 위한 해결책을 만들고 실행하는 과정에서 문제해결 능력을 키울 수 있다는 것이다. 그리고 이슈나 실제 문제에 대한 해결책을 마련하여 실천하고 공유하는 과정에서 다른 사람들과 협력적 학습 경험을 제공할 수 있다. 또한 의미 있고 도전적

인 학습 동기를 부여하고 학습자들의 적극적인 참여도를 증진할 수 있다.

그러나 단점으로 CBL은 다양한 자료와 도구를 필요로 하고, 문제해결 과정이 복잡하고 길어질 수 있으며, 시간과 자원의 제약으로 적용이 어려운 상황이 있을 수 있다. 그리고 교과 목표와 일치하는 문제를 선정하고, 적절한 평가 방법을 활용해야 하는데, 그렇지 못할 경우에 학습 효과가 저하될 수 있다. 무엇보다 교사는 지식을 전달하는 입장이 아니라 가이드나 멘토로서의 역할로 전환해야 하며, 그에 따른 새로운 역량과 지식이 요구되고, 교사의 준비와 지원이 필요하다.

2. 미래교육의 관점

CBL 학습은 디지털 네이티브인 학습자들에게 동기부여를 보다 쉽게 제공할 수 있고, 사회변화에 대한 맥락적 이해를 제공해 주며, 급격하게 변화하는 사회에 대처할 수 있는 역량을 강화해 줄 것이다. 따라서 CBL 학습은 미래교육의 관점에서 볼 때, 다음과 같은 강점을 가지고 있다.

첫째, 디지털 네이티브인 학습자들의 동기부여를 통해 그들의 잠재력을 보다 쉽게 이끌어 낼 수 있다. 무엇을 시도하거나 학습을 하는 데 있어서 가장 중요한 것은 동기부여이다. 학습자들이 무기력하게 수업 시간에 늘어져 있다면, 학습에 대한 동기부여가 안 된 상태이다. 동기부여가 안 된 학습자들에게는 흥미로운 교수법을 활용해서 학습자들의 참여를 이끌어 내려고 해도, 그다지 적극성을 보이지 않는다. 반대로 동기부여가 잘 된 학습자들은 최소한의 자원이 구비되어 있는 상황에서도 적극적인 활동과 최고의 결과물을 만들어 낼 수 있다. 현재 학교 교육에서 입시 중심의 외재적 동기유발은 어느 정도 한계에 직면했다. 미래교육의 주역이자 디지털 네이티브인 학습자들의 내재적 동기를 유발할 수 있는 방법으로 CBL은 최적의 교수법이다.

CBL은 학습자들이 실제 세계와 연계된 문제를 자기주도적이면서 협력적인 학습을 통해서 도전과제를 해결할 수 있는 기술과 지식의 습득에 도움을 주는 학습이다. 디지털 네이티브 세대인 학습자들은 개인용 컴퓨터, 전자게임, 태블릿, 휴대전화 등으로 이루어진 디지털 세상에서 성장한 세대이다. 이들에게는 디지털 환경이 그냥 그들이 살아가는 삶의 일부이다. 그들은 기술을 통해서 엄청난 양의 정보에 노출되며, 이것이 뇌에서 일어나는 변화의 수와 속도를 크게 증가시키고 있다. 그들은 그 어떤 교과서보다 모바일 앱에서 더 많은 것을 발견하고 학습한다(존 카우치 · 제이슨 타운 지음, 김영선 옮김, 2020, p. 33). 이러한 디지털 네이티브에게 CBL은 다양한 디지털 기술을 활용하여 상호 협력으로 도전과제를 해결할 수 있는 동기유발을 통해서 그들의 잠재력을 이끌어 내는 데 크게 기여할 것이다.

둘째, 도전과제 해결 과정을 통해 변화하는 사회에 대한 맥락적 이해와 함께 문제해결 역량을 강화할 수 있다. 제4차 산업혁명과 함께 인공지능의 발달은 급격한 사회변화를 야기하는 기본 축으로 작용하고 있다. 예를 들어, AI 광고 모델 등장은 인간의 삶과 산업 생태계에 큰 변화를 가져오고 있다. 2022년, 미 CNN은 7월 31일 서울발 기사에서 한국에서 가상 인간 관련 산업이 급성장하고 있다고 소개하면서 가상 인플루언서들이 인기를 끄는 현상의 명암을 조명했다. 가상 인플루언서들이 팬덤을 형성하는 데 그치지 않고 시장의 한 축으로 떠오르고 있음에 주목했다. '영원히 늙지 않는 22살'이라는 수식어가 붙은 로지는 가상 인간으로, 광고계에서 대단한 인기를 얻고 있다. 가상 인간 열풍 현상은 비단 한국에서만 나타나는 현상은 아니라면서도 "'세계 성형 1번지'로 불리는 한국에서 가상 인플루언서들이 안 그래도 비현실적인 외모 기준에 대한 대중의 선망을 더 부추길 수 있다는 우려가 있다."고 짚었다(매일경제, 2022. 8. 1.). AI 로지의 등장은 이익을 창출하는 수익구조의 변화를 가져와서 산업 생태계의 변화뿐만 아니라, 우리 삶의 여러 영역에 지대한 영향력을 미칠 것이다.

이러한 사회문제나 이슈에 대한 도전과제를 찾아 해결 방안을 탐구하는 과정에서 사회변화에 따른 사회문제 및 이슈에 대한 맥락적 이해를 기반으로 학습활동을 전개할 수 있는 것이 CBL 수업의 장점이다. AI 시대의 확대와 함께 진행되는 제4차 산업혁명의 거대한 사회변화 흐름과 그로 인해서 야기되는 사회현상 및 사회문제는 인간 삶의 변화와 산업 생태계에 커다란 변화를 가져올 것이다. 그로 인해서 야기되는 인간 생존의 문제는 학습자들이 살아가는 사회에서 직면하게 되는 중요한 사회문제로, AI와 인간의 삶이 어떻게 공존할 것인가에 대한 문제는 중요한 도전과제가 될 것이다. AI로 야기되는 복잡한 사회변화와 그로 인해 나타나는 복합적인 문제를 학습자들이 도전과제로 선정하여 해결하는 CBL 수업을 통해서 사회적 맥락에 대한 이해와 함께 문제해결역량을 강화할 수 있을 것이다.

셋째, CBL은 학습자들이 불확실한 미래사회의 변화에 대처할 수 있는 미래핵심 역량을 길러 줄 것이다. 미래사회는 불확실하며, 이러한 불확실성 시대에 대처하는 미래핵심 역량이 요구된다. 'OECD 교육 2030'에 따르면, 2030년에는 변화무쌍하고

(Volatility), 불확실하며(Uncertainty), 복잡하고(Complex), 모호한(Ambiguity) 특성을 가진 VUCA 사회가 도래할 것이라 한다. 미래사회에서 직면하게 될 다양한 문제의 해결책을 창조하여 지속가능한 사회 발달에 기여할 수 있는 '새로운 가치를 창출'하는 역량, 보다 건설적이고 미래지향적인 방식으로 긴장·딜레마·변화에 대처하고 조정할 수 있는 '긴장과 딜레마 조정하기' 역량, 새로운 가치를 창출하고 긴장·딜레마·변화에 대응하는 데 윤리적인 방향성을 바탕으로 판단하고 행동할 수 있는 '책임감 갖기' 역량이 요구된다.

미래학자인 마로우 기엔은 2030년에는 축의 전환으로 엄청난 사회변화가 일어날 것이라 하였다. 이에 대응하기 위해 '멀리 보기, 다양한 길 모색하기, 천 리 길도 한 걸음부터, 막다른 상황 피하기, 불확실한 상황에서도 낙관적으로 접근하기, 역경을 두려워하지 않기, 흐름을 놓치지 않기' 등의 역량이 필요하다. 제4차 산업혁명의 변화를 의제로 선택해서 급격한 사회변화를 예고했던 세계경제포럼(WEF)에서는 2020년을 맞아 전 세계 저명한 기업인, 경제학자, 정치인 등이 참여하여, 미래 인재가 갖춰야 할 핵심 역량 10가지를 발표하였다. 핵심 역량 10가지는 '복합 문제해결 능력, 비판적 사고, 창의력, 인적 자원 관리 능력, 협업능력, 감성 지능, 의사 결정 능력, 서비스 지향성, 협상 능력, 인지적 유연성'이다.

〈표 5-2〉 **미래사회에 요구되는 핵심 역량**

구분	역량
OECD 미래교육	새로운 가치를 창출할 수 있는 역량, 긴장과 딜레마 조정 역량, 책임감 갖기 역량
마로우 기엔	멀리 보기, 다양한 길 모색하기, 천 리 길도 한 걸음부터, 막다른 상황 피하기, 불확실한 상황에서도 낙관적으로 접근하기, 역경을 두려워하지 않기, 흐름을 놓치지 않기
세계경제포럼 (2020)	복합 문제해결 능력, 비판적 사고, 창의력, 인적 자원 관리 능력, 협업능력, 감성 지능, 의사 결정 능력, 서비스 지향성, 협상 능력, 인지적 유연성

CBL은 제4차 산업혁명과 인공지능의 발달로 인해 불확실성이 커지는 상황에서 학생들이 도전과제를 해결해 가며 불확실성에 대처할 수 있는 핵심 역량을 강화시켜 줄 것이다. CBL 수업에서 학습자들은 교과와 관련된 도전과제를 만들어 내고, 도전과제를 해결해 가는 과정에서 교육과 기술의 융합을 추구하며 팀별 협업을 통해서 해

결책을 고안하여 지역사회와 세계 다른 지역의 사람들과 해결책을 공유하게 될 것이다. 이러한 과정에서 학생들은 새로운 가치를 창출하는 능력, 딜레마를 조정하는 능력, 윤리적 문제를 해결하는 능력, 창의적 사고, 비판적 사고, 협업능력, 의사소통 능력 등의 핵심 역량을 강화할 수 있다.

제**6**장
CBL 수업은
어떻게 구성할까

이 장에서는 CBL을 수업에 적용할 수 있는 방안을 탐색해 보고자 한다. 먼저, CBL 수업의 단계와 CBL 수업을 구성하는 요소를 살펴본 다음, CBL의 각 단계별 구성요소가 어떻게 적용되는지 알아본다.

1. CBL 수업의 단계

CBL은 학습자들이 협력적으로 중요한 이슈나 실제 문제를 도전과제로 선정하여 해결하고, 실천하며, 공유하는 과정을 통해서 협력적인 학습 경험을 제공하는 학습틀이다. 이것은 학습자들이 주도적으로 학습을 이끌어 갈 수 있는 하나의 틀이다. 학습자들이 도전할 만한 중요한 이슈나 문제를 주도적으로 선정하여 팀협력을 중심으로 해결안을 도출하여, 실천가능한 해결책을 마련해서 실행할 수 있는 학습 경험을 갖게 될 것이다. CBL 수업은 [그림 6-1]과 같이 [참여Engage]-[조사Investigate]-[실행Act]의 단계로 진행된다.

[그림 6-1] **도전기반학습의 프레임워크**[1]

[그림 6-1]로 표현되는 CBL의 [참여-조사-실행] 세 단계에 대해서 살펴보자.

첫째, 참여 단계는 학습자들이 CBL에 참여를 시작하는 첫 단계이다. 이 단계에서는 지속가능성, 민주주의, 인권, 환경 등의 다소 추상적인 빅 아이디어(The Big Idea)에 대한 관심에서 출발한다. 교사와 학습자는 빅 아이디어를 대주제로 하여 핵심질문을 탐색하고, 도전과제를 선정한다.

둘째, 조사 단계에서는 도전과제를 해결하기 위해서 핵심질문을 잘게 쪼개서 조사와 탐구를 진행한다. 학습자들은 도전과제에 대한 질문을 제기하고 문제를 정의하면서 다양한 자원을 활용하여 정보와 자료를 수집하고 분석한다. 그리하여 도전과제 해결 방안을 탐색하여 해결안을 도출한다.

셋째, 실행 단계에서는 조사 단계에서 도전과제 해결안으로 도출한 결과를 프로젝트 결과물이나 작품, 제안서 등으로 만들어 실제 세상에서 작용할 수 있는 결과물로 만들어 낸다. 도전과제 해결안으로 만들어 낸 결과물은 지역사회나 세상의 다른 사람들과 공유하고, 결과를 평가하여 최종 보고서로 마무리한다.

---

1) https://www.challengebasedlearning.org/ko/framework/

2. CBL 수업을 구성하는 요소

CBL 수업을 구성하는 요소를 '참여(ENGAGE)', '조사(INVESTIGATE)', '실행(ACT)'의 각 단계별로 살펴보면 다음과 같다.

〈표 6-1〉 CBL의 [참여-조사-실행] 단계에 따른 구성 요소

단계	요소
참여 단계	대주제(The Big Idea)
	핵심질문(Essential Question)
	도전(The Challenge)
조사 단계	질문, 활동, 자원의 지원(Guiding Questions, Activities, and Resources)
실행 단계	해결(Solution)
	실행(Implementation)
	평가(Evaluation)
전 과정	문서화 및 출판(Documentation and Publishing)
	반성 및 대화(Reflection and Dialogue)
	유익한 평가(Information Assessment)

참여 단계는 학습자들이 학습에 본격적으로 임하기 전 자발적 동기를 이끌어 내고 이를 통해 해결해야 할 과제를 명확히 도출하는 단계이다. 참여 단계를 구성하는 요소는 대주제-핵심질문-도전이다. 교과와 관련해서 해결하고 싶은 문제를 탐색하기 위하여 대주제에서 출발한다. 추상적인 대주제에서 구체적인 단계로 나아가기 위해서는 대주제와 자신과의 관련성을 질문을 통해서 연결한다. 이때 효과적인 방법은 브레인스토밍을 활용해서 추상적인 대주제를 구체적인 질문으로 만들고, 여러 질문 중에서 핵심질문을 선택하여 도전과제를 선정하는 것이다.

조사 단계는 도출된 과제를 해결하는 자료 조사활동 단계라 할 수 있으며, 이 과정에서 디지털 기술이 적극 활용되고, 권장된다. 조사 단계를 구성하는 요소는 질문, 활동, 자원의 지원이다. 먼저, 도전과제를 해결하기 위해 필요한 핵심질문을 잘게 쪼개서 조사할 질문 목록을 생성한다. 그리고 질문을 해결하기 위한 다양한 조사 및 탐구 활동을 전개한다. 이 과정에서 온라인 콘텐츠, 데이터베이스, 교과서, SNS 등의 다양

한 자원을 활용한다. 이를 통해 다양한 문제해결책을 도출하여 프레젠테이션으로 정리한다.

실행 단계는 수집한 자료를 구성하여 실질적 문제해결책을 도출하고 공유하는 단계이다. 과제를 해결해 보임으로써 자신이 생산한 결과물이 사회문제해결에 일정 부분 기여하는 것까지를 경험하게 하는 것이 목적이다. 실행 단계를 구성하는 요소는 해결-실행-평가이다. 여기에서는 여러 가지 해결 방안 중에서 실질적으로 실행할 수 있는 해결방안을 선택해서 실행해 보고, 그 결과에 대해서 평가한다. 해결책의 사례와 방법을 세상의 다른 사람들과 공유한다. 공유의 방식은 프레젠테이션으로 발표하거나 유튜브 동영상으로 만들어 채널에 업로드할 수 있다. 청와대에 국민 청원을 하거나 교내 캠페인 활동, 지역사회에 의견을 내는 자리에 참여해 볼 수도 있다.

참여-조사-행동의 전체 과정을 구성하는 요소는 문서화 및 출판-반성 및 대화-유익한 평가이다. 여기에서 학습자들은 전체 활동 과정을 오디오, 비디오, 그림, 사진을 사용해서 자신의 경험을 문서화한다. 문서화된 것을 다른 사람과 공유할 수 있으며, 자신의 활동을 반성하고 평가하는 자료가 된다. 문서, 반성, 공유의 과정은 전체 CBL 과정에서 이루어진다.

CBL의 각 단계를 구성하는 요소들이 서로 어떻게 연계될 수 있는지에 대해서 생성형 AI에게 묻고 다음과 같은 답변을 받았다.

질문	CBL의 각 단계를 구성하는 요소들은 어떻게 연결되지?
답변	CBL을 구성하는 요소들은 다음과 같이 연결됩니다.

Engage(참여):
- 학습자들은 추상적인 큰 아이디어에서 구체적이고 실행 가능한 도전으로 이동합니다.
- 이 단계에서 **핵심질문 과정**을 통해 학습자들은 학문적인 내용과 개인적으로 연결되는 도전을 식별하고 개발합니다.
- **큰 아이디어**는 여러 방법으로 탐구할 수 있는 넓은 주제 또는 개념입니다.
- **핵심질문**은 개인적인 관심사와 커뮤니티의 필요를 반영하는 다양한 질문을 생성합니다.

Investigate(조사):
- 도전에서 시작하여 학습자들은 문맥화된 학습 경험을 개발하고 내용과 개념 기반 연구를 수행합니다.
- **조사 단계**는 도전과 관련된 질문을 생성하는 것으로 시작합니다.
- **안내 활동/자원**을 통해 학습자들은 질문에 답하고 혁신적이고 명쾌한 해결책을 개발합니다.

Act(실행):
- 증거 기반 설루션을 개발하고 실행하며 결과를 평가합니다.
- 학습자들은 내용 숙달과 차이를 만들고자 하는 열망을 결합시킵니다.
- 완료된 설루션을 계속 개선하거나 완료 보고서를 작성하여 세계와 공유할 수 있습니다.

이들 내용을 통해 CBL의 각 단계를 구성하는 요소들의 연결에 대해서 좀 더 쉽게 이해할 수 있다. 우선, 참여 단계에서 핵심질문을 도출하는 것은 추상적인 빅 아이디어에서 출발하여 이를 학습자 개인 차원의 삶 또는 지역사회 문제와 연결 짓고, 이를 바탕으로 도전과제를 도출하기 위한 과정이다. 조사 단계에서 학습자들이 핵심질문을 쪼개는 것은 참여 단계에서 생성한 도전과제를 해결하기 위한 질문을 생성하는 것이다. 이는 학습자들이 질문에 관련된 답을 구하기 위해 자원을 활용하여 혁신적이고 명쾌한 해결책을 만들어 내기 위한 출발점이다. 실행 단계에서 해결책(solution)은 조사 단계에서 생성한 내용을 기반으로 도출하고, 완성된 해결책을 계속 개선하거나 보고서를 작성하여 학교, 지역사회, 더 나아가 세계와 공유할 수 있도록 하는 역할을 한다.

3. CBL 수업의 단계별 구성 요소

CBL 학습을 구성하는 요소는 대주제, 필수적 질문, 도전, 질문, 활동, 자원의 지원, 해결, 실행, 평가, 문서화 및 출판, 반성 및 대화, 유익한 평가 등이다. 이들 CBL 학습의 구성 요소들은 학습자들이 도전하고 싶은 문제를 파악하고, 도전과제를 조사 및 탐구함으로써 해결책을 도출하여 실행하고, 실행한 결과를 공유해 가는 과정에 도움을 주는 요소들이다. 이들 구성 요소들이 각 수업 단계에서 어떻게 연결되는지를 알아보기 위해서 다음과 같은 질문을 생성형 AI 코파일럿에게 해서 답변을 구했다.[2]

---

2) 도전기반학습(Challenge based learning: CBL): 네이버 블로그(naver.com)를 참고로 코파일럿이 답한 내용이다.

| 질문 | CBL을 구성하는 요소와 과정을 알려 줘. |
| 답변 | CBL은 다음과 같은 구성 요소와 과정으로 이루어져 있습니다. |

1. 대주제(The Big Idea): 여러 가지 방법으로 탐구하거나 참여할 수 있는 폭넓은 개념으로, 학습자와 사회의 문제를 포함합니다. 예를 들어, 탄력성, 분리, 창의, 건강, 지속가능성, 민주주의 등이 대주제가 될 수 있습니다.
2. 핵심질문(Essential Question): 대주제 기반에서 다양한 필수적인 질문이 생기고, 학습자의 흥미와 지역사회의 요구를 반영하여 하나의 필수적인 주제로 진행됩니다.
3. 도전(The Challenge): 필수적인 질문에서 시작된 간결한 과제는 학습자들이 구체적이고 의미 있는 행동으로 이끌 수 있는 특별한 해결책을 연결시킬 수 있게 합니다.
4. 질문, 활동, 자원의 지원(Guiding Questions, Activities, and Resources): 발문에 의해 학습자들이 스스로 만든 질문들은 학습과정의 방향을 제시하고 해결방법을 발전시키는 데 필요한 지식을 나타냅니다.
5. 해결(Solution): 개별 문제에는 여러 가지 해결방안이 존재하며, 그 해결방안은 구체적이고 명확하며 지역사회 속에서 행동 가능해야 합니다.
6. 실행(Implementation): 학습자들은 실질적 환경에서 실행한 그들의 해결책의 효과를 평가합니다.
7. 평가(Evaluation): 설문조사, 인터뷰, 동영상 등 다양한 방법을 통해 해결책의 성공 여부를 판단합니다.
8. 문서화 및 출판(Documentation and Publishing): 도전의 각 과정을 문서화하고 발행하여 학습 포트폴리오로 활용할 수 있습니다.
9. 반성 및 대화(Reflection and Dialogue): 내용과 과정을 지속적으로 반성하며 높은 수준의 학습을 이룹니다.
10. 유익한 평가(Information Assessment): 도전과정 전반에서 모두 평가되며 결과물과 과정 모두를 평가합니다.

미국의 Lagrange Highlands 중학교에서는 지속가능한 사회를 만들기 위해 CBL을 활용하여 자원 낭비를 줄일 수 있는 해결책을 찾아보았습니다.

예를 들어, 음식물 쓰레기 줄이기와 갈색 종이 가방 사용 줄이기 등 다양한 프로젝트가 진행되었습니다.

이어서 "CBL의 구성 요소와 과정을 표로 만들어 줘."라고 질문하니, 코파일럿은 〈표 6-2〉와 같은 표를 만들어 주었다.

〈표 6-2〉 **CBL의 구성 요소와 과정**[3]

요소	과정	설명
대주제	탐구하거나 참여할 수 있는 폭넓은 개념을 선정한다.	학습자와 사회의 문제를 포함하는 주제를 선택한다. 예) 탄력성, 분리, 창의, 건강, 지속가능성, 민주주의 등
핵심질문	대주제 기반에서 필수적인 질문을 정한다.	학습자의 흥미와 지역사회의 요구를 반영하여 하나의 필수적인 주제로 진행한다.
도전	필수적인 질문에서 시작된 간결한 과제를 제시한다.	학습자들이 구체적이고 의미 있는 행동으로 이끌 수 있는 특별한 해결책을 연결시킬 수 있게 한다.
질문, 활동, 자원의 지원	발문에 의해 학습자들이 스스로 만든 질문들을 정리하고 활동과 자원을 찾는다.	학습 과정의 방향을 제시하고 해결 방법을 발전시키는 데 필요한 지식을 나타내게 한다.
해결	개별 문제에 대한 여러 가지 해결 방안을 제안하고 선택한다.	그 해결방안은 구체적이고 명확하며 지역사회 속에서 행동 가능해야 한다.
실행	선택된 해결책을 실질적 환경에서 실행한다.	실제 환경에서 실행한 그들의 해결책의 효과를 평가한다.
평가	해결책의 성공 여부를 판단한다.	설문조사, 인터뷰, 동영상 등 다양한 방법을 통해 해결책의 효율성을 결정하고 다음 단계를 명확히 한다.
문서화 및 출판	도전의 각 과정을 문서화하고 발행한다.	문서화 및 출판은 블로그, 동영상 등 다양한 도구를 활용하며 그 자료들은 반성과 평가의 주요한 자료가 된다.
반성 및 대화	내용과 과정을 지속적으로 반성하고 대화한다.	높은 수준의 학습은 내용과 개념 사이의 관계에 대해 지속적으로 분석하고, 다른 사람과의 상호 작용 및 자신의 학습에 대해서 생각해 보는 과정 속에서 이루어진다.
유익한 평가	도전 과정 전반에서 모두 평가된다.	결과물과 과정 모두를 평가한다.

　이 자료는 CBL을 구성하는 각 요소가 수업의 어떤 과정에서 어떻게 적용될 수 있는지에 대한 자세한 지침서를 제공해 준다. 〈표 6-2〉에 근거하여 CBL 수업 단계에서 교사가 각 요소를 안내할 내용을 정리하면 다음과 같다.

---

3) 코파일럿이 답해 준 내용을 표로 만든 자료임.

참여 단계는 '대주제, 핵심질문, 도전'을 세부 내용으로 하며, 교사는 차례로 이에 대해 안내한다. 대주제(The Big Idea) 선정은 학습자들이 탐구하거나 참여할 수 있는 폭넓은 개념을 선정하게 하는 것이며, 이 과정에서 대주제의 예시를 '탄력성, 지속가능성, 건강, 민주주의' 등과 같은 사회문제를 선정하도록 유도한다. 핵심질문(Essential Question)은 대주제를 기반으로 필수적인 질문을 정하는 과정이며, 교사는 학습자들이 자신의 관심이나 흥미를 토대로 지역사회의 요구를 반영하여 핵심질문을 제기하도록 유도한다. 도전(The Challenge)은 핵심질문을 바탕으로 도전과제를 선정하는 과정인데, 교사는 학습자들이 구체적이고 의미 있는 행동으로 이끌 수 있는 과제를 선정하도록 안내한다.

조사 단계는 '질문, 활동, 자원의 지원(Guiding Questions, Activities, and Resources)'을 세부 내용으로 하며, 교사는 차례로 이에 대해 안내한다. 이는 핵심질문을 쪼개는 과정으로, 발문을 통해 학습자들이 도전과제를 해결할 수 있는 방향을 설정할 수 있게 돕는다. 이후 해결 방법을 탐구하는 조사 활동 과정에서 생성형 AI와 같은 다양한 자원을 활용할 수 있도록 안내한다.

실행 단계는 '해결, 실행, 평가'를 세부 내용으로 하며, 교사는 차례로 이에 대해 안내한다. '해결(Solution)'은 한마디로 '문제해결안 도출' 행위이다. 이는 학습자들이 선정한 도전과제를 해결할 수 있는 해결방안을 제안하고 선택하는 과정이다. 이때 교사는 학습자들이 도출한 해결방안이 구체적이고 명확하여 지역사회 속에서 실행이 가능한 방안인지 점검하고, 이러한 방향으로 해결안을 도출할 수 있도록 안내한다. '실행, 평가(Implementation, Evaluation)'는 선택한 해결책을 실질적인 환경에서 실행해 보고, 해결책의 성공 여부를 평가하는 과정이다. 이때 교사는 학습자들이 실제 환경에서 해결책을 실행해 보게 하고, 설문조사나 인터뷰 등의 다양한 방법을 활용하여 해결책을 평가해 보도록 안내한다.

CBL 수업의 전 과정에서 교사는 '문서화 및 출판, 반성 및 대화, 유익한 평가'를 세부 내용으로 하며, 이에 대해 안내한다. '문서화 및 출판(Documentation and Publishing)'은 도전의 전 과정을 기록하고 발행하는 과정이며, 이때 교사는 학습자들이 블로그, 동영상 등 다양한 도구를 활용하여 출판할 수 있도록 안내한다. 이들 결과물은 이후 반성과 평가의 도구로 활용한다. '반성 및 대화(Reflection and Dialogue)'는 CBL의 전 과정에서 교사가 학습자들이 도전과제를 통해서 해결해야 할 내용과 개념 사이의 관계에 대해 지속적으로 분석하고, 다른 학습자들과 대화를 통해서 상호 작용하고, 학습에 대해서 스스로 반성하도록 안내한다. '유익한 평가(Information Assessment)'는 교사가 도전과제 해결의 전 과정에서 산출되는 결과물과 도전과제를 해결해 가는 과정에 대해서 평가한다. 그리고 학습자들은 도전과제 해결 과정을 통해서 배우고 느낀 점 등을 중심으로 성찰일지를 쓰게 하고, 자신의 활동 결과에 대해서 스스로 평가하도록 안내한다.

제3부

생성형 AI 기반 CBL 수업 모형

제3부에서는 생성형 AI 기반 CBL 수업을 학교 교육과정에 적용하기 위한 방안을 탐색해 본다. 먼저, 교육공학적인 차원에서 연구되어 온 ADDIE 교수설계를 검토한 후, 이를 바탕으로 생성형 AI 기반 CBL 수업을 위한 수업 모형을 설정해 본다. 생성형 AI 기반 CBL 수업 모형에 따른 [수업 분석-설계-실행-평가] 방안에 대해 구체적으로 살펴본다.

이 장에서는 생성형 AI 기반 CBL 수업 모형을 탐색해 본다. 이를 위해, 먼저 교육공학적인 차원에서 교수설계에 많이 활용해 온 ADDIE 교수설계 모형을 검토한다. 그리고 ADDIE 교수설계 모형이 CBL 기반 생성형 AI 활용 수업 모형에 주는 시사점을 도출하고 이를 바탕으로 생성형 AI 기반 CBL 수업 모형을 설정해 보고자 한다.

1. ADDIE 교수설계 모형 검토

디지털 기술의 발달과 더불어 에듀테크도 갈수록 다양화되고 활용 방법이 쉬워지면서, 이들을 수업에 도입하여 수업 효율성을 추구하고자 하는 흐름이 학교 현장에서 강하게 나타나고 있다. 더구나 최근에 발전을 거듭하고 있는 생성형 AI의 다양한 형태를 수업에 활용하려는 교사들의 관심이 매우 높다. 이미 많은 교사들이 생성형 AI를 수업에 적용해 본 결과 학생들의 흥미와 관심이 높다는 것을 경험하였다. 그러나 그러한 경험이 일회성에 그치고 있다는 점에서 한계가 있다. 생성형 AI를 수업에 체계적으로 적용할 수 있는 방법은 무엇일까? 학생들이 자기주도적으로 도전과제를 선정해서 해결해 보는 학습 경험을 제공할 수 있는 CBL이 최적의 교수법이 될 수 있다. 여기서는 생성형 AI를 CBL 교수법과 효과적으로 결합하기 위한 '생성형 AI 기반 CBL 수업 모형'을 탐색해 보고자 한다. 이에 도움을 줄 수 있는 것이 ADDIE 교수설계 모형이다.

ADDIE 모형은 교육공학적 교수설계의 기본적인 모형이라 일컬어 왔다. 이 모형의 탐색을 통해 생성형 AI 기반 CBL 수업 모형 설정에 주는 시사점을 도출하고자 한다. ADDIE 모형에 따른 교수설계는 학습내용과 학습자라는 조건이 주어질 때, 기대되는 학습자의 변화를 일으킬 최적의 교수방법을 결정해 나가는 과정이다(Reigeluth, 1999). 이때 교수설계란 교수 상황과 교수 방법을 명료화하는 과정이라 할 수 있다(오정숙, 2014, p. 212).

교수설계 모형은 여러 종류가 있으며 모형이 적용되는 상황 및 설계 전략 등의 측면에서 모형 간 다소 차이가 있다. 그러나 교수설계 모형은 공통적인 요소를 가지고 있는데, 분석(analysis), 설계(design), 개발(development), 실행(implementation) 그리고 평가(evaluation)의 다섯 요소를 교수설계 모형의 공통분모로 꼽을 수 있다. ADDIE 모형은 이러한 다섯 요소의 영어 단어 첫 글자를 조합하여 명명한 모형으로 교수설계를 위한 가장 일반적인 모형이다(오정숙, 2014, p. 214). 이 모형은 다음과 같이 5단계로 설정하고 있다.

분석	설계	개발	실행	평가
• 요구분석 • 학습자분석 • 환경분석 • 직무 및 과제분석	• 수행목표 명세화 • 평가 도구 설계 • 구조화 • 교수 전략 및 매체 선정	• 교수자료 개발 • 파일럿 테스트 및 수정 제작	• 사용 및 설치 • 유지 및 관리	• 교육훈련 성공평가

[그림 7-1] **ADDIE 모형**

분석 단계에서는 '요구분석, 학습자분석, 환경분석, 과제분석'이 이루어진다. 바람직한 수준과 현재 수준의 차이를 분석하는 '요구분석'을 통해 교수 처방의 방향을 설정하고, 이후 학습자의 세부적인 분석 및 학습 환경을 분석한다. 최종적으로 교육 목적을 달성하기 위한 직무 및 과제분석을 실시한다.

설계 단계는 분석 단계에서 밝혀진 내용을 기반으로 어떻게 교수학습 활동을 계획할 것인가를 결정하는 단계로, 수행목표의 명세화, 평가 도구 설계, 구조화, 교수 전략 및 매체를 선정한다.

개발 단계에서는 설계 단계에서 도출된 내용을 기반으로 교수·학습 자료를 개발하고, 파일럿 테스트를 통하여 수정 사항을 반영함으로써 최종적인 자료를 제작한다.

실행 단계는 분석-설계-개발한 교육 프로그램을 실행하는 단계로 실행 과정을 통해서 수정·보완 및 관리 활동을 진행한다.

평가 단계에서는 개발한 교육 프로그램이 학습자가 학습목표 달성에 얼마나 유용했는지 교육훈련 성과를 평가하는 단계이다.

2. 생성형 AI 기반 CBL 수업 모형 설정

생성형 AI 기반 CBL 수업 모형은 ADDIE의 [분석-설계-개발-실행-평가]의 다섯 단계에서 설계와 개발을 함께 묶어서 [분석-설계-실행-평가]의 네 단계로 설정하고자 한다.

분석 단계에서는 교육과정 및 성취기준을 분석하여 학습내용을 도출하고, 도전과제 도출, 학습자 및 환경 분석을 실시한다. 설계 단계는 교수 · 학습 활동을 진행하기 위한 수업을 구체적으로 세우는 과정으로 학습목표 설정, 평가 및 산출물 계획, 교수 · 학습 과정안 설계, 교수 · 학습 전략을 세운다. 실행 단계는 설계 단계에서 수립한 교수 · 학습 활동 계획을 실제 수업 상황에 실행하는 과정으로 핵심 지식 이해, 문제상황 파악-참여-조사-실행-발표 및 성찰을 중심으로 실행한다. 평가 단계는 수업 설계에서 설정한 수업 목표를 수업 실행 단계에서 어느 정도 도달하였는지 평가하는 과정으로 평가기준을 세우고, 평가기준에 따라서 평가하며, 피드백 및 결과를 기록한다.

이들 단계에 따라 생성형 AI 기반 CBL 수업은 분석-설계-실행-평가로 진행할 수 있다. 이들 단계에서 진행될 내용 요소를 중심으로 생성형 AI 기반 CBL 수업 모형은 [그림 7-2]와 같이 설정할 수 있다.

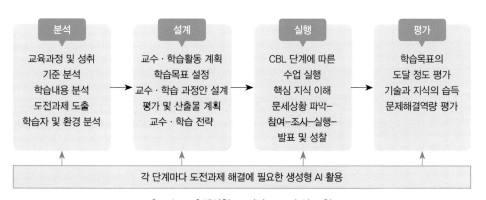

[그림 7-2] **생성형 AI 기반 CBL 수업 모형**

【분석 단계】이 단계에서는 각 교과에서 CBL 수업을 진행하기 위해 교육과정 및 성취기준을 분석한다. 교육과정 및 성취기준 분석을 통해서 학습내용을 도출하고, 학습자들이 활동을 통해서 수행해야 할 도전과제를 설정한다. 그리고 도전과제를 해결해야 할 주체인 학습자들의 실태 및 학습환경을 분석한다. 학습환경은 생성형 AI 활용이 가능한 환경인지, 학습자의 수준은 생성형 AI 도구를 활용할 수 있는 수준인지, 어떤 에듀테크를 활용할 수 있는지에 대해서 분석한다.

【설계 단계】이 단계에서는 도전과제 해결을 위한 교수-학습활동 계획을 세운다. 먼저, 학습목표를 설정하여 구체화한다. 학습목표는 Bloom의 신교육목표 분류 체계에 따라서 구체적으로 진술한다. 학습목표를 달성하기 위하여 생성형 AI 기반 CBL 수업의 단계별로 교수 · 학습 과정안을 설계한다. 그리고 평가 및 산출물을 계획하여, 교수 · 학습 전략을 세운다. 교수 매체는 기본적으로 생성형 AI 도구를 활용하고, 동영상, 유튜브, 캔바 등 다양한 에듀테크를 함께 활용한다.

【실행 단계】이 단계에서는 생성형 AI 기반 CBL 수업 단계에 따라서 개발 및 제작한 교수 · 학습 자료를 기반으로 실제 수업을 실행해 가는 과정이다. 생성형 AI 기반 CBL 수업 단계에 따라서 [핵심 지식 이해- 문제상황 파악-참여-조사-실행-발표 및 성찰]의 과정으로 진행한다.

【평가단계】이 단계에서는 수업 설계 단계에서 설정한 학습목표를 수업 실행을 통해 어느 정도 달성하였는지 평가한다. 수업 평가는 도전 목표 달성 및 지식과 기술 습득 여부, 문제해결역량 등을 중심으로 평가기준을 설정하여 실시한다. 평가방법은 정량평가, 정성평가 등의 방법을 활용하고, 평가결과에 대한 피드백 및 결과를 기록한다.

제**8**장
생성형 AI 기반
CBL 수업 모형 적용

이 장에서는 생성형 AI 기반 CBL 수업 모형에 따라 [교육과정 분석-수업 설계-수업 실행-수업 평가]를 어떻게 적용할 수 있는지 살펴본다. 먼저, 교육과정 분석 단계에서는 교육과정 및 성취기준 분석, 교육내용, 도전과제 도출, 학습자 및 환경을 분석한다. 수업 설계 단계에서는 교수·학습 활동을 계획하는 과정으로 학습목표 설정, 교수·학습과정안 설계, 평가 및 산출물 계획, 교수·학습 전략을 살펴본다. 수업 실행 단계에서는 생성형 AI 기반 CBL 수업 단계에 따라서 수업을 실제로 실행해 가는 과정을 알아본다. 수업 평가 단계에서는 수업 설계 단계에서 설정한 학습목표를 어느 정도 도달했는지를 중심으로 평가기준과 평가방안을 살펴본다.

1. 생성형 AI 기반 CBL 수업 교육과정 분석

교육과정 분석 단계에서는 교육과정 및 성취기준 분석을 통해서 학습내용을 분석하고, 학습자들이 도전해 보고 싶은 도전과제를 도출한다. 그리고 도전과제를 해결해야 할 주체인 학습자의 특징과 학습환경을 분석한다. 학습환경은 학습자들이 생성형 AI 활용이 가능한 환경인지, 학습자의 수준은 생성형 AI를 활용할 수 있는 수준인지, 활용을 위한 안내는 어떻게 해야 할지에 대해서 분석한다.

[그림 8-1] 생성형 AI 기반 CBL 수업 교육과정 분석

예를 들어, 고등학교 1학년 『통합사회』의 대단원 [Ⅶ. 문화와 다양성]의 중단원 [1. 다양한 문화권 이해] 수업에서 생성형 AI 기반 CBL 수업을 시도한다고 가정하여, 이 단계에 맞게 적용해 보자.

1) 교육과정 및 성취기준 분석

2015 개정 사회과 교육과정에 따르면, 대단원 [Ⅶ. 문화와 다양성]의 중단원 [1. 다양한 문화권 이해]는 다양한 문화권의 특징을 이해하고, 다양한 문화권의 특징과 삶의 방식을 탐구하는 활동을 중심으로 수업을 진행하도록 하고 있다. 이에 따라 이 단원의 교수ㆍ학습 활동은 모둠활동을 통해서 다양한 문화권의 특징과 삶의 방식을 조사하거나 프로젝트 학습을 수행하는 것을 권장한다(2015 개정 사회과 교육과정, 2015, pp. 132-134). 이 단원은 2022 개정 사회과 교육과정에서도 『통합사회1』의 대단원 [Ⅳ. 문화와 다양성]으로 제시되어 있다(2022 개정 사회과 교육과정, 2022, pp. 111-112). 이들 성취기준은 다음과 같다.

〈표 8-1〉 CBL 수업 진행을 위한 성취기준 선정

	2015 개정 교육과정	2022 개정 교육과정
단원	Ⅶ. 문화와 다양성	Ⅳ. 문화와 다양성
성취 기준	[10통사07-01] 자연환경과 인문환경의 영향을 받아 형성된 다양한 문화권의 특징과 삶의 방식을 탐구한다.	[10통사1-04-01] 자연환경과 인문환경의 영향을 받아 형성된 다양한 문화권의 특징과 삶의 방식을 탐구한다.

2) 학습내용 분석

성취기준을 분석해서 학습자들이 학습해야 할 주요한 내용을 도출한다. 예를 들어, 앞의 성취기준에 대한 학습내용을 다음과 같이 도출할 수 있다.

학습내용 1	다양한 문화권의 의미와 특징 이해
학습내용 2	다양한 문화권의 삶의 방식 탐구

성취기준 분석을 통해서 학습내용은 두 가지로 도출하였다. [학습내용 1]은 다양한 문화권의 의미와 특징을 이해하는 것이다. [학습내용 2]는 다양한 문화권의 삶의 방식을 탐구하는 활동을 진행한다. [학습내용 1]에서 문화권을 이해하기 위해서 다양한 문화권의 의미와 특징을 이해해야 한다. 그것은 문화권에 영향을 미치는 자연환경과 인문환경을 이해하고, 각 문화권의 특징이 어떻게 나타나고 있는지를 비교·분석할 수 있다는 뜻이다. 이를 바탕으로, [학습내용 2]에서는 다양한 문화권의 삶의 방식을 탐구하는 활동을 진행한다. 이것은 다양한 문화경관과 문화현상에 관한 디지털 자료를 조사하는 활동을 진행하여 이를 토대로 문화권의 특징을 이해할 수 있는 탐구활동을 진행한다는 것을 말한다.

3) 도전과제 도출

학습자들은 [학습내용 2]를 토대로 학습자들이 탐구해야 할 과제를 탐구질문으로 설정한다. 탐구질문은 포괄적인 입장에서 제시한다. 학습자들이 이러한 탐구질문에 기반해서 탐구하고자 할 때, 너무 포괄적인 질문으로 인해서 활동의 방향을 상실할 가능성이 있다. 교사는 학습자들이 탐구질문에 접근하기 위해서 도전하고 싶은 도전과제를 도출할 수 있도록 돕는다. 앞에서 제시한 성취기준과 관련하여 다음과 같은 탐구질문을 제기하고, 도전과제를 도출할 수 있다.

탐구질문	다양한 문화권의 삶의 방식을 어떻게 탐구할까?
도전과제	사람들이 선호하는 매력적인 [해외여행 상품]을 개발하라!

4) 학습자 및 환경 분석

교사는 도전과제를 해결하는 주체인 학습자 및 이들의 학습환경을 분석한다. 학습자 분석은 수업에 참여하는 학습자들에 대한 기본 정보 분석을 토대로 하여, 대상 학습자들이 가지고 있는 특징을 교과 단원의 성격과 관련지어 분석한다. 다음과 같은 내용으로 분석할 수 있다.

대상	고등학교 1학년
구성	통합사회 수업을 수강하는 1학년 전체
특징	문화의 다양성은 학생들의 흥미와 관심을 유도하여 도전기반학습을 실행하기에 적합한 단원임.

학습환경에 대한 분석은 학습자들이 도전과제를 해결할 수 있는 블렌디드 환경이 구축되어 있는지를 고려한다. 생성형 AI 도구를 활용하는 수업이기 때문에 학습자 개인이 PC를 활용할 수 있는 환경이거나 스마트폰을 활용할 수 있는 환경이 구비되어 있어야 한다. 대부분의 학교는 학습자 개인용 PC 혹은 스마트폰을 활용할 수 있는 환경이 구비되어 있다. 이러한 환경을 고려하여 교사는 학습자들이 도전과제를 해결하기 위해 활용할 생성형 AI에 대해서도 미리 계획을 세운다.

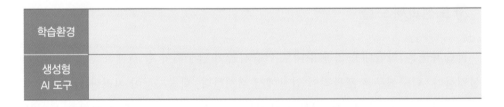

학습환경	
생성형 AI 도구	

교사는 학생들이 도전과제 해결을 위해 생성형 AI를 활용할 수 있는 지식이나 기술을 가지고 있는지, 아니면 AI 활용을 위한 별도의 안내가 필요한지에 대한 분석도 함께한다. 그리하여 교사는 학습자들이 도전하고 싶은 문제를 선택하기도 하고, 설정한 도전과제를 동료와 협력적 관계를 형성할 수 있는 환경을 조성한다. 또한 생성형 AI 도구와 함께 블렌디드 환경과 연계해서 기술과 교육의 융합인 에듀테크를 활용할 수 있는 환경인지도 고려한다. 예를 들어, 잼보드, 구글 문서, 멘티미터, 패들렛, 북크리에이터 등을 활용할 수 있다.

종류	활용 방법

수업의 주체인 학습자들은 디지털 네이티브이다. 존 카우치·제이슨 타운(2020)에 따르면, 디지털 네이티브에게 기술은 도구가 아닌 탐구 환경이다. 어른들은 현대 기술을 '도구'라고 하지만, 이들은 자신들이 살아가는 환경의 일부이다. 우리나라 학습자들도 디지털 네이티브로 성장하고 있으며, 학교 현장에도 이미 블렌디드 환경이 어느 정도 구축되어 있다. 교사는 생성형 AI뿐만 아니라, CBL 수업에 적합한 에듀테크 기술도 선택적으로 활용할 수 있다. 중요한 것은 기술 자체가 아니라, 선택한 기술이 '학습자의 성장과 역량을 어느 정도 이끌어 낼 수 있는가' 하는 것, 즉 교육 본질의 문제를 놓치지 않고 활동을 이끌어 갈 수 있는지의 여부이다. 교사가 학습 조력자이자 맥락 전문가로서 학습자들의 잠재력을 이끌어 역량을 강화해 갈 수 있어야 한다.

2. 생성형 AI 기반 CBL 수업 설계

설계 단계는 생성형 AI 기반 CBL 수업을 위해서 필요한 교수·학습 활동을 구체적으로 설계하는 과정이다. 이 단계는 '학습목표 설정, 교수·학습 과정안 설계, 평가 도구 개발, 교수 전략'을 중심으로 수업을 설계한다. 학습목표는 생성형 AI 기반 CBL 수업을 통해 수행하고자 하는 목표를 구체화한 것이다. 그리고 생성형 AI 기반 CBL 수업의 교수·학습 활동을 구체화하여 교수·학습 과정안을 계획한다. 교수·학습 과정안에 따라 수업 실행 계획을 세워 평가 도구를 개발하고, 교수 전략을 세운다. 이들 수업 설계 과정은 [그림 8-2]와 같이 설정할 수 있다.

[그림 8-2] **생성형 AI 기반 CBL 수업 설계**

1) 학습목표 설정

도전과제 해결을 통해 성취하고자 하는 학습목표를 설정한다. 학습목표는 Bloom의 교육목표 분류 체계에서 발전된 신교육목표분류학에 따라서 구체적으로 진술한다. 신교육목표분류학은 기존의 지식, 이해, 적용, 분석, 종합, 평가의 범주에서 종합과 평가의 위치를 변경하고, 지식을 기억으로 종합을 창안으로 용어를 변경하였다. 그리고 '기억하다, 이해하다, 적용하다, 분석하다, 평가하다, 창안하다'의 동사 형태로 표현하였다(강현석 외 공역, 2005, p. 347; 박기범, 2016, pp. 141-142; 정은희, 2020, pp. 17-18; 나혜원, 2022, p. 11). Bloom의 신교육목표 분류학에 따르면 인지적 영역의 지식 차원은 '사실적 지식', '개념적 지식', '절차적 지식', '메타인지 지식' 등의 4개 유형으로 구분한다. 학습목표는 학습자가 수행할 인지적 과정과 습득할 지식을 나타내는 진술문으로, 명사와 동사로 구성된다.

2022 개정 사회과 교육과정에 따르면, 각 단원에서 배워야 할 학습내용을 지식 · 이해, 과정 · 기능, 가치 · 태도로 분류하고 있다. 지식 · 이해는 교과(목) 및 학년(군)별로 해당 영역에서 알고 이해해야 할 내용이며, 과정 · 기능은 교과 고유의 사고 및 탐구 또는 기능을 말하고, 가치 · 태도는 교과 활동을 통해 기를 수 있는 고유한 가치와 태도를 말한다. 『통합사회2』의 내용체계에 제시된 내용 요소(교육부, 2022d, pp. 108-109)를 참고로 하여 생성형 AI 기반 CBL 수업을 통해서 추구하고자 하는 학습목표를 다음과 같이 설정할 수 있다.

〈표 8-2〉 **생성형 AI 기반 CBL 수업의 학습목표**

1. 지식 · 이해	문화의 다양성을 의식주의 관점에서 설명할 수 있다.
2. 과정 · 기능	도전과제 해결 과정을 통해서 문화권의 특징을 다양한 방식으로 표현할 수 있다.
3. 가치 · 태도	다양한 문화권이 가지는 가치를 이해하고 존중한다.

윤옥한(2023)은 Bloom의 신교육목표 분류체계에 따라 생성형 AI가 학습자에게 도움을 줄 수 있음을 〈표 8-3〉과 같이 표현하였다(윤옥한, 2023, p. 91).

〈표 8-3〉 Bloom의 신교육목표 분류체계(○: 생성형 AI가 도움을 줄 수 있다)

지식 차원	인지 과정 차원					
	1. 기억한다	2. 이해한다	3. 적용한다	4. 분석한다	5. 평가한다	6. 창안한다
A. 사실적 지식	○	○	○	○	○	○
B. 개념적 지식	○	○	○	○	○	○
C. 절차적 지식	○	○	○	○	○	○
D. 메타인지적 지식	○	○	○	○	○	○

　윤옥한의 주장처럼 생성형 AI는 학습자들의 인지적 영역에서 많은 도움을 줄 수 있다. 생성형 AI 기반 CBL 수업에서도 학습자들이 도전과제를 설정하고, 도전과제를 해결하는 과정에서 다양한 유형의 AI를 활용해서 충분한 정보를 수집하고, 분석하고, 분석한 정보를 평가하여 새로운 지식을 창안할 수 있다.

2) 교수 · 학습 과정안 설계

　생성형 AI 기반 CBL 수업을 위한 교수 · 학습 과정안은 〈표 8-4〉와 같은 기본 틀을 중심으로 설계한다. 이는 수업분석 단계에서 도출한 도전과제를 기반으로 한다. 이에 근거하여 학습목표를 구체화하고, 학습목표의 수행을 통해서 강화하고자 하는 핵심 역량과 교수 · 학습 방법을 설정한다. 그리고 생성형 AI 기반 CBL 수업 절차를 단계별로 구체화하여 〈표 8-4〉와 같이 교수 · 학습 과정안 개요를 짠다.

〈표 8-4〉 교수 · 학습 과정안 개요

도전 과제				
학습 목표				
학습 요소				
핵심 역량	비판적 사고력		의사소통능력	
	문제해결력		정보처리능력	
	창의융합능력(비판적 사고)		협업능력	
학습 자료		교수 · 학습 방법		

단계	교수 · 학습 활동 내용
핵심 지식 이해	
문제 상황 파악	
참여	
조사	
실행	
발표 및 성찰	

〈표 8-4〉에서 교수 · 학습 활동의 각 단계는 CBL 수업 절차에 따라서 [핵심 지식 이해-문제상황 파악-참여-조사-실행-발표 및 성찰]의 단계로 진행한다.

3) 평가 및 산출물 계획

생성형 AI 기반 CBL 수업은 〈표 8-4〉의 교수 · 학습 설계에 따라 각 단계에서 이루어지는 주요 활동과 활동 결과의 산출물을 계획한다. 학생들이 도전과제를 해결하는 과정에서 도출되는 주요 산출물을 대상으로 필수 평가 항목을 구체화하고, 그것을 통해서 평가하고자 하는 핵심 역량을 설정한다. 이는 〈표 8-5〉와 같이 설정할 수 있다.

〈표 8-5〉 **주요 산출물 및 평가계획**

단계	주요 산출물	필수 평가 항목	핵심 역량
핵심 지식 이해	• 활동 **1** 핵심 지식 이해	핵심 지식 이해의 적절성	문제해결역량
문제상황 파악	• 활동 **2** 문제 상황 파악 분석	문제상황 분석의 타당성	비판적 사고력
참여	• 활동 **3** 참여 -The Big Idea, 핵심질문, 도전과제 도출	[The Big Idea, 핵심질문, 도전과제 도출]의 타당성	문제해결역량 협업역량

조사	• 활동 4 조사 -조사 활동 결과 정리 -조사 활동 결과 도전과제 해결안 도출	[조사활동 결과 정리]의 타당성, [도전과제 해결안 도출]의 충실성	정보처리역량 창의융합역량
실행	• 활동 5 실행 -설루션 실행 계획-실행-결과 평가	[실행 계획-실행-평가] 과정의 적절성 및 충실성	문제해결역량
발표 및 성찰	• 활동 6 발표 및 성찰 -결과 보고서 발표 및 성찰 -결과 보고서 공유(학교 내, 지역사회, 인터넷 공유)	[보고서] 발표의 충실성 및 생성형 AI 활용의 적절성, 성찰의 구체성	의사소통능력 메타인지능력

4) 교수 · 학습 전략

교수 전략(instructional strategy)은 교육목적 및 학습목표를 달성하기 위해 교수자가 활용하는 기술, 절차, 방법을 의미한다(Orlich et al., 2010). 서로 다른 기술자가 동일한 재료, 기술, 도구 등을 보유하고 있더라도 그것들을 어떻게 조합하고 활용하는가에 따라 그 결과물이 확연히 다르듯이, 교수자가 어떤 교수 전략을 활용하고 적용하는가에 따라 수업의 결과와 학습자의 학습경험은 크게 달라질 수 있다(Reynolds & Farrell, 1996: 채주혜, 2021, p. 8 재인용).

교사는 생성형 AI 기반 CBL 수업을 성공적으로 이끌기 위해서는 '학습 조력자'의 입장과 '맥락 전문가'로서 여러 가지 교수 · 학습 전략을 활용할 수 있다. 존 카우치 · 제이슨 타운(2020)은 앞으로 교사는 학생들에게 읽는 부분을 정해 주고 시험을 위한 문제지를 내주는 '정보 전달자'나 '콘텐츠 전문가'가 아닌, 확장 가능한 질문을 던지고 확장 가능한 활동을 제시하는 '학습 조력자'이자 '맥락 전문가'가 되어야 한다고 강조한다. 교사가 학습 조력자와 맥락 전문가의 입장에서 수업을 성공적으로 이끌어 내기 위해서 다음과 같은 교수 · 학습 전략을 활용한다.

첫째, 도전적인 과제의 설정을 통해 적극적인 동기유발 전략을 활용한다. 학습자의 적극적인 관심을 유발할 수 있는 도전적인 과제를 설정하여 학습자가 잠재력을 발현할 수 있도록 돕는다. 예를 들어, '사람들이 선호하는 매력적인 해외여행 상품을 개발하라'라는 도전과제를 설정하였을 때, 이 도전과제가 학습자들의 장래 삶과 연계되어 있음을 설명하여 학습자의 내재적 동기유발에 초점을 맞춰서 다양한 도전과제의 해결안을 도출할 수 있도록 돕는다.

둘째, 학습자의 자기주도적인 학습 촉진 전략을 활용한다. 도전과제 해결 과정은 CBL의 단계에 따라 생성형 AI를 활용하여 조사하고, 도전과제 해결안을 도출하여 최종 보고서를 작성하는 과정에서 학생들의 자기주도적 학습을 촉진할 수 있도록 돕는다. 이를 위해서 교사는 학습자의 활동을 적극적으로 이끌어 내기 위한 적절한 발문을 활용해서 확산적 사고와 수렴적 사고를 유도한다.

셋째, 협업역량을 강화하는 전략을 활용한다. CBL의 단계에 따라 도전과제 해결을 위한 참여, 조사, 실행, 활동 결과 보고서 작성, 발표 및 성찰에 이르는 전 과정을 모둠 활동으로 진행함으로써 협력학습을 촉진한다. 예를 들어, '사람들이 선호하는 매력적인 해외여행 상품을 개발하라'라는 도전과제의 해결안을 도출하고, 최종 보고서를 작성하여 발표하는 과정에서 모둠원들과 협력적 학습 경험을 제공함으로써 학생들의 성장을 돕는다.

넷째, 도전과제 해결에 필요한 피드백을 적극적으로 활용한다. 교사는 학생들이 도전과제 해결 과정에서 활동을 돕기 위해 학생들의 활동을 지속적으로 모니터링하고, 적시에 피드백을 제공하여 도전과제를 성공적으로 해결할 수 있도록 돕는다. 교사는 피드백을 통해서 학생들이 도전적인 목표 달성을 향해 바르게 나아갈 수 있도록 질문하고, 비계와 모범적인 본보기 등을 제공한다.

다섯째, 적절한 교수 매체를 활용하여 학습자 중심 활동을 유도한다. 매체는 메시지를 주고받는 사람들 사이의 무엇, 즉 메시지를 전달하는 수단을 의미한다. 교수 매체는 교수를 목적으로 사용하는 매체를 의미하며, 교수학습 과정에서 교수자와 학습자, 학습자와 학습자 간의 의사소통을 돕기 위한 수단으로 볼 수 있다. 즉, 교수 매체 활용을 통해서 학습자에게 보다 구체적이고 생생한 학습 경험을 제공함으로써 학습의 효과를 높일 수 있다(오정숙, 2014, p. 216).

이와 같은 교수·학습 전략을 활용함에 있어서 무엇보다 중요한 것은 도전과제가 갖고 있는 사회적 맥락에 대한 이해이다. 교사는 맥락 전문가의 입장에서 도전과제가 개인적으로 의미 있을 뿐만 아니라, 사회적인 맥락에서 사회 개선을 위해서도 매우 의미 있는 과제라는 사실을 이해할 수 있도록 문제상황을 제시한다.

3. 생성형 AI 기반 CBL 수업 실행

수업 실행 단계는 생성형 AI 기반 CBL 수업 절차에 따른 교수 · 학습 활동 과정안을 중심으로 하여, 실제 수업을 실행해 가는 과정이다. 먼저, 교과 내용 지식에 대한 이해를 토대로 CBL 학습에서 가장 핵심적인 지식을 이해하도록 한다. [핵심 지식 이해]를 기반으로 [문제상황 파악-참여-조사-실행-발표 및 성찰]의 과정으로 수업을 실행한다. 이 과정은 [그림 8-3]과 같이 도식화할 수 있다.

[그림 8-3] **생성형 AI 기반 CBL 수업 실행**

1) 핵심 지식 이해 단계

교사는 교과 내용을 토대로 CBL 수업을 진행하고자 하는 단원을 선정하여 성취기준을 분석하고, 핵심 지식을 도출한다. 앞에서 가정했듯이, 고등학교 1학년 『통합사회』의 대단원 [Ⅶ. 문화와 다양성]의 중단원 [1. 다양한 문화권 이해] 수업에서 [성취기준: 10통사07-01]을 분석하여 핵심 지식을 선정하고, 핵심 지식 이해를 위해 필요한 활동을 다음과 같이 설정할 수 있다.

핵심 지식	문화의 다양성
핵심 지식 이해 활동	• 문화권의 의미, 문화권의 특징 이해 • 문화권의 형성에 영향을 미치는 문화적 특징을 적용 및 분석하기 • 서로 다른 문화권에서 형성된 삶의 양식 비교 및 평가하기

이 단원의 핵심 지식은 문화의 다양성이다. Bloom의 신교육목표 분류학에 따라 핵심 지식을 기억하고 이해하여, 적용, 분석, 평가, 창안 등 상위 수준의 단계로 나아가도록 한다. 여기서 핵심 지식인 '문화의 다양성'을 이해하기 위해서는 문화권의 의미와 특징을 이해하고, 문화권에 영향을 미치는 자연환경 및 인문환경을 적용 및 분

석한다. 이를 통해 서로 다른 문화권에서 형성된 삶의 양식을 비교·평가하여 새로운 지식을 창안할 수 있는 단계까지 나아갈 필요가 있다.

이러한 핵심 지식 이해 활동은 교사가 교과서를 중심으로 수업을 진행하는 동안에 이루어져야 한다. 교사는 '문화의 다양성'이라는 핵심 지식을 이해시키기 위해서 서로 다른 문화권의 특징을 적용, 분석, 평가하여 새로운 의미를 창안해 보는 활동을 진행할 필요가 있다. 이렇게 핵심 지식에 대한 충분한 이해가 선행되었을 때 최종적으로 지식의 '창안' 단계까지 나아갈 수 있고, 핵심 지식인 '문화의 다양성'을 비로소 이해했다고 할 수 있다.

물론, 이러한 수업 과정에서 학생들이 핵심 지식을 이해하는 데 필요하다면 교사는 생성형 AI를 활용하여 세계의 다양한 문화권을 조사할 수도 있고, 서로 다른 문화권의 특징에서 나타나는 삶의 방식을 비교 문화의 관점에서 탐구하는 활동을 진행할 수도 있다. 이를 위해서 학생들은 생성형 AI에게 질문을 제시하여 답변을 정리하고, 상호 토론할 수 있다. 이는 〈표 8-6〉과 같은 포맷으로 정리할 수 있다.

〈표 8-6〉 **AI를 활용한 핵심 지식 이해 탐구**

질문	
답변	

더 나아가 "문화의 다양성을 삶의 방식과 관련지어서 설명해 줘."라는 질문을 생성형 AI에게 제기하고, 답변을 정리해서 문화의 다양성을 탐구하는 활동을 진행할 수도 있다. 교사가 명심해야 할 것은 생성형 AI를 활용해서 답변만 정리하는 것은 별 의미가 없다는 사실이다. 이들 답변 내용을 바탕으로 토론활동 또는 비교 분석하는 활동을 병행해야만 한다. 생성형 AI는 지식과 정보를 추출하는 도구에 불과하다. 그것을 의미 있게 만드는 것은 교사와 학습자의 활동이다. 교사는 학습자들이 의미 있는 활동을 할 수 있도록 도와주는 조력자의 역할과 함께, 학습자들이 문화권의 의미를 이해하고 세계 여러 문화권을 탐구할 수 있는 맥락을 제공하는 역할을 해야 한다.

2) 문제상황 파악 단계

교사는 학습자들이 핵심 지식을 충분히 이해했다고 판단되면, 핵심 지식과 관련해서 도전해 보고 싶은 과제를 선정하여 문제상황을 제시한다. 학습자들의 흥미와 관심을 유도하고, 도전해 보고 싶은 호기심을 갖게 한다면, 충분히 훌륭한 문제상황이 된다. 교사가 발문을 통해 학습자들이 문제상황을 설정해 보도록 할 수도 있다. 문제상황을 설정해 본 경험이 없다면, 학생들이 스스로 문제상황을 만드는 것은 결코 쉬운 일이 아니다. 특히 교과 내용이 많아서 진도에 부담이 되는 과목인 경우에는 교사가 문제상황을 제안할 수 있다.

앞에서 제시한 [성취기준: 10통사1-04-01]에 따른 문제상황을 설정해 보자. 교사는 "세계 문화권 수업에서 가장 기억에 남는 곳은? 기억에 남은 곳이 없다면, 그 이유는 무엇인가?", "세계 문화권을 더 잘 이해하기 위한 방법은 무엇인가?", "여행을 간다면 어떤 문화권으로 가고 싶은가? 그 이유는 무엇인가? 그곳에 가면 어떤 문화를 체험할 수 있을까? 그곳을 여행한다면 어떻게 여행 계획을 세울 수 있을까?" 등의 발문을 통해서 문제상황을 유도한다. 필요하다면, 교사가 문제상황을 제안할 수도 있다.

앞에서 제시한 단원에서는 세계를 6개의 문화권으로 분류하고 각 지역의 특징을 피상적으로 제시하고 있기 때문에 교과 내용만으로 세계 문화의 다양성을 제대로 이해하기 어렵다. '문화의 다양성'이라는 핵심 지식을 제대로 이해하기 위해서 서로 다른 문화권에 대한 심도 있는 탐구가 필요하다. 이러한 문제상황을 해결할 수 있는 방법을 학습자들과 함께 논의해 보고, 적절한 방법을 찾아서 도전해 보도록 한다. 이를 위해 학습자들이 관심 있는 도전과제를 선정해 보는 것도 좋다. 이러한 과정을 통해 학습자들이 '사람들이 선호하는 매력적인 [해외여행 상품]을 개발하라'라는 도전과제로 설정했다고 가정해 보자. 문제상황을 〈표 8-7〉과 같이 설정할 수 있다.

〈표 8-7〉 **문제상황의 설정**

문제상황	여러분은 [문화와 다양성] 단원 수업에서 세계 6대 문화권으로 나누어 각 문화권에 속한 나라, 문화권의 자연환경 및 인문환경에 대해서 배웠습니다. 교과서에서 배운 세계 여러 국가의 문화 다양성에 대해서 좀 더 자세히 알아보고자 [해외여행 상품 개발 프로젝트]를 진행하고자 합니다. 많은 사람이 여행지로 찾는 곳은 의식주를 비롯하여 볼거리 등의 문화적 자원이 풍부하기 때문입니다. 여러분은 해외여행을 전문으로 하는 여행사를 운영하는 공동 CEO로서 [도전과제]에 따라 자신의 여행사 상품을 개발하여 봅니다.

학습자들이 세계 여러 문화권의 다양한 문화를 이해할 수 있는 도전과제로 '해외여행 상품 개발 프로젝트'를 설정할 수 있다. 여행객들이 즐겨 찾는 도시들은 각 문화권의 역사와 문화적 특징을 가장 응집력 있게 보여 준다. 역사적인 유적지이면서 동시에 의식주의 응집체로 먹거리, 즐길거리, 건축물 등의 다양한 문화적 특징을 잘 보여 줄 수 있는 곳이다. 도전과제 해결 과정을 통해서 학생들은 문화권에 대한 전반적인 특징을 이해할 수 있게 된다. '사람들이 선호하는 매력적인 해외여행 상품을 개발하라!'는 도전과제를 해결하기 위해서 학생들은 세계 각 지역의 문화권 중에서 여행지로 선호하는 문화권을 선정하여 여행 일정과 코스를 짜서 코스별로 여행지의 문화를 탐방할 수 있는 여행 상품을 개발한다.

문제상황과 도전과제를 설정하였다면, 학습자들이 어떤 입장에서 도전과제를 해결할 것인지의 관점을 결정해 주는 역할 설정도 중요하다. 만약, 회사를 경영하는 CEO의 입장에서 문제상황을 해결해 보도록 하면, 학생들은 강한 도전 의식을 갖게 될 것이다. 도전 의식이 강할수록 강력한 동기유발이 일어날 수 있다.

〈표 8-8〉 생성형 AI를 활용한 문제상황 탐구

질문	해외여행 상품을 어떻게 개발하는지 알려 줘.
답변	

문제상황을 파악하기 위해서 학습자들이 필요하다고 생각되면 생성형 AI를 활용해서 필요한 정보를 구한다. 〈표 8-8〉과 같은 형식으로 생성형 AI에게 질문하고, 답변을 정리하여 토의·토론을 진행한다. 또한 추가 질문을 통해 학습자들이 궁금한 문제상황을 파악하도록 한다.

3) 참여 단계

문제상황에 대한 이해와 도전과제를 기반으로 학습자들이 문제해결을 위해 필요한 대주제를 탐색하게 한다. 대주제는 다소 추상적이며 보편성을 띤 개념으로 설정한다. 추상적인 대주제를 탐구하기 위해서 필요한 핵심질문을 만든다. 핵심질문은 대주제를 학습자들 삶의 문제와 관계 맺는 활동이기 때문에, 학습자들은 도출된 핵심질문을 조사활동을 통해 해결해 나가게 된다. 핵심질문은 학습자들끼리 협력해서 해결할 수 있는 도전과제로 구체화한다. 대주제를 도출하거나 핵심질문을 만드는 과정에서 필요하다면 생성형 AI를 활용한다.

〈표 8-9〉 **참여 단계의 활동 내용 정리**

대주제	문화의 다양성 이해
핵심질문	사람들이 선호하는 여행지는 어디이며, 그곳에서 여행자들이 체험할 수 있는 문화적 특징은 무엇이고, 여행 일정은 어떻게 짤 수 있을까?
도전과제	사람들이 선호하는 매력적인 [해외여행 상품]을 개발하라!

CBL의 참여 단계에서 학습자들은 생성형 AI를 활용해서 다양한 도움을 받을 수 있다. 참여 단계에서 교과의 특성이나 도전과제의 성격에 따라 생성형 AI를 다양하게 활용할 수 있다. 학습자들은 도전과제 해결에 필요한 질문을 통해 필요한 정보를 찾거나, 창의적인 아이디어를 찾기 위해 다양한 생성형 AI를 활용한다.

4) 조사 단계

조사 단계에서 학습자들은 참여 단계에서 선정한 핵심질문을 잘게 쪼개고, 이를 목록화한다. 핵심질문을 잘게 쪼개는 것은 학습자들이 조사하기 쉽게 작은 질문으로 만드는 것이다. 이렇게 핵심질문을 잘게 쪼개는 과정은 학습자들이 도전과제를 다루기 쉽게 느끼도록 하고, 이를 분담하여 자신이 직접 해결해야 할 문제로 받아들이게 하기 위한 것이다. 핵심질문을 쪼개는 과정에서 브레인스토밍을 활용할 수도 있다. 이를 활용해서 도출한 질문을 유목화하여 모둠원끼리 분담해서 내용을 조사한다. 각자가 조사한 내용을 토대로 토론을 통해서 도전과제 해결방안을 도출한다.

앞에서 살펴본 [성취기준: 10통사1-04-01]의 핵심질문을 다음과 같이 잘게 쪼갤 수 있을 것이다. 도전과제를 해결하는 데 관련성이 있는 질문들을 유사성이 있는 그룹으로 묶어서 유목화한다.

〈표 8-10〉 **핵심질문 쪼개기**

핵심질문	사람들이 선호하는 여행지는 어디이며, 그곳에서 여행자들이 체험할 수 있는 문화적 특징은 무엇이고, 여행 일정은 어떻게 짤 수 있을까?
핵심질문 쪼개기	① 사람들이 여행지로 선호하는 문화권은 어디인가? ② 문화권의 인문환경과 자연환경의 특징은 무엇인가? ③ 사람들이 선호하는 여행지의 매력적인 여행 상품은 무엇인가? ④ 여행 코스는 어떻게 짤 것인가? 여행 일정은 어떻게 짤 것인가?

핵심질문을 잘게 쪼개서 도전과제를 해결하는 데 필요한 질문을 유목화하여 역할을 분담한다. 역할 분담이 끝나면 각자 자신이 조사할 내용을 생성형 AI를 활용해서 질문하고 답변을 정리한다. 질문의 유목화 및 역할 분담은 다음과 같이 정리할 수 있다.

〈표 8-11〉 **질문의 유목화 및 역할 분담**

질문	조사 활동 내용	역할 분담
1	사람들이 여행지로 선호하는 문화권 조사 및 선정	다같이
2	선정 문화권의 인문환경과 자연환경 특징 조사	모둠원 1, 2
3	선정 문화권의 매력적인 여행 상품 조사 및 선정	모둠원 3, 4
4	선정 문화권의 여행 상품 코스 선정	다같이
5	선정 문화권의 여행 상품 일정 짜기	다같이

유목화된 질문을 바탕으로 모둠 내에서 역할을 분담하여 조사할 내용을 정한 후, 조사활동을 통해서 도전과제를 해결해 간다. 각 모둠은 질문의 항목에 맞는 내용을 조사하여 최종적으로 '사람들이 선호하는 매력적인 [해외여행 상품]을 개발하라!'라는 도전과제의 해결안을 도출한다. 도전과제 해결안을 보고서로 작성하도록 한다. 이때 보고서에 포함될 내용을 〈표 8-12〉와 같이 제시해 주면 학생들의 활동에 도움이 될 것이다.

〈표 8-12〉 **최종 보고서에 포함할 내용(예시)**

순서	내용
1	여행 상품 관련 표지 제목, 모둠 구성원
2	여행지 선정 및 여행지 선정 이유

3	여행지의 문화권 및 특징(인문환경 및 자연환경)
4	여행지의 여행 일정 짜기
5	여행 일정별 여행 코스 선정(지도상의 위치)
6~7	여행지의 매력적인 여행 상품 소개(역사, 유물, 유적, 건축 등)
8~9	여행지의 매력적인 여행 상품 소개(볼거리, 즐길거리, 먹거리)
10	매력적인 여행지를 홍보하는 포스터
11	역할 정리 및 참고 문헌 정리

교사는 학생들의 조사활동을 지켜보면서, 최종 보고서에 들어가야 할 최소한의 기준을 설정해 준다. 예를 들어, '여행지로 선정한 문화권 지역의 도시를 코스별로 세 개 지역 이상 선정할 것, 그곳을 대표하는 매력적인 여행 상품을 나타내는 사진 하나, 사진 설명, 사진 관련 동영상으로 구성할 것'이라는 최소한의 기준을 제시할 수 있다.

5) 실행 단계

실행 단계는 도전과제의 해결 결과로 도출한 해결안을 실질적으로 실행해 보는 과정이다. [성취기준: 10통사07-01]의 도전과제인 '사람들이 선호하는 매력적인 [해외 여행 상품]을 개발하라!'에 대한 최종 보고서를 완성함으로써 도전과제의 해결안을 PPT로 완성할 수도 있다. PPT로 완성한 최종 보고서는 생성형 AI를 활용하여 여러 형식으로 표현 가능하다. 예를 들어, 생성형 AI 중 하나인 브루를 활용하여 AI 목소리를 넣은 동영상으로 제작할 수도 있다. 이를 위한 대본 개요를 〈표 8-13〉과 같이 구성할 수 있다.

〈표 8-13〉 **브루 활용 대본 개요 짜기**

구분	내용
PPT 내용 정리	
브루 제작 대본 쓰기	

각 모둠이 브루를 활용해서 제작한 동영상이 도전과제 결과 도출한 해결책이 될 수 있다. 학습자들이 도출해 낸 해결책을 학교, 지역사회, 또는 세계 다른 지역의 사람들과 공유해 보고, 그에 대한 평가를 분석하여 자신들의 최종 보고서에 반영할 수 있다.

6) 발표 및 성찰 단계

도전과제 해결 결과 도출된 최종 결과 보고서는 수업 시간을 활용해서 모둠별 발표로 진행하고, 성찰의 기회를 갖는다. 학생들은 모둠별 발표를 보면서, 모둠별 최종 결과 보고서의 특징을 분석해 보고, 궁금한 점에 대해서는 질문하게 한다. 이러한 활동은 〈표 8-14〉와 같이 정리할 수 있다.

〈표 8-14〉 **보고서 발표 결과 특징 분석 및 질문하기**

모둠		1	2	3	4	5	6
주제							
특징							
질문하기	모둠명						
	질문 1						

모둠별 발표 후 성찰의 기회를 가진다. 성찰은 성찰일기를 활용한다. 성찰일기를 통해서 학생들이 도전과제 해결 과정에서 느낀 어려움, 어려움을 극복하는 과정, 도전과제 해결 과정에서 습득한 지식과 정보, AI 활용의 장점과 문제점 등을 구체적으로 표현하도록 한다. 성찰일기는 학습자들의 메타인지 능력을 향상시킬 것이다. 이는 생성형 AI 기반 CBL 수업을 통해서 교사가 강화하고자 의도했던 역량이 어느 정도 강화되었는지를 확인할 수 있는 방법이기도 하다.

교사의 입장에서도 반성적 성찰을 해 본다. 수업 설계의 효율성, 학습자 활동의 적절성, 학습목표와 활동 및 결과의 연계성, 수업 평가의 공정성, 수업 진행 과정의 어려움 극복 여부 등에 대해서 스스로 체크해 볼 수 있다. 교사의 반성적 성찰은 수업의 설계와 실행 과정에서 자신이 설정한 문제해결 전략을 수정하고 보완하게 해 주는 인지적 사고 행위로서 메타인지 역량을 키울 수 있다.

4. 생성형 AI 기반 CBL 수업 평가

수업 평가 단계에서는 수업 설계 단계에서 설정한 도전 목표를 수업 실행을 통해서 어느 정도 달성했으며 어떠한 역량이 강화되었는지에 초점을 두고 평가를 실시한다. 이를 위해서 CBL 수업을 통해서 평가하고자 하는 평가의 기본 방향을 설정하고, 이를 토대로 평가 루브릭을 작성하여 평가를 실시한다.

1) 수업 평가의 기본 방향

CBL은 학생들이 실제 세계의 문제를 도전과제로 설정하여 해결하는 과정에서 도전과제 해결에 필요한 지식과 기술을 습득하고, 협력적 관계를 통해서 도전과제 해결책을 도출하여 실행 및 공유 과정으로 문제해결역량을 키우는 학습이다. 따라서 CBL 수업 평가의 기본 방향은 '도전의 목표 달성 여부', '학습자의 지식과 기술 습득 여부', '학습자의 문제해결, 협업능력, 창의적 사고 등의 역량'을 중심으로 평가한다.

(1) 도전의 목표 달성 여부 평가

CBL 평가의 가장 기본적인 방향은 학습자들이 도전의 목표를 달성했는지 여부를 평가하는 것이다. 이를 위해서는 도전의 목표가 명확하게 설정되어 있어야 하며, 목표 달성 여부를 측정할 수 있는 지표가 마련되어 있어야 한다. 예를 들어, 앞에서 예로 제시해 온 『통합사회』 수업의 도전과제 '사람들이 선호하는 매력적인 [해외여행 상품]을 개발하라!'의 도전 목표는 사람들이 선호하는 매력적인 해외여행 상품을 개발하는 것이다. 학습자들은 도전과제를 통해서 도출한 해결안으로 제작한 PPT와 동영상이 사람들이 선호하는 문화권의 문화적 특성을 제대로 반영하였는지를 평가한다. 이러한 문화의 다양성을 소개하는 여행 상품으로 제작한 동영상의 도전과제가 목표를 달성했는지 여부를 측정하기 위한 핵심적인 지표는 다음을 통해 확인할 수 있다. 즉, 학생들이 제작한 PPT와 동영상에 문화적 다양성을 나타내는 역사, 유물, 유적, 건축의 특징과 볼거리, 즐길거리, 먹거리 등의 요소 분석을 통해서이다.

(2) 학습자의 지식과 기술 습득 여부 평가

CBL 수업 평가는 학생들이 도전 과정에서 습득한 지식과 기술을 평가하는 데 초점을 맞춘다. 이를 위해서 학생들이 도전과제를 해결하는 과정에서 어떤 자료와 정보를 활용했으며, 이를 분석하고 활용하는 과정에서 필요한 지식을 적절하게 활용했는지 평가한다. 그리고 도전과제 해결을 위해서 어떠한 기술을 습득하고, 이를 적절하게 활용했는지 평가한다. 『통합사회』 수업의 도전과제 '사람들이 선호하는 매력적인 [해외여행 상품]을 개발하라!'에서도 도전과제 해결에 필요한 지식과 기술을 어떻게 습득하고 적절하게 활용했는지를 중심으로 평가할 수 있다.

이 도전과제 해결에 필요한 지식은 문화권의 의미와 특징, 문화의 다양성, 문화의 다양성을 표현하는 양식 등에 대한 이해를 필요로 한다. 이러한 지식과 관련된 요소가 각 모둠에서 보고서로 작성한 PPT에 어떻게 반영되어 나타나고 있는지에 대해서 평가할 수 있다. 그리고 본 수업의 도전과제 해결에 필요한 기술은 생성형 AI 활용과 에듀테크 활용으로, 이들 기술을 어떤 방식으로 어떻게 활용했는지를 중심으로 평가한다. 이를 위해서 도전과제 해결 결과 보고서인 PPT 자료와 AI 도구인 브루를 활용한 동영상 제작물을 중심으로 학생들이 습득한 지식과 기술을 평가한다.

(3) 학습자의 문제해결 능력 등의 역량 평가

CBL 수업은 학습자들이 실제 세계에서 존재하는 문제나 상황을 파악하고, 이를 해결하기 위해서 도전과제 해결안을 도출하여 실행하고 공유하는 과정에서 문제해결 역량을 키우는 것이 중요하다. 따라서 학습자들이 도전과제를 해결해 가는 과정에서 문제상황을 어떻게 파악하고, 도전과제를 해결하기 위해서 필요한 조사활동 및 도전과제 해결 결과 보고서는 최적의 해결안을 도출하였는지에 초점을 두고 평가한다. 또한 학생들이 도전과제를 해결하는 과정에서 새롭고 가치 있는 아이디어를 생성하는 창의적인 사고력을 비롯하여, 상호 협력적 관계를 유지하였는지의 협업능력도 평가할 수 있다.

예를 들어, 학생들이 '사람들이 선호하는 매력적인 [해외여행 상품]을 개발하라!'는 도전과제를 해결하기 위해서 문제상황을 어떻게 파악하였으며, 이를 해결하기 위해 어떤 조사활동을 했고, 조사활동 결과 도전과제 해결에 필요한 최선의 해결책을 선택하기 위해서 생성한 아이디어는 창의적인지, 해결책을 도출한 과정에서 상호협력적인 관계를 유지했는지에 초점을 맞춰 평가할 수 있다. 이를 위해서 학생들의 활동 보고서인 PPT와 AI 도구인 브루를 활용한 동영상 제작물을 분석하여 평가할 수 있다. 이들 평가를 통해서 문제해결력, 협업능력, 창의적 사고 등의 역량을 평가한다.

2) 수업 평가 루브릭 작성

수업의 평가를 위한 채점 루브릭은 〈표 8-15〉와 같이 '도전의 목표 달성 여부', '지식과 기술 습득', '문제해결능력', '협업능력', '창의적 사고력' 등 CBL 수업을 통해서 도달할 것으로 기대되는 요소를 중심으로 구성할 수 있다. 이들 요소들을 중심으로 수업 평가를 위한 채점 루브릭은 〈표 8-15〉와 같이 구성할 수 있다.

〈표 8-15〉 **수업의 평가를 위한 채점 루브릭 예시**

평가기준 (배점)	매우 우수 (5점)	우수 (4점)	보통 (3점)	미흡 (2점)
도전의 목표 달성 여부	도전의 목표를 명확히 이해하고, 이를 효과적으로 달성했다.	도전의 목표를 이해하고, 이를 달성하기 위한 노력을 보였다.	도전의 목표를 이해하는 데 어려움을 보였거나, 이를 달성하기 위한 노력이 부족했다.	도전의 목표를 이해하지 못하거나, 이를 달성하기 위한 노력이 전혀 없었다.
지식과 기술 습득	지식과 기술을 깊이 있게 이해하고, 이를 효과적으로 활용했다.	지식과 기술을 어느 정도 이해하고, 이를 활용하는 데 노력을 보였다.	지식과 기술을 이해하는 데 어려움을 보였거나, 이를 활용하는 데 어려움을 겪었다.	지식과 기술을 이해하지 못하거나, 이를 활용하는 데 전혀 노력을 기울이지 않았다.
문제해결 능력	문제를 효과적으로 정의하고, 다양한 해결책을 모색하여 최적의 해결책을 선택했다.	문제를 정의하고, 해결책을 모색하는 데 노력을 보였다.	문제를 정의하는 데 어려움을 보였거나, 해결책을 모색하는 데 어려움을 겪었다.	문제를 정의하거나, 해결책을 모색하는 데 전혀 노력을 기울이지 않았다.
협업 능력	팀원들과 원활하게 협력하여 도전에 성공했다.	팀원들과 협력하는 데 노력을 보였다.	팀원들과 협력하는 데 어려움을 겪었다.	팀원들과 협력하지 않았다.
창의적 사고력	도전에 대한 독창적인 아이디어를 제시하고, 이를 효과적으로 구현했다.	도전에 대한 아이디어를 제시하고, 이를 구현하는 데 노력을 보였다.	도전에 대한 아이디어를 제시하는 데 어려움을 보였거나, 이를 구현하는 데 어려움을 겪었다.	도전에 대한 아이디어를 제시하거나, 이를 구현하는 데 전혀 노력을 기울이지 않았다.

3) 평가 결과 피드백 및 기록

생성형 AI 기반 CBL 수업의 평가 결과는 피드백을 통해서 학습자의 성장을 도울 수 있다. 교사는 학습자가 도전 목표 달성을 어느 정도 했는지, 도전과제 해결을 위해서 어떤 지식과 기술을 습득했으며, 도전과제 해결 과정에서 문제해결역량은 어느 정도인지에 대해서 학생들에게 피드백을 제공할 수 있다. 도전과제 '사람들이 선호하는 매력적인 [해외여행 상품]을 개발하라!'는 수업에 대해서 다음과 같은 내용을 피드백해 줄 수 있다.

〈표 8-16〉 **수업 과정 및 결과에 대한 교사의 피드백 예시**

- 대주제를 선정하여 핵심질문을 도출하고, 핵심질문을 잘게 쪼개어 질문을 유목화하는 활동에 많은 어려움을 느낌. 이러한 문제해결을 위해서는 모둠원 상호 간의 활발한 토론을 통한 협력적 노력이 필요함.

- 도전과제를 해결하기 위해서 필요한 핵심 지식인 문화의 다양성을 볼거리, 즐길거리, 먹거리의 관점에서 풍부한 자료를 활용하고, 역사, 유물, 유적, 건축 양식과 관련하여 AI 도구를 적절히 활용하여 자료를 수집하였으나, 이들 자료를 창의적으로 조직화하는 데 다소 미흡함이 있음. 이를 극복하기 위해서는 조사 내용을 구조화하려는 노력이 필요함.

- 도전과제 해결안을 PPT로 작성하여 보고서로 완성하고 브루를 활용하여 동영상을 제작하는 과정에서 생성형 AI 활용은 매우 잘함. 그러나 동영상의 내용이 도전과제 해결안의 내용을 충분히 반영하지 못한 아쉬움이 있음. 이를 해결하기 위해 동영상 제작 시 대본 구성을 좀 더 치밀하게 짜고, 이를 브루 편집 기능을 활용하여 수정하는 과정이 필요함.

수업 평가 결과는 학교생활기록부 특기사항으로 기록한다. 도전 목표 달성 여부, 지식과 기술 습득 여부, 문제해결역량을 중심으로 〈표 8-17〉과 같이 기록할 수 있다.

〈표 8-17〉 학교생활기록부 특기사항 기록 예시

세계 여러 문화권의 삶의 방식을 탐구하기 위해 '사람들이 선호하는 매력적인 [해외여행 상품]을 개발하라!'를 주제로 진행한 생성형 AI 기반 도전학습에서 '북아메리카 문화권의 캐나다 탐방을 위한 5박 6일의 여행 상품 개발'을 도전과제로 선정하여, 도전 목표를 잘 이해하고, 도전 과제 해결에 필요한 관련 지식과 기술을 활용하여 동영상을 제작 및 발표하는 과정에서 도전 목표를 효과적으로 달성함. 그리고 문제상황을 파악하여 문제를 정의하고 도전과제 해결 절차에 따라 조사 활동을 진행하여 도전과제 해결안을 도출하는 과정에서 모둠장으로서 탁월한 협업능력과 문제해결역량을 보임. 특히 캐나다 문화를 소개하기 위하여 선정한 도시를 지도 위에 표시하고, 각 지역의 문화적 특징을 종교, 역사를 기본으로 하여 즐길거리를 비롯한 패션, 먹거리, 건축물 등의 의식주의 관련 상품을 자신들이 좋아하는 연예인과 함께 여행하는 매력적인 상품으로 구성한 점에서 창의적 사고력이 돋보임(5반 박○○).

　생성형 AI 기반 CBL 수업의 평가 결과 기록을 위해서 다음의 사항을 고려한다.

　첫째, 평가기준을 중심으로 기록한다. 예를 들어, '도전의 목표 달성 여부' 평가기준에서 '도전의 목표를 명확히 이해하고, 이를 효과적으로 달성했다.'는 평가를 받은 경우, '도전의 목표를 이해하고, 이를 달성하기 위한 노력을 보였으며, 도전의 결과를 통해 문화 다양성 관련 지식과 기술을 깊이 있게 이해하고, 이를 효과적으로 활용하는 능력을 키울 수 있었음.'이라고 기록할 수 있다.

　둘째, 학습자의 성장 가능성을 강조한다. 예를 들어, 문제해결 능력 평가기준에서 '문제를 효과적으로 정의하고, 다양한 해결책을 모색하여 최적의 해결책을 선택했다.'는 평가를 받은 경우, '도전의 과정에서 문제를 정의하고, 해결책을 모색하는 데 어려움을 겪었지만, 교사의 도움을 받아 이를 극복하고, 문제해결 능력을 향상시킬 수 있었음.'이라고 기록할 수 있다.

　셋째, 진로와의 연계를 제시한다. 예를 들어, '협업능력' 평가기준에서 '팀원들과 원활하게 협력하여 도전에 성공했다.'는 평가를 받은 경우, '도전의 과정에서 팀원들과 협력하는 데 어려움을 겪었지만, 팀원들과의 소통을 통해 이를 극복하고, 협업능력을 향상시킬 수 있었음. 이러한 경험을 통해 미래에 다양한 분야에서 협업능력을 발휘할 수 있는 인재로 성장할 수 있을 것으로 기대됨.'이라고 기록할 수 있다.

　이처럼 평가 결과를 학교생활기록부 특기사항으로 기록할 때는 학습자의 학습 성과를 정확하고 공정하게 평가하고, 학습자의 성장 가능성과 진로와의 연계를 제시하는 것이 바람직하다.

제**4**부
생성형 AI 기반 CBL 수업 실천

제4부에서는 생성형 AI 기반 CBL 수업 모형을 고등학교 국어, 영어, 수학, 과학, 사회, 미술, 정보, 진로의 8대 교과를 중심으로 고등학교 교과 수업 및 대학교 전공강의에서 실제 수업에 적용한 실천 사례를 정리한다. 교과 수업 사례는 2015 개정 교육과정에서 출발하였지만, 2025년부터 단계적으로 실시되는 2022 개정 교육과정의 성취기준과도 접목하여 교수·학습 자료를 개발하고 실제 수업에 적용한 결과를 정리한다.

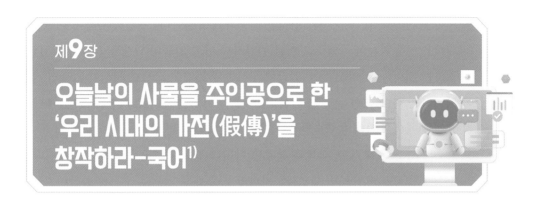

제**9**장

오늘날의 사물을 주인공으로 한 '우리 시대의 가전(假傳)'을 창작하라-국어[1]

어려운 구절이 가득한 고전문학을 어떻게 가르칠까

한국고전문학은 중고등학교 국어과 교과과정 문학의 하위 영역이다. 현대와의 시대적·문화적 격차가 있으며, 그로 인해 문화적 배경지식 습득 및 어려운 어휘와 구절 이해 등을 필요로 한다. 무엇보다 오늘날을 살아가는 우리가 과거의 문학을 배워야 할 필요성과 의미에 공감하고, 그 과정에서 감상과 학습 동기를 유발하는 것에 가장 큰 어려움이 있다. 실제로 이들을 가르쳐야 하는 교육자, 혹은 예비교사의 입장에서 고전문학은 접근이 수월하지 않다. 우선 스스로가 고전문학작품을 충분히 이해하고 있는지 되돌아보아야 하며, 이를 어떻게 의미 있게 전달할 것인지도 고민해야 한다.

한국 고전문학 갈래 중 '가전(假傳)'이라는 갈래가 있다. 과거 중국에서 발생한 갈래가 고려시대 문인들에게 영향을 주었던 것으로, 조선후기까지 지속된 고전산문의 한 갈래이다. '거짓' 혹은 '빌리다'의 의미를 지닌 '가(假)'에 전(傳)이라는 역사 기술의 한 방식이 합쳐져, 사물 혹은 동물을 마치 역사 속의 인물인 양 그 행적을 가상으로 기록하고, 마지막에 사관의 평을 덧붙이는 형식의 글이다. 이는 일종의 알레고리적 기법으로 쓰인 글이며, 교훈적 메시지를 가진다. 말하고자 하는 것은 대체로 인간 사회에 대한 풍자, 비판적 메시지이며 이에 따라 대사회적(對社會的) 성격이 강하다.

가전을 지은 옛사람들은 사물의 특성 및 사물과 관련된 옛 고사들을 엮어, 마치 사

1) 이 글은 '정보배(2024). 생성형 AI를 활용한 고전문학 교육방안 연구—가전(假傳)갈래의 이해와 창작을 중심으로—. 문화와 융합, 46권 2(특별호), pp. 97-112. 한국문화융합학회'를 바탕으로 작성된 내용이다.

물을 역사 속 인물처럼 그 내력과 업적을 저술하여 묘사한다. 주인공 사물에 대한 자신의 지식을 총동원하여 나열하고 이를 편집하여 마치 인물의 일생을 저술한 것처럼 보이게 하는 것이다. 따라서 독자 입장에서 사물과 관련된 고사나 지식이 없으면, 작품이 의미하는 바에 대한 온전한 해석이 어렵다. 이러한 이유로 가전은 고전문학의 여러 갈래 중에서도 현대의 학습자들이 가장 어렵게 여기는 갈래 중 하나이다.

오늘날은 AI를 통해 정보 검색과 활용뿐 아니라 작문까지도 용이해진 상황이다. 따라서 생성형 AI를 활용하여 그 옛날 '지식의 농축'을 특징으로 수용과 창작이 이루어졌던 가전 갈래를, 오늘날의 사물에 대한 정보를 바탕으로 재창작하는 것은 하나의 교육 아이디어가 될 수 있다. 이는 특히 그동안 학습자들이 접근하기 어려웠던 가전 갈래를 이해하는 데 있어 의미 있는 시도가 될 것이다. 학습자들은 생성형 AI를 통해 직접 정보를 찾고, 그 정보를 바탕으로 오늘날 존재하는 사물을 주인공으로 한 가전 창작을 해 볼 수 있으며, 이를 통해 비교적 어려운 갈래로 손꼽히는 가전의 특성을 친숙하게 학습할 수 있을 것이다. 또한 가전 갈래의 '대사회적 메시지'의 성격을 활용하여 오늘날 학습자들의 관심사인 진로, 인간관계나 더 큰 사회적 문제인 기후위기 등을 담은 작품을 창작하고, 이를 또래 학습자들과 공유하여 그 중요성을 체감해 보게 하는 의미 있는 기회도 될 것이다.

이 주제와 관련된 수업은 다음 두 가지 측면에 중점을 두어 설계·실행하였다. 첫째, CBL(도전기반학습)을 기반으로 학생들은 핵심과제를 해결하기 위해 '오늘날의 사물을 주인공으로 한 가전 창작하기'를 도전과제로 설정하고, 이를 위해 주인공이 될 사물 혹은 동물을 정한 후 생성형 AI를 활용한 정보 조사 활동을 진행한다. 이를 바탕으로 가전을 작성 후 공유하는 활동을 진행하였다. 둘째, 생성형 AI를 활용해서 만든 가전을 또래 수강생들과 공유하기 위해, 텍스트를 생성형 AI 도구로 동영상 또는 웹툰을 제작하여 공유한다. 이러한 활동을 통해 학생들은 가전 갈래에 대한 이해를 높이고 작품을 창작하여 공유하는 경험을 해 봄으로써 의사소통 역량, 비판적·창의적 사고 역량, 문화향유 역량을 기르고자 하였다.

1. 생성형 AI 기반 CBL 수업 교육과정 분석

1) 핵심 역량 및 교육과정 분석

수업 주제인 고전문학의 이해를 위한 '우리 시대의 가전을 창작하라'는 고전문학 영역, 문학과 관련된 생산 혹은 창작 영역과 직접적인 관련을 가진다. 교육과정상으로는 2015 개정 교육과정 공통과목『국어』 성취기준 "[10국−05−04] 문학의 수용과 생산 활동을 통해 다양한 사회·문화적 가치를 이해하고 평가한다."와 관련될 수 있다. 가전 갈래 이해의 어려움을 고려하면, 학습자의 학년이 높을 때 배우는 선택과목 『문학』에서 다루는 것이 좋다. 특히 선택과목 『문학』의 성취기준인 "[12문학02−05] 작품을 읽고 다양한 시각에서 재구성하거나 주체적인 관점에서 창작한다."[2]와 가장 연계성이 높다고 판단된다.『문학』 과목 성취기준 중 고전문학 단원 및 제재와 밀접한 연관을 지닌 [12문학03−01]~[12문학03−04]와도 연계하여 가르칠 수 있다.

2022 개정 교육과정 중 문학의 수용과 창작 관련 성취기준은 국어과 선택중심 교육과정에서 공통과목인『공통국어』 1의 "[10공국1−05−03] 작품 구성 요소의 유기적 관계와 맥락에 유의하여 작품을 수용하고 생산한다."와 선택과목 일반선택『문학』의 "[12문학01−08] 작품을 읽고 새로운 시각으로 재구성하거나 주체적인 관점에서 작품을 창작한다."와 관련된다. 또한 고전문학 단원 및 제재와 밀접한 관련을 지닐 것으로 예상되는『공통국어』 2의 "[10공국2−05−01] 한국 문학사의 흐름을 고려하여 작품을 수용한다." 및 [12문학01−03], [12문학 01−04]와도 연계하여 가르칠 수 있다.

2015, 2022 두 교육과정에서 문학의 수용과 창작 관련 성취기준을 선택과목 문학 중심으로 살펴보면 크게 변화가 없음을 〈표 9−1〉에서 확인할 수 있다. 다만 고전문학과 내용적으로 관련성이 높았던 성취기준들이 전반적으로 축소되어 제시되고 있다.

---

2) 이 성취기준 관련 교수학습 방법 및 유의사항으로 "⑨ 작품을 다양한 시각에서 재구성하거나 창작하기를 지도할 때에는 내용, 형식, 맥락, 매체 등을 바꾸어 봄으로써 기초적인 문학 생산 능력을 기르고 문학적 표현의 동기를 신장하도록 한다."라고 안내한다. 그리고 평가 방법 및 유의사항으로 "④ 작품의 생산 활동은 창의성과 진실성을 중심으로 평가하되, 작품의 구성 요소를 분석적으로 평가하는 데 치우치지 말고 총체적인 평가가 이루어지도록 한다. ⑤ 작품의 생산 활동에 대한 평가는 학습자의 수준과 경험의 폭을 고려하고, 문학 활동에 대한 흥미를 떨어뜨리지 않도록 유의한다."라고 안내한다.

〈표 9-1〉 CBL 수업 진행을 위한 성취기준 선정

교육과정	2015 개정	2022 개정
주 성취기준	[12문학02-05] 작품을 읽고 다양한 시각에서 재구성하거나 주체적인 관점에서 창작한다.	[12문학01-08] 작품을 읽고 새로운 시각으로 재구성하거나 주체적인 관점에서 작품을 창작한다.
연계 성취기준	[10문학03-01] 한국 문학의 개념과 범위를 이해한다. [10문학03-02] 대표적인 문학작품을 통해 한국 문학의 전통과 특질을 파악하고 감상한다. [10문학03-03] 주요 작품을 중심으로 한국 문학의 갈래별 전개와 구현 양상을 탐구하고 감상한다.	[12문학01-03] 주요 작품을 중심으로 한국 문학의 갈래별 전개와 구현 양상을 탐구하고 감상한다. [12문학01-04] 한국 문학에 반영된 시대 상황을 이해하고 문학과 역사의 상호 영향 관계를 탐구한다.
	[12문학01-04] 한국 문학작품에 반영된 시대 상황을 이해하고 문학과 역사의 상호 영향 관계를 탐구한다.	

수업의 주제와 직접적 관련이 있는 주 성취기준 [12문학02-05]에 대해 2015 개정 교육과정에서는 별도의 해설을 마련하고 있지 않지만, 이 성취기준을 거의 그대로 계승한 2022 개정 교육과정에서는 관련하여 별도의 해설이 있어 주목된다. 해설 내용은 다음과 같다.

"이 성취기준은 학습자가 수동적인 문학 수용자에 그치지 않고, 문학의 형식으로 자신을 표현하며 세상과 적극적으로 소통하는 능력을 갖추도록 하기 위해 설정하였다. 기존의 작품을 활용하여 작품의 일부를 바꾸거나 개작하는 활동을 할 경우 기계적 모방에 그치지 않고, 개작의 과정에서 문학의 갈래적 특성이나 형식적 특징을 익힐 수 있게 하는 것이 필요하다. 또한 재구성의 과정에서 예전에는 당연했던 가치관이나 인식을 담은 작품들을 현재의 시각이나 독자의 시각에서 비판적으로 살펴보고 주제나 내용을 새롭게 재구성하는 데 중점을 둔다. 그리고 이러한 활동 경험들을 통해 창작에 대한 부담감이나 두려움을 낮추고, 나아가 자신의 생각이나 감정을 적극적으로 담아내려 시도하는 가운데 자연스럽게 학습자의 창작 능력이 향상될 수 있게 한다."

성취기준 해설에 나타난 특징을 살펴보면, 우선 기계적으로 작품의 일부를 변형하는 차원이 아니라 문학의 갈래적, 형식적 특성을 익히도록 하는 과정이 될 것을 권고

한다. 또한 현대 독자의 시각에서 새롭게 살펴보면서, 창작에 대한 부담감과 두려움을 낮추는 방식의 창작 교육을 권장한다. 따라서 학습자들이 가질 수 있는 창작에 대한 부담감을 덜기 위해 생성형 AI를 적극 활용하고, 그 과정에서 가전의 갈래적 특성과 그 가치를 자연스레 체득할 수 있는 지도방안을 구성해야 할 것이다.

2) 학습내용 분석

문학의 수용과 창작 및 고전문학 학습과 관련된 성취기준에서 추출한 학습내용은 다음과 같다.

- [학습내용 1] 한국 문학의 갈래 이해(가전의 갈래적 특성 이해)
- [학습내용 2] 작품의 재구성과 창작(가전 텍스트 창작 과정 이해 및 창작)

학습내용 1과 2는 모두 국어과 교육과정 성취기준과 관련된 내용이며, 이 수업은 2022 개정 국어과 교육과정에서 두 개의 성취기준을 중심으로 '가전' 갈래에 초점을 맞추어 학습내용을 선정하였다. 작품을 읽고 난 후 이를 새로운 시각에서 재구성하기 위해서는 우선 [학습내용 1]과 같이 작품 내용과 그 작품이 속한 갈래적 특성을 깊이 이해해야 가능하다. 따라서 가전에 속한 대표적 작품을 골라 학습자들과 읽으며 가전의 갈래적 특성을 이해하고 갈래가 지닌 대사회적 메시지를 이해할 수 있게 한다. 교과서의 '문학의 창작과 재구성' 관련 단원의 제재가 고전문학이 아닌 경우, '고전문학'을 제재로 다룬 단원과 합쳐서 진행하는 것이 좋다.

이후 학습자들은 [학습내용 2]를 실행하기 위해 주인공이 될 오늘날의 사물을 정하고, 작품 내용의 토대를 마련하기 위해 생성형 AI를 활용하여 오늘날의 사물에 대한 정보를 검색한다. 검색한 자료를 바탕으로 창작에 돌입할 수 있으나, 학습자들이 느낄 창작에 대한 부담감이나 기타 수업 시수 등의 여러 여건으로 수업을 단축해서 진행해야 한다면, 생성형 AI의 도움을 받아 스토리라인을 구성하는 것 또한 가능하다. 여러 생성형 AI를 활용해 스토리라인을 생성하고, 이를 교차 검토 후 가전의 갈래적 특성에 맞게 자료를 재구성하고 문장을 다듬는 과정을 거치면 '오늘날의 사물을 주인공으로 한 우리 시대의 가전'이 비교적 수월하게 창작될 것이다. 이 과정에서 학습자들이 가전 갈래의 특성과 그 가치를 이해할 수 있게 될 것으로 기대한다.

3) 도전과제 도출

학습내용 1과 2를 토대로 학습자들이 탐구해야 할 과제를, '가전을 어떻게 하면 오늘날의 독자에게 의미 있는 방식으로 재창작할 수 있을까?'라는 탐구질문의 형태로 제기할 수 있다. 앞서 언급한 바와 같이 오늘날 고전문학이 의미를 가지려면 고전문학이 제기하는 문제가 오늘날과도 상통하는 부분을 지녀야 한다. AI는 복잡하고 전문적인 지식을 쉽게 접할 수 있다는 장점이 있어 그동안 접근이 어려웠던 가전 갈래를 이해하는 데 한 도구가 될 수 있다. 그러나 옛 사물이나 고사(故事)와 관련된 지식을 제공하는 데 AI는 현저히 정확성이 떨어지는 편이다. 그러나 현대의 사물에 대해서는 그에 비해 풍부하고 정확한 정보를 제공하므로, 그러한 점에서 오늘날의 가전 창작에 효과를 발휘할 수 있는 것이다. 학습자들이 이와 관련된 사항과 필요성을 정확히 인지하여 동기로 삼을 수 있도록 적합한 도전과제를 다음과 같이 설정하고자 한다.

> 오늘날의 사물을 주인공으로 한 '우리 시대의 가전'을 창작하라.

교사는 학생들이 탐구과제를 해결하기 위해서 문제상황을 설정하여 CBL의 수업 단계에 따라서 도전과제를 해결할 수 있도록 수업을 설계하고 실행해 가도록 한다.

4) 학습자 및 환경 분석

생성형 AI 기반 CBL 수업을 진행하기 위해 도전과제를 해결해야 할 주체인 학습자 및 학습환경을 분석한다. 앞서 성취기준과 내용 마련은 다음과 같은 고등학교 학습자를 대상으로 상정할 수 있다.

- **대상 학년**: 고등학교 2학년 학생
- **학생 구성**: 남녀 혼성반
- **학생 특징**: 문학에 대한 기초 소양은 있으나 창작 경험이 거의 없고 가전 갈래를 낯설어함.

필자가 대학교에 근무하는 관계로 원고 작성을 위한 실제 수업을 모 대학교 국어교육과 학생을 대상으로 실시하였다. 이 수업에 실제 참여했던 학생들은 대학교 2~4학년으로 국어교육 혹은 사범대 내의 다른 학과에 소속된 학생들로 가르치는 일을 희망하는 특징을 가지고 있었다. 또한 생성형 AI를 활용하여 수업을 실시할 계획인 경우 학습 대상자의 AI 활용 경험 여부를 사전에 조사해야 한다. 조사 결과 전체 학생 중 80%가 아직 AI를 통한 지식 탐구와 활용의 경험이 없었다. 이러한 경우 이에 따라 AI 활용과 관련된 기초적인 내용을 전달할 강의가 필요함을 인지하고, 수업을 설계해야 한다.

이 수업을 실시하고자 하는 교과목인 '국문학개론'은 차후 국어교사를 꿈꾸는 예비교사들이 국어교육과에 진학하여 전공필수로 지정된 과목이다. 학생들은 이 교과목에서 중점적으로 '한국문학의 보편성과 특수성'에 대해 학습하며, 대체로 근대 이전 고전문학의 특성 학습을 주요 내용으로 한다. 이는 구체적으로 우리나라의 역사적 변천 과정에서 존재했던 문학 갈래들이다. 학습자들은 시대와 역사의 변천 과정에서 존재해 온 한국문학의 하위 갈래 특성을 학습하고, 이를 알아볼 수 있는 대표적 작품들을 감상, 분석하며 하위 갈래의 특성을 확인한다. 가전은 9주차에 해당하는 학습내용이다. 학습자들은 전(傳)의 하위 갈래로서 가전을 학습하며 대표 작품을 통해 이 갈래의 특성을 한 번 더 익히게 된다. 9주의 주제를 확장하여 프로젝트 수업으로 운영하려면 기존 강의 위주의 수업에서 좀 더 많은 추가 실습 시간이 필요하다. 그렇다고 해서 이를 모두 학습자들의 과제로 한다면 학습 부담이 커질 수 있으며 교수자의 시범이나 교수자와의 소통을 통한 작품 창작이 어려울 수 있다.

실제로 이와 같은 여건이라면, 코로나19 상황에서 교육 현장에 활성화되었던 비대면 수업방식을 활용해 봄직하다. 플립러닝 형태로서 사전 동영상 강의를 올려 이론적 지식을 습득하게 하고, 실제 수업은 습득한 이론적 지식을 적용하는 활동 위주로 진행하는 것이다. 이에 따라 필자가 진행한 수업에서 한 주 강의인 75분*2회 중 1회차는 이론 위주의 지식 전달 강의와 AI를 통한 예시작품 창작과정 소개 등을 사전에 동영상 강의로 녹화하여 제공하는 방향으로 운영하고, 2회차 강의는 실제 출석하여 AI를 활용한 가전 창작 실습 위주로 진행하는 방법을 택하여 실시했다.

더불어 학습자들이 AI를 활용하여 수업에 참여할 수 있는 여건인지, 교수자가 이를 시범 보일 수 있는 환경인지도 조사해야 한다. 이에 따라 수업의 환경과 동원 가능한 생성형 AI 도구를 다음과 같이 분석했다.

- **학습환경**: 개인별 노트북 혹은 패드 활용 가능. 빔프로젝터 및 전자칠판 설치, 무선인터넷 환경이 갖추어져 있음.
- **생성형 AI 도구**: 뤼튼, 코파일럿, 제미나이, 클로바X, 챗GPT, 카카오톡 애스크업 등

도전기반학습은 모둠학습을 특징으로 하나, 실제 설계한 이 수업의 경우 상황과 학습자의 희망에 따라 개인별 과제로도 수행 가능하다. 이는 AI를 얼마나 능숙하고 주제에 맞게 유용하게 다루느냐에 따라 달라질 것이다. 그 밖에 수업 진행 속도나 학습자 및 과제 난이도에 따라서도 달라질 수 있다.

실제 진행한 수업에서의 참여 학생들은 개별적으로 전자기기(노트북, 패드)를 준비물로 공지했기 때문에 이를 지참·활용할 수 있는 상황이다. 만일 가져올 상황이 안될 경우에는 지참한 학생을 중심으로 하여 2인 1조로 활동하도록 안내하거나, 개인 휴대전화로 활용 가능한 AI 도구(카카오톡 애스크업) 등을 안내한다. 학습자들이 실습할 강의실은 무선 인터넷 사용이 가능하며, 교수자는 빔프로젝터를 통해 전자칠판에 AI 활용을 시범으로 보여 줄 수 있는 환경이 구비되어 있음도 확인하였다. 이와 함께 다음과 같은 에듀테크도 추가적으로 활용할 수 있다.

- **패들렛**: 도전과제 해결 결과물인 창작 가전을 패들렛에 올리기
- **구글 설문**: CBL 기반 생성형 AI 수업 결과에 대한 학생 의견 설문 조사

CBL 수업의 특성상 과제 실행 후 그 결과물을 공유하고, 이를 바탕으로 하는 수업 내용 성찰 과정이 필수적이다. 이를 위해 패들렛에 자신의 활동 결과물을 공유하고 의견을 교환하는 과정을 마련할 것이다. 이후 수업 성찰 단계에서는 구글 설문을 활용하여 수업에 대한 학습자들의 전반적 만족도와 의견을 조사하여 차후 수업 설계에 보완적으로 활용하고자 한다.

학습자 및 환경 분석 내용을 종합하면, 학습자들이 생성형 AI 활용을 통한 작품 창작이 가능한 환경이지만 도전과제 해결을 위해 생성형 AI를 충분히 활용 가능한 기술을 가지고 있는지의 여부가 불확실하다. 학습자들이 관련 경험이나 기술에 대한 지식이 없으므로 이를 별도로 안내하는 과정을 수업 설계에 추가할 필요가 있다. 이러한 기술을 플립러닝(flipped learning)을 통해 시범보이기로서 실시하거나, 예시작품을 산출하여 보여 줌으로써 학습자들이 가장 중요한 도구인 생성형 AI를 충분히 활용

해서 도전과제를 수행할 수 있도록 도와야 할 것이다.

2. 생성형 AI 기반 CBL 수업 설계

"오늘날의 사물을 주인공으로 한 '우리 시대의 가전'을 창작하라"를 주제로 한 이 수업은 생성형 AI 기반 CBL 수업 진행을 위해 '학습목표 설정, 교수 · 학습 과정안 설계, 평가 도구 개발, 교수 전략'을 주요 내용으로 하여 설계한다. 학습목표는 생성형 AI 기반 CBL 수업을 통해 추구하고자 하는 목표를 중심으로 설정한다. 학습목표와 CBL 수업의 단계에 따라 교수 · 학습 활동을 구체화하여 이를 바탕으로 교수 · 학습 과정안을 설계한다. 이를 토대로 평가계획과 교수 전략을 세운다.

이들 요소를 중심으로 생성형 AI 기반 CBL 수업을 다음과 같이 설계하였다.

1) 학습목표 설정

수업 진행을 위해서 도출한 [도전과제]를 통해 성취하고자 하는 학습목표는 〈표 9-2〉와 같이 설정하였다.

〈표 9-2〉 **생성형 AI 기반 CBL 수업의 학습목표 설정**

1. 지식 · 이해	가전의 갈래적 특징을 설명할 수 있다.
2. 과정 · 기능	생성형 AI를 활용하여 가전 작품을 창작할 수 있다.
3. 가치 · 태도	가전의 가치를 이해하고 존중할 수 있다.

생성형 AI 기반 CBL 수업을 통해서 달성하고자 하는 학습목표 설정은 Bloom의 신 교육목표 분류에 따라서 인지적 과정의 여섯 가지 수준과 지식의 네 가지 유형을 충분히 고려한다. 사실적 · 개념적 지식의 차원에서 가전의 갈래적 특징을 이해하고 대표작품을 통해 이해를 확인하도록 한다. 절차적 지식의 관점에서는 CBL 수업의 단계별 진행 절차를 통해 오늘날의 사물을 주인공으로 한 가전 창작이라는 도전과제를 해결할 수 있도록 안내한다. 이 과정에서 AI를 활용하는 방법 또한 같이 안내한다. 메타인지적 차원에서는 AI를 활용하여 가전을 창작해 보는 전 과정에서 학습자가 자신의 도전과제 해결의 전체 과정과 의미를 성찰할 수 있게 한다.

수업 활동을 진행하는 동안에 학생들은 도전과제를 설정하여 해결하는 과정에서 생성형 AI 도구를 활용해서 정보를 수집하고, 분석하고, 분석한 정보를 활용하여 오늘날의 사물을 주인공으로 한 가전을 창작할 수 있도록 한다.

2) 교수 · 학습 과정안 설계

"오늘날의 사물을 주인공으로 한 '우리 시대의 가전'을 창작하라" 수업을 진행하기 위한 교수 · 학습과정안은 CBL 수업의 절차에 따라 단계적으로 설계한다. 교수 · 학습과정안에는 교육과정 분석에서 진행된 도전 문제를 기반으로 설계한다.

〈표 9-3〉 교수 · 학습과정안 개요

도전과제	오늘날의 사물을 주인공으로 한 '우리 시대의 가전'을 창작하라.				
학습 목표	1. 가전의 갈래적 특성을 설명할 수 있다. 2. 생성형 AI를 활용하여 가전 작품을 창작할 수 있다. 3. 가전의 가치를 이해하고 존중할 수 있다.				
학습요소	가전의 갈래적 특징, AI를 활용한 가전 창작 방법				
핵심 역량	비판적 사고력	V	의사소통능력	V
	문제해결력	V	정보처리능력	V
	창의융합능력(비판적 사고)	V	협업능력	V
학습자료	교재, 노트북(패드, 스마트폰)	교수 · 학습 방법	도전기반학습(CBL)		

단계	창의적 활동 내용
핵심 지식 이해	• 핵심 지식 이해: 가전의 갈래적 특징, AI를 활용한 텍스트 창작 방법 • 활동안내: 강의 진행 소개, 모둠 구성 및 역할 설정, 평가기준 제시
문제 상황 파악	• 동기유발: 관계와 소통의 중요성에 대한 공감과 인식, 관련 문학작품 제시 • 문제상황: 오늘날의 사물을 주인공으로 한 가전 창작 • 탐구문제: 어려운 고전문학인 가전의 갈래적 특성을 친숙한 방법으로 이해하고 창작하기
참여	• The Big Idea: 관계, 소통, 기후위기 등(모둠별, 개인별로 지정) • 핵심질문: 도전과제 해결에 필요한 핵심질문 구성 • 도전과제: 오늘날의 사물을 주인공으로 한 우리 시대의 가전 창작하기
조사	• 핵심질문 쪼개기: 도전과제를 해결할 수 있도록 핵심질문을 잘게 쪼개기 • 조사 활동: 잘게 쪼개진 질문을 유목화하여 조사 내용을 정해서 역할 분담하기 • 활동 결과 정리: 가전 1차 창작(텍스트), 2차 창작(동영상 및 웹툰)

| 실행 | • 도전과제 설루션 실행
• 도전과제 설루션 실행 결과 발표: 브루로 제작한 가전 창작물을 다른 사람과 공유하고 결과를 평가하기
• 도전과제 결과 공유: 도전과제 결과 보고서 공유(학교, 지역사회, 인터넷 공유) |
| 발표 및 성찰 | • 발표 및 평가하기
• 성찰일기를 작성하여 창의적 활동 과정에서 배우고 느낀 점 성찰하기 |

3) 평가 및 산출물 계획

수업 활동 결과를 과정중심 수행평가로 계획하여 진행한다. 평가는 CBL의 단계별 수업 과정에서 산출되는 주요 산출물과 필수 평가 항목을 설정하여 계획을 세운다. 이들 주요 산출물을 통해서 평가하고자 하는 필수 평가 항목과 연계하여 기르고자 하는 핵심 역량을 함께 설정한다. 이러한 평가계획은 평가계획서로 작성하여 학생들에게 안내한다. 주요 산출물 및 평가 항목과 핵심 역량을 〈표 9-4〉와 같이 계획한다.

〈표 9-4〉 **주요 산출물과 필수 평가 항목 및 핵심 역량**

단계	주요 산출물	필수 평가 항목	핵심 역량
핵심 지식 이해	• 활동 ① -가전의 갈래적 특성(구성, 주제, 소재의 특징 등)	핵심 지식 이해의 적절성	문제해결역량
문제상황 이해	• 활동 ② -빅 아이디어와 결합한 소재 선정 및 주제 도출	문제상황 분석의 타당성	비판적 사고력
참여	• 활동 ③ -빅아이디어, 핵심질문, 도전과제 도출안	도전과제 해결 방안 도출의 타당성	문제해결역량
조사	• 활동 ④ -사물의 기본 정보와 내력, 스토리라인 조사 -가전 구성에 맞는 글의 조직과 문장 표현	조사 결과 정리 및 도전문제해결안의 타당성	창의융합능력 문제해결역량
실행	• 활동 ⑤ -가전 텍스트 창작과 공유 -가전 텍스트의 매체 변환	계획-실행-평가 과정의 적절성 및 충실성	문제해결역량 협업능력
발표 및 성찰	• 활동 ⑥ -브루, 투닝 활용 결과물 게시, 반응 수용 -소감문 작성	보고서 발표의 충실성 및 생성형 AI 활용의 적절성, 성찰의 구체성	의사소통능력 메타인지능력

4) 교수 · 학습 전략 및 매체 선정

"오늘날의 사물을 주인공으로 한 '우리 시대의 가전'을 창작하라"를 주제로 한 CBL 기반 생성형 AI 활용 수업을 성공적으로 이끌기 위해서 다음과 같은 교수 · 학습 전략을 세운다.

〈표 9-5〉 **생성형 AI 기반 CBL 수업의 교수 · 학습 전략**

교수 · 학습 전략	활용 방법
도전적인 과제 설정	학습자 스스로가 해 볼 만하다고 여겨지는 '오늘날의 사물을 주인공으로 한 가전 창작'이라는 도전과제를 설정하여 학습자의 성장을 고무하고 촉진한다.
시범 보이기	학습자 대부분이 경험해 보지 않은 활동이라 교수자가 우선적으로 시범 보이기를 실시하고 이 과정을 학습자들에게 상세히 보여 주어 활동에 쉽게 임할 수 있도록 이끈다.
피드백	중간 피드백을 총 2회 실시(소재 선정 후 AI 활용 정보검색 결과, 검색 결과 바탕 스토리라인 작성 결과)한 후 이를 바탕으로 최종본을 산출할 수 있도록 한다. 강의실 실습 시 순회지도 및 상시 피드백을 실시하여 학습자들이 AI 활용 및 작문 과정에서 부딪치는 인지적 갈등을 함께 고민하고 해결한다.
교수 매체 활용	주로 생성형 AI를 활용하는 수업이기에 생성형 AI 도구들을 활용한다. 이를 설명하고, 가전에 관한 이론적 내용을 실습 활동 전에 전달하여 숙지하게 하려는 목적으로 사전 동영상 강의를 제작하여 업로드하고 이를 시청하게 할 수 있도록 스마트 교육 플랫폼을 활용한다. 이후 학습자들이 제작한 결과물을 공유하여 또래 학습자들과 소통하고, 이를 통해 자신의 창작에 대해 성찰할 수 있도록 패들렛 등을 활용한다.

〈표 9-5〉에서 '도전적인 과제 설정'과 '시범 보이기'는 학습자의 동기유발과 관련된 것으로, 새로운 활동에 대한 호기심을 불러일으킴과 동시에 친숙함을 느껴 과제를 해 볼 만하다고 여기게끔 하는 전략이다.

우선 CBL 수업 모형에서 가장 중요한 것은 학습자들이 도전할 만한 과제를 제시하는 것이다. 이는 수업의 전 과정에서 이를 지속할 수 있는 동기를 부여하기 때문이다. 더불어, 이 과제를 왜 하는지에 대한 필요성을 설명하는 것도 중요하다. 오늘날의 독자이자 학습자가 고전문학, 가전을 왜 이해해야 하는지, 이해하는 것은 우리에게 어떤 도움이 되는지, 왜 창작해야 하며 그 과정에서 무엇을 얻을 수 있는지를 도전과제 제시 단계에서 충분히 납득시킬 수 있어야 한다. "오늘날의 사물을 주인공으로 한 '우리 시대의 가전'을 창작하라"는 도전과제는 고전문학을 현대의 관점에서 이해하면서도 그 시대의 문학 갈래가 존재한 이유와 그것의 효용성을 같이 생각해 볼 수 있게 하는 과제이자 수업 주제이다. 이에 작품이 탄생된 당시에 가졌던 가치와, 시대를 초월하여 '오늘날의 우리'에게 갖는 가치를 같이 생각해 볼 수 있는 주제라는 점을 강조해야 한다.

학습자들이 가질 창작의 부담감을 덜어 주기 위해 AI를 활용한 창작의 시범 보이기를 실시하는 것이 좋다. 창작은 무에서 유를 창조하는 것이기 때문에 적절한 안내가 동반되지 않으면 누구나 시작할 때 마음의 부담을 갖는다. AI를 활용한 창작은 비교적 손쉬운 편이지만, 비슷한 경험을 해 보지 않은 상태에서 이러한 수업 주제가 제시되면 막연하게 느껴질 수 있다. 이런 경우 교수자의 시범 보이기 혹은 예시작품 활용이 효과를 발휘한다. 과정이 손쉽고 학습자들에게 작품이 흥미롭게 여겨진다면 해 볼 만하다는 인상을 줄 수 있다. 따라서 시범 보이기는 이 수업을 진행하는 데 효과적인 교수학습 전략이다. 물리적인 시간이 여의치 않다면 여러 교수 매체를 활용하여 플립러닝 형태로서, AI를 활용한 자료 탐색 과정과 예시작품 소개를 사전에 동영상 수업으로 제작하여 제시하는 것 또한 효과적이다.

'피드백'과 '교수 매체 활용'은 학습자가 시작한 활동의 지속과 완성을 돕는 보조적 교수·학습 전략이다. 학습자들의 실제 텍스트 창작 과정에서, 교수자는 학습자들이 수업 주제에 벗어나지 않는 창작을 할 수 있도록 중간마다 내용을 점검하거나, 적절한 조언을 해 주는 것이 좋다. 학습자가 실제 가전 텍스트 창작에 돌입했을 때 AI를 활용하여 자료를 탐색하고 이를 토대로 창작하는 과정에서 방향을 잃거나, 가전의 갈래적 특성을 잊고 그와 다소 거리가 먼 텍스트를 창작할 수 있다. 이럴 때 교수자는 학습자들의 고민을 들어 주고 해결책을 제시해 주는 역할을 하거나 일정 부분 창작에 관여함으로써 학습자들이 성취감을 가질 수 있도록 돕는 것이 좋다.

3. 생성형 AI 기반 CBL 수업 실행

'AI 활용 우리 시대의 가전 창작' 수업을 성공적으로 진행하기 위해 생성형 AI 기반 CBL 수업을 [핵심 지식 이해]–[문제상황 파악]–[참여]–[조사]–[실행]–[발표 및 성찰]로 단계화하여 순서에 따라 다음과 같이 실행하였다. 수업 실행은 사범대학교 국어교육과에 재학 중인 학생들을 대상으로 실시하였지만, 이들이 차후 교사가 되어 학생들을 대상으로 수업을 실행하는 것을 전제로 하여 전체적인 수업 실행 과정을 다음과 같이 정리하였다.

1) 핵심 지식 이해 단계

본격적인 활동에 들어가기 전, 학생들이 '가전(假傳)' 갈래와 관련된 핵심 지식을 충분히 숙지하는 것은 활동을 성공적으로 이끌어 내는 데 필수적이다. 핵심 지식 이해는 수업시간에 직접 학습자들을 대면한 상황에서 실시할 수도 있고, 여의치 않다면 다른 방법을 강구할 수 있다.

만일 수업 시수가 넉넉할 경우 수업 수업과 관련된 모든 단계를 출석 강의에서 진행할 수 있으나, 필자가 운영하는 '국문학개론' 교과목의 경우 이 활동이 기존에 공지된 교수계획표에서 추가된 관계로, 이를 보완할 방법이 필요했다. 이에 따라 관련된 사전 동영상 강의를 제작하고 이를 출석 강의 전 시청하도록 안내하여 학습자들이 가전 갈래의 특성에 대해 숙지할 수 있도록 했다. 동영상 강의에서 가전의 구성, 가전의 형성과 전개, 가전의 문학적 특징을 주요 내용으로 정리하여 전달했다.

생성형 AI가 한국 고전문학에 대한 전문 지식을 습득한 단계라면, '핵심 지식 이해'

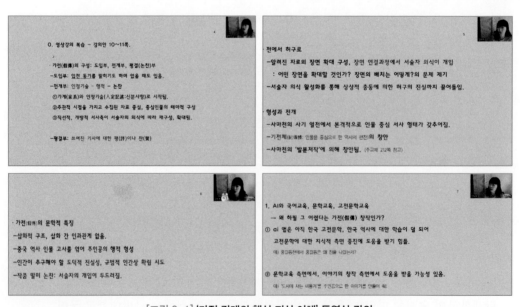

[그림 9-1] '가전 갈래의 핵심 지식 이해' 동영상 강의

단계부터 AI를 활용하여 학습하게 할 수 있다. 그러나 대체로 현재 생성형 AI가 한국 고전문학에 대한 지식을 제공하는 수준은 인터넷 검색에서 나오는 결과 정도의 기본적 지식을 제공하는 수준이기 때문에, 그 방면에서 도움을 받는 데 한계가 있다고 보았다. 앞으로 생성형 AI가 한국 고전문학에 대한 지식적 측면을 축적한다면 이 부분에 있어서도 한계를 극복하여 학습자들이 핵심 지식 이해 단계부터 AI의 도움을 받을 수 있을 것이다. 교수자는 학습자들이 이와 같은 학습 단계를 순차적으로 이행할 수 있게 안내하고, 적절한 질문을 생성하도록 돕는 역할을 해야 한다.

2) 문제상황 파악 단계

문제상황 파악 단계에서는 크게 두 가지가 이루어져야 한다. 도전과제 해결의 바탕이 되는 '문제상황에 대한 공감', 그리고 해결에 필요한 '사전지식 형성'이 그것이다.

주로 학습자들이 탐구과제에 대해 공감하고 깊이 있게 이해하기 위한 동기유발이나 사전지식 제공이 이루어져야 한다. 학습자들로 하여금 가전 갈래의 특징과 구성에 대한 핵심적인 지식을 바탕으로 '가전 갈래 창작'이 왜 필요한지 공감하게 해야 한다. 또한 이 과제가 할 만한 것임을 알게 하고, 진행을 위한 구체적인 방법을 파악할 수 있게 해야 한다.

도전기반학습인 CBL의 핵심은 학습자들이 도전할 만한 과제를 찾고, 이를 주도적으로 해결하는 것이다. 이를 위해 '빅 아이디어'에서부터 출발하여 점차 학습자들의 삶과 관련된 문제로 이를 연결, 구체화하는 과정이 필요하다.

'오늘날의 사물이 주인공인 우리 시대의 가전'을 창작하는 것의 빅 아이디어는 무엇이 되어야 할까? 빅 아이디어는 한마디로 수업 주제를 좀 더 상위 개념으로 추상화한 것이라 할 수 있는데, 2015 개정 교육과정에서 제시된 '핵심 개념'과도 유사하다.

이해 중심 교육과정에서 '빅 아이디어' 개념을 본격적으로 제기한 Wiggins와 McTighe(2005)는 "흩어진 사실들과 기술들에 의미와 연결을 부여하는 개념, 테마, 또는 이슈"[3]라고 정의하였다. 이는 학생들이 학교에서 배운 구체적 사실을 모두 잊은 후에도 마음속에 남아 있는 핵심 아이디어이자 영속적 이해에 해당하며, Bruner가

---

3) 그 예시로는 '적응', '체계에서 구조와 기능이 어떻게 연관되어 있는가', '수학에서의 분배 법칙', '유용한 모델을 발견하여 문제해결하기', '정의(justice)를 정의(define)하기 위한 도전', '작가 또는 화자로서 청자에게 초점을 맞출 필요성' 등을 들었다.

말한 '일반화'와 유사한 개념이다.

이러한 빅 아이디어는 교수자가 사전에 지정해 주거나, 학습자들이 스스로 도출하게 하는 방법이 있을 수 있다. 또는 교수자와 학습자가 함께 토의하여 지정할 수도 있다. 또는 교수자가 사전에 지정해 주기 전, 이와 관련된 배경지식이 될 만한 자료나 동영상 등을 읽거나 보게 하여 학습자들의 심정적인 동의를 이끌어 내는 방법도 있다. 학습자들의 감정적인 공감을 이끌어 낼 필요가 있다면 문학작품이나 영상자료를 활용해도 좋을 것이다.

이 수업에서는 교수자가 학습자들과 함께 토의하여 지정하는 방법을 택했다. 수업 주제와 어울리는 빅 아이디어를 고른다면 아마 '문학창작', '고전문학 이해'가 될 것이다. 그러나 이는 교과 내로 국한된 느낌이며, 성취기준의 반복에 불과할 수 있다. 앞서 언급했듯이 빅 아이디어가 교과 간 경계를 넘는 간학문적 성격을 띠기도 하므로, 좀 더 우리의 삶과 관련성이 높은 빅 아이디어를 채택하면 '가전' 갈래가 가지는 사회적 메시지를 더욱 잘 살릴 수 있을 것이다. 이에 학습자들에게 자신의 작품에 담을 빅 아이디어를 같이 모색하는 시간을 갖자고 유도했다.

빅 아이디어는 여러 가지 방법으로 탐구하거나 참여할 수 있는 폭넓은 개념으로 학습자의 삶이나 사회의 문제를 말한다. 예를 들면, '탄력성, 분리, 창의, 건강, 지속가능성, 민주주의' 등이 있다. 학습자들에게 자신의 삶이나 우리 삶에서 해결해야 할 문제

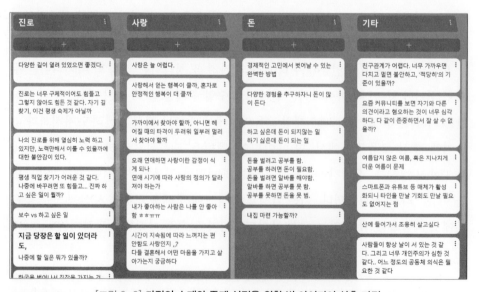

[그림 9-2] 가전의 소재와 주제 선정을 위한 빅 아이디어 산출 과정

나 생각해 볼 주제가 있다면 무엇이 있는지 [그림 9-2]와 같이 패들렛에 자유롭게 적어 보도록 하였다.

　이와 같이 학습자들과 함께 빅 아이디어를 산출하는 활동을 할 경우, 활동의 취지를 같이 안내하는 것이 좋다. 이 수업의 경우 빅 아이디어 산출은 결국 '오늘날의 사물을 주인공으로 가전을 창작할 경우 어떠한 대사회적 메시지를 담아낼 것인가?'의 질문에 대한 첫 번째 답을 찾는 과정이라 할 수 있다. 학습자들은 자신의 삶과 이를 둘러싼 사회에 대해 자신이 가지고 있는 인상과 구체적 문제들, 이에 대한 본인의 의견을 구체화하는 과정에서 점차 가전 갈래가 가진 본질적 특징에 다가갈 것이라 기대한다. 만일 교수자가 성취기준의 성격에 맞게 빅 아이디어를 지정해서 수업하는 경우, 이것이 왜 필요하며 우리 삶과 어떠한 관련성을 가지는지에 대해 학습자가 공감할 수 있도록 적절한 발문과 보충자료를 준비하는 것이 필요하다.

　또한 이 단계에서 교수자는 학습자들이 도전과제를 해결하는 데 필요한 사전지식을 가지고 있는지 점검하고, 이를 보충해 주어야 한다. 이 수업의 학습자들은 가전 갈래의 특징과 구성에 대한 핵심적인 지식을 바탕으로 '가전 갈래 창작'이 왜 필요한지 공감하는 과정을 거쳤다. 그렇다면 이후에는 이 과제가 할 만한 것임을 느끼게 하고, 진행을 위한 구체적인 방법을 차근차근 파악할 수 있게 해야 한다.

　앞서 학습자 분석을 통해, 학습자들이 대체로 생성형 AI를 접해 보지 않은 상황이었음을 파악했다. 이에 따라 생성형 AI 도구들부터 소개하고 이를 직접 체험할 수 있는 웹사이트를 소개해야 했다. 또한 이들을 바탕으로 가전을 모의로 제작하여 학습자들이 가전 창작을 용이하게 할 수 있게끔 유도했다.

　우선 교수자가 시범적으로 창작한 가전의 줄거리를 소개하고, 이를 총 6단계로 제시하였다(〈표 9-6〉 참조).

　〈표 9-6〉에 따라 가전을 창작하며 각각의 단계에서 생성형 AI를 어떻게 활용할 수 있을지 그 결과물을 개략적으로 보여 주었다. 1~6단계 중, 2, 3, 5단계에서 활용한다. 2단계에서 가전의 주인공이 될 사물 혹은 동물의 기본 정보를 찾을 때 생성형 AI를 활용하여 찾고 가전 갈래의 특성에 맞게 배치한다. 3단계에서 생성형 AI를 활용하여 앞서 찾은 정보를 토대로 구체적 프롬프트를 작성하고, 이를 생성형 AI에 입력하여 제공되는 스토리라인 혹은 이야기의 내용을 확인한다. 마지막으로 5단계에서 도전기반학습의 취지에 맞게 결과물을 공유하고 의견을 교환하며 작품의 의미를 되새기는 활동을 하는데, 이때 생성형 AI를 활용하여 텍스트를 영상, 혹은 웹툰으로 변환

〈표 9-6〉 가전 창작 단계에 따른 생성형 AI 활용

가전 창작 단계	활용할 생성형 AI 도구
1. 가전 주인공(사물, 동물) 선정	·
2. 가전 주인공에 대한 기초 정보 조사 (원료, 서식지, 주요특징 등)	챗GPT, 뤼튼, 코파일럿, 제미나이, 클로바X 등
3. 도출한 특성을 바탕으로 한 스토리라인 조사	
4. 도출한 스토리라인들을 취합하거나 선택하여 수정·보완 후, 가전 텍스트 창작	·
5. 완성한 가전 텍스트 발표 및 공유를 위한 매체 변환	브루, 투닝 등
6. 반응 참조 후 창작 소감 및 의의 정리	

후 동료 학습자들과 공유하는 시간을 가진다.

앞의 단계를 시범 보이기 전, 우선 생성형 AI를 이용할 수 있는 웹사이트를 소개하여 학습자들이 직접 무언가를 검색해 보게 하고, 프롬프트를 적절히 조정하여 질문을 구체화하며 더 나은 답을 찾도록 유도했다. 이를 통해 학습자들이 AI를 경험하고 난 이후, 앞의 단계를 소개하면 훨씬 수월하게 AI 활용과 문학작품 창작의 관계를 이해하게 된다. 이후 교수자가 직접 2, 3, 5단계에서 생성형 AI를 활용하며 예시 작품을 산출하는 과정을 다음 예시작을 소개하며 설명해 나갔다.

[그림 9-3]은 빅 아이디어를 '기후변화'로 잡고, 기후변화에 따라 서식지를 옮겨 온 왜가리의 일생을 가전으로 창작한다는 것을 AI의 도움을 받아 현실화한 과정이다. 우선 주인공으로 정한 사물과 동물을 선정해서 기본 정보를 생성형 AI를 활용하여 조사하는데, 이때 가전 갈래가 초반부에 인물의 내력이나 가계를 소개하는 것에 착안하여 주인공이 동물이라면 주된 서식지 혹은 진화상의 계통 발생적 특징, 사물이라면 재료나 원산지 등을 조사하여 이를 '인물의 내력'처럼 꾸밀 수 있음을 설명한다. 이때 챗GPT뿐 아니라 코파일럿, 클로바X, 뤼튼, 제미나이 등 다양한 생성형 AI를 활용하여 정보를 교차 검토하여 최대한 적합하고 정확한 정보를 사용하도록 안내한다.

이와 같이 사물이나 동물의 기본정보를 학습하였다면, 이를 바탕으로 대략적인 스토리라인을 작성하기 위해 한 번 더 생성형 AI의 도움을 받는다. 프롬프트는 〈표 9-7〉에 나타난 바와 같이 동물이나 사물에 대한 기본 정보를 통해 주인공의 성격을 추출하고 이를 바탕으로 작성할 수 있다. 작성 예시는 다음과 같다.

1. 왜가리의 기본적 특징 조사 - 클로바X, Bard

질문: 한국의 왜가리 서식지에 대해 알려줘

한국의 왜가리 서식지는 다양한 지역에서 발견됩니다. 대표적인 왜가리 서식지로는 다음과 같은 곳이 있습니다.

의령군 가례면 가례마을: 약 1940년대부터 찾아온 왜가리로 인하여 왜가리 서식지가 조성되었습니다.
전남 무안 용월리 백로와 왜가리 번식지: 무안 용월리의 마을 앞 저수지에 있는 백로 및 왜가리 번식지에는 약 500마리의 왜가리가 4그루의 팽나무에 둥지를 틀어 번식하고 있습니다.
강원도 양양군 포매리: 왜가리의 집단 서식지로, 천연기념물로 지정되어 보호받고 있습니다.
왜가리는 주로 하천이나 습지, 논 등 물가에서 서식하며, 먹이를 쉽게 구할 수 있는 곳에 서식지를 만듭니다.

왜가리는 한국, 일본, 중국, 몽골, 인도차이나, 미얀마 등지에 고르게 분포합니다. 한반도 철새들의 텃새화는 대한민국의 기온이 점차 상승하고 있다는 반증이기도 합니다.

질문: 왜가리는 철새인가, 텃새인가

왜가리는 본래 철새였으나, 기후변화로 인해 텃새가 된 종류입니다.

2. 왜가리를 주인공으로 한 스토리라인 작성

Bard 가 지은 왜가리를 주인공으로 한 이야기

알겠습니다. 왜가리를 주인공으로 하는 짧은 이야기를 지어보겠습니다.

제목: 왜가리의 꿈

옛날 옛적에, 온천천에 사는 왜가리 한 마리가 있었습니다. 왜가리의 이름은 '가리'였는데, 가리는 다른 왜가리들과는 달리 꿈이 있었습니다. 가리는 물고기를 잡아먹고, 먹이를 나누어 먹는 다른 왜가리들과는 달리, 사람들과 어울려 살아보고 싶었습니다.

가리는 매일같이 온천천을 찾는 사람들을 지켜보았습니다. 사람들은 왜가리를 보며 웃기도 하고, 먹이를 주기도 했습니다. 가리는 사람들과 함께 이야기를 나누고, 함께 놀고 싶었습니다.

그러던 어느 날, 가리는 온천천에 온 어린아이를 보았습니다. 어린아이는 가리를 보고는 환하게 웃었습니다. 가리는 어린아이에게 다가가 말했습니다.

"안녕, 친구. 나는 가리야."

어린아이는 가리를 보고는 놀랐습니다. 하지만, 금세 가리와 친구가 되었습니다. 가리와 어린아이는 온천천을 함께 돌아다니며, 즐거운 시간을 보냈습니다.

3. 질문 구체화하기

부산 온천천에 사는 왜가리를 사람처럼 묘사한 이야기를 지어 줘. 그는 외모와 목소리 때문에 비호감을 사게 되고 차차 사람들의 외면을 받게 되지만, 기후변화로 닥친 폭우에 의해 사람이 떠내려갔을 때 크게 울어서 결국 목숨을 구하고 영웅이 된다는 이야기야.

1. 클로바 X
온천천의 왜가리는 다른 왜가리들과는 조금 달랐습니다. 그는 큰 키와 긴 목, 부리부리한 눈을 가지고 있었고, 목소리도 굵고 낮아서 마치 사람처럼 보였습니다.

처음에는 사람들도 왜가리의 외모와 목소리를 신기해하며 관심을 가졌습니다. 하지만 시간이 지날수록 왜가리의 모습은 사람들에게 혐오감을 불러일으켰습니다. 왜가리가 사람의 음식을 빼앗아 먹거나, 쓰레기를 뒤지는 모습이 보기 좋지 않다는 이유였습니다.

4. 창작의 실제 - 제목: 왜선생전

〈개요 작성〉

1. 왜선생의 가계, 내력

2. 왜선생의 특징
3. 왜선생의 일화
-허스키한 목소리, 횃빛 열굴, 날카로운 입매와 눈
-하루종일 멍하게 먹잇감을 관찰함. 게으르다는 인상
-기후변화로 인해 온천천의 여름 환경이 변덕스러워지고 왜선생의 먹이활동도 어려워짐
-어느날 갑작스레 닥친 폭우로 사람들이 미처 대피하지 못하자, 왜선생이 튀어다니며 소리를 지르고, 덕분에 많은 이들이 대피할 수 있게 됨.
-왜선생은 이후 온천천을 대표하는 마스코트가 됨

[그림 9-3] AI를 활용한 교수자의 예시작 소개 (1)

〈표 9-7〉 스토리라인 작성 AI 프롬프트 활용 예시

스토리라인 작성 AI 프롬프트 형식	(①)을 사람처럼 묘사한 이야기를 지어 줘. (②)한 성격의 인물이 마침내 (③)한다는 이야기야.
활용 예시	(왜가리)를 사람처럼 묘사한 이야기를 지어 줘. (겉모습이 보잘것없고 까칠)한 인물이 (사람을 구해 영웅이 된다는) 이야기야.

〈표 9-7〉에서 ①은 주인공으로 삼을 동물이나 사물의 명칭이다. ②는 앞서 생성형 AI를 통해 찾은 정보를 활용하여 주인공이 될 동물이나 사물의 주요 특성을 성격화한 내용이다. '목소리 혹은 생김새가 어떠한 특징이 있는, 주로 어떤 곳에 사는 습성이 있는, 어떠한 습관이 있는'과 같은 주인공을 대표할 수 있는 단어 혹은 구절을 선택하여 넣도록 한다. ③은 선정한 빅 아이디어 및 작품 전체의 주제와 관련된 내용으로 넣을 수 있게 한다. [그림 9-3]의 예시작은 '기후변화'를 빅 아이디어로 삼았는데, 주인공 왜가리가 기후변화로 인해 폭우 피해가 발생한 곳에서 인명을 구하는 인물로 활약한다는 것을 설정한 것이다. 이는 '사람을 겉모습으로 판단해서는 안 된다'와 함께 '기후변화가 가져올 심각성'을 학습자들이 위치한 학교의 근처 환경과 연결지어

<화장품 가전 창작의 실제 - 비비전>

1. 인정기술과 가계
김비비는 꽁밀은 십대 여고생이다. 얼굴은 백옥같이 하얗고 예쁘다.
어려서부터 빼어난 외모로 배우를 시켜야 한다는 등, 일찍이 잘 나갈 수 있게 아이돌로 데뷔시켜야 한다는 등 말이 많았다.

그런데 이런 일이 있을 수 있을까? 빼어난 외모를 타고난 여학생 김비비는 마음씨까지 비단결같다.
그녀는 주변 사람들에게 관심이 많아서 사람들을 도와주는 것을 좋아했는데, 특히 사람들을 꾸미는 일을 좋아했다.
최근에는 체육대회 때 갑작스런 폭염으로 같은 반 친구들이 많이 힘들어했는데, 여담이신 김비비가 여러 개의 큰 우산을 가져 와서 친구들에게 그늘을 만들어 가려주기도 하고, 물을 갖다주기도 해서 그녀의 반만이 유일하게 끝까지 그날 체육대회에 잘 참여했다는 일화가 유명하다.
(자외선 차단, 보습, 색소보정 등의 기능)

김비비의 부모님 또한 멋진 외모로 유명한데, 아버지와 어머니 모두 새하얗고 백옥같은 피부로 유명한데, 안색이 검고 창백한 사람이나, 햇빛을 받아 구릿빛 피부인 사람이나, 본래 피부에 잡티가 많은 사람 모두 그의 아버지와 어머니 곁에 있으면 피부가 새하얗게 보인다는 것은 전설처럼 떠도는 이야기이다. (비비크림이 파운데이션+컨실러의 기능을 합친 것에서 착안함)

2. 사건
이후 친구 이틴트, 박상태(틴트, 쌍꺼풀테이프)와 함께 벌어지는 우정과 갈등을 다룰 예정

3. 평가
김비비의 장점과 단점을 논평함으로써
십대 여학생의 화장의 장점과 단점을 비유 혹은 알레고리로 표현될 예정

[그림 9-4] AI를 활용한 교수자의 예시작 소개 (2)

전달하기 위해서이다.

　이러한 프롬프트 작성 과정을 통해 학습자들은 정보를 찾고, 작품 창작의 기반이 될 단서와 아이디어를 얻음과 동시에 작품이 최종적으로 지향하는 주제의식을 구체화할 수 있는 기회도 얻게 된다. [그림 9-4]는 앞의 과정을 모두 거친 후 산출된 완성작을 활용하여 이를 웹툰으로 만든 내용이다.

　두 번째 예시작은 '화장품'을 주인공으로 한 가전이다. 이러한 내용에 걸맞게 생성형 AI 도구 중 하나인 투닝에서 어울리는 배경, 캐릭터 모습, 말풍선과 대사 혹은 내용을 골라 넣고 웹툰으로서 현대의 학습자들에게 텍스트의 내용을 쉽게 전달할 수 있는 방법을 [그림 9-4]와 같이 선보였다.

3) 참여 단계

　생성형 AI 기반 도전기반학습의 수업 단계 중 참여 단계란 학습자들이 해결해야 할 대주제인 빅 아이디어를 선정하고, 핵심질문과 도전과제를 도출하는 과정이다. 교수자와 학습자가 적극적으로 소통하여 수업에서 해결해야 할 대주제, 핵심질문, 도전과

제를 산출함으로써 학습자의 내재적 동기유발을 강화할 수 있다.

우선 빅 아이디어를 도출하는 과정은 문제상황 파악 단계와 이어 진행할 수 있도록 한다. 앞서 본 [그림 9-2]와 같이 학습자들이 빅 아이디어를 산출하는 과정에서 다양한 주제가 있었다. 이를 한 방향으로 모아 볼 때, 대체로 사람 간 관계와 이에서 파생되는 문제를 고민하고, 더 잘해 보려고 노력하는 면이 있음을 알게 되었다. 이에 따라 우리가 진행할 수업 주제를 '관계와 소통의 중요성'으로 잡고, 이를 잘 표현할 수 있는 오늘날의 사물에 대해 AI를 활용해서 조사 후 가전을 창작하는 것으로 방향을 잡았다. 물론 기후위기 등 다른 빅 아이디어에 마음이 쏠리는 학습자들도 있을 것이다. 따라서 하나의 빅 아이디어에 국한하여 창작하지 않아도 됨을 안내했다.

빅 아이디어 산출에 있어 이상적인 경우란 학습자가 토론과 소통을 통해 빅 아이디어를 선정하고, 도전과제를 자발적으로 도출하는 것이다. 그러나 수업의 주제가 현실적인 진도에 맞게 이미 정해진 상황에서, 빅 아이디어 설정을 학습자의 역량으로 설정하기란 현실적으로 힘들 수 있다. 이러한 경우 교수자가 발문을 적극적으로 진행하여 가전이 우리 주변의 '사물 혹은 동물을 의인화'한 것이고 이는 결국 알레고리적 기법, 즉 인간 삶을 빗댄 것이므로 우리 삶과 밀접하면서도 삶의 새로운 깨달음과 통찰을 가져올 교훈적 메시지를 담는 것이 중요하다는 것을 설명하여 빅 아이디어의 자발적인 도출을 유도해 낼 수 있다.

이러한 대주제가 정해졌으면, 학습자들은 이를 바탕으로 자신만의 소주제를 설정하고, 이를 기준으로 AI를 통해 자료 및 스토리라인 조사에 들어갈 수 있다. 소주제는 곧 '자신이 정한 사물과 이를 주인공으로 한 이야기가 가질 주제'이다. 주제는 전체 작품을 통해 정해지는 것이므로 창작 초기 단계에서 설정이 어려울 수 있다. 그럴 경우 생성형 AI를 활용하여 탐색한 소재에 대한 주요 정보와 스토리라인을 통해 주제 설정에 도움을 받을 수 있다.

앞서 교수자가 예시작품을 산출했을 때는 우리 삶과 밀접한 두 개의 빅 아이디어인 '기후위기', '관계와 소통'을 정하여 산출했다. 이를 바탕으로 교수자가 '우리 시대의 가전' 예시 작품 두 개의 일부를 창작하여 보여 주었다. 앞에서 제시한 두 개의 예시 작품을 창작하기 위해 정한 빅 아이디어 및 이를 바탕으로 한 핵심질문과 도전과제는 〈표 9-8〉과 같다.

〈표 9-8〉 핵심질문 및 도전과제 작성 예시

The Big Idea	관계와 소통의 중요성/기후위기
핵심질문	"가전을 어떻게 하면 오늘날의 독자에게 의미 있는 방식으로 재창작할 수 있을까?"
도전과제	(관계와 소통의 중요성/기후위기를 강조하기 위해) 오늘날의 사물을 주인공으로 한 '우리 시대의 가전'을 창작하라.

빅 아이디어는 도전과제에 직접 노출되는 부분이라기보다 도전과제의 산출물이 가지는 성격과 관련된다고 할 수 있다. 따라서 도전과제를 간명하게 전달하기 위해 도전과제의 목적에 해당하는 앞의 내용을 (   )로 처리하였다. 실상 국어교과는 내용 교과적 측면도 있으나, 내용을 담아 어떻게 활용할 것인가를 논하는 도구교과의 성격을 강하게 띤다. 따라서 빅 아이디어를 교과 내부에서 산출하게 되면 2015 개정 교육과정의 핵심개념과 같이 국어교과적 특성에 국한될 수 있다. 따라서 가전 갈래가 지닌 사회적 메시지를 살리기 위해 빅 아이디어는 간학문적 성격을 띠면서, 삶과 관련된 주제로 정하고 이를 창작할 글의 소재 혹은 주제와 관련시키는 방법을 택하고자 한다. 빅 아이디어는 이 수업에서 도전과제의 실행적 측면보다 산출물이 가진 내용적인 측면과 깊은 관련을 가진다.

4) 조사 단계

참여 단계를 통해 학생들이 해야 할 활동의 구체적 목표와 방향성이 정해졌다면, 이제 이를 바탕으로 구체적 내용을 생성해야 한다. 이러한 단계가 조사 단계이다. 조사 활동을 진행하기 위해서는, 먼저 핵심질문을 잘게 쪼개는 작업이 필요하다. 이를 통해 학습자들이 도전과제를 해결하기 위해 해야 할 자신의 역할과 내용을 구체화할 수 있게 된다.

이 수업에서는 생성형 AI를 활용하여 가전 텍스트를 창작하기 위해 핵심질문을 〈표 9-9〉와 같은 형식으로 쪼갤 수 있음을 설명하였다.

〈표 9-9〉 핵심질문 쪼개기를 통한 질문 목록화 예시

핵심질문	가전을 어떻게 하면 오늘날의 독자에게 의미 있는 방식으로 재창작할 수 있을까?
핵심질문 쪼개기	① 오늘날의 독자에게 친숙한 사물, 동물은 무엇인가? ② 주인공 사물·동물의 최초의 모습과 지금까지의 내력은 무엇인가? ③ 주인공 사물·동물의 지금 모습과 특징, 장단점은 무엇인가? ④ 위의 ②와 ③을 바탕으로 주인공 사물·동물을 인간으로 비유할 때, 어떠한 스토리라인이 만들어질 수 있는가?

　학습자들이 질문 ①을 통해 가전의 주인공이 될 사물이나 동물을 정했다면, 질문 ②와 ③인 '주인공 사물·동물의 최초의 모습과 내력, 장단점'에 대해 생성형 AI를 활용하여 본격적으로 탐색할 수 있다. 이러한 탐색 결과를 토대로 질문 ④ 또한 생성형 AI로 탐색해 본다.

　문제상황 파악 단계에서, 교수자의 시범 보이기를 통해 학습자들이 생성형 AI에서 어떠한 과정으로 가전 텍스트 창작에 도움을 받을 수 있는지 숙지한 상황이다. 모둠별로 활동을 수행할 경우 쪼개진 핵심질문은 각자가 수행해야 할 역할 분담의 성격을 가진다. 협업 기능을 제공하는 구글 문서나 메신저 등을 활용하여 각 질문에 대해 각자가 생성형 AI를 활용하여 해결한 답안 내용을 공유할 수 있다.

　〈표 9-10〉의 학생 예시는 '스마트폰'을 주인공으로 한 가전 창작을 위해 학습자가 ②를 변형하여 생성형 AI로 조사한 것이다.

〈표 9-10〉 생성형 AI를 활용한 [질문 ②]의 자료 조사-학생 작품 예시

질문	**연락을 취하는 수단의 발전을 말해 줘.**
답변	연락을 취하는 수단은 시간이 흐름에 따라 꾸준한 발전을 거듭해 왔습니다. 기술의 진보와 혁신은 소통과 연락의 방식을 끊임없이 변화시키고 개선시켰습니다. 다음은 연락 수단의 주요 발전에 대한 간략한 설명입니다.

오랜 세월 동안 편지는 먼 거리에 있는 사람들과의 소통 수단으로 사용되었습니다. 우편 서비스의 등장은 편지 송수신을 편리하게 만들었습니다.
• 전화(19세기 후반)
　유선 전화: 전화는 먼 거리에 있는 사람들과 실시간 음성 통화를 가능케 했습니다. 초기에는 유선으로 연결된 전화기를 사용했으며, 이는 소통의 혁명을 일으키는 데 일조했습니다.
• 무선 통신(20세기 초기)
　라디오와 무선 전파: 무선 통신은 라디오와 같은 매체를 통해 정보를 무선으로 전송할 수 있게 했습니다. 이는 휴대성이 높아진 연락 수단을 제공했습니다.

- 이동 통신(20세기 후반~21세기)

  휴대전화: 휴대전화는 이동 통신 기술의 발전으로 탄생했습니다. 초기의 휴대전화는 크기가 크고 무겁지만, 기술의 진보로 더 작고 가벼워지면서 보급이 확대되었습니다.
- 인터넷과 이메일(1990년대)

  이메일과 인터넷 채팅: 인터넷의 보급과 발전으로 인해 이메일이나 인터넷 채팅을 통한 실시간 메시지 전송이 가능해졌습니다. 이는 글로벌한 소통을 더욱 용이하게 만들었습니다.
- 모바일 메시징 앱(2000년대 이후)

  메신저 애플리케이션: 스마트폰과 모바일 앱의 발전으로 메신저 애플리케이션(예: WhatsApp, Telegram, KakaoTalk)이 등장했습니다. 텍스트, 음성, 이미지, 동영상 등을 다양한 형태로 주고받을 수 있게 했습니다.
- 소셜 미디어(2000년대 이후)

  소셜 네트워크 서비스(SNS): 페이스북, 트위터, 인스타그램과 같은 소셜 미디어는 사용자들이 소통하고 정보를 공유하는 데에 큰 역할을 하며, 실시간 소통과 업데이트가 가능합니다.
- 영상 통화 기술(2010년대 이후)

  영상 통화 서비스: 스카이프, 줌, 페이스타임 등을 통해 실시간으로 상대방과 얼굴을 보면서 대화할 수 있는 영상 통화 서비스가 보편화되었습니다.

  이러한 발전은 시간이 흐름에 따라 소통의 편리성을 증진시켰으며, 인간들 간의 연결성을 확대하고 빠르고 다양한 정보를 공유하는 데 기여하고 있습니다.

이 학생 예시작에서 학습자가 '우리 시대의 가전'의 주인공으로 선택한 사물은 '스마트폰'이다. 가전의 도입부 내용을 작성하기 위해 스마트폰만의 발달사나 내력을 조사해도 된다. 그러나 예시작의 경우 '사람과의 연결과 소통을 돕는 도구'의 관점에서 지금까지 역사적으로 존재했던 인류의 소통수단의 발달을 탐구한 후, 이 내용으로 스마트폰의 가계를 묘사하려는 의도이다. 이러한 생각에 착안하여, 인간의 통신수단 중 연락을 취하는 수단의 역사에 대해 생성형 AI를 활용하여 조사하였더니 〈표 9–10〉과 같은 결과가 나왔다. 이는 가공을 통해 가전의 초반부 내용으로 재구성할 수 있다.

다음으로, 질문 ③인 '주인공 사물의 특징과 장단점'에 대해 생성형 AI를 활용해서 질문하면 〈표 9–11〉과 같은 답을 구할 수 있다.

〈표 9-11〉 **생성형 AI를 활용한 [질문 ③]의 자료 조사**

질문	**스마트폰의 특징에 대해 알려 줘.**
답변	스마트폰은 갖가지 기능을 통합한 휴대용 전자 기기로, 다양한 작업을 수행하며 높은 이동성을 제공합니다. 다음은 일반적으로 스마트폰이 갖는 주요 특징들입니다.

- 다기능성(All-in-One): 스마트폰은 휴대전화 기능뿐만 아니라 다양한 기능을 포함하고 있습니다. 카메라, 음악 플레이어, GPS, 인터넷 브라우저, 앱 등 여러 기능을 한 장치에서 이용할 수 있습니다.
- 터치 스크린 인터페이스: 대부분의 스마트폰은 터치 스크린을 사용하여 사용자와 상호 작용합니다. 이를 통해 직관적이고 편리한 조작이 가능하며, 가상 키보드를 통해 텍스트를 입력할 수 있습니다.
- 인터넷 접속과 브라우징: Wi-Fi 또는 이동 통신망을 통해 빠르게 인터넷에 접속할 수 있습니다. 웹 브라우저를 통해 웹 페이지를 탐색하고 온라인 콘텐츠를 이용할 수 있습니다.
- 앱 생태계: 스마트폰은 다양한 애플리케이션(앱)을 설치하여 추가 기능을 확장할 수 있습니다. 앱 스토어를 통해 음악, 동영상, 게임, 생산성 도구 등 다양한 앱을 다운로드할 수 있습니다.
- 카메라와 동영상 기능: 대부분의 스마트폰은 내장 카메라를 통해 사진 및 동영상을 촬영할 수 있습니다. 일부 고급 모델은 전문적인 사진 및 동영상 촬영을 지원합니다.
- 이동성과 휴대성: 스마트폰은 작고 가벼워서 휴대하기 용이하며, 거의 어디서나 사용할 수 있습니다. 이동 중에도 다양한 작업을 수행할 수 있어 휴대성이 뛰어납니다.
- 이동 통신 기능: 스마트폰은 이동 통신 기술을 이용하여 전화 통화 외에도 텍스트 메시지, 멀티미디어 메시지, 이메일 등을 주고받을 수 있습니다.
- 센서와 위치 기능: 다양한 센서를 내장하고 있어 자이로스코프, 가속도계, 근접 센서 등을 통해 다양한 기능을 지원하며, GPS를 통해 위치 정보를 확인할 수 있습니다.
- 보안 기능: 지문 인식, 얼굴 인식, 패턴 잠금 등의 보안 기능을 통해 사용자의 개인정보를 보호합니다.
- 음성 인식 및 가상 비서: 음성 인식 기능을 통해 음성 명령을 내릴 수 있으며, 가상 비서(AI 기반)를 활용하여 일정 관리, 정보 검색, 질문 응답 등을 수행할 수 있습니다.

스마트폰의 특징은 기술의 발전과 함께 계속해서 확장되고 있으며, 사용자에게 더욱 편리하고 다양한 경험을 제공하고 있습니다.

이는 학습자가 사물의 주인공으로 정한 스마트폰의 특성에 대해 생성형 AI 앱을 활용하여 조사한 내용이다. 스마트폰은 우리가 항상 지니고 있는 물건이라 잘 안다고 생각할 수 있으나, 속속들이 알려진 기능성 혹은 그와 관련된 정확하고 자세한 정보 조사는 생성형 AI의 도움을 받을 수 있다. 이와 같이 조사한 내용들은 이후 가전의 '전개부'인 사물의 주요 행적을 시간 순서로 나열하고 의인화된 사물이 이룩한 업적을 부각하는 부분으로 구성하는 데에 활용할 수 있다.

질문 ②와 ③에 대한 조사 내용을 토대로 질문 ④를 탐구한 내용은 〈표 9-12〉와 같다.

〈표 9-12〉 생성형 AI를 활용한 [질문 ④]의 자료 조사

질문	스마트폰을 주인공으로 한 이야기를 만들어 줘.

한 마을에 특별한 마법이 깃든 스마트폰이 있었습니다. 이 스마트폰은 '스마티', 그리고 그녀는 이 마을의 모든 사람과 친구가 되었습니다.

스마티는 언제나 유쾌하고 친절한 성격을 가졌습니다. 그녀는 밝게 웃으면서 "안녕하세요! 오늘은 어떤 일이 기다리고 있을까요?"라고 인사했습니다. 스마티는 사람들의 목소리를 알아듣고, 어떤 기분인지를 파악할 수 있었습니다.

그런 어느 날, 마을에는 큰 축제가 열렸습니다. 스마티는 축제에 참여하고 싶어졌습니다. 그녀는 마을 사람들의 음악, 놀이, 그리고 다양한 이야기를 기억하고 다른 스마트폰 친구들과 나누고 싶었습니다.

스마티는 축제에서 사람들과 함께 춤을 추고, 사진을 찍어 기념품으로 남기며 모두에게 즐거운 시간을 선사했습니다. 그리고 축제의 불빛이 스마티의 화면을 더욱 빛나게 만들었습니다.

하지만 어느 날, 마을에 비가 내리기 시작했습니다. 사람들은 스마티가 물에 닿으면 안 되겠다고 생각했지만, 스마티는 모두를 놀라게 했습니다. 그녀는 화면을 툭툭 치며 "비도 좋은 친구에요! 함께 춤추지 않을래요?"라고 말했습니다.

스마티의 따뜻한 말과 함께, 사람들은 더 이상 비를 피하지 않고, 함께 춤추고 노래하며 즐거운 시간을 보냈습니다. 스마티는 마을 사람들에게 기쁨과 즐거움을 선사하는데, 그녀는 이 마을에서 특별한 존재로 기억되었습니다.

이 학습자의 경우 단순히 "스마트폰을 주인공으로 한 이야기를 만들어 줘."라는 프롬프트를 작성하여 실행했지만, 앞의 프롬프트 작성 예시를 참고하여 "스마트폰을 주인공으로 한 이야기를 만들어 줘. 똑똑하고 친절해서 모두의 질투를 받기도 하지만 남에게 도움을 주기를 좋아해서 마침내 모든 사람의 사랑을 받게 된다는 내용이야." 등 좀 더 자세히 물건의 특성과 주제의식을 넣어 실행할 수도 있다. 그럴 경우 좀 더 구체적인 이야기가 만들어진다. 그러나 주제의식이 모호할 경우 질문 ②와 ③의 탐구결과를 바탕으로 물건의 특성만을 참고하여 이야기 창작을 실행할 수 있고, 여러 생성형 AI에서 만들어진 다양한 이야기의 줄거리를 비교하여 선택하거나 섞어서 새로운 이야기를 만들어 내며 주제를 구체화할 수도 있다.

이렇게 만들어진 이야기를 살펴보면 스마트폰의 의인화된 이름으로 '스마티'를 제안했으며 스마트폰이 추억을 기록하는 기능, 방수되는 기능 등이 표현되어 있음을 알 수 있다. 이러한 내용을 참고하여 실행 단계에서 실제 가전을 창작할 수 있다.

5) 실행 단계

실행 단계는 질문 ①~④를 바탕으로 생성형 AI를 활용하여 주인공 사물에 대한 정보와 가능성 있는 스토리라인 등을 탐색한 후, 이를 비교하여 실제 가전 텍스트를 창작하는 단계이다. 다음은 학습자가 생성형 AI를 활용하여 스마트폰에 대해 조사한 내용과, 스토리라인을 조사하고 난 후 이 내용을 토대로 수정·보완하여 창작한 가전이다.

〈표 9-13〉 **생성형 AI로 창작한 가전의 예시**

김하경, 〈스마티전〉

1. 가계와 내력

친구 스마티는 우리 동네 인싸를 맡고 있다. 인기가 많아서 우리 동네 MZ 세대들은 누구나 스마티를 사랑하고 열광하며 손을 한 번이라도 더 잡아 보려고 한다. 스마티의 내력을 살펴보면 그의 고조할아버지는 '봉수대'로 나라에 위험한 일이 있을 때 알리는 역할을 하였다. 증조할아버지 또한 나라의 백성들을 돕는 좋은 역할을 이어받고자 먼 거리에 있는 사람들끼리 소통을 가능하게 하였다. 그의 이름은 '편지'였으며 사랑하는 남녀를 이어 주고 부모에게 자녀의 안부를 전하기도 하였으나 이별의 소식을 전할 땐 사람들의 눈물을 직접 보기도 하였다. 이 슬픔을 자식에게도 전해 주고 싶지 않아 편지는 아들에게 직접 당사자를 보지 않고 소식만 전하게 하였다. 편지의 아들, 즉 스마티의 친할아버지는 '유선 전화'였다. 유선 전화는 먼 거리에 있는 사람들과 실시간 음성 통화를 가능케 했고 소통의 혁명을 일으키는 데 일조했다. 하지만 스마티의 아버지는 극강의 외향적 성격이라 유선 전화처럼 한 곳에만 있는 것이 불편하였다. 그래서 다양한 공간에 가서 사람들을 사귀며 돌아다니기 시작하였는데 그의 이름은 '휴대전화'였다. 휴대전화는 뚱뚱하고 컸기 때문에 자식에게는 열심히 다이어트를 시켰다. 그래서 스마티는 날씬한 몸매를 갖게 되었다.

2. 일생에 대한 삽화적 구성

스마티는 언제나 유쾌하고 친절한 성격을 가졌다. 그녀는 늘 밝게 웃으면서 "안녕하세요! 오늘은 어떤 일이 기다리고 있을까요?"라고 인사했다. 스마티는 사람들의 목소리만 듣고도, 어떤 기분인지를 파악할 수 있었다. 그런 어느 날, 마을에는 큰 축제가 열렸다. 스마티는 축제에 참여하고 싶어졌다. 그녀는 마을 사람들의 음악, 놀이, 그리고 다양한 이야기를 기억하고 친구들과 나누고 싶었다. 스마티는 축제에서 사람들과 함께 춤을 추고, 사진을 찍어 기념품으로 남기며 모두에게 즐거운 시간을 선사했다. 그리고 축제의 불빛이 스마티의 얼굴을 더욱 빛나게 만들었다. 하지만 어느 날, 마을에 비가 내리기 시작했다. 사람들은 스마티가 물에 닿으면 안 되겠다고 생각했지만, 스마티는 모두를 놀라게 했다. 그녀는 "비도 좋은 친구에요! 함께 춤추지 않을래요?"라고 말했다. 스마티의 따뜻한 말과 함께, 사람들은 더 이상 비를 피하지 않고, 함께 춤추고 노래하며 즐거운 시간을 보냈다. 스마티는 마을 사람들에게 기쁨과 즐거움을 선사하는데, 그녀는 이 마을에서 특별한 존재로 기억되었다.

스마티는 마을 사람들과 함께 다양한 모험을 즐겼다. 어느 날, 스마티는 친구와 함께 산책을 나가게 되었다. 스마티는 훌륭한 지도 기능을 가지고 있어 친구와 함께 길을 잃지 않고 여행을 즐길 수 있었다. 그림과 함께 설명해 친구에게 주변 명소와 유용한 정보를 제공했다. 스마티는 친구에게 날씨 정보를 알려 주고, 주변에 있는 카페와 상점의 위치를 안내해 친구가 쾌적한 장소로 이동할 수 있도록 도왔다. 스마티의 놀라운 능력 덕분에 친구는 불편함 없이 여행을 계속할 수 있었다.

또한 스마티는 친구의 일상생활에도 큰 도움이 되었다. 친구가 중요한 약속을 잊어버릴 뻔했을 때, 스마티는 일정 관리 능력을 통해 친구에게 중요한 일정을 알려 주었다. 그 결과, 친구는 중요한 약속에 늦지 않고 참석할 수 있었다.

스마티는 또한 민첩하고 영리한 능력으로 우리 동네 이웃들 간의 소통이 원활하게 될 수 있도록 해 주었다. 가족이나 친구들과 손쉽게 연락하고, 사진과 동영상을 주고받아 소중한 순간을 함께 나눌 수 있었다. 스마티는 여러 기능을 통해 사람들의 유대감을 증진시켜 주었다.

스마티는 사람들에게 여러 가지 장점을 제공하며 일상생활을 편리하고 즐겁게 만들어 주기도 했지만 사람들의 마음을 너무 심하게 빼앗기도 했다. 아이들은 스마티가 너무 좋은 나머지 책을 읽지 않고 스마티랑 놀기만 하였고 잠도 자지 않고 놀아 몸이 상하거나 스마티가 보여 주는 여러 동영상 때문에 시력이 나빠지기도 하였다. 심지어 스마티가 옆에 없기만 해도 불안해하는 아이들이 생겼다. 이에 따라 마을의 부모들은 스마티를 너무 어린 아이들에게 소개해 주지 않게 되었다.

3. 논찬

이처럼 스마티는 사람들을 좋아해서 사람들의 유대감을 높이고 소통을 활발하게 하며 일상에 큰 도움을 주었지만 적절하게 활용하지 못하는 이들에게는 건강을 해치고 해야 할 일들을 하지 못하게 만들었다. 따라서 작가는 다음과 같이 논한다. 무조건적으로 장점만 있는 것도, 단점만 있는 것도 존재하지 않는다. 자신이 그것을 어떻게 사용하느냐에 따라 득이 될 수도 해가 될 수도 있는 것이다. 적절한 절제와 함께 자신과 타인에게 스마티를 이로운 방향으로 잘 활용한다면 보다 편리한 생활이 될 것이다.

텍스트로 창작한 가전을 발표하기 위해 또 한 번 생성형 AI 단계를 활용해야 한다. 이는 동영상이나 웹툰으로 제작하여 매체 변환을 한 후 또래 학습자들과 공유하는 방법으로 진행할 수 있다. 이 수업에서는 투닝과 브루를 활용하여 동영상이나 웹툰을 제작하도록 안내하였다. 교수자의 시범 보이기를 사전에 동영상 강의로 제작하여 제작 과정을 설명하였으며, 이를 사전에 숙지하고 온 학습자들이 지참해 온 전자 기기로 강의실에서 실습하면 순회지도를 통해 적절히 피드백하며 도움을 주었다.

6) 발표 및 성찰 단계

이 단계에서는 '오늘날의 사물을 주인공으로 한 가전 창작'의 최종 결과 보고서를 생성형 AI를 활용하여 웹툰이나 동영상으로 제작하고, 이를 중심으로 또래 학습자들과 공유하며 발표한다. 이 수업에서 활동에 참여한 수강생들은 총 2회 수업에 걸쳐 가전 텍스트와 최종 보고서 창작을 실시하였다. 완성된 결과물의 예시는 [그림 9-5]와 같다.

텍스트로 된 가전과 함께 제작한 웹툰과 동영상 또한 패들렛에 게시하게 하였으며, 이후 같은 교과목을 수강한 수강생들이 각자의 작품을 서로 공유하며 반응을 댓글로 표현하게 하였다. 텍스트화된 결과물은 공유가 쉽지 않고 학습자들은 다른 학습자의 결과물 발표에 크게 관심이 없는 편이다. 그러나 생성형 AI를 활용하여 최종 결과물을 변환하고 이를 발표와 동시에 패들렛에 공유했더니 학습자들의 발표 집중도와 결

[그림 9-5] 투닝과 브루를 활용해 제작한 가전 텍스트의 결과 보고서 작품들

과물에 대한 관심도가 증가하였다. 서로의 작품에 댓글을 달고 작품의 의미를 찾아 칭찬을 나누는 과정에서 학습자들은 작품 창작에 대한 자부심과 함께 고전문학 갈래에 대한 깊은 이해의 체험을 했을 것이다.

이후 실시한 구글 설문폼을 활용한 설문조사에서 학습자들은 다음과 같은 반응을 보였다. 설문 문항은 '본인이 주로 사용한 생성형 AI 도구'와 '이들의 장단점'을 위주로 구성하였다.

설문에서 살필 수 있듯이 아직까지 생성형 AI 중 가장 인지도가 높은 챗GPT를 가장 많이 사용하였으며, 도움을 받은 점은 창작 시간 단축 및 아이디어 등이다. 전반적으로 많은 도움이 되었다는 의견이며 이 수업을 통해 가전 갈래에 대한 이해와 더불어 새로운 도구를 활용해 보았다는 흥미로움이 가장 컸다고 응답했다. 물론 생성형 AI가 아직까지 매끄럽지 못한 내용 생성을 보이는 부분이 있어 이를 수정하는 것이 가장 어려운 점이라 지적했다.

필자가 가장 궁금했던 부분은 '가전 갈래 창작'과 '생성형 AI의 유용성'을 학습자의 입장에서 어느 정도 체감하느냐이다. 대체로 50~75% 정도, 반 이상이 유용성을 인정했다. 그러나 별도의 설문에서 '만약 생성형 AI'가 없었다면 가전 창작이 어느 정도 가능했을 것인지에 대한 질문에는 75% 이상의 학생들이 '시간이 다소 걸릴 뿐 불가능

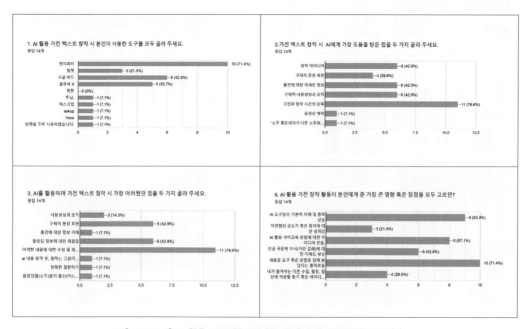

[그림 9-6] AI 활용 가전 창작에 참여한 학습자 설문조사 결과 (1)

한 것은 아니다'라고 응답했다. 이는 아직까지 생성형 AI를 활용하여 생성된 내용들이 생성형 AI가 아니라도 충분히 기존에 있는 방식으로 접할 만한 정보들이라는 점을 말한다. 따라서 이러한 설문조사 결과를 바탕으로 차후 수업에서는 기존의 방식으로 접할 수 있는 정보가 아닌 좀 더 고급 정보를 AI를 활용하여 조사하게 하는 방식으로 접근하는 것을 생각해 볼 수 있었다.

4. 가전 텍스트 최종본에 AI가 기여한 정도를 %로 나타내면?
응답 14개

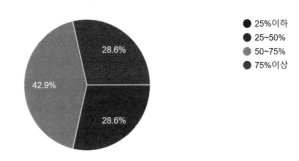

[그림 9-7] **AI 활용 가전 창작에 참여한 학습자 설문조사 결과 (2)**

　다음은 이 활동 후 학습자들이 이 수업에 대해 자신의 소감, 의견, 조언 등을 구체적으로 남긴 내용들이다.

〈표 9-14〉 **학생 소감문 작성 예시**

전○민	AI 가전 텍스트를 창작함에 있어서 덤벨에 관한 정보를 조사할 때, AI 프로그램이 잘못된 정보를 출력하는 경우가 있었습니다. 그렇기 때문에 AI 프로그램을 교육에 활용함에 있어서 정보의 재검증 과정을 거치는 것이 필수적이라고 생각했습니다. 또한 텍스트를 동영상으로 변환하는 과정에서 물건을 대상으로 한 텍스트이다 보니 어색한 장면이 자주 나왔습니다. 그렇지만 기존보다 창작에 걸리는 시간이 많이 단축되었고, 무엇보다 AI를 사용한 활동을 이론이 아닌 실제로 해 보는 경험은 매우 흥미로웠습니다. 창작에 보완점을 찾고 개선한다면 충분히 교육에 활용 가능하다고 생각합니다. 새로운 경험을 하게 해 주신 교수님께 감사드립니다.
손○진	AI가 이야기를 만들어 낼 때 실제 사실을 기반으로 할 뿐만 아니라, 사물을 '실제 사람처럼' 묘사할 수 있다(소주끼리 대화하는 장면)는 점에서 놀라웠습니다.

김○재	글쓰기를 힘들어하거나 싫어하는 학생도 AI가 대부분을 대신 작성해 주니 접근이 쉬워 보입니다. 그리고 AI가 창작한 글을 다듬는 과정에서 가전에 대한 전반적인 이해에 도움이 될 듯합니다. 학습자가 관심 있어 하는 것을 소재로 하니 흥미 유발도 충분히 일어날 것 같습니다. 다만 현장에서는 시간이 좀 오래 걸릴 수도 있을 것 같아서 시간을 충분히 주고 동시에 조별로 진행하면 더 효과적일 것 같습니다.
김○경	교수님 말씀처럼 AI 활용을 처음 해 보았는데 이런 기술을 일상생활에서도 사용할 수 있는 능력을 기르는 데 도움이 되었습니다. 더 나아가 국어교육에서도 하나의 방안으로 사용할 수 있을 것 같다는 가능성이 보여서 아주 흥미롭고 재밌었습니다! 처음 접해 보는 활동이라 처음 설명을 들을 때는 막막했는데 막상 해 보니까 생각했던 것 이상으로 도움이 많이 되었고 재미있었으며 과제에 대한 부담이 덜했던 것 같습니다. 학습자로 체험하면서 다음에 다른 활동에서 해 본다면 좋을 것 같다는 생각이 들었습니다.

학습자들은 대체로 새로운 방식을 통한 흥미도 및 호기심 증가를 수업의 가장 큰 장점으로 꼽았다. 물론 그것 또한 고무적이지만, 이 수업의 취지 중 하나는 이러한 활동을 통해 최종적으로 가전의 갈래적 특성에 대한 이해를 향상시키는 것이다. 이러한 부분에서 학습자의 지적 이해도가 제대로 증진되었는지는 교사가 자신의 수업을 점검하는 과정에서 확인이 필요하다. 또한 수업 시수의 여유가 있다면 좀 더 시간을 두고 수업을 진행하여 학습자들이 상호 결과 보고서나 가전 텍스트 평가를 통해 이를 도출할 수 있는 별도의 과정이 필요하다고 본다.

4. 생성형 AI 기반 CBL 수업 평가

수업 평가 단계에서는 학생들이 생성형 AI 기반 CBL 수업을 통해서 달성하고자 하는 도전과제를 해결하기 위해 핵심 지식과 문제상황을 어떻게 이해하였으며, 조사활동을 통해서 도전과제를 도출하여 최종 보고서를 작성하고 발표하는 과정에서 생성형 AI 도구를 활용하여 도전과제를 어떻게 해결하였고, 그 결과 성장한 역량이 무엇인지를 중심으로 평가한다. 이를 위해서 CBL 수업의 평가 방향을 도전목표 달성 중심 평가와 역량중심 평가로 설정하고, 그에 근거하여 평가요소 및 평가기준을 중심으로 평가 루브릭을 작성하여 평가를 실시한 후 결과를 기록한다.

1) CBL 수업의 평가 방향

CBL 수업의 평가 방향은 '도전의 목표 달성 여부', '학습자의 지식과 기술 습득 여부', '학습자의 문제해결역량 평가'의 세 가지로 나눌 수 있다.

⑴ 도전의 목표 달성 여부 평가

CBL 평가의 가장 기본적인 방향은 학습자들의 도전목표 달성 여부를 평가하는 것이다. "오늘날의 사물을 주인공으로 한 '우리 시대의 가전'을 창작하라"라는 도전과제 달성은, 학습자들이 실제로 AI를 활용하여 창작한 가전 텍스트와 이를 다른 매체로 변환한 결과물을 중심으로 평가한다.

우선, 도전과제 해결에 대주제, 핵심질문, 도전과제 선정이 합리적인지를 평가한다. 앞서 가전의 갈래적 특성 이해와 별개로 가전의 주제의식 표현을 위한 빅 아이디어 선정 단계가 있었고, 이를 작품 의도로 적절히 구현하기 위한 소재 선정 단계도 존재했다. 이러한 것들을 종합적으로 판단하여 학습자가 개별적으로 설정한 도전과제의 적절성을 평가한다. 이후 이에 맞게 생성형 AI를 활용한 가전 텍스트 창작을 위해 핵심질문을 잘게 쪼개어 질문을 목록화하였는지, 이에 따라 조사활동을 충실하게 진행하였는지를 평가한다. 이후 이러한 조사 결과를 최종 결과물인 창작 가전 텍스트와 매체 변환 결과물에 적절히 반영하였는지를 평가한다.

⑵ 학습자의 지식과 기술 습득 여부 평가

CBL 수업 평가는 또한 학습자들이 도전의 과정에서 습득한 지식과 기술을 평가할 필요가 있다. 이를 위해 학생들이 도전과제를 해결하는 과정에서 어떤 자료와 정보를 활용했으며, 이를 분석하고 활용하는 과정에서 필요한 지식을 어느 정도 활용했는지에 대해서 평가한다. 그리고 도전과제 해결을 위해서 어떠한 기술을 습득하고, 이를 어떻게 활용했는지에 대해서 평가한다.

이 수업에서 도전과제 해결에 필요한 지식은 가전의 갈래적 특성이며, 생성형 AI를 활용하여 가전의 갈래적 특성에 맞게 내용을 생성하고 조직하며 표현하는 능력을 부차적으로 필요로 한다. 이러한 지식과 기술이 최종 창작물인 가전 텍스트와 매체 변환 자료에 나타나 있는지를 평가한다.

(3) 학습자의 문제해결역량 평가

CBL 수업은 학습자들이 실제 세계에서 존재하는 문제나 상황을 파악하고, 도전과제 해결안을 도출하여 실행하고 공유함으로써 실제 세계에 존재하는 문제를 해결하는 역량을 키우는 데 도움을 주는 학습 방법이다. 따라서 문제상황을 어떻게 파악하고, 필요한 조사활동 및 도전과제 해결 결과 보고서는 어떤 방식으로 도출하여 해결하였는지에 대해서 평가를 실시해야 한다.

이를 위해 창작된 가전 텍스트와 매체 변환 결과물에 나타난 가전의 대사회적 메시지 여부와 설득력, 변환한 매체의 메시지 전달력과 적절성 여부, 또래 학습자와의 창작물 공유 과정을 통한 반응 수용과 자기 활동 성찰 등을 통해서 배우고 느낀 점을 정리한 내용을 참고로 하여 평가할 수 있다.

2) 평가 루브릭 작성 및 평가

교사는 평가영역별로 평가요소와 평가기준을 설정하여 평가 루브릭을 작성하여 평가를 실시한다. 〈표 9-15〉와 같이 평가요소와 평가기준을 중심으로 루브릭을 작성하여 평가할 수 있다.

〈표 9-15〉 **평가요소 및 평가기준**

수행평가 영역명	평가요소	평가기준	배점
가전 텍스트 창작물	도전목표 달성정도	• 수업에서 안내한 도전과제의 취지를 잘 이해하고 있으며 이에 맞게 자신만의 도전과제를 잘 설정하였는가?	10
		• 자신이 설정한 도전과제에 따라 질문을 세부적으로 목록화하여 조사를 수행하였는가?	10
		• 조사 내용을 최종 결과에 적절한 방식으로 반영하였는가?	10
가전 텍스트 창작물, 매체 변환 결과물	지식과 기술 습득 정도	• 가전의 갈래적 특성과 관련된 지식들의 이해 정도가 창작한 가전 텍스트에 적절히 반영되어 있는가?	10
		• AI를 활용한 가전 창작 방법에 대한 기술적, 절차적 지식들의 이해도가 가전 텍스트에 적절히 반영되어 있는가?	10
		• 창작한 가전 텍스트 내용을 구현하기에 적절한 매체를 선택하여 가전 텍스트를 변용하였는가?	10

가전 텍스트 창작물, 매체 변환 결과물, 성찰일지	문제해결 역량	• 창작한 가전 텍스트에 나타난 내용이 우리 사회의 문제해결을 위한 의식 개선에 적절한 도움을 주고 있는가?	10
		• 가전 텍스트의 매체 변환 결과가 이 텍스트의 주제의식을 적절히 구현하여 설득력을 갖추고 있는가?	10
		• 자신의 창작물을 또래 학습자와 공유하고 소통하는 과정에 충실히 참여하였는가?	10
		• 수업 활동 과정에서 배우고, 느낀 점을 구체적으로 표현하였는가?	10

학기 초 공지된 평가 항목이 아니었기 때문에 이 수업에서는 실제로 평가까지 이루어지지 않았다. 이 수업과 유사하게 실시할 경우, 어떤 부분에 좀 더 역점을 두어 수업을 진행했는지에 따라 평가 내용은 달라질 수 있다. 학습자들의 최종 결과물에서 고전문학의 갈래적 지식 이해가 뚜렷이 드러나 있는지를 중점적으로 평가할 수도 있고, AI를 활용하는 방법이나 창의성 측면에 좀 더 역점을 두어 평가할 수도 있는데 여러 의도에 따라 평가 항목이나 배점은 〈표 9-15〉를 기준으로 수정이 가능하다. 실제 학습자들을 대상으로 평가를 진행할 경우 교수자의 수업 설계나 실제 수업에서의 강조점 등을 기준으로 평가기준을 명확히 설정하여 평가 점수를 산출할 필요가 있다.

3) 평가 결과 기록

CBL 수업의 평가 후 교수자는 학습자에게 도전과제 달성 정도, 지식과 기술 습득 정도, 문제해결역량에 대해 구체적인 피드백을 제공할 수 있다. 도전과제인 "오늘날의 사물을 주인공으로 한 '우리 시대의 가전'을 창작하라"는 수업 과정 및 평가 결과를 토대로 교사는 학습자들에게 다음과 같은 내용들을 중심으로 피드백이 가능하다.

〈표 9-16〉 **수업 과정 및 결과에 대한 교사의 피드백 예시**

• 오늘날의 사물을 주인공으로 한 우리 시대의 가전을 창작하는 도전과제의 취지를 이해하고 이를 자신만의 도전과제로 설정하는 데 어려움을 느낌. 이러한 문제를 극복하기 위해 우선 문학작품을 감상할 때 이를 자신의 삶과 연결지어 이해하는 연습을 꾸준히 할 필요가 있음. 고전문학의 갈래적 특성과 함께 존재 이유에 대해 생각해 보고, 오늘날의 현실이나 문제와 연결지어 생각해 보는 연습이 필요함. 이를 질문으로 만들어 보고, 질문을 해결하기 위해 필요한 구체적 세부 사항을 작은 질문으로 쪼개거나 목록화해 보는 시도가 필요함.

- 오늘날의 사물을 주인공으로 한 우리 시대의 가전을 창작하는 도전과제의 해결을 위해 가전의 갈래적 특성을 이해하고, 이를 오늘날의 사물로 적절히 선정하는 활동은 어려움 없이 해내는 편이나, 이를 질문으로 만들어 조사한 내용을 가전의 갈래적 특성에 맞게 선정하고, 내용을 적절히 배치하는 데 어려움을 보임. 이를 극복하기 위해서는 자신이 배운 갈래적 특성을 다시 한번 점검해 보거나, 모둠원과 같이 활동하여 생성형 AI를 활용한 결과물을 상호 비교해 보고 토론하는 과정을 통해 적절한 지식을 판단하려는 활동이 도움이 될 것으로 보임.
- 오늘날의 사물을 주인공으로 한 우리 시대의 가전 창작 활동에서 생성형 AI를 활용한 최종 결과물 제출 활동이 능숙함. 그러나 이를 매체로 변환하는 과정에서 적절한 매체를 선정하고, 본인이 창작한 가전 텍스트의 내용을 살려 매체를 변환하는 활동에 어려움을 보임. 이러한 문제를 해결하기 위해서는 먼저 생성형 AI 도구가 줄 수 있는 장단점을 숙고한 후, 자신의 창작물과 어울리는 매체를 선정하는 데 활동 시간을 할애할 필요가 있음. 활동 결과물을 또래 학습자와 공유하는 활동에 참여하여 다른 결과물이 주는 메시지 전달 효과를 면밀히 관찰하고, 이를 차후 자신의 창작물 제작에 참고하려는 노력이 필요함.

생성형 AI 기반 CBL 수업의 도전과제인 "오늘날의 사물을 주인공으로 한 '우리 시대의 가전'을 창작하라"에 대한 수업 평가 결과를 학교생활기록부 특기사항으로 기록할 수 있다. 도전 목표 달성 여부, 지식과 기술 습득 여부, 문제해결역량을 중심으로 다음과 같이 기록할 수 있다.

〈표 9-17〉 학교생활기록부 특기사항 기록 예시

문학의 재구성과 창작 관련 단원에서 가전의 갈래적 특성을 정확히 이해하였으며 이를 바탕으로 "오늘날의 사물을 주인공으로 한 '우리 시대의 가전'을 창작하라"는 주제로 진행한 생성형 AI 활용 도전기반학습에서 자신의 삶 속 문제인 '관계와 소통의 중요성'이라는 빅 아이디어를 도출하고 이와 관련된 도전과제를 적절히 선정함. 이후 도전기반학습 절차에 따라 오늘날의 사물을 선정하여 사물의 유래, 특징과 장단점 등을 AI를 활용하여 조사하였고, 이 내용을 기반으로 가전 창작에 기반이 될 스토리라인을 여러 가지 생성형 AI를 활용하여 도출함. 조사 내용과 함께 가전의 갈래적 특성 이해를 바탕으로 오늘날의 사물인 스마트폰을 주인공으로 한 가전 텍스트를 창작해 냈으며, 스마트폰의 장단점에 대한 정보를 활용하여 가전의 갈래적 특성에 맞는 텍스트를 창작해 냄. 이를 생성형 AI 도구인 브루를 활용하여 동영상으로 제작 및 발표하는 과정에서 모둠장으로서 탁월한 리더십과 문제해결역량을 보임. 특히 스마트폰의 장단점을 현실에서 있을 법한 인물의 성격으로 바꾸어 가전을 창작해 내어 동료 학습자들에게 '작품 내용이 현실적이고 설득력 있다'는 평을 얻음.

제**10**장

문화의 다양성 이해를 위한 영어 콘텐츠를 제작하고 공유하라-영어

 영어의사소통 능력 향상을 위해 생성형 AI를 어떻게 활용할까

진화하는 생성형 AI의 등장으로 다양한 어휘를 활용하여 맥락과 어법에 맞으면서도 자연스럽게 영어로 표현하는 수업이 상상에서 현실로 바뀌어 가고 있다. 생성형 AI의 도움으로 학생들은 영어활용능력의 한계를 보완하여 자신이 표현하고자 하는 바를 더 높은 수준의 영어 산출물로 표현할 수 있게 되었다. 다른 과목에서 학습한 내용들을 영어 수업에 융합하여 영어로 표현하게 되는 과정에서 학생들의 인지 수준과 영어 시간에 다루게 되는 주제 사이의 간극은 점점 좁아지게 될 것으로 기대한다.

생성형 AI를 활용하면 학교 밖 영어 사용의 기회가 제한적이라는 우리나라의 EFL(English as a Foreign Language) 상황을 뛰어넘어 실제 상황에서 영어를 사용하는 것과 유사한 경험을 할 수 있는 환경을 만들어 낼 수 있을 것이다. 생성형 AI는 학생들에게 맞춤형 학습 경험을 제공하고, 지속적인 피드백 함으로써 학생들의 영어 실력이 향상될 수 있을 것이다. 다만, 생성형 AI를 수업에 활용할 때 제한점을 고려해야 한다. 생성형 AI를 활용하는 학생의 개별적 활용 능력의 차이, 실제 교실 상황에서 학생 간의 상호 작용이 약화될 가능성, 학습자에 따라 학습상황이 다를 수 있다는 것에 대한 맥락적 이해를 사전에 고려하여 수업을 디자인한다면 생성형 AI는 학생들의 영어의사소통능력 향상을 위해 효과적이고 접근하기 쉬운 도구가 될 것이다.

영어교육의 궁극적 목표는 "다변하는 미래 사회를 대비하여 언어와 문화의 배경이 다른 세계인과 영어로 의사소통하는 역량을 기르는 것"이다(교육부, 2022f, p. 6). '문화의 다양성 이해를 위한 콘텐츠를 제작하고 공유하라'는 주제의 생성형 AI 기반 CBL

수업은 언어와 문화적 배경이 다른 세계인에 대해 이해하는 활동을 하고, 이를 바탕으로 한 상호 간의 피드백 활동을 통하여 공감, 배려와 관용 및 포용 능력을 갖추고 공동체의 문제해결에 적극적으로 참여하는 역량을 기르고자 설계되었다. 수업의 전 과정에서 학습자의 주도성을 중심으로 영어로 제시된 다양한 정보를 습득하고 문화적 산물을 향유하며, 영어로 자신의 생각을 창의적으로 표현하는 '영어 의사소통 역량'을 기르는 데 중점을 두었다. 학생들은 생성형 AI의 도움으로 수업의 각 단계에서 적절한 영어 표현을 찾아 활용할 수 있고, 이 과정에서 학생들은 주도적으로 의미 있는 영어 노출의 기회가 많아질 수 있다. 또한 학생들은 자신들의 결과물의 형태를 스스로 결정하여 다양하고 흥미로운 자료를 제작하는 과정에서 자신의 강점을 활용함으로써 자신의 정체성에 대한 인식이 좀 더 선명해지고, 진로탐색과 연결되는 경험을 하는 것으로 보인다.

'문화의 다양성 이해를 위한 콘텐츠를 제작하고 공유하라'는 주제의 생성형 AI 기반 CBL 수업은 내용적으로는 문화의 다양성을 이해하고 공감하며 소통하는 태도를 기르게 하고, 형식적으로는 영어의사소통의 주도성을 강화하는 방식으로 진행한다. 학습자는 문화의 다양성에 대한 이해를 전제한 포용과 공감이 있어야 함을 인식하고, 문제 인식과 상황 이해를 통하여 학습자 스스로 적용할 수 있는 도전과제를 설정한다. 도전과제를 해결하기 위한 핵심질문을 도출하는 과정에서 협업하고 실행 단계를 거쳐 결과물을 만들어 내고 자료를 공유한다. 이 모든 과정에서 학습자들이 무엇을 배우고 느끼는지를 Learning Log(배움일지)로 기록하고, 최종 단계에서는 공유한 결과물로 상호 피드백하는 활동을 하여 포용과 공감의 태도를 기르게 된다.

1. 생성형 AI 기반 CBL 수업 교육과정 분석

1) 교육과정 및 성취기준 분석

2022 개정 영어과 교육과정에서는 언어의 사회적 목적 관점에 따라 '이해(reception)'와 '표현(production)'의 두 가지 영역으로 설정하였다. 2022 개정 영어과 교육과정의 이해 영역에서는 담화와 글뿐만 아니라 이미지, 동영상 등이 다양하게 결합된 방식으로 제공되는 영어 지식 정보를 처리하고 활용하는 능력을 기른다. 표현

영역에서는 다양한 매체를 통해 말, 글, 시청각 이미지 등을 활용하여 자신의 느낌, 생각, 의견 등을 전달하는 능력을 기른다. 이해 영역과 표현 영역은 독자적인 영역으로 기능하는 한편, 두 영역의 결합된 형태로 영어 사용자 간 상호 작용도 가능하게 한다. 상호 작용은 대화, 토론, 문자 교환 등 참여자 간의 다양한 소통 방식으로 이루어질 수 있다. 이러한 관점에서 생성형 AI 기반 CBL 수업에서는 2022 개정 교육과정의 방향을 반영하기에 적합한 수업모델이라고 볼 수 있다. 2015 개정 영어과 교육과정에서 듣기, 말하기, 읽기, 쓰기의 네 가지 언어 기능 관점으로 교육 내용의 영역을 분류한 것과 비교하면, 의사소통방식이 다변화된 사회적 상황을 반영한다고 볼 수 있다. 생성형 AI 기반 CBL 수업에서는 수업 설계에 따라 이 모든 영역을 통합하여 구현할 수 있다.

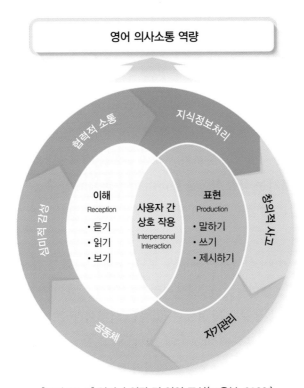

[그림 10–1] **영어과 역량 및 영역 구성(교육부, 2022f)**

수업의 주제인 '문화의 다양성 이해를 위한 콘텐츠를 제작하고 공유하라'는 2015 개정 교육과정 고등학교 『영어권 문화』의 성취기준을 기반으로 한다. 수업 과정에서는 다양한 성취기준이 포함된다. 이 주제를 2022 개정 교육과정 고등학교 『영어 I』

의 성취기준으로 보면 더 분명하게 적용할 수 있다.

〈표 10–1〉 CBL 수업 진행을 위한 성취기준 선정

2015 개정 교육과정		2022 개정 교육과정	
영역	성취기준	영역	성취기준
말하기	[12영화02–03] 영어권 문화와 우리 문화를 비교 · 대조하여 서로의 의견을 주고받을 수 있다.	이해	[12영 I–01–08] 우리 문화 및 타 문화의 다양한 관점에 대해 포용하고 공감하는 태도를 가진다.
쓰기	[12영화04–06] 영어권 문화에 관해 비교 · 대조하는 글을 쓸 수 있다.	표현	[12영 I–02–07] 다양한 매체와 적절한 전략을 활용하여 정보를 창의적으로 전달한다.

2015 개정 교육과정 고등학교 『영어권 문화』 성취기준 해설에서는 다음과 같은 시사점을 얻을 수 있다.

먼저, [12영화02–03] 해설을 보면, '영어권 문화와 우리 문화를 비교 · 대조하여 서로의 의견을 주고받을 수 있다.'라고 되어 있다. 이는 '영어를 사용하는 국가들의 문화와 우리 문화를 비교 · 대조하여 서로의 생각이나 의견을 교환할 수 있다는 의미이다. 영어를 사용하는 사람들의 문화와 우리의 문화를 비교 · 대조하고 공통점과 차이점을 찾아내어 발표하는 학습 활동을 통하여 타 문화에 대한 유용한 정보를 파악하고 그에 관련된 폭넓은 체험을 통해 유연하고 개방적인 사고를 신장시키도록 한다.'고 설명하고 있다.

또한 [12영화04–06] 성취기준 해설을 보면 '영어권 문화에 관해 비교 · 대조하는 글을 쓸 수 있다.'는 영어를 사용하는 여러 국가들의 문화의 차이점과 유사점을 파악하여 비교 · 대조하는 글을 작성할 수 있다는 의미이다. '영어를 사용하는 사람들의 다양한 문화와 우리 문화를 비교 · 대조하는 글을 쓰거나 여러 영어권 문화를 비교 · 대조하는 글을 쓰는 활동을 통하여 영어권 문화와 우리 문화를 올바르게 이해하고, 타 문화를 존중하는 공동체 역량을 함양시키도록 한다.'고 해설하고 있다(교육부, 2015f, p. 113).[1]

---

1) 교육부(2015f). 영어과 교육과정, 교육부 고시 제2020–255호 [별책14].

2022 개정 교육과정 고등학교『영어Ⅰ』의 '이해' 영역 성취기준 해설에서도 CBL 수업의 방향과의 연결점을 찾을 수 있다.

먼저, [12영 I-01-08]은 '말이나 글에 나타난 우리 문화 및 타 문화에 대한 화자나 필자의 다양한 관점을 존중하고 포용하며 듣기나 읽기 활동에 참여하는 태도'에 관한 것이다. 영어의사소통에 있어 언어적인 지식뿐만 아니라 언어에 수반된 사회·문화적 배경지식을 이해하고 문화 간 차이를 열린 마음으로 수용하는 태도로 듣기와 읽기 활동에 참여하는 것을 중요하게 다루고 있다. 이는 다양한 문화에 대한 공감 능력과 문화적 감수성을 기르기 위한 것이라고 해설하고 있다.

또한 '표현' 영역 성취기준 [12영 I-02-07] '다양한 매체와 적절한 전략을 활용하여 정보를 창의적으로 전달한다.'의 해설에서는 학습자가 상대방에게 정보를 설명할 때 다양한 매체나 적절한 말하기 또는 쓰기 전략을 활용하여 창의적인 방법으로 정보를 전달하는 것을 강조한다. 학습자는 책, 신문, 방송, 동영상, 인터넷, 사회 관계망 서비스(SNS) 등의 매체를 활용하거나 재구성하기, 자신의 언어로 표현하기, 우회적으로 표현하기 등의 전략을 창의적으로 활용하여 정보를 효과적으로 설명하게 된다(교육부, 2022f, pp. 88-89).[2]

따라서 '문화의 다양성 이해를 위한 영어 콘텐츠를 제작하고 공유하라'는 2015 개정 교육과정을 기반으로 시작되었지만, '다양한 매체와 적절한 전략을 활용하여 정보를 창의적으로 전달'하는 2022 개정 교육과정에서도 적합하게 활용될 수 있다.

2) 학습내용 분석

2022 고등학교『영어Ⅰ』성취기준 [12영 I-01-08], [12영 I-02-07]에 근거하여 학습내용을 도출하였다.

- [학습내용 1] 우리 문화 및 타 문화의 다양한 관점에 대한 이해
- [학습내용 2] 다양한 매체와 적절한 전략을 활용한 콘텐츠 제작

---

2) 교육부(2022f). 영어과 교육과정, 교육부 고시 제2022-33호 [별책14].

[학습내용 1]은 다양한 문화에 대한 포용과 공감적 태도를 가지려면 타 문화의 관점과 특징이 무엇이며, 우리 문화와 어떤 차이가 있는지 관심 분야를 정하고 탐구하기 위한 것이다. [학습내용 2]에서는 탐구 결과를 기반으로 문화적 다양성에 대한 포용과 공감의 태도를 확산하기 위하여 목표대상은 누구이며, 어떠한 매체를 활용하여 어떤 방식으로 표현할 것인지를 결정하고 실제로 결과물을 창안해 내는 과정이다.

이러한 학습 과정에 영어 의사소통역량이 다양한 수준의 학생들이 흥미를 가지고 자기주도적으로 참여할 수 있도록 하기 위해 생성형 AI 기반 CBL 수업으로 진행하고자 한다. 학생들은 생성형 AI 도구를 활용하여 영어로 자신의 생각을 표현함으로써 결과물을 제작할 때 마주치게 되는 영어 사용의 한계들을 극복할 수 있도록 도움을 받을 수 있다.

3) 도전과제 도출

학습내용 1과 2를 토대로 학습자들은 '문화의 다양성을 이해하고 매체를 활용하여 어떻게 표현할 수 있을까?'라는 포괄적 탐구 질문에 대하여 CBL 수업의 단계에 따른 구체적 도전과제를 다음과 같이 설정할 수 있다.

> 문화의 다양성 이해를 위한 영어 콘텐츠를 제작하고 공유하라.

교사는 학생들의 탐구질문을 기반으로 해서 도전과제를 설정한다. 교사는 학생들이 도전과제를 해결하기 위해서 관련 핵심 지식을 이해할 수 있도록 유도하고, 문제 상황을 설정하여, CBL의 수업 단계에 따라서 도전과제를 해결할 수 있도록 수업을 설계, 실행, 평가하도록 한다.

4) 학습자 및 환경 분석

생성형 AI 기반 CBL 영어 수업에 참여하여 도전과제를 해결할 학습자와 수업 진행을 위한 학습 환경에 대해 알아보자.

먼저, 수업에 참여하는 학생의 특성을 파악하는 것이 필요하다. 수업에 참여한 학생은 다음과 같은 특징을 가지고 있다.

- **대상 학년**: 고등학교 2학년
- **학생 구성**: 학급당 인원수 25명, 남녀 혼성반
- **학생 특징**: 영어 I (영어권 문화) 교과 수업에 참여하는 영어 사용 능력 수준
    다양한 이질적 집단

수업을 진행하기 위한 학습환경과 수업에 활용한 생성형 AI 도구는 다음과 같다.

- **학습환경**: 개인별 태블릿 PC 사용 가능, 전자칠판, 무선 인터넷 환경이 갖추어져 있음.
- **생성형 AI 도구**: 뤼튼, 챗GPT, 코파일럿, 브루, 감마 등

앞에 제시된 바와 같이 생성형 AI를 활용한 CBL 수업 진행을 위한 환경은 도전과제를 해결할 수 있을 정도로 충분히 구비되어 있다. 학생들은 디지털 도구 활용에 빠르게 적응하기 때문에 생성형 AI 기반 수업에는 큰 어려움이 없다. 이와 함께 〈표 10-2〉와 같은 에듀테크도 함께 활용한다.

〈표 10-2〉 **에듀테크 활용 방법**

종류	활용 방법
젭(ZEP)	• 메타버스 공간에서 모둠을 구성하고 개별 영상을 탑재 • 전시장 관람 구조 활동에 활용 • 다양한 활동을 연계하여 배치하여 활동과 연결
구글 잼보드	도전과제 설정을 위한 브레인스토밍, 분류하기
패들렛 (Padlet)	• 수업 계획 및 조사 및 진행 과정 기록 및 공유 • 친구들의 활동에 대한 동료 피드백 제공 • 수업활동 후기 공유 등

젭(ZEP) 플랫폼은 메타버스 공간을 누구나 쉽게 구축할 수 있는 프로그램으로 교사가 수업을 진행하기 위한 메타버스 교실을 구성해 놓고 학생들을 초대할 수 있다.

2. 생성형 AI 기반 CBL 수업 설계

1) 학습목표 설정

수업 진행을 위해서 도출한 [도전과제] '문화의 다양성 이해를 위한 영어 콘텐츠를 제작하고 공유하라'를 통해서 성취하고자 하는 학습목표는 〈표 10-3〉과 같이 설정하였다.

〈표 10-3〉 생성형 AI 활용 CBL의 학습목표 설정

1. 지식·이해	맥락: 우리나라 문화와 영어 문화권의 차이 비교를 통하여 문화의 다양성을 이해하고 설명할 수 있다
	언어: 적절한 수준의 어휘를 사용하여 글의 유형에 적합한 언어 형식으로 표현할 수 있다.
2. 과정·기능	생성형 AI를 활용하여 다양한 문화 콘텐츠를 제작하고 공유할 수 있다.
3. 가치·태도	다양한 문화의 고유성을 이해하고 포용하며 공감하는 태도를 기른다.

앞의 학습목표 설정은 2022 영어과 교육과정의 영어과 선택 중심 교육과정의 내용 체계를 기반으로 한다. '지식·이해'에서는 '언어'와 '맥락'으로 구분하여 학습내용을 제시하고 있다. 영어과에서의 지식은 언어적 지식뿐만 아니라 영어가 사용되는 사회·문화적 상황인 맥락 또한 학습의 중요한 내용 요소이다. '언어'에서는 어휘, 의사소통 기능, 언어 형식, 담화 및 글의 유형 등을 과목별로 제시하고 있으며, '맥락'에서는 영어 사용의 문제해결에 필요한 구체적인 상황을 범주화한 주제 및 문화적 내용을 과목별로 제시하고 있다.[3]

생성형 AI 활용 CBL 영어 수업에서는 학생들이 챗GPT를 활용하여 주제와 구체적 상황을 고려하면서도 학생 수준에 맞는 영어 표현을 선택하여 활용할 수 있다는 점에서 학생 개별 수준에 맞는 영어 활용의 기회를 높이는 학습경험을 제공할 것으로 기대한다.

'과정·기능'에서는 이해 및 표현 영역에서 학습자가 언어 요소로 유의미한 상호

---

3) 교육부 고시 제2022-33호 [별책14], p. 35.

작용을 하면서 영어를 내재화하는 과정과 영어 사용의 목적을 달성하기 위한 기능을 과목별로 구체화하여 제시하고 있고, 언어 사용 전략 및 매체 활용 내용을 포함하고 있다.

'가치 · 태도'에서는 가치와 태도를 해당 영역의 학습을 통해 학생이 궁극적으로 함양할 것으로 기대하는 정의적인 내용으로 규정하고, 학습 결과를 내면화할 수 있는 것을 영역별로 기술하고 있다. 그리고 내용 체계표의 '지식 · 이해', '과정 · 기능', '가치 · 태도'에 근거하여 이들을 조합한 성취기준을 진술하였다(교육부, 2022f, p. 35).

디지털 도구기반학습에서 시작된 CBL 수업에서는 학생들이 의사소통 상황에서 디지털 도구활용에 중점을 둔다는 점에서 언어사용 전략과 매체 활용 내용을 포함하고 있다. 이러한 점에서 2022 개정 교육과정의 방향에 부합한다고 볼 수 있다.

2) 교수 · 학습과정안 설계

'문화의 다양성 이해를 위한 영어 콘텐츠를 제작하고 공유하라' 수업을 진행하기 위한 교수 · 학습과정안은 CBL 수업의 절차에 따라 단계적으로 설계한다. 교수 · 학습과정안에는 교육과정 분석에서 진행된 탐구 질문과 도전과제를 기반으로 설계한다.

〈표 10-4〉 교수 · 학습과정안 개요

도전과제	문화의 다양성 이해를 위한 영어 콘텐츠를 제작하고 공유하라.				
학습목표	1. 다른 문화권과 비교를 통하여 문화의 다양성을 이해하고 설명할 수 있다. 2. 생성형 AI를 활용하여 문화 다양성 콘텐츠를 제작하여 발표할 수 있다. 3. 관련 어휘와 표현, 글의 형식을 익히고 활용한다. 4. 문화의 다양성을 이해하고 포용하며 공감하는 태도를 가진다.				
학습요소	문화의 다양성, 관련 어휘와 표현, 글의 형식				
핵심 역량 (2015)	비판적 사고력		의사소통능력	∨	
	문제해결력	∨	정보처리능력	∨	
	창의융합능력(비판적 사고)	∨	협업능력	∨	
핵심 역량 (2022)	지식정보처리	∨	창의적 사고	∨	
	자기관리		공동체		
	심미적 감성	∨	협력적 소통	∨	
학습자료	교재, 태블릿 PC	교수 · 학습 방법	도전기반학습(CBL)		

단계	교수 · 학습 활동	차시
핵심 지식 이해	• 핵심 지식 이해: 문화의 다양성 이해, 관련 어휘와 영어 표현, 글의 형식 익히기 • 활동안내: 수업 진행 소개 및 모둠 구성, 역할 설정, 평가기준 제시하기	1차시
문제 상황 파악	• 동기유발: 문화의 다양성 이해를 위한 읽기 자료 활용하기 • 문제상황: 문화의 다양성 포용과 공감 확산 방안 모색하기 • 탐구문제: 문화의 다양성 콘텐츠 제작 및 공유를 통한 공감하기	
참여	• The Big Idea: 문화 다양성 포용과 공감하기 • 핵심질문: 도전과제 해결에 필요한 핵심질문 구성하기 • 도전과제: 문화의 다양성 이해를 위한 영어 콘텐츠를 제작하고 공유하라.	2차시
조사	• 핵심질문 쪼개기: 도전과제를 해결할 수 있도록 핵심질문을 잘게 쪼개기 • 조사활동: 질문을 유목화하여 조사할 내용을 정리해서 역할 분담하기 • 활동결과 정리: 문화의 다양성 이해를 위한 콘텐츠 문서 초고 완성(패들 렛 업로드) • 필수 영어 어휘 및 표현 조사하여 학생활동지에 정리(생성형 AI 활용)	
실행	• 실행 계획: 문화의 다양성 이해를 위한 콘텐츠 제작 완성하기 • 실행 결과 발표: 콘텐츠 창작물을 온라인 공유 플랫폼(패들렛)에 업로드 하기	3~4 차시
발표 및 성찰	• 동료 피드백: 콘텐츠 둘러보기 및 피드백하기 • Learning Log를 작성하여 활동 과정에서 배우고 느낀 점 성찰하기 • 최종 결과 공유: 완성 콘텐츠(학교, 지역사회, 인터넷 공유) 공유하기	5차시

3) 평가 및 산출물 계획

이 수업은 활동 결과를 과정중심 수행평가로 계획하여 진행한다. 평가는 CBL 수업
의 단계별 수업 과정에서 산출되는 주요 산출물과 필수 평가 항목을 설정하여 계획을
세운다. 이들 주요 산출물로 평가하고자 하는 필수 평가 항목을 통해 기르고자 하는
핵심 역량을 함께 설정한다. 그리고 이러한 평가계획은 평가계획서로 작성하여 학생
들에게 안내한다. 주요 산출물 및 평가 항목과 핵심 역량은 〈표 10-5〉와 같다.

〈표 10-5〉 **주요 산출물과 필수 평가 항목 및 핵심 역량**

단계	주요 산출물	필수 평가 항목	핵심 역량
핵심 지식 이해	• 활동 **1** −문화 다양성 이해 읽기 −관련 어휘 및 표현, 글의 형식 파악	핵심 지식 이해의 적절성	지식정보처리
문제상황 이해	• 활동 **2** −문화 다양성 이해 동영상 자료 시청	문제상황 분석의 타당성	문제해결
참여	• 활동 **3** −The Big Idea, 핵심질문, 도전과제 도출	도전과제 해결 방안 도출의 타당성	협력적 소통
조사	• 활동 **4** −조사결과 정리 및 도전과제 해결안 도출 −포용과 공감을 위한 콘텐츠 제작의 방향 설정	−조사 결과 및 도전문제 해결안의 타당성 −영어 어휘 및 표현의 적절성	지식정보처리
실행	• 활동 **5** −콘텐츠 제작 −동료 피드백 후 수정하여 콘텐츠 완성	도전과제 콘텐츠 제작의 적절성	창의적 사고 심미적 감성
발표 및 성찰	• 활동 **6** −콘텐츠 완성 발표 및 성찰 −최종 콘텐츠에 대한 동료 피드백 활동	자료의 충실성 및 생성형 AI 활용의 적절성, 성찰의 구체성	의사소통능력 메타인지능력

4) 교수 · 학습 전략 및 매체 선정

생성형 AI 기반 CBL 수업은 학생이 생성형 AI 도구를 활용하여 자신의 능력을 넘어설 수 있는 도전적인 과제를 통해 학습의 즐거움과 성취감을 경험하고, 이를 통해 자기주도적 학습 능력과 협력학습 능력을 향상시키는 학습 방법이다. '문화의 다양성 이해 콘텐츠 제작 및 공유' 수업을 위한 CBL 수업의 교수 · 학습 전략은 다음과 같다.

〈표 10-6〉 **생성형 AI 기반 CBL 수업의 교수 · 학습 전략**

교수 · 학습 전략	설명
도전적인 과제 설정	학습자가 자신의 영어 활용 능력을 보완하는 생성형 AI 기반으로 인지 수준에 맞는 내용을 담은 '문화의 다양성 이해를 위한 콘텐츠 제작 및 공유'라는 도전적인 과제를 설정하여 학생의 성장을 촉진한다.

자기주도적 학습 촉진	학습자가 스스로 문화의 다양성 특성을 드러내는 소재를 선택할 뿐 아니라, 제작 및 공유 과정에서 수업 전 과정을 관리하도록 하여 학생의 자기주도적 학습을 촉진한다.
협력학습 촉진	모둠을 구성하고 역할극의 배역을 담당하는 등 학습자가 다른 학습자와 협력하여 학습하도록 함으로써 학생의 협업능력을 촉진한다.
피드백 제공	교사는 모둠별 수업의 진행 과정과 학습자의 활동 상황을 지속적으로 모니터링하여 학습에 대한 피드백을 제공한다. 학습자들에게 수업의 전 과정에서 지속적으로 피드백을 제공하여 학습동기를 진작하고, 최종 결과물에 대해서도 동료 상호 피드백 활동을 한다.
교수 매체 활용	학습의 효율성을 높이기 위해 소재 선정과 조사 및 콘텐츠 제작에서 생성형 AI 도구를 활용하고, 협업 기능을 제공하는 다양한 에듀테크 매체를 활용한다.

3. 생성형 AI 기반 CBL 수업 실행

'문화의 다양성 이해를 위한 콘텐츠 제작 및 공유' 수업을 성공적으로 진행하기 위해 생성형 AI 기반 CBL 수업을 [핵심 지식 이해 단계]–[문제상황 파악 단계]–[참여 단계]–[조사 단계]–[실행 단계]–[발표 및 성찰 단계]의 순서에 따라 다음과 같이 실행하였다.

1) 핵심 지식 이해 단계

교사는 학생들이 세계인과 영어로 의사소통하기 위해서 문화의 다양성을 이해하도록 안내한다. 문화의 다양성이 무엇이며, 영어로 의사소통하기 위해서 문화의 다양성을 이해하는 것이 왜 중요한지에 대해 충분히 이해하도록 돕는다.

핵심 지식을 구체적으로 이해하기 위하여 다음과 같이 생성형 AI를 활용할 수 있다.

〈표 10-7〉 **뤼튼을 활용한 핵심 지식 이해**

프롬프트	문화의 다양성을 이해하는 것이 영어의사소통에 왜 중요한가?
답변	문화의 다양성을 이해하는 것은 영어의사소통 역량을 강화하는 데 중요한 역할을 합니다. 다음은 그 역할에 대한 설명입니다.

문화적인 언어 사용: 각 문화는 그들만의 언어 사용 스타일과 관용구를 가지고 있습니다. 문화적인 언어 사용에 익숙해지면 영어의사소통에서도 상대방의 문화적 배경을 고려하여 적절한 표현과 어휘를 선택할 수 있습니다. 이는 상대방과의 원활한 의사소통을 도와줍니다.

문화적인 의사소통 관습 이해: 각 문화는 의사소통에 있어서 특정한 관습과 규칙을 가지고 있습니다. 예를 들어, 어떤 문화에서는 직설적인 표현이 선호되는 반면, 다른 문화에서는 간접적인 표현이 더 적합할 수 있습니다. 문화적인 의사소통 관습을 이해하면 영어의사소통에서도 적절한 커뮤니케이션 방식을 선택할 수 있습니다.

문화 간의 비교와 대조: 다른 문화와의 비교와 대조를 통해 영어의사소통 역량을 강화할 수 있습니다. 다양한 문화를 이해하고 비교함으로써 자신의 문화적 배경과 다른 문화의 차이를 인식하고, 이를 바탕으로 상대방과의 소통 방식을 조율할 수 있습니다.

문화적인 민감성과 존중: 문화의 다양성을 이해하면 상대방의 문화적인 차이를 존중하고 이해하는 민감성을 키울 수 있습니다. 이는 상대방과의 긍정적인 관계 형성과 상호 이해를 촉진하며, 영어의사소통에서 상대방과의 신뢰와 협력을 강화할 수 있습니다.

문화 간의 상호 작용과 협업: 글로벌 시대에서는 다양한 문화와의 상호 작용과 협업이 필수적입니다. 문화적인 다양성을 이해하면 다른 문화와의 협업에서의 문화 간 갈등을 예방하고, 상호적인 관계를 구축하는 데 도움이 됩니다. 이는 영어의사소통에서 효과적인 팀워크와 협업을 가능하게 합니다.

문화의 다양성을 이해하는 것은 영어의사소통 역량을 강화하는 데 핵심적인 역할을 합니다. 문화적인 언어 사용, 문화적인 의사소통 관습 이해, 문화 간의 비교와 대조, 문화적인 민감성과 존중, 문화 간의 상호 작용과 협업 등을 통해 영어의사소통에서 더욱 효과적인 소통과 상호 이해를 구축할 수 있습니다.

〈표 10-7〉은 문화의 다양성 이해와 영어의사소통역량 간의 관계를 잘 설명해 주는 글이다. 영어로 번역하면 문화의 다양성 이해에 대한 독해문으로 활용할 수 있고, 학생들은 관련 어휘들과 표현들을 습득하여 활용할 수 있게 된다. 다음은 〈표 10-7〉을 생성형 AI를 활용하여 학습자의 수준(한국 고등학교 2학년)에 맞게 영어 독해문으로 작성한 것이다.

〈표 10-8〉 챗GPT를 활용한 독해문 만들기

프롬프트	위의 글을 영어로 번역해 줘. 한국의 고등학교 2학년 학생들을 위한 독해문으로 만들어 줘. 제목은 Understanding cultural diversity is crucial for effective English communication.
답변	Having an awareness of various cultures is crucial for improving English communication skills. Here's why it's important:

Cultural Language Use: Each culture has its unique way of using language and expressions. When we become familiar with how language is used in a specific culture, we can choose the right words and phrases in English that take into account the cultural background of the person we're communicating with. This helps us communicate more effectively.

Understanding Cultural Communication Norms: Every culture has specific customs and rules when it comes to communication. Some cultures prefer direct expressions, while others favor indirect ones. Understanding these cultural communication norms helps us adapt our communication styles appropriately in English.

Comparing and Contrasting Cultures: By comparing and contrasting different cultures, we can enhance our English communication skills. We learn to recognize and appreciate the differences between our own culture and others'. This understanding allows us to adjust our communication style when interacting with people from diverse cultures.

Cultural Sensitivity and Respect: Understanding cultural diversity helps us develop sensitivity and respect for different cultures. This fosters positive relationships and mutual understanding, which are essential for effective English communication.

Interacting and Collaborating Across Cultures: In today's globalized world, it is necessary to interact and collaborate with people from diverse cultures. Understanding cultural diversity enables us to navigate cultural differences and build positive relationships when working together. This is particularly important for successful teamwork and collaboration in English communication.

In summary, understanding cultural diversity is key to enhancing English communication skills. By being aware of cultural language use, understanding cultural communication norms, comparing and contrasting cultures, developing cultural sensitivity and respect, and effectively interacting and collaborating across cultures, we can improve our English communication abilities and foster meaningful connections with people from different backgrounds.

〈표 10-8〉에서 핵심 단어와 관심 단어들 중에서 학생들이 스스로 수준에 맞는 단어들을 선택하여 자신의 학습노트에 기록하게 한다. 챗GPT를 활용하여 단어장을 만들 수도 있다.

〈표 10-9〉 챗GPT를 활용한 독해문을 바탕으로 영어 단어 목록 만들기

프롬프트	위 글에서 영어를 공부하는 고2 학생들을 위한 단어 20개를 선택하여 단어장을 영어-한글로 짝을 지어 만들어 줘.
답변	Certainly! Here are 20 English words along with their Korean translations for second-year high school students studying English: Cultural(문화적인), Diversity(다양성), Crucial(중대한), Communication(소통), Skills(기술), Language(언어), Expressions(표현), Familiar(익숙한), Background(배경), Norms(표준), Customs(습관), Rules(규칙), Direct(직접적인), Indirect(간접적인), Comparing(비교), Contrasting(대조), Sensitivity(민감성), Respect(존경), Globalized(세계화된), Collaboration(협력)

2) 문제상황 파악 단계

문화의 다양성 이해로 동기부여가 되었으면 문제상황 파악 단계는 어떤 방식으로 문화의 다양성 이해를 확산하여 다른 문화에 대해 포용하고 공감할 수 있을까를 고민하는 단계이다. '문화의 다양성을 이해하는 콘텐츠를 제작하고 공유하라'는 도전과제를 도출해 내는 단계이다.

학생들은 '문화의 다양성을 이해하려면 어떻게 할까?'라는 질문에서 관심 분야에서 문화 간의 차이를 탐색하자고 제안하였다. 학생들은 자신의 관심 분야들을 적어서 교실 칠판에 붙이고 유사한 것들을 묶어서 배치하였다. 제안한 관심 분야 중 주어진 시간에 결과물을 만들어 낼 수 있는 흥미로운 주제를 선정하게 한다. 브레인스토밍을 통하여 모둠과 자신의 관심 분야에 대한 의견 교환을 하고, 그 과정을 통해 소주제를 선택하고 다시 개별 관심사별로 분야를 나누어 콘텐츠를 제작한다.

교사는 학생들의 자기주도성을 높이기 위해 교사가 일방적으로 정하지 않고 학생들 스스로 주제를 정하게 하고, 관심 분야별로 모둠을 구성하게 하였다. 주제에 따라서는 MBTI 성격유형별로 모둠을 구성하는 것도 흥미롭다. 다만, 학생들의 영어수준이 다양하므로 영어학습동기가 높고 영어성취수준이 높은 학생들이 모둠 안에 적절하게 배치되도록 약간 조정하는 것이 좋다.

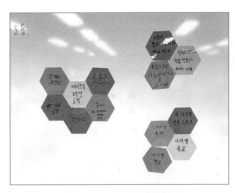

[그림 10–2] 관심 분야 제시와 분류

[그림 10–3] 수업활동 장면

3) 참여 단계

생성형 AI 기반 CBL 수업에서 참여 단계는 학생들이 해결해야 할 대주제, 즉 빅 아이디어(The Big Idea)를 선정하고, 핵심질문과 도전과제를 도출하는 과정이다.

'문화의 다양성 이해 콘텐츠 제작 및 공유' 수업에서 빅 아이디어는 '의사소통을 위한 문화의 다양성 이해'를 의미한다. 즉, '문화의 다양성 이해를 위한 콘텐츠 제작'의 빅 아이디어에 해당하는 것이다.

빅 아이디어가 정해졌으면 다음 예시와 같이 도전과제 해결에 필요한 핵심질문을 구성하고 도전과제를 작성하게 한다.

〈표 10–10〉 핵심질문 및 도전과제 작성 예시

The Big Idea	의사소통을 위한 문화의 다양성 이해
핵심질문	문화의 다양성을 이해하기 위해서 어떤 콘텐츠를 제작하여 문화의 다양성에 대한 포용과 공감을 이끌어 낼 수 있을까?
도전과제	문화의 다양성을 이해하기 위한 영어 콘텐츠를 제작하고 공유하라.

교사는 학생들이 활용할 수 있는 매체들을 소개하여 창의적이고 다양한 형태로 산출물을 제작하도록 도울 수 있다. 생성형 AI(뤼튼, 챗GPT, 코파일럿, 제미나이, 클로바X, 브루) 중 활용 방법을 소개하여 제작 과정에 적절하게 활용하게 하고, 최종 자료들은 공유 플랫폼에 전시하여 서로 공유할 수 있다고 소개한다. 전 과정의 피드백은 패들렛을 활용하여 실시간으로 확인할 수 있게 한다.

4) 조사 단계

생성형 AI 기반 CBL 수업의 조사 단계는 학생들이 도전과제를 해결하기 위해 구체적인 조사 활동을 진행하는 단계이다. 조사 활동을 진행하기 위해서는, 먼저 핵심질문을 잘게 쪼개는 작업이 필요하다.

〈표 10-11〉 핵심질문 쪼개기를 통한 질문 유목화 예시

핵심질문	문화의 다양성을 이해하기 위해서 어떤 영어 콘텐츠를 제작하여 문화의 다양성에 대한 포용과 공감을 이끌어 낼 수 있을까?
핵심질문 쪼개기	① 문화의 다양성이란? ② 의사소통을 위해 문화의 다양성을 이해하는 것이 필요한 이유는? ③ 문화의 다양성 이해 영어 콘텐츠 제작을 위한 소재는? ④ 영어 콘텐츠 내용의 필수 요소들과 흐름은 무엇이고, 어떻게 구성할까? ⑤ 영어 콘텐츠 제작의 대상, 형태는 어떻게 할까?

핵심질문을 잘게 쪼개서 유목화한 다음, 모둠장은 어떤 절차로 진행할지 모둠원들과 의논하여 결정한다. 협업 기능을 제공하는 패들렛을 활용하면 각자 조사한 결과를 모둠원과 쉽게 공유할 수 있다. 챗GPT, 코파일럿, 제미나이, 클로바X 등 다양한 생성형 AI 도구를 활용하도록 한다. 다양한 출처에서 자료를 선택하여 활용할 때 반드시 자료 선정의 이유, 출처를 밝히도록 안내한다. 콘텐츠 제작 과정을 다음과 같이 안내한다.

〈표 10-12〉 콘텐츠 제작의 과정

1. 대상:
2. 형식: (동영상, 프레젠테이션 등)
3. 자료 선택의 방향/이유:
4. 자료의 출처:
5. 콘텐츠 구성의 순서:
6. 참고사항:

다음은 앞의 제작 과정에 따른 학생들의 활동 사례이다.

패들렛을 활용하여 전체 단계를 계획하게 한다. 주제를 선택한 이유, 콘텐츠 공유의 대상과 형식, 자료를 선택할 때의 출처와 방향, 콘텐츠 구성을 위한 순서 및 참고

사항을 미리 계획하고 게시한다. 이렇게 콘텐츠 제작 과정을 계획해야 학생들이 그 과정에서 방향을 잃지 않게 된다.

[그림 10-4] 패들렛을 활용한 조사 과정 공유 예시

5) 실행 단계

　수업의 실행 단계는 문화의 다양성 이해 콘텐츠를 각 모둠이 설정한 형식에 맞추어 제작하고 공유하는 과정이다. 생성형 AI를 활용하여 자신들이 선호하는 형식으로 작성하였다. 감마(Gamma) 프로그램을 활용한 프레젠테이션 제작, 브루 등을 활용하여 동영상을 제작하거나, 시나리오를 작성하여 짧은 영화 만들기를 시도한 모둠도 있다.

　모둠별로 제작하여 자료를 공유할 때는 패들렛 공간을 활용할 수 있다. 각 모둠의 결과물을 패들렛에 올리고 학생들이 결과물을 살펴본 후 댓글로 피드백할 수 있게 한다. 교사는 학생들에게 작품을 자세히 보고 구체적인 부분에 대하여 피드백하도록 안내한다. 평가적 태도보다 공감적 태도로 피드백하도록 안내한다.

　한편, 한 반의 모든 학생이 콘텐츠를 제작하여 공유할 경우는 메타버스 공간이 더 적절하다. 메타버스 공간은 콘텐츠를 입체적으로 전시할 수 있고 모둠별로 분류하여 한 화면에 보이게 할 수 있어서 학생들이 혼란 없이 각자의 속도에 맞게 각 결과물을

[그림 10-5] 자체 영상 제작

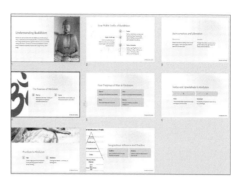

[그림 10-6] 감마(GAMMA) 앱을 활용한 프레젠테이션

[그림 10-7] Vrew 활용 랩음악

[그림 10-8] 영상 제작 더빙

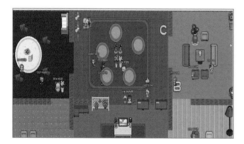

[그림 10-9] 메타버스 교실에서 모둠 구성 장면

[그림 10-10] 메타버스 교실 학생 활동 장면

돌아볼 수 있는 여유를 준다.

교사는 [그림 10-9]와 같이 모둠별로 공간을 만들고, 학생들이 자신의 콘텐츠를 제작하여 업로드하도록 안내한다. [그림 10-10]은 학생들이 자신의 모둠뿐 아니라 다른 모둠의 콘텐츠를 확인하고 있는 장면이다.

6) 발표 및 성찰 단계

모둠별 또는 개인별로 산출물을 발표하고 온라인 플랫폼에 업로드한다. 동료와 교사는 작품들을 둘러보고 동료 피드백과 배움일지를 기록한다.

콘텐츠를 둘러보고 동료 피드백이 효과적이고 도움이 되려면 피드백을 어떻게 하는지에 대한 사전 안내가 필요하다. 동료 피드백은 학습목표인 문화의 다양성에 대해 배우게 된 것과 작품을 통해서 느낀 것, 인상적인 점과 이유를 구체적으로 관찰하여 기록한다. 이때 자세하게 관찰하고 긍정적인 면을 찾아 격려와 칭찬을 잊지 않는다. 피드백은 처음에는 우리말로 시작하고 그다음 영어로 피드백해 보게 할 수 있다.

[그림 10-11] 패들렛을 활용한 동료 피드백

개인별 배움일지를 작성할 때는 CBL 수업의 전 과정에서 기억할 것, 자기에게 도움이 된 것, 문화의 다양성에 대해 이해하게 된 점, 영어의 언어적 지식에서 새롭게 알게 된 점, 학급과 모둠활동의 협업을 통해서 깨닫게 된 점을 기록한다.

〈표 10-13〉 배움일지 양식 예시

[Learning Log]

What have you learned from this CBL English lesson?

1. about understanding cultural diversity

2. about English language

3. about yourself

4. about others (peers, …)

다음은 한 학생이 자신이 스스로 작성한 배움일지이다. 생성형 AI를 활용하여 다음과 같이 변형시켜 볼 수 있다.

〈표 10-14〉 배움일지를 생성형 AI로 다듬기

프롬프트	Correct the following more fluently. "I want to major politics in University. So I selected a topic that is related to policy and our group's topic teenage lofie. My presentation' title was Education politics in Europe. I made presentation that explains France and Germany's education policies. After my presentation, our classmates left a comment about me saying that "I have a great pronunciation!", "Your voice is good!", but there was a feedback that my talking was so fast. I never thought so, but I think I should."
답변	I'm aiming to major in politics at university. Consequently, I chose a topic related to policy, specifically our group's focus on teenage lifestyle. The title of my presentation was "Education Politics in Europe." During the presentation, I delved into and explained the education policies of France and Germany. Following my presentation, my classmates provided positive comments such as "You have great pronunciation!" and "Your voice is impressive!" However, there was also feedback mentioning that I spoke too quickly. While I hadn't noticed it before, I'm now considering this feedback and believe it's something I should work on.

4. 생성형 AI 기반 CBL 수업 평가

CBL은 학생들이 실제 세계의 문제를 도전과제로 설정하여 해결하는 과정에서 도전과제 해결에 필요한 지식과 기술을 습득하고, 협력적 관계를 통해 도전과제 해결책을 도출하여 실행 및 공유하는 과정에서 문제해결역량을 키우는 학습이다. 따라서 CBL 수업 평가는 학생들이 도전과제를 어떻게 달성하였으며, 도전과제를 해결해 가는 과정에서 어떠한 지식과 기술을 습득하였고, 도전과제 해결 활동을 통해서 학생들의 역량은 얼마나 강화되었는지에 초점을 두고 평가한다.

1) CBL 수업의 평가 방향

CBL 수업의 평가 방향은 '도전의 목표 달성 여부', '학습자의 지식과 기술 습득 여부', '학습자의 문제해결역량 평가'의 세 가지로 나눌 수 있다.

CBL 수업 평가의 가장 기본적인 방향은 학습자들이 도전의 목표를 달성했는지 여부를 평가하는 것이다. 이를 위해서는 도전의 목표가 명확하게 설정되어 있어야 하며, 목표 달성 여부를 측정할 수 있는 지표가 마련되어 있어야 한다. 이 수업의 도전과제는 '생성형 AI 도구를 활용하여 문화의 다양성을 이해하는 영어 콘텐츠를 제작하고 공유하라'이므로 학습자들이 문화의 다양성 이해를 위해 적절한 콘텐츠를 제작했는지를 평가하게 된다.

CBL 수업의 평가는 학습자들이 도전 과정에서 습득한 지식과 기술을 평가하는 데에도 초점을 맞추어야 한다. 이를 위해서는 학습자들이 도전 과정에서 어떤 자료와 정보를 활용했으며, 이를 어떻게 분석하고 활용했는지에 대한 평가가 이루어져야 한다. '문화의 다양성을 이해하는 콘텐츠를 제작·공유'하는 수업에서는 문화의 다양성에 대해 잘 이해하고 있는지, 영어 콘텐츠를 제작하기 위한 영어지식 활용 능력이 갖추어져 있는지에 대해 평가한다.

CBL 수업은 학습자들이 실제 세계의 문제를 해결하는 능력을 키우는 데에도 도움이 되는 학습 방법이다. 따라서 CBL 평가는 학습자들이 도전 과정에서 어떤 방식으로 문제를 해결했는지에 대한 평가도 이루어져야 한다. '문화의 다양성을 이해하는 콘텐츠를 제작·공유'하는 수업에서는 '문화의 다양성 이해를 잘 드러내는 소재를 선정하였는가? 대상을 잘 파악하고 대상에 맞는 자료를 선택하였는가? 영어 콘텐츠의 어휘 수준과 영어 표현은 적절한가?'를 평가한다.

또한 결과물에 대한 동료 상호 피드백 활동에서 다른 모둠원들의 결과물을 자세히 보고 구체적으로 긍정적인 측면을 평가하는지를 관찰한다. 문화의 다양성을 이해하여 포용과 공감의 태도를 기르는 것은 이러한 상호 간의 이해와 피드백에서 시작된다고 볼 수 있다.

2) 평가 루브릭 작성 및 평가

도전의 목표 달성, 지식과 기술 습득, 문제해결 능력을 중시하는 CBL의 평가 방향에 기반하여, 이 수업에서는 활동 단계별로 산출되는 결과물을 중심으로 평가영역과 채점기준을 〈표 10-15〉와 같이 구성하였다. 발표 및 피드백 활동 과정에서 학생들의 영어 콘텐츠를 학생 개인이 숙지하고 영어로 발표하는 과정을 포함하여 채점기준을 마련하였다. 이 과정은 설계에 따라 추가할 수 있다. 실제 수업에서는 제작한 콘텐츠를 익히고 발표하는 과정을 추가하면 학생들은 준비한 내용을 숙달하여야 하므로 콘텐츠 작성에 난이도를 조절하려 할 것이고 영어 콘텐츠를 암기함으로써 학생들의 영어 표현 능력이 향상될 것이다.

〈표 10-15〉 **평가영역 및 채점기준**

평가과제	배점	평가요소	평가내용	배점
영어 콘텐츠 제작	50	도전과제 및 소재의 적절성	문화의 다양성 이해를 위한 의미 있는 도전과제와 소재를 선정하였는가?	10
		과제 구성 계획의 적절성	과제의 구성의 계획이 합리적이며 실현 가능한 내용인가?	10
		어휘와 언어형식	영어 어휘의 수준과 어휘량이 적절하고 표현 형식은 대사에 맞게 작성하고 활용하였는가?	10
		지식과 기술의 습득 정도	도전과제 해결을 위해 생성형 AI 도구를 합리적으로 활용하여 조사하고 콘텐츠를 제작하였는가?	10
		창의성	콘텐츠 제작에 창의적인 발상이나 아이디어를 포함하고 있는가?	10

발표 및 피드백 활동과정	50	영어 유창성	발표 과정에서 전달력이 좋은 자연스럽고 유창한 영어로 발표하였는가?	20
		발표의 태도	발표 과정에서 청중의 집중력을 높이는 목소리와 태도를 보였는가?	10
		Learning Log (배움일지)	자신의 Learning Log(배움일지)에서 수업 활동 과정에서 배우고, 느낀 점을 구체적으로 표현하였는가?	10
		동료 피드백	동료 피드백 활동에서 자세히 관찰하여 의미 있는 피드백 글을 작성하였는가?	10

3) 평가 결과 기록

〈표 10-16〉은 '문화의 다양성 이해' 수업 활동 과정과 결과를 학교생활기록부에 기록하기 위해 작성한 예시이다. 이 학생은 자신이 제작한 영어 콘텐츠에 대해 스스로 발표하는 과정을 수행하여 영어 콘텐츠의 내용을 숙지하고 자연스럽고 유창한 영어로 발표하여 영어 능력 향상에 도움이 되었다고 한다.

〈표 10-16〉 학교생활기록부 피드백 및 기록 예시

'생성형 AI 도구를 이용한 문화의 다양성 이해'를 주제로 한 도전기반학습 수업에서 다양성 이해라는 도전과제를 해결하기 위해 중세의 유럽과 우리나라의 성채에 대해 비교하는 소재를 선정함. 영어 원서들을 포함하여 자료를 면밀하게 조사하고 성채의 모양과 그 나라의 역사적 정치 형태를 연결한 가설을 세워 자신의 주장을 설득력 있게 구성하는 등 창의적인 융합능력과 문제해결역량을 보임. 발표 과정에서는 자신의 주장이 잘 전달되도록 효과적인 그림을 활용하였고 유창한 영어 발음으로 발표하여 대상자인 친구들의 이해와 대단한 호응을 얻음. 이 과정을 통하여 영어자료에 대한 조사와 탐구능력이 증진되었고 발표자료 제작에 능숙해졌으며 성취감과 자신감을 얻게 되었다는 배움일지를 작성하는 자기성찰적 메타인지능력을 보임. 메타버스를 활용한 '동료 발표 영상을 자세히 보고 피드백하는 활동'에서는 친구들의 발표를 경청하고 자신에게 의미 있는 작품에 대하여 특징을 잘 파악하고 격려하는 영어 피드백 글을 작성하여 공동체의 중요성을 인식하고 협업하여 함께 성과를 공유함.

제11장

인공지능 수학 탐구 주제를 빅데이터로 분석하라-수학

 빅데이터 분석을 활용한 [인공지능 수학] 수업을 어떻게 설계할까

현대 사회는 데이터의 홍수 시대라고 불릴 만큼 수많은 데이터가 넘쳐나고 있다. 이것은 우리의 일상생활부터 비즈니스, 학문 등 다양한 분야에서 활용되고 있고 빅데이터를 수집하고 시각화하여 패턴이나 트렌드를 발견하여 데이터 분석을 하면 미래 예측이나 합리적인 의사 결정하는 데 도움을 준다.

데이터는 의사 결정의 근거가 되고, 미래를 예측하는 데 도움을 주며, 새로운 비즈니스를 창출하는 데 활용되는 등 중요한 역할을 한다. 나에게 필요한 데이터를 선별하기 위해서는 먼저 목적을 파악해야 한다. 목적에 따라 필요한 데이터의 종류와 양이 다르다. 그리고 학생들이 궁금한 데이터가 무엇일까 생각해 보면 자신들의 전공과 연계한 데이터나 일상생활 속 취미나 흥미를 많이 가지고 있는 것 등이 있을 것이다. 이에 대해 데이터를 탐구하고 수집해 보는 것을 생각해 보게 되었다.

2022 개정 교육과정 [인공지능 수학] 변화 중 가장 큰 부분은 인공지능 학습에 필수적인 요소인 빅데이터 관련 성취기준 내용이 추가되었다는 것이다. 데이터 분석과 수학은 밀접한 관련성을 가지고 있다.

수학은 빅데이터 분석에 필요한 다양한 개념과 기법을 제공한다. 예를 들면, 통계학은 데이터를 수집하고 분석하는 데 사용되며, 확률론은 불확실성을 다루는 데 도움을 준다. 선형대수학은 데이터를 행렬 형태로 표현하고 처리하는 데 사용되며, 최적화 이론은 최적의 결정을 내리는 데 활용된다.

데이터 시각화를 통해 수학적인 그래프와 차트를 생성하여 데이터의 패턴과 상관관계를 시각적으로 파악할 수 있다. 또한 수학적인 모델과 알고리즘을 사용하여 데이터를 예측하고 분류하는 데에도 활용된다. 따라서 빅데이터 분석을 수행할 때 수학적인 지식과 기법을 활용하는 것은 매우 중요하다. 수학을 통해 데이터를 이해하고 분석하는 능력을 키우면 보다 정확하고 유용한 인사이트를 도출할 수 있을 것이다.

이처럼 데이터 분석은 수학적인 개념과 원리를 활용하여 데이터를 이해하고 해석하는 데 중요한 역할을 하며, 수학적 사고와 통계적인 지식은 데이터 분석을 수행하는 데 필수적이다. 그리고 수학과의 연관성을 이해하고 활용하는 것은 데이터 분석 능력을 향상시키는 데 도움이 된다. [인공지능 수학] 과목에서 데이터 분석과 그래프 작성은 학생들이 수학적 사고력을 통해 실제 사회 문제를 분석하고 해결 방안을 탐구하는 데 중요한 역할을 한다.

이에 이 수업에서는 학생들이 관심 있어 하는 사회문제를 실생활 빅데이터 분석을 통해 최적화된 예측으로 합리적인 문제해결 방안을 제시하고, 의사 결정의 윤리성을 판단해 봄으로써 민주시민 소양을 함양해 보도록 한다. 그 방법을 생성형 AI 기반 CBL 수업으로 접근해 보았다.

1. 생성형 AI 기반 CBL 수업 교육과정 분석

1) 교육과정 및 성취기준 분석

이 수업의 주제인 '인공지능 수학 탐구 주제를 빅데이터로 분석하라'는 2015 개정 교육과정 고등학교 『인공지능 수학』 교과 [최적화] 영역의 성취기준 [12인수04−03]을 기반으로 한다. 이 내용은 2022 개정 교육과정 고등학교 『인공지능 수학』 교과 [인공지능과 수학탐구] 영역의 성취기준 [12인수05−01]과 [12인수05−02]에서 그대로 이어진다. 이들 성취기준은 다음과 같다.

〈표 11-1〉 CBL 수업 진행을 위한 성취기준 선정

교육과정	2015 개정	2022 개정
영역(단원)	IV. 최적화	V. 인공지능과 수학탐구
성취기준	[12인수04-03] 합리적 의사 결정과 관련된 인공지능 수학 탐구 주제를 선정하여 탐구를 수행한다.	[12인수05-01] 수학적 원리를 이용하여 인공지능이 실생활 문제를 합리적으로 해결하는 사례를 찾을 수 있다. [12인수05-02] 인공지능과 관련된 수학 주제를 선정하여 탐구할 수 있다.

『인공지능 수학』 교과에 대한 이해를 돕기 위해 우선 개발 배경과 과목의 전반적인 특성에 대해 알아보겠다. 먼저, 『인공지능 수학』 교육과정의 개발 배경은 다음과 같다. 미래 세대들의 인공지능 역량 강화를 위해 수학 교육 변화의 필요성이 제기되었고 학생들의 정보 처리 역량이 강화되어 현 수준보다 적극적인 수준에서 공학적 도구를 활용할 수 있는 교육과정 개발이 필요했다.

또한 지능 정보사회에서 수학의 가치·유용성을 이해하기 위해 수학에 대한 정의적 태도 개선의 필요성이 대두되었고 학생들의 다양한 수준, 흥미, 적성, 진로를 고려하여 학생 선택권의 다양성을 반영하기 위해 개발하게 되었다.

진로 선택과목인 『인공지능 수학』은 공통과목인 『수학』을 학습한 후, 인공지능 분야에서 수학이 어떻게 활용되는지 알고자 하는 학생들이 선택할 수 있는 과목이다. 『인공지능 수학』의 성격 핵심 사항을 다섯 가지로 정리하면 다음과 같다.

〈표 11-2〉 『인공지능 수학』의 성격 핵심 사항

No	핵심 사항
1	학생의 진로·적성에 따른 과목 선택권의 확대와 인공지능 기술에서 수학의 중요성을 이해하기 위한 과목
2	실생활의 다양한 문제해결에 쓰이는 인공지능에서 수학이 어떻게 활용되는지 이해하기 위한 과목
3	인공지능 사례에서 사용되는 수학 개념·원리를 이해하고 이를 활용해 보는 과목
4	수학의 가치와 유용성을 인식하여 수학의 일반·진로 선택과목, 전문 교과 과목학습의 동기를 부여하기 위한 과목
5	인공지능 수학의 적용 사례 이해 및 맥락 탐색을 위한 과목

『인공지능 수학』의 영역 및 핵심개념은 인공지능과 수학, 자료의 표현, 분류와 예측, 최적화이며 인공지능이 자료를 입력받고 처리하여 의사 결정하는 순서를 반영한 것이다. 2015 개정 수학과 교육과정을 수정·보완한 2022 개정 수학과 교육과정의 인공지능 수학의 주요 변화 내용을 살펴보도록 하겠다. 2015 개정 교육과정에서는 보통 교과를 공통과목, 일반 선택과목, 진로 선택과목으로 분류하였고『인공지능 수학』이 진로 선택과목에 속했었다.

2022 개정 교육과정의 경우 보통교과 과목을 공통과목, 선택과목으로 분류한 후, 다시 선택과목을 일반 선택, 진로 선택, 융합 선택으로 분류하고 있다. 2015 개정 교육과정과 마찬가지로『인공지능 수학』은 2022 개정 교육과정에서도 진로 선택과목으로 분류된다.

인공지능의 데이터 처리와 의사결정에 수학이 활용되는 다양한 사례를 경험함으로써 인공지능과 수학의 관련성을 탐구하는 과목이다. 인공지능 수학은 자신의 진로와 적성을 고려하여 인공지능 분야에서 수학이 어떻게 활용되는지 알기를 원하는 학생이 선택할 수 있다.

2022 개정 교육과정에서는 수학의 개념·원리·법칙 등을 학습할 때 다섯 가지 교과 역량(문제해결, 추론, 의사소통, 연결, 정보 처리)이 발현되는 사고 과정·기능을 보여 주도록 변화되었는데 기존 2015 개정교육과정에서 교과 역량인 '창의·융합'이 '연결'로 변경되었다고 생각하면 된다.

2022 개정 교육과정 인공지능 수학 영역 및 성취기준도 변경되었는데 인공지능 개념의 이해와 빅데이터 관련 성취기준이 추가되었고 학습 위계상 문제로 지적되어 온 인공지능에 수학이 활용되는 다양한 예를 찾는 성취기준은 삭제되었다.

2015 개정 교육과정의 경우 최적화 영역에서 수학탐구가 다뤄져 주제 선정의 범위가 제한되었는데 합리적 의사결정뿐만 아니라 인공지능과 관련된 다양한 주제를 탐구할 수 있도록 인공지능 수학탐구 영역이 신설되었다.

2) 학습내용 분석

- [학습내용 1] 인공지능 데이터 분석을 위한 주제 선정 탐구
- [학습내용 2] 생성형 AI를 활용한 빅데이터 수집, 시각화, 분석을 통한 데이터에 숨겨진 의미 탐구

2022 개정 교육과정 고등학교『인공지능 수학』교과 [인공지능과 수학탐구] 영역 학습에서는 실생활 데이터의 경향성을 바탕으로 최적화된 예측을 통한 합리적 의사결정 사례를 찾고 인공지능과 관련된 수학 주제를 선정하여 탐구하는 것이다. 이 내용을 반영하여 탐구하기 위해 [학습내용]을 두 가지로 분석하였다.

[학습내용 1]은 공공포털 데이터의 다양한 사례를 습득하고 학습자가 탐구하고자 하는 내용의 데이터를 찾기 위해 생성형 AI를 활용하여 탐구 주제를 선정한다. 그리고 [학습내용 2]에서는 필요한 데이터 수집을 위해 적극적으로 탐색하고 수집된 데이터 의미를 이해하기 위해 AI 도구인 파워비아이(PowerBI)로 데이터를 시각화하여 분석하도록 한다.

여기서는 [학습내용 1]에 대한 학습이 반드시 진행되어야 다음 학습내용이 이루어지며 [학습내용 2]에서는 주어진 탐구 주제를 기반으로 학생들의 진학 학과와 연계된 데이터를 수집하고 단계별로 '생성형 AI 기반 CBL 수업'을 구성하여 진행하였다.

실생활 속 데이터 분석을 위한 주제 선정은 학생들이 데이터 수집과 분석에 대해 사전 지식이 부족하면 탐구에 대한 흥미를 잃을 수 있다. 그러므로 주제 선정을 위해 학생들과의 끊임없는 소통이 중요하며 생성형 AI 중 오픈AI 챗GPT를 활용하여 탐구 주제 선정을 하였으며 주제에 따른 데이터 수집도 함께하도록 하였다. 또한 수집된 데이터를 분석하는 것은 간단한 파이썬 라이브러리를 활용하고, 데이터 시각화는 인공지능 도구인 파워비아이를 활용하여 그래프를 완성하였으며, 결과 보고서는 생성형 AI 중 영상을 제작할 수 있는 브루를 사용하여 발표하게 하였다.

3) 도전과제 도출

학생들이 인공지능 수학 탐구 주제를 수행함에 있어 실생활 사회문제를 이해하고 진학과 연계하여 스스로 궁금해하거나 흥미 있는 내용으로 빅데이터 분석을 해 보도록 하였다. 진로와 연계한 탐구 주제는 자연계열, 인문계열 등 다양하게 생각해 볼 수 있었다. 학생들은 앞 단원에서 빅데이터의 개념과 특성은 배웠지만 탐구해 나가려면 너무나 포괄적이어서 어떻게 방향을 잡아야 할지 몰라 어렵게 생각할 수 있다. 그래서 탐구 질문을 조금 더 쉽게 이해하고 문제해결에 도전해 볼 수 있도록 구체적인 도전과제의 형태로 제시해 줄 필요가 있다. 이 수업에서는 다음과 같은 도전과제를 설정하고자 한다.

인공지능 수학 탐구 주제를 빅데이터로 분석하라.

교사는 학생들이 스스로 도전과제를 구체화시키고 해결해 나갈 수 있도록 생성형 AI를 활용하여 신약 개발, 향수 브랜드, 도서관 활용 등 탐구 주제 선정을 위한 사고의 폭을 넓힐 수 있도록 오픈AI 챗GPT의 'Keyword Strategy' 스크립트를 안내하고 지속적으로 관찰하며 피드백한다.

4) 학습자 및 환경 분석

생성형 AI 기반 CBL 수업을 통해서 도전과제를 해결해야 할 주체인 학습자에 대한 이해와 함께 학습자가 수업을 진행할 수 있는 학습환경을 함께 분석한다. 먼저, 이 CBL 수업을 진행하게 될 학생은 다음과 같은 특징을 가지고 있다.

- 대상 학년: 고등학교 3학년
- 학생 구성: 남녀 혼성반
- 학생 특징: 〈수학〉을 배우고 인공지능 수학을 선택한 학생들로 기초지식을 가지고 있으며 특히 수학과 인공지능에 대한 관심과 흥미를 가지고 있음.

수업에 참여하는 학생들은 개인별로 태블릿을 가지고 있고 1인 노트북 지원이 가능하며 교실은 전자칠판이 구비되어 있고, 와이파이가 가능한 학습환경이다.

- 학습환경: 개인별 노트북 활용. 특별실에는 전자칠판과 와이파이 활용 가능
- 생성형 AI 도구: 오픈AI 챗GPT, 애스크업, 파워비아이, 뤼튼, 클로바X, 브루 등

생성형 AI 기반 CBL 수업을 진행하기 위한 수업 환경인 탐구 과제에 기반한 도전과제를 해결할 수 있는 환경이 충분히 구비되어 있다고 볼 수 있다. 그리고 교사가 활용하고자 하는 생성형 AI 활용 프로그램으로는 오픈AI 챗GPT, 뤼튼, 클로바X, 브루 등이 있다. 학생들은 이미 여러 교과를 통해서 생성형 AI를 활용한 수업을 경험했기 때문에, 교사가 의도한 프로그램을 이해하고 활용할 수 있을 것이라 판단된다. 생성

형 AI 프로그램의 활용과 함께 다음과 같은 에듀테크를 활용하고자 한다.

- **구글 클래스룸**: 과제 제시와 수업 동기유발, 학습자료 등을 제공하기 위해 코스웨어 플랫폼 으로 활용
- **파워비아이**: 수집된 데이터를 시각화하고 보고서를 제작하는 데 활용

교사가 수업을 진행하는 학생들의 학습환경은 생성형 AI 활용이 가능하며, 도전과 제 해결에 필요한 생성형 AI 프로그램을 충분히 활용할 수 있다. 따라서 생성형 AI 기 반 CBL 수업에서 필요한 가장 기본이 되는 도구인 생성형 AI 프로그램을 충분히 활 용해서 '인공지능 수학 탐구 주제를 빅데이터로 분석하라'는 과제를 수행할 수 있다.

이러한 활동을 통해서 인공지능에 활용된 수학적 지식의 연관성에 대해 살펴보고 진로와 연관하여 궁금한 내용의 데이터를 이해하고 사회현상의 문제점과 해결 방안 을 제시해 보면서 빅데이터 분석과 수학 공부의 중요성을 인식할 수 있는 교육적 효 과가 있다.

2. 생성형 AI 기반 CBL 수업 설계

'인공지능 수학 탐구 주제를 빅데이터로 분석하라'를 주제로 생성형 AI 기반 CBL 수업 설계를 진행한다. 수업 설계는 학습목표 설정, 교수·학습 과정안 설계, 평가도 구 개발, 교수 전략을 중심으로 진행한다. 학습목표는 생성형 AI 기반 CBL 수업을 통 해서 추구하고자 하는 수업 목표를 중심으로 설정한다. CBL 수업의 단계별 진행에 따라 교수·학습 활동을 구체화하여 교수·학습과정안을 설계한다. 그리고 교수· 학습 과정안에 따라서 평가계획과 교수 전략을 세울 필요가 있다. 이들 요소를 중심 으로 생성형 AI 기반 CBL 수업을 다음과 같이 설계할 수 있다.

1) 학습목표 설정

수업을 진행하기 위해 도출한 [도전과제]를 통해서 성취하고자 하는 학습목표는 다 음 〈표 11-3〉과 같이 설정한다.

〈표 11-3〉 **생성형 AI 기반 CBL의 학습목표 설정**

1. 지식 · 이해	공공 포털 데이터 사례를 중심으로 데이터를 이해하고 탐구하고자 하는 주제를 선정할 수 있다.
2. 과정 · 기능	실생활 속 데이터를 수집하고 시각화하여 분석한 내용을 생성형 AI를 활용하여 영상을 제작해서 발표할 수 있다.
3. 가치 · 태도	탐구한 내용을 공유하고 발표하면서 데이터에서 발견된 실생활 속 문제점과 해결방안에 대해 생각하는 태도를 가진다.

수업을 진행하는 과정에서 학생들은 탐구 계획서를 작성하면서 학생 스스로 주제를 선정하는 과정에서 도전과제를 구체화하고 주어진 도전과제에 필요한 데이터를 찾고 수집된 데이터를 인공지능 파워비아이를 활용하여 데이터 시각화한다. 분석한 내용을 정리하여 생성형 AI 브루를 활용하여 CBL의 최종 목표물인 결과물을 아바타가 발표하도록 제작하여 공유를 통해 배움이 일어나도록 수업을 설계한다.

2) 교수 · 학습 과정안 설계

수학적 원리를 이용하여 인공지능이 실생활 문제를 합리적으로 해결하는 사례를 찾는 '인공지능 수학 탐구 주제를 빅데이터로 분석하라'라는 수업을 진행하기 위한 교수 · 학습과정안은 CBL 수업의 절차에 따라 단계적으로 설계한다. 교수 · 학습과정안은 교육과정 분석에서 진행된 도전과제를 기반으로 설계한다.

〈표 11-4〉 **교수 · 학습과정안 개요**

도전과제	인공지능 수학 탐구 주제를 빅데이터로 분석하라.				
성취기준	[12인수05-01] 수학적 원리를 이용하여 인공지능이 실생활 문제를 합리적으로 해결하는 사례를 찾을 수 있다. [12인수05-02] 인공지능과 관련된 수학 주제를 선정하여 탐구할 수 있다.				
학습목표	실생활 데이터의 경향성을 바탕으로 최적화된 예측을 통한 합리적인 의사결정을 할 수 있다. 빅데이터 분석을 통해 자신의 진로와 연관하여 보고서를 작성할 수 있다.				
학습요소	빅데이터 개념과 특성, 데이터 수집, 데이터 시각화, 데이터 분석				
핵심 역량	비판적 사고력	∨	의사소통능력		∨
	문제해결력	∨	정보처리능력		∨
	창의융합능력(비판적 사고)	∨	협업능력		∨
학습자료	교과서, 태블릿, 노트북, 학생 활동지		교수 · 학습 방법	도전기반학습(CBL)	

단계	교수 · 학습 활동
핵심 지식 이해	• 핵심 지식 이해: 데이터 개념과 특성, 데이터 수집, 데이터 시각화 • 활동안내: 수업 진행 소개 및 탐구 계획서, 탐구 보고서 작성, 수행평가 제시
문제 상황 파악	• 동기유발: '데이터 분석가의 하루'라는 영상을 통해 공감하기 • 문제상황: 공공 포털 데이터 분석 활용 사례를 보고 빅데이터 탐구 방향 제시 • 탐구문제: 실생활 속 진학 학과 관련 빅데이터에 탐구를 위한 주제 선정
참여	• The Big Idea: 인공지능 수학 탐구 주제 • 핵심질문: The Big Idea의 주요 키워드를 포괄한 도전과제 해결에 필요한 질문 구성 • 도전과제: 인공지능 수학 탐구 주제를 빅데이터로 분석하라.
조사	• 핵심질문 쪼개기: 도전과제를 해결할 수 있도록 핵심질문을 잘게 쪼개기 • 조사 활동: 잘게 쪼개진 질문을 유목화하여 조사 내용을 정해서 역할 분담하기 • 활동 결과 정리: 탐구 주제에 따른 빅데이터 분석 내용을 영상으로 제작
실행	• 설루션 실행 계획: '인공지능 수학 탐구 주제를 빅데이터로 분석하라'에 대한 산출물 제작 계획 세우기 • 설루션 실행 결과 발표: 다양한 주제 선정으로 제작한 도전과제 산출물을 다른 사람과 공유하고 결과를 아바타 또는 직접 발표하기 • 결과 공유: 도전과제 산출물 공유(구글 클래스룸: 드라이브)
발표 및 성찰	• 도전과제 결과 보고서 아바타가 발표하고 공유한 내용 동료 및 교사 피드백

3) 평가 및 산출물 계획

'인공지능 수학 탐구 주제를 빅데이터로 분석하라' 수업을 평가하기 위해서는 CBL 수업 절차의 단계별 활동에서 산출되는 주요 산출물을 기반으로 평가계획을 설계한다. 각 활동의 산출물에서 필수 평가 항목이 무엇인지, 이러한 평가는 어떤 핵심 역량을 키워 주기 위한 것인지를 살펴본다.

〈표 11-5〉 **주요 산출물과 필수 평가 항목 및 핵심 역량**

단계	주요 산출물	필수 평가 항목	핵심 역량
핵심 지식 이해	• 활동 1 -빅데이터 기초, 데이터 수집	핵심 지식 이해의 적절성	문제해결역량
문제상황 이해	• 활동 2 -빅데이터 분석 사례 제시	문제상황 분석의 타당성	비판적 사고력

참여	• 활동 ③ 참여 −The Big Idea, 핵심질문, 도전과제 도출안	도전과제 해결 방안 도출의 타당성	문제해결역량
조사	• 활동 ④ 조사 −데이터 시각화, 데이터 분석 −도전과제 해결안(탐구 보고서)	조사 결과 정리 및 도전 과제 해결안의 타당성	창의융합능력 문제해결역량
실행	• 활동 ⑤ 실행 −설루션 실행 계획−실행−결과 평가	계획−실행−평가 과정의 적절성 및 충실성	문제해결역량 협업능력
발표 및 성찰	• 활동 ⑥ 발표 −브루 발표 영상 −도전과제 결과 보고서 공유 및 성찰 일기	[보고서] 발표의 충실성 인공지능 도구의 적절성, 성찰의 구체성	의사소통능력 메타인지능력

4) 교수 · 학습 전략

생성형 AI 기반 CBL 수업은 학생이 생성형 AI 도구를 활용하여 자기 능력을 넘어설수 있는 도전적인 과제를 통해 학습의 즐거움과 성취감을 경험하고, 이를 통해 자기주도적 학습 능력과 협력학습 능력을 기르는 학습 방법이다. '인공지능 수학 탐구 주제를 빅데이터로 분석하라' 수업을 위한 교수 · 학습 전략은 〈표 11−6〉과 같다.

〈표 11−6〉 생성형 AI 기반 CBL 수업의 교수 · 학습 전략

교수 · 학습 전략	설명
도전적인 과제 설정	학습자가 진로와 연계하여 '인공지능 수학 탐구 주제를 빅데이터로 분석하라'라는 도전적인 과제를 설정하여 학생의 성장을 촉진한다.
자기주도적 학습 촉진	학습자가 스스로 다양한 빅데이터 사례를 조사하고 시각화하여 분석한 내용을 영상으로 제작할 수 있도록 하여 학생의 자기주도적 학습을 촉진한다.
협력학습 촉진	질문과 답변을 통해 더 많은 궁금점과 해결점에 대해 토의하여 해결방안을 모색해 본다.
피드백 제공	교사는 진로와 연계한 모둠별 학습의 진행 과정과 학습자의 활동 상황을 지속적으로 모니터링하여 학습에 대한 피드백을 제공한다.
교수 매체 활용	학습의 효율성을 높이기 위해 주제를 선정할 때 생성형 AI 도구를 활용하고, 데이터 분석한 내용을 영상으로 작성할 때 생성형 AI 도구를 활용하며, 다양한 에듀테크 구글 클래스룸, PowerBI 등의 매체를 활용한다.

3. 생성형 AI 기반 CBL 수업 실행

'인공지능 수학 탐구 주제를 빅데이터로 분석하라' 수업을 성공적으로 진행하기 위해 생성형 AI 기반 CBL 수업을 [핵심 지식 이해 단계]–[문제상황 파악 단계]–[참여 단계]–[조사 단계]–[실행 단계]–[발표 및 성찰 단계]의 순서에 따라 다음과 같이 실행하였다.

1) 핵심 지식 이해 단계

빅데이터 분석 수업을 실행하려면 우선 학생들이 빅데이터 기초에 대한 이해가 필요하다. 데이터 분석은 의미의 이해와 데이터 수집, 데이터 시각화에 대한 핵심 지식을 갖추고 있어야 한다. 학생들에게 빅데이터 핵심 지식을 습득시키기 위해 교사는 빅데이터 기초에 대한 질문을 통해 학생 스스로 탐구하도록 안내한다.

빅데이터 기초에 대한 지식을 습득하고 학습 동기유발을 위하여 준비한 '데이터 분석가의 하루'라는 영상을 시청하도록 한다. 이 영상에서는 데이터 애널리스트로 일하는 사람이 9년 동안 한 경험을 공유하고 있다. 데이터 애널리스트는 다양한 양의 데이터를 다루며, 이를 이용하여 이야기를 만들어 내고 사람들에게 쉽게 설명하는 일을 한다. 일상적인 업무에 대한 예시로는 광고 주변에서 발생하는 다양한 데이터를 분석하여 광고 효과를 추적하는 설루션 개발을 언급하고 있다. 또한 머신러닝과 프로그래밍이 중요한 역할을 하는 직종이라고 언급하며, 데이터를 수집하고 분석하는 능력이 필요하다고 설명하고 있다. 마지막으로 광고주들이 효과적으로 돈을 사용하기 위해서는 데이터 분석이 필수적이라고 강조하고 있다.

학생들의 진로는 다양하므로 그에 맞는 데이터를 수집하는 것은 쉽지 않다. 교사는 공공 포털 데이터와 국가가 제공하는 다양한 데이터 제공 사이트를 소개하여 학생 스스로 찾을 수 있도록 안내한다. 수업 시간에 학생들이 자율적으로 빅데이터 사전 학습에 대해 탐구하도록 하였고 학생들은 다양한 생성형 AI를 활용하여 과제를 수행하였다.

[그림 11-1] **빅데이터 기초 과제 안내(구글 클래스룸)**

학생들은 빅데이터 기초에 대해 궁금한 점들을 스스로 탐구하였고, 데이터 마이닝, 데이터 전처리 기술, 데이터 분석 알고리즘, 수리 통계학, 딥러닝(데이터 분석) 등에 관해 수행한 과제의 내용은 다음과 같다.

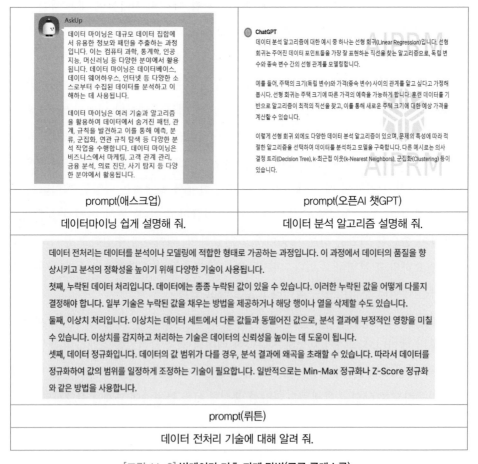

[그림 11-2] **빅데이터 기초 과제 답변(구글 클래스룸)**

　학생들은 다양한 생성형 AI 대화형 챗봇을 사용하는 방법에 대해 빠르게 습득하거나 알고 있었으며 데이터 분석에 알고 싶은 질문을 프롬프트에 적어 과제를 부담 없이 정리하여 제출하였다. 생성형 AI 선택은 자율적으로 하였으며 친구들과 답변을 공유해 가면서 빅데이터 기초를 탐구하고 학습해 나갔다.

　데이터 분석에서 가장 중요한 부분이라 할 수 있는 것이 데이터 수집이다. 학생들에게 과제 시 가장 어려웠던 점을 적으라고 했을 때도 대부분의 학생이 원하는 탐구 주제에 맞는 데이터를 수집하는 것이라 하였다. 데이터 수집은 공공 포털 데이터에서 제공해 주고 있으나 환경, 간호, 사회현상, 범죄 등 필요한 데이터들은 특수 목적 집단에서 제공하는 데이터를 찾아야 했고 외국 데이터를 수집하는 학생들은 캐글에서 데이터를 찾기도 했다. 찾거나 수집한 내용을 서로 공유하기 위해 패들렛에 과제를 올리도록 하였다.

　수집된 데이터를 시각화하는 것은 복잡한 정보를 이해하기 쉽고 전달하기 편하게 만들어 주어 데이터 분석과 의사 결정에 있어 중요한 단계이다. 데이터를 시각화하는 방법으로 다양한 사이트가 있으나, 접근성이 쉬운 방법으로 엑셀(Excel)이나 인공지능 시각화 도구인 파워비아이를 활용하도록 하였다. 엑셀로 시각화하는 부분을 신기해하기도 했고 파워비아이를 사용하여 시각화한 내용은 [그림 11-4]와 같다.

[그림 11-3] 빅데이터 수집 과제(패들렛)

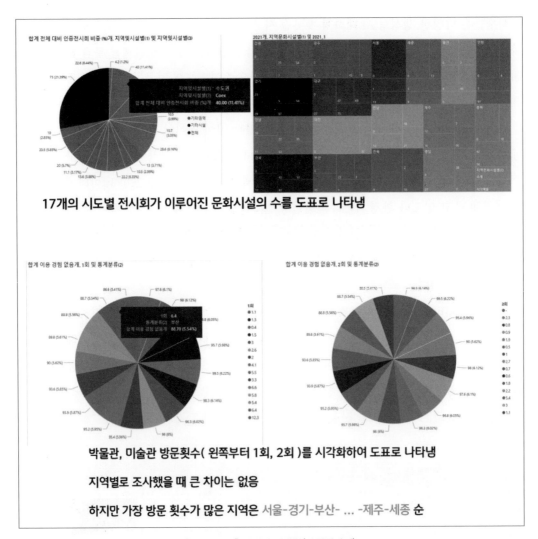

[그림 11-4] 데이터 시각화(파워비아이)

2) 문제상황 파악 단계

빅데이터 분석 수업을 실행하려면 우선 학생들이 빅데이터의 개념과 특성을 이해하고 데이터 수집, 데이터 시각화, 데이터 분석에 대한 핵심 지식을 갖추고 있어야 한다. 학생들에게 빅데이터에 대한 핵심 지식을 습득시키기 위해 교사는 탐구 주제를 선정하기 위한 탐구 계획서 양식을 에듀테크 게시판을 통해 제공하고 공공 포털 데이터 분석 사례를 충분히 익힐 수 있도록 안내한다. 탐구 계획서에서 주제를 선정하기 위해 학생들은 자신의 진로와 연계하여 먼저 데이터 수집이 가능한지를 알아보고 탐구 계획서를 채워 나간다. 탐구 주제를 정하기 위해 오픈AI 챗GPT, 뤼튼, 하이클로바X 등의 대화형 AI를 활용하여 참고하도록 한다.

[그림 11-5]는 이 수업에서 인공지능 수학 탐구 주제를 선정하기 위해 구글 클래스룸에 과제를 안내한 내용과 한 학생이 탐구 계획서를 작성한 내용이다.

[그림 11-5] **탐구 계획서 작성 안내**

탐구 보고서를 작성하기 위해 학생들은 미리 탐구 방법, 탐구 산출물, 탐구 주제, 탐구 배경 등을 생각해 보고 교사들은 탐구 과정에서 데이터 수집을 잘하고 있는지 중간 점검할 수 있다.

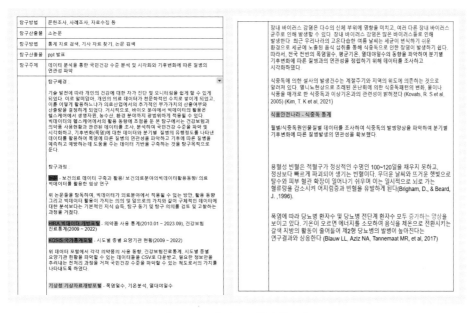

[그림 11-6] **탐구 계획서 활동지**

[그림 11-6]에서 주제를 분석해 보면 이 학생의 진로는 의료 및 보건 계열이며 건강보험진료통계, 국가통계, 기상청 포털, 식품 안전나라 공공 데이터를 활용해서 질병과 식중독의 연관성을 데이터로 분석하고 있다는 것을 알 수 있다.

학생들이 빅데이터 분석 활용에 대한 핵심 지식을 습득했으면 '탐구 주제를 빅데이터로 분석하라'는 수업 진행을 하기 위해 탐구 주제에서 다루어야 할 데이터 수집이 우선이다. 데이터 수집 방법은 여러 가지가 있으나 교사가 일방적으로 전달하지 않고 하나의 예시를 정해 주어 여러 가지 공공 포털 사이트를 탐색함으로써 스스로 데이터를 찾고 주제를 선정할 수 있도록 알려 주도록 한다. 학생들이 탐구 과정에서 데이터 수집이 가장 어렵다고 하였으니 교사는 과제를 수행할 수 있도록 개인별 도우미 역할을 하며 질문에 대한 답변에 신경 써야 할 것이다.

3) 참여 단계

생성형 AI 기반 CBL 수업에서 참여 단계는 학생들이 개인별로 해결해야 할 대주제인 빅 아이디어(The Big Idea)와 핵심질문 및 도전과제를 등을 도출하는 과정이다.

'탐구 주제를 빅데이터로 분석하라' 수업에서 빅 아이디어는 학생들이 핵심 지식 이해의 내용을 바탕으로 데이터를 분석하는 것이다.

학생들은 스스로 데이터 수집을 통해 사회현상에 대한 문제점을 살피고 해결 방안을 제시할 수 있도록 탐구 과정을 포함하여 보고서를 작성하도록 한다. 예를 들면, 자신의 진로가 간호학과라면 '의료 데이터를 통한 간호 조치의 효과를 분석하고 개선'이라는 주제를 정할 수 있다. 진로가 유사한 학생들은 서로 토의를 통해 협력학습을 함으로써 궁금한 내용을 분리하여 보다 폭넓은 지식을 탐구할 수도 있다.

대주제가 정해졌으면 다음 예시와 같이 핵심질문을 구성하고 도전과제를 작성하게 한다.

〈표 11-7〉 핵심질문 및 도전과제 작성 예시

빅데이터	진로 연관 빅데이터
The Big Idea	데이터 분석
핵심질문	인공지능 수학 탐구 주제를 진로와 연관하여 빅데이터를 수집하고 시각화하여 분석한 내용을 정리하는 보고서를 어떻게 만들 수 있을까?
도전과제	인공지능 수학 탐구 주제를 빅데이터로 분석하라.

4) 조사 단계

생성형 AI 기반 CBL 수업의 조사 단계는 학생들이 도전과제를 해결하기 위해 구체적인 조사 활동을 진행하는 단계이다. 조사 활동을 진행하기 위해서는, 먼저 핵심질문을 잘게 쪼개는 작업이 필요하다.

〈표 11-8〉 핵심질문 쪼개기를 통한 질문 유목화 예시

핵심질문	인공지능 수학 탐구 주제를 진로와 연관하여 빅데이터를 수집하고 시각화하여 분석한 내용을 정리하는 보고서를 어떻게 만들 수 있을까?
핵심질문 쪼개기	① 진로와 연관한 빅데이터는 무엇일까? ② 진로와 연관한 빅데이터는 어떻게 수집할까? ③ 수집한 데이터의 시각화는 어떻게 할까? ④ 데이터 분석을 통해 알고자 하는 사회현상은 무엇일까? ⑤ 데이터를 통해 알게 된 실생활 속 사회현상의 문제점과 해결방안은?

핵심질문을 잘게 쪼개서 유목화한 다음, 각 질문에 대해 탐구하고 조사하여 협업 기능을 제공하는 구글 문서를 활용하여, 각자 조사한 결과를 서로 쉽게 공유하면서 비교 분석해 보도록 한다.

자료 조사가 끝나면 조사 결과를 토대로 '진로와 연계한 탐구 주제를 빅데이터로 분석하라'를 실행하기 위한 탐구 계획서를 작성한다. 탐구 계획서를 학생들이 직접 작성하려면 적절한 데이터 분석에 대한 이해와 데이터 수집의 사전 지식이 필요하나 생성형 AI 도구를 활용하면 쉽게 도움을 받아 학생 스스로 학습할 수 있다. 다양한 생성형 AI에게 질문을 통해 얻은 답변을 공유하여 데이터에 대한 이해를 깊이 있게 배

〈표 11-9〉 조사내용 및 참고 영상 자료

연번	조사내용	참고 영상 자료
1	빅데이터 개념	https://www.youtube.com/watch?v=Jd_fK-6dfcI&t=560s&pp=ygUT67mF642w7J207YSwIOqwnOuFkA%3D%3D
2	데이터 수집	https://youtu.be/5KSkNfX1wpU
3	데이터 정제	https://youtu.be/TxAEexjbAa0
4	데이터 시각화	https://youtu.be/90iSaQvsDNk?list=PLjh1hlmDSDkd6_rWOjCigWKy7zzUDNj-X
5	데이터 분석	https://youtu.be/vDjXHDq1v0U

우며 자기주도적으로 성장할 수 있도록 하였다. 학생들이 생성형 AI 챗GPT에게 질문을 하고 답변한 내용을 소개하면 다음과 같다.

빅데이터 분석에 대한 개념 이해를 위해 학생이 질문하였다. "빅데이터 분석 개념에 대해 요약해서 알려 줘."라고 챗GPT에게 물어보니 다음과 같은 답을 주었다.

> 빅데이터 분석은 대량의 다양한 종류의 데이터를 수집, 저장, 처리하고 이로부터 유용한 정보와 인사이트를 추출하는 프로세스입니다. 이를 위해 고용량, 다양성, 빠른 속도의 데이터 처리가 필요하며, 머신 러닝, 통계, 데이터 시각화 등의 기술과 도구를 활용합니다. 이를 통해 비즈니스 의사 결정, 예측 분석, 문제해결, 혁신적 제품 개발 등 다양한 영역에서 활용됩니다.

학생은 오픈AI 챗GPT가 답해 준 내용을 통해 하나도 알지 못했던 빅데이터에 대해 조금이라도 이해하게 되었고, 빅데이터가 다양한 분야에서 쓰이고 있다는 것을 알게 되었다고 하였다.

빅데이터 분석에 대한 이해를 위해 프롬프트 문장을 '오픈AI 챗GPT', '뤼튼', '애스크업', '클로바X' 등 다양한 생성형 AI 도구에 입력하여 생성해 보고 서로 비교·분석하여 내용을 깊이 있게 학습하도록 한다. 다음은 생성형 AI 도구 중 '뤼튼'에게 "빅데이터 분석의 개념에 대해 설명해 줘."라고 질문을 하였을 때의 결과이다.

> 빅데이터 분석은 대규모의 데이터 집합인 빅데이터를 수집, 정제, 분석하여 유용한 정보와 인사이트를 도출하는 과정을 말합니다. 빅데이터는 기존의 데이터 수집 방식으로는 처리하기 어려운 정형 및 비정형 데이터로 구성되어 있으며, 대부분의 경우 고속 및 병렬 처리 기술이 필요합니다. 빅데이터 분석은 대규모의 복잡한 데이터에서 가치 있는 정보와 인사이트를 추출하는 프로세스입니다. 이는 다양한 산업과 학문 영역에서 혁신적인 아이디어와 경영 전략을 발전시키기 위해 중요한 역할을 합니다.

이를 통해 빅데이터 분석이 빅데이터를 수집, 정제, 분석하여 유용한 정보 및 인사이트를 도출하는 과정이며 경영 전략을 발전시키기 위한 중요한 역할 중 하나라는 것을 알게 되었다. 마지막 예시는 애스크업에게 "빅데이터 분석 개념에 대해 서술해 줘."라고 질문하였을 때 답변한 내용이다.

> 빅데이터 분석이란, 빅데이터에서 유용한 정보와 인사이트를 도출하기 위한 분석 기술과 방법론을 의미합니다. 빅데이터는 일반적인 데이터 처리 도구로는 처리하기 어려울 정도로 매우 크고 다양한 소스에서 생성되는 데이터이기 때문에, 이를 분석하고 활용하기 위해서는 전문적인 기술과 방법론이 필요합니다.
> 빅데이터 분석은 데이터 수집, 저장, 처리, 분석, 시각화 등의 다양한 단계를 포함합니다. 이를 위해 다양한 분석 도구와 프로그래밍 언어, 데이터베이스 등이 활용됩니다. 빅데이터 분석을 통해 기업은 고객의 행동 패턴, 마케팅 효과, 제품 및 서비스 개발 등 다양한 분야에서 유용한 정보와 인사이트를 얻을 수 있습니다.

이처럼 생성형 AI 도구를 활용하여 빠르고 쉽게 데이터 분석에 대한 내용을 학습할 수 있으나 답변에 따라 정확성과 신뢰성에 대한 우려가 있어 반드시 확인하도록 지도해야 한다. 만약 사실과 다른 부분이 있다면 서로 토의하여 잘못된 부분에 대해 수정·보완하도록 한다. 데이터 수집을 통해 제시한 탐구 계획서를 완성하여 탐구 주제를 정하였고 학생들의 진로와 연계한 탐구 주제는 다음과 같다.

〈표 11-10〉 **개인 학생별 탐구 주제 목록**

연번	탐구 주제	연번	탐구 주제
1	의료 데이터를 통한 간호 조치의 효과를 분석하고 개선	10	청소년의 고카페인 음료 섭취 실태와 부작용
2	청소년 건강 데이터를 활용한 체육 활동 추천 시스템	11	미술관, 박물관 관람객 수에 영향을 미치는 요인
3	국내외 데이터로 알아본 장기이식 현황	12	기형아 비율 증가와 우리나라 현 상황에 대한 고찰
4	AI 신약 개발 탐구	13	의료 보건 데이터 분석
5	소프트웨어 발전 현황	14	데이터로 알아본 희귀질환
6	OTT 서비스의 현황	15	인공지능(AI)과 의료공학
7	향수 브랜드 평판지수 탐구	16	빅데이터 탐구 지속가능 디자인
8	방송 공익 광고 주제별 현황	17	인공지능의 발전양상과 초인공지능
9	도서관 이용률의 감소와 해결 방법	18	빅데이터로 본 게임 산업

5) 실행 단계

수업의 실행 단계는 탐구 보고서를 준비하고 발표하는 과정이다. 탐구 보고서는 학생이 직접 발표하거나 아바타를 활용하여 성우의 목소리로 생성한 발표 자료를 인공지능이 대신해서 발표할 수 있도록 했다. 탐구 보고서는 3단계, 즉 [탐구 동기 및 배경], [탐구 과정 및 내용], [결론 및 고찰]로 작성하며 탐구 과정에서는 참고한 데이터가 무엇인지 나타내고 수집한 데이터를 인공지능 시각화 도구인 PowerBI나 엑셀을 사용하여 표시하도록 했다. 결론 및 고찰에서는 탐구 과정에서 어려웠던 점과 알게 된 점을 작성하도록 하였다.

[그림 11-7] 탐구 보고서를 제출한 학생은 국민건강 수준을 파악하고 기후변화와 질병 발생의 연관성을 알고 싶어 탐구하였다. 데이터는 보건, 기상 등 다양한 곳에서 수집하였고 엑셀 및 파워비아이에서 데이터 시각화를 통해 정보를 쉽게 그래프로 표현하였다. 폭염에 따른 질병 발생의 연관성 탐구라는 목적을 위해 식중독, 빈혈 그리고 당뇨병의 유병률 추이에 대한 데이터를 수집하여 시각화 과정을 통해 폭염이라는 기후 변화와 질병 발생의 상호 연관성을 확인하였다. 탐구 과정에서 어려울 때 교사의 도움이 가장 크고 좋았다는 피드백도 있었다.

탐구 보고서 발표 준비가 완료되었으면 교사는 특별실에 마이크와 소리 음량을 조절하고 순서대로 학생들이 발표할 수 있도록 학생들이 제출한 보고서를 미리 준비하여 안내한다. 아바타가 발표하는 것은 영상이므로 주의를 기울여 사전 점검을 하도록 하고 에러가 생기지 않도록 한다. 발표할 때 사용할 PPT나 영상은 전자칠판에 빠르게 띄울 수 있도록 컴퓨터에 미리 저장해 둔다.

6) 발표 및 성찰 단계

이 단계에서는 수업의 진행 과정 및 결과를 보고서로 작성하고 이 과정에서 어려운 점과 알게 된 점, 느낀 점 등의 최종 소감문 작성을 통해 자신의 활동을 성찰하는 시간을 가진다. 학생들은 각자 실시간으로 구글 클래스룸에 드라이브로 공유한 보고서를 확인하면서 데이터 수집에서의 어려운 점과 파워비아이나 엑셀을 통한 데이터 시각화의 어려운 점, 탐구 과정에서 힘들었던 점들을 발표하였다. 이를 통해 서로 격려하고 뜨거운 박수를 보내어 응원한다. 또한 자신과 유사한 진로를 가진 학생들의 빅

[그림 11-7] 탐구 보고서 제출 예시

데이터 탐구 주제는 무엇이고 어떻게 구성하였는지 생각을 넓히도록 한다. 보고서의 마지막 부분에 탐구 과정을 통해 어려운 점, 알게 된 점, 사회현상에 대한 문제점의 해결방안 등을 적게 하였다. [그림 11–8]은 학생들이 작성한 사례이다.

탐구 보고서의 마지막 부분에서는 공통적으로 데이터를 찾는 것이 가장 힘들었고 데이터 탐구를 통해 연구를 더 해 보고 싶다는 의견을 많이 주었다. 또한 사회현상에 대해 데이터를 통해 알아보고 문제해결 방안도 생각해 내는 학생들이 대견하기도 하였다. 학생들의 진로와 실생활 속 사회문제를 분석하는 것이라 학생들에게 보다 재미있고 의미 있었던 수업이 아닌가 싶다.

[그림 11–8] **탐구 보고서의 마지막 부분**

4. 생성형 AI 기반 CBL 수업 평가

1) CBL 수업의 평가 방향

'인공지능 수학 탐구 주제를 빅데이터로 분석하라' 수업은 학습자들이 CBL을 통해 빅데이터에 대한 지식을 습득하고, 문제해결 능력을 키워 도전 목표를 달성할 수 있는 기회를 제공하는 수업이다. 따라서 이 수업의 평가 방향은 다음과 같이 세 가지로 나눌 수 있다.

첫째, 학습자의 지식과 기술 습득 여부이다. 탐구 주제를 정하고 빅데이터 분석을 위해서는 빅데이터 분석에 대한 지식과 기술이 필요하다. 따라서 평가는 학습자들이 이러한 지식과 기술을 얼마나 습득했는지 여부를 중심으로 이루어진다. 이를 위해서는 빅데이터 기초에 대한 지식 탐구, 빅데이터 수집 능력, 빅데이터 시각화 등을 평가할 수 있다.

둘째, 학습자의 문제해결 능력이다. 빅데이터 분석은 실생활 속 사회현상의 문제점을 데이터 분석을 통해 해결 방안을 제시하는 것이다. 이는 실생활 속 사회현상 문제를 어떻게 해결하는지를 중심으로 이루어진다. 이를 위해서는 빅데이터 분석 탐구 과정과 결과 보고서 등을 평가할 수 있다.

셋째, 도전과제의 목표 달성 여부이다. 빅데이터 분석의 목표는 진로와 연계한 탐구 주제를 빅데이터로 분석하여 실생활 속 사회현상 문제를 이야기하고 해결방안을 제시하는 것이다. 따라서 평가는 빅데이터 분석을 통해 이러한 목표를 달성하였는지 여부를 중심으로 이루어진다. 이를 위해서는 빅데이터 분석 배경, 탐구 과정, 주제에 따른 결론 도출 등을 평가할 수 있다.

2) 평가 루브릭 작성 및 평가

CBL 수업의 평가를 위한 채점 루브릭은 '도전의 목표 달성 여부', '지식과 기술 습득', '문제해결능력', '협업능력', '창의성' 등 CBL 수업에서 중요하게 생각하고 있는 다섯 가지 평가요소를 기준으로 구성할 수 있다.

도전의 목표 달성, 지식과 기술 습득, 문제해결 능력을 중시하는 CBL 수업의 일반

〈표 11–11〉 '인공지능 수학 탐구 주제를 빅데이터로 분석하라' 평가영역 및 채점기준

평가과제	배점	평가요소	채점기준			
인공지능 수학 탐구 주제를 빅데이터로 분석하라.	30	빅데이터 탐구 과정	1. 빅데이터를 기초로 제시된 질문 탐구하여 제출 2. 데이터 수집 및 데이터 시각화 탐구 내용 제시 3. 탐구 계획서 작성하여 제출			
			3가지를 모두 만족함.	2가지를 만족함.	1가지를 만족함.	작성하지 않음.
			30	25	20	10
	50	빅데이터 분석 결과 보고서 작성	1. 빅데이터 분석 배경 사례 작성하기 2. 탐구과정 데이터 수집 내용 공유하기 3. 탐구과정 데이터 시각화 표시하여 나타내기 4. 진로와 연계한 데이터 분석 사회현상 해결방안 서술하기 5. 생성형 AI(Chatbot) 활용 탐구하기			
			4가지를 모두 만족함.	3~4가지를 만족함.	1~2가지를 만족함.	작성하지 않음.
			50	45	40	10
	20	빅데이터 보고서 발표하기	1. 발표 시 생성형 AI(TTS) 활용하여 발표하기 2. 데이터 분석을 통해 어려운 점, 알게 된 점 발표하기 3. 보고서와 연관하여 질문하기			
			2가지를 모두 만족함.	1가지를 만족함.		미제출
			20	15		10

적인 평가 방향에 기반하여, 이 수업에서는 활동 단계별로 산출되는 결과물을 중심으로 수행평가영역을 빅데이터 탐구 과정 30%, 빅데이터 분석 결과 보고서 작성 50%, 빅데이터 보고서 발표하기 20%로 설정하고 평가방법과 채점기준을 〈표 11–11〉과 같이 구성하였다.

3) 평가 결과 기록

생성형 AI를 활용한 CBL 수업의 평가 결과는 학습자의 학습 성과를 파악하고, 학습 과정을 개선하는 데 중요한 역할을 한다. 이를 통해 학습자에게 적절한 피드백을 제공하고, 학습목표를 달성하기 위한 방향성을 제시할 수 있다.

　　교사는 학습자가 어떤 노력을 했는지, 어떤 지식과 기술을 습득했는지, 어떤 문제
해결 능력을 발휘했는지 평가 결과를 바탕으로 학습자에게 피드백을 제공해야 하며
학습자는 자신의 학습 성과를 파악하고, 부족한 부분을 보완할 수 있다. 피드백을 통
해 학습자의 학습 동기를 유발하고, 학습 효과를 높이는 데에도 활용될 수 있다.

　　이 수업을 통해 스스로 탐구하고 자신이 궁금해하는 과정을 알아 가는 것을 매우
좋아하는 학생들도 있었지만 데이터 수집이 어려워 포기하려는 학생도 있었다. 그때
마다 조언과 안내를 하는 교사의 역할이 중요했다. 한 학기 수업을 끝내고 바뀐 수업
환경에서 학생들과 함께하는 빅데이터 분석 과정의 수업은 재미있고 즐거운 수업이
었다. 다음은 '인공지능 수학 탐구 주제를 빅데이터로 분석하라' 수업 활동 평가 결과
를 학교생활기록부 특기사항에 기록하기 위해 작성한 예시이다.

〈표 11-12〉 학교생활기록부 특기사항 기록 예시

- 인공지능 수학 수업에서 진로와 연계한 주제에 빅데이터를 분석하고 발표하는 과제를 수행
  하면서 데이터 수집과 데이터 시각화를 통한 데이터 분석 방법을 스스로 탐구하여 결과 보
  고서를 작성함.
- 공공 포털 데이터 분석 활용 사례를 경험하고 자신의 진로와 연계한 데이터를 찾아 수학 통
  계적 방법을 통해 데이터 분석하는 능력을 가지게 됨.
- 수집된 데이터를 분석하기 위한 데이터 시각화 방법을 알게 됨.
- 실생활 속 사회현상의 문제점을 빅데이터 분석을 통해 해결 방안을 제시하고 다양한 생성
  형 AI를 활용하는 능력을 가지게 됨.
- 진로와 연계한 내용으로 빅데이터 분석 발표를 통해 전공 관련 지식을 넓혀 가고 문제해결
  력과 창의성을 가지게 됨.

제**12**장

생명공학의 디스토피아 현상을 경고하는 홍보물을 제작하라 -과학

 생명공학의 발전에 따르는 문제점에는 어떤 것이 있을까

과학의 발전은 우리 인간에게 대체로 희망을 안겨 준다. 생물학의 가장 큰 혁명은 DNA 이중나선의 발견이다. 이중나선 구조의 발견은 생물학의 발전에 있어서 가장 중요한 사건 중 하나로 평가되었고, 생물학을 세포 단위에서 바라보는 시각을 분자의 측면으로 완전히 변화시켰다. 이 발견으로 인해 생명의 유전물질이 DNA임을 알게 되었고, DNA가 어떻게 유전 정보를 전달하고 세포분열을 통해 복제되는지 이해할 수 있게 되었다.

과거에는 생명복제가 피를 통해 이루어진다고 여겼으며, 진화학자 찰스 다윈조차 이러한 생각에서 벗어나지 못했다. 따라서 DNA 이중나선 구조의 발견은 DNA라는 생체분자의 구조가 밝혀지는 동시에, DNA 분자의 복제 과정을 알게 되어 생명공학 분야에서 유전자 편집부터 인간 복제까지 다양한 연구 영역을 확장하게 되었다. 유전학자들은 DNA 이중나선 구조를 기반으로 DNA의 구조와 기능에 대한 연구를 진행하였으며, 이를 통해 유전 질환의 원인 규명과 치료법 개발에 큰 진전을 이루었다. 더나아가 DNA 이중나선 구조를 이용하여 유전자를 조작하고 새로운 생명체를 창조하는 연구를 진행하였으며, 이를 통해 의약품 개발, 식량 생산, 환경 개선 등 다양한 분야에서 큰 발전을 이루었다.

하지만 DNA 이중나선 구조의 발견은 그에 따른 우려도 가져왔다. 근본적으로 유전자 결함에 의해 생긴 질병의 경우 유전자 편집 방법에 의해 치료가 이루어지는데, 이 경우 유전자 조작에 대한 윤리적 문제가 제기되고 있다. 유전자 조작은 인간의 유전자를 조작하여 질병을 치료하거나 새로운 특성을 가진 생명체를 창조하는 기술로, 인간의 생명에 큰 영향을 미칠 수 있는 만큼 윤리적인 측면에 대한 논의가 필요하다. 또한 생명공학은 무기 개발이나 환경 파괴 등으로 악용될 수 있는 가능성도 존재한다. 따라서 DNA 이중나선 구조의 발견을 통해 얻는 혜택을 누리면서도, 그에 따른 위험을 인식하고 대비하는 노력이 필요하다.

학생들과 수업하면서 생명공학의 발전이 꼭 행복한 미래를 장담하는 것이 아니라는 사실을 알리고 발전에 따른 문제점을 인식시켜 사회적 인식 개선과 법적 규제의 강화가 필요하다는 것을 생각해 보게 하는 의도로 수업이 진행된다.

생명공학의 거대한 발전과학 변화에 개인이 힘을 미치게 하는 것은 어렵다. 하지만 학생들이 수업을 통해 생명공학의 발전으로 인해 발생할 수 있는 윤리적 문제에 대한 논의를 활성화하고, 윤리적 원칙을 지키면서 기술을 개발하고 활용하는 방안을 모색해 보는 것 또한 의미 있는 활동이라 할 수 있다.

생명공학 기술에 대한 올바른 이해와 인식을 바탕으로, 윤리적 원칙을 지키며 책임감 있는 인재 양성이 중요하다. 이에 생명공학의 발전에 관심을 가지게 할 뿐 아니라 생명공학 교육을 강화해야 하는 필요성에서 이 수업의 의미를 찾을 수 있다.

1. 생성형 AI 기반 CBL 수업 교육과정 분석

1) 교육과정 및 성취기준 분석

수업 주제인 '생명공학의 디스토피아 현상을 경고하는 홍보물을 제작하라'는 2015 개정 교육과정 『생명과학 I 』 대단원 [IV유전]의 성취기준 [12생과 I 04-04]를 기반으로 하며, 2022 개정 교육과정 『통합과학 2』의 단원 [3. 과학과 미래의 삶]의 성취기준 [10통과2-03-04]와 『생물의 유전』의 성취기준 [12유전03-05]로 연결된다. 이들 성취기준은 다음과 같다.

〈표 12-1〉 CBL 수업 진행을 위한 성취기준 선정

교육과정	2015 개정	2022 개정	
영역(단원)	생명과학 I - 유전	통합과학 2 -과학과 미래의 삶	생물의 유전 - 생명공학 기술
성취기준	[12생과 I 04-04] 염색체 이상과 유전자 이상에 의해 일어나는 유전병의 종류와 특징을 알고, 사례를 조사하여 발표할 수 있다.	[10통과2-03-04] 과학기술의 발전 과정에서 발생할 수 있는 과학 관련 사회적 쟁점(SSI)과 과학기술 이용에서 과학 윤리의 중요성에 대해 논증할 수 있다.	[12유전03-05] 생명공학 기술의 활용 과정에서 나타나는 문제점과 이에 대한 사회적 책임을 인식하고 생명윤리 쟁점에 대해 의사 결정할 수 있다.

2015 개정 교육과정의 『생명과학 I』의 유전 단원에서는 염색체 이상과 유전자 이상에 의해 일어나는 유전병의 종류와 특징을 알고, 사례를 조사하여 발표하도록 구성되어 있다. 유전공학의 발전으로 유전병의 치료 방법 등에 관한 것은 교과서에서 제시되지 않고 있다. 하지만 빠르게 변화하는 생명공학의 발전 사례를 수업 시간에 제시하는 것이 좋다. 이런 문제점에 대한 인식에 의해 2022 개정 교육과정의 『통합과학 2』와 진로선택 과목인 『생물의 유전』에서는 생명공학의 발달 과정에서 나타나는 생태적, 윤리적, 제도적, 사회적 문제점을 이해하고, 미래 사회에 미칠 영향을 예측하여 학습하도록 하고 있다.

수업 주제인 생명공학의 발전으로 생기는 부정적 측면의 이해를 위한 '생명공학의 디스토피아 현상을 경고하는 홍보물을 제작하라'는 2015 개정 교육과정에서 출발하였지만 2022 개정 교육과정에서 중요한 수업의 주제라고 할 수 있다. 이 수업을 통해서 학생들은 생명공학의 발전으로 나타날 수 있는 우려할 점에 대한 이해를 높이고 이를 해결하기 위한 사회적, 윤리적 방안을 모색하게 된다. 학생들은 탐구를 위한 도전과제를 선정하고, 도전과제를 해결해 가는 과정에서 과학적 문제해결력을 강화할 수 있다. 또한 생명공학의 발전에 따른 디스토피아 현상을 다른 사람에게 효과적으로 전달하는 과정을 통해 과학적 의사소통 능력을 함양할 수 있다.

2) 학습내용 분석

2022 진로선택 교육과정 『생물의 유전』에서는 생명공학 기술의 활용 과정에서 나

타나는 문제점과 이에 대한 사회적 책임을 인식하고 생명윤리 쟁점에 대해 의사 결정할 수 있다. 이 내용을 반영하여 [학습내용]을 두 가지로 분석하였다.

> • [학습내용 1] 생명공학 기술의 다양한 사례 탐구
> • [학습내용 2] 생명공학 기술의 활용 과정에서 나타나는 문제점과 생명윤리 쟁점에 대한 탐구

[학습내용 1]은 생명공학 기술의 다양한 사례를 탐구한다. 그리고 [학습내용 2]에서는 생명공학 기술의 활용 과정에서 나타나는 문제점과 생명윤리 쟁점에 대하여 탐구한다. 이 수업은 [학습내용 2]를 중심으로 수업을 설계하고, 수업의 실행은 생성형 AI 기반 CBL 수업으로 진행하고자 한다. [학습내용 2] 수업에서는 학생들이 생명공학에서 발생할 수 있는 문제점을 인식하고 생명윤리 쟁점을 적극 탐색할 필요가 있다. 이러한 문제의식을 바탕으로 생명공학의 기술을 맹신하지 않고, 생명공학 기술에 대한 올바른 이해와 인식을 위하여 '생명공학의 디스토피아 현상을 경고하는 홍보물을 제작하라'는 주제를 설정하였다.

3) 도전과제 도출

[학습내용 2]를 토대로 학생들이 탐구해야 할 탐구 질문은 '생명공학의 발전의 이면에 나타나는 문제점은 무엇이며, 어떤 윤리적 쟁점이 있을까?'의 형태로 제기하였다. 학생들이 탐구 질문을 조사하고 윤리적 쟁점에 대해 알아보는 것을 넘어서서 도전해 보고 싶은 도전과제의 형태로 제시해 줄 필요가 있다. 이 수업에서는 [학습내용 2]에 기반하여 다음과 같은 도전과제를 설정하고자 한다.

> 생명공학의 디스토피아 현상을 경고하는 홍보물을 제작하라.

교사는 학생들이 탐구 질문에 도전하기 위하여 모둠별로 도전과제를 구체화하여 해결해 갈 수 있도록 안내한다.

4) 학습자 및 환경 분석

생성형 AI 기반 CBL 수업을 통해서 도전과제를 해결해야 할 주체인 학습자에 대한 이해와 함께 학습자가 수업을 진행할 수 있는 학습환경을 함께 분석한다. 먼저, 이 수업을 진행하게 될 학생들은 다음과 같은 특징을 가지고 있다.

- **대상 학년**: 고등학교 2학년
- **학생 구성**: 남녀 혼성반
- **학생 특징**: 생명과학을 선택한 학생들로 생명과학 기초지식을 가지고 있으며 특히 유전공학에 대한 관심과 흥미를 가지고 있음.

수업에 참여하는 학생들은 개인별로 태블릿을 가지고 있으며, 교실은 전자칠판이 구비되어 있고, 와이파이가 가능한 학습환경이 잘 구비되어 있다.

- **학습환경**: 개인별 태블릿 활용. 학급에는 전자칠판과 와이파이 활용 가능
- **생성형 AI 도구**: 구글 제미나이, 뤼튼, 클로바X, MS 디자이너, 브루, 감마, 아이작 등

생성형 AI 기반 CBL 수업을 진행하기 위한 디지털 도구는 정보검색과 산출물 제작을 위한 도구로 구분된다. 정보검색을 위한 생성형 AI 활용 프로그램으로는 구글 제미나이, 뤼튼, 클로바X 등을 활용하며, 산출물을 제작하기 위한 방법으로 망고보드, 브루, 감마 등이 있다. 이미 여러 교과를 통해서 생성형 AI 활용 수업 경험을 한 학생들이기 때문에, 교사가 의도한 프로그램을 충분히 이해하고 활용할 수 있을 것이라 판단된다. 그 외 학생들의 의견을 자유롭게 모을 수 있는 에듀테크를 병행한다.

- **잼보드**: 핵심질문을 추출하기 위한 자유로운 질문 게시판으로 활용
- **망고보드**: 카툰 또는 홍보지를 만들기 위한 방법으로 활용

이러한 활동을 통해서 생명공학 기술에 대한 올바른 이해와 인식을 바탕으로, 생명공학의 발전에 관심을 가지게 하며, 생명공학자들의 사회적 책임감의 중요성을 인식할 수 있는 수업이 전개된다.

2. 생성형 AI 기반 CBL 수업 설계

발전된 생명공학이 현대 의학으로 치유될 수 없는 불치의 질병을 치료하는 장점이 있는 반면, 오히려 새로운 질병이 나타날 수 있는 부정적 측면이 있다. 그리하여 생명공학 기술에 대한 올바른 이해와 인식을 위하여 '생명공학의 디스토피아 현상을 경고하는 홍보물을 제작하라'를 주제로 생성형 AI 기반 CBL 수업을 설계한다. 수업 설계는 학습목표 설정, 교수·학습 과정안 설계, 평가 도구 개발, 교수·학습 전략을 중심으로 진행한다.

1) 학습목표 설정

본 프로젝트 진행을 위해서 도출한 [도전과제]를 통해서 성취하고자 하는 학습목표는 다음과 같이 설정한다.

〈표 12-2〉 **생성형 AI 기반 CBL의 학습목표 설정**

1. 지식·이해	생명공학 기술의 활용과정에서 나타나는 문제점과 생명윤리 쟁점에 대해 설명할 수 있다.
2. 과정·기능	생명공학의 디스토피아 현상을 경고하는 홍보물을 제작해서 발표할 수 있다.
3. 가치·태도	생명공학 기술의 활용과정에서 나타나는 문제점과 생명윤리에 대해 생각하는 태도를 가진다.

수업을 진행하는 전 과정에서 학생들은 도전과제를 설정하고, 이를 해결하는 과정에서 생성형 AI 도구를 활용하여 정보를 수집하며, 분석한 정보를 평가하여 자신들이 원하는 홍보물을 제작한다.

2) 교수·학습 과정안 설계

생명공학 기술에 대한 올바른 이해와 인식을 위하여 '생명공학의 디스토피아 현상을 경고하는 홍보물을 제작하라'라는 수업의 교수·학습 과정안은 CBL 수업의 절차에 따라 단계적으로 설계한다.

〈표 12-3〉 **교수 · 학습과정안 개요**

도전과제	생명공학의 디스토피아 현상을 경고하는 홍보물을 제작하라.			
학습목표	1. 생명공학 기술의 활용과정에서 나타나는 문제점과 생명윤리 쟁점에 대해 설명할 수 있다. 2. 생명공학의 디스토피아 현상을 경고하는 홍보물을 제작해서 발표할 수 있다. 3. 생명공학 기술의 활용과정에서 나타나는 문제점과 생명윤리에 대해 생각하는 태도를 가진다.			
학습요소	생명공학 사례, 생명공학 사례에서 나타나는 기술적 문제점, 윤리적 논쟁			
핵심 역량	비판적 사고력	∨	의사소통능력	∨
	문제해결력	∨	정보처리능력	∨
	창의융합능력(비판적 사고)	∨	협업능력	∨
학습자료	활동 안내 자료, 개인용 컴퓨터, 학생 활동지	교수 · 학습 방법	도전기반학습(CBL)	

단계	교수 · 학습 활동	차시
핵심 지식 이해	• 핵심 지식 이해: 염색체 이상, 유전자 이상의 원인 알기 • 활동안내: 수업 진행 소개 및 수행평가기준 제시	1차시
문제 상황 파악	• 동기유발: 복제인간, 맞춤형 아기 관련 동영상 시청 • 문제상황: 『멋진 신세계』 읽기 자료 제시 • 탐구문제: 생명공학 기술의 활용과정에서 나타나는 문제점과 생명윤리 쟁점에 대해 탐구	2차시
참여	• The Big Idea: 생명공학 발전에 대한 올바른 이해와 인식 • 핵심질문: 도전과제 해결에 필요한 핵심질문 구성 • 도전과제: 생명공학 발전에 따른 디스토피아 현상 경고 홍보물 제작	3차시
조사	• 핵심질문 쪼개기: 도전과제를 해결할 수 있도록 핵심질문을 쪼개기 • 조사활동: 질문을 유목화하여 조사할 내용을 정리해서 역할 분담하기 • 활동결과 정리: 생명공학 디스토피아 사례 보고서 제작	
실행	• 실행계획: 생명공학 디스토피아 현상 경고 홍보 방법 선정 및 내용 만들기 • 실행결과 정리: 생명공학 디스토피아 현상 경고 홍보물 제작	4차시
발표 및 성찰	• 생명공학의 디스토피아 현상 경고 홍보물 발표 • 성찰 글쓰기를 통해 자기평가 해 보기	5차시

3) 평가 및 산출물 계획

수업 활동 결과를 과정 중심 수행평가로 계획하여 진행한다. 평가는 CBL의 단계별
수업 과정에서 산출되는 주요 산출물과 필수 평가 항목을 설정하여 계획을 세운다.
이들 주요 산출물로 평가하고자 하는 필수 평가 항목을 통해서 기르고자 하는 핵심

역량을 함께 설정한다. 그리고 이러한 평가계획은 평가계획서로 작성하여 학생들에게 안내한다. 주요 산출물 및 평가 항목과 핵심 역량을 〈표 12-4〉와 같이 계획한다.

〈표 12-4〉 **주요 산출물과 필수 평가 항목 및 핵심 역량**

단계	주요 산출물	필수 평가 항목	핵심 역량
핵심 지식 이해	• 활동 1 염색체 이상, 유전자 이상의 원인 알기	핵심 지식 이해의 적절성	문제해결역량
문제상황 이해	• 활동 2 유전공학의 결과 나타나는 문제점 알기	문제상황 분석의 타당성	비판적 사고력
참여	• 활동 3 The Big Idea, 핵심질문, 도전과제 도출안	[도전과제 해결 방안 도출]의 타당성	문제해결역량
조사	• 활동 4 조사결과 정리 및 도전과제 해결안 (생명공학 디스토피아 사례조사) 도출	[조사 결과 정리 및 도전과제 해결안]의 타당성	창의융합능력 문제해결역량
실행	• 활동 5 생명공학 디스토피아 현상 경고 홍보물 제작	계획 및 실행과정의 적절성과 충실성	문제해결역량 협업능력
발표 및 성찰	• 활동 6 홍보물 발표 및 성찰 글쓰기	[보고서] 발표의 충실성 및 생성형 AI 활용의 적절성, 성찰의 구체성	의사소통능력 메타인지능력

4) 교수 · 학습 전략 및 매체 선정

　생명공학의 발전으로 생기는 부정적 측면에 대한 이해를 위한 '생명공학의 디스토피아 현상을 경고하는 홍보물을 제작하라'는 수업은 학생이 생성형 AI 도구를 활용하여 보다 깊이 있는 학습이 이루어질 수 있으며 도전적인 과제를 해결해 즐거운 경험을 할 수 있다. 이와 같이 생성형 AI 기반 CBL 수업을 성공적으로 이끌기 위해서 다음과 같은 교수 · 학습 전략을 세운다.

〈표 12–5〉 **생성형 AI 기반 CBL 수업의 교수 · 학습 전략**

교수 · 학습 전략	설명
도전적인 과제 설정	학습자가 생명공학 발전에 따른 이면을 생각해 보는 '생명공학 디스토피아 현상을 경고하는 홍보물 제작'이라는 도전적인 과제를 설정하여 학생의 문제해결력을 기른다.
자기주도적 학습 촉진	학습자가 스스로 다양한 생명공학 사례를 조사하고 홍보물을 제작할 수 있는 학생의 자기주도적 학습을 촉진한다.
협력학습 촉진	질문과 답변을 통해 더 많은 궁금증과 해결점에 대해 토의하여 해결방안을 모색해 본다.
피드백 제공	교사는 모둠별 학습의 진행 과정과 학습자의 활동 상황을 지속적으로 모니터링하여 학습에 대한 피드백을 제공한다.
교수 매체 활용	홍보내용이나 시나리오 작성 시 생성형 AI를 활용할 수 있다 홍보 매체 활용 시 다양한 생성형 AI 도구를 활용할 수 있다(예: 영상 제작 시 브루, 카툰 제작 시 망고보드, PPT 제작 시 감마 등 활용).

3. 생성형 AI 기반 CBL 수업 실행

실행 단계에서는 현재 이용되고 있는 생명공학 사례를 알아보고 이들이 가지는 긍정적 측면과 부정적 측면을 알아보면서 개선해야 할 해결 방안을 모색하는 활동을 한다.

이 수업은 생명공학 기술에 대한 올바른 이해와 인식을 위하여 '생명공학의 디스토피아 현상을 경고하는 홍보물을 제작하라'의 주제를 실제로 수업에 실행하고자 CBL의 수업 단계인 [핵심 지식 이해 단계]–[문제상황 파악 단계]–[참여 단계]–[조사 단계]–[실행 단계]–[발표 및 성찰 단계]에 따라 다음과 같이 실행하였다. 개략적인 수업 내용을 소개하면 다음과 같다.

1) 핵심 지식 이해 단계

이 단계에서는 염색체 이상과 유전자 이상에 의한 유전병의 종류와 특징에 대하여 학습한다. 생식세포 분열 시 상동염색체가 무작위로 나누어져 다양한 유전자 조합을 가진 자손들이 생길 때 세포분열 과정에서 다양한 돌연변이가 발생하면서 염색체 이상과 유전자 이상으로 인한 유전병이 발생되는 개념학습을 한다. 특히 낫모양 적혈구 빈혈증 등 다양한 유전병의 예시 자료를 활용하여 이해를 돕는다. 유전병 치료에 어려움이 있어 유전자 편집 등 새로운 기술의 발달로 치료하고 있는 예를 소개하면서 유전공학의 발전에 뒤따를 수 있는 부정적 측면을 학습한다.

교과서에 나오는 낫모양 적혈구 빈혈증에 관한 내용 지도 시 유전공학 기술과 관련하여 발생할 수 있는 문제점에 대하여 설명하거나 학생들로 하여금 조사할 수 있도록 한다. 〈표 12-6〉은 낫모양 적혈구 빈혈증 치료를 유전자 편집 기술로 할 경우 나타날 수 있는 문제점에 대하여 생성형 AI를 통해 정리한 내용이다. 이때 생성형 AI를 활용해서 질문하고 답변을 구할 수 있음을 학생들에게 안내한다.

〈표 12-6〉 **뤼튼을 활용한 핵심 지식 이해**

질문	낫모양 적혈구 빈혈증을 치료하기 위하여 유전자 편집 기술을 이용할 경우 나타날 수 있는 문제점에는 무엇이 있는가?
답변	현재 낫모양 적혈구 빈혈증을 치료하기 위하여 유전자 편집 기술을 이용하여 이 돌연변이를 수정하고, 정상적인 적혈구 형태로 변환하는 시도가 이루어지고 있다. 예를 들어, CRISPR-Cas9를 사용하여 변이된 HBB 유전자를 타깃으로 하고, 정상적인 HBB 유전자를 삽입하는 방법이 연구되고 있다. 하지만 유전자 편집 기술을 사용하여 낫모양 적혈구 빈혈증을 치료하는 경우, 다음과 같은 부작용이 발생할 수 있다. 유전자 편집 기술은 원하는 유전자를 특정하기 위해 디자인되었지만, 가끔씩 원치 않는 유전자에도 수정이 일어날 수 있다. 이를 'off-target 효과'라고 하며, 수정되지 말아야 할 유전자에 변화를 일으킬 수 있다. 유전자 편집은 한 번에 모든 세포에 동일하게 작용하지 않을 수 있다. 일부 세포에만 유전자가 수정되는 '모자이크 형태'의 결과를 가져올 수 있다. 이 경우, 수정된 세포와 수정되지 않은 세포가 혼재하여 예상치 못한 결과를 초래할 수 있다. 유전자 편집 기술 자체에는 잠재적인 위험이 존재할 수 있다. 특히 편집된 유전자가 다른 부작용을 일으키거나, 세포의 정상적인 기능을 방해할 수 있는 가능성이 있다.

낫모양 적혈구 빈혈증을 통하여 현재 개발되고 있는 유전공학 기술을 소개하고 나타나게 될 부작용에 대하여 설명함으로써 생명공학 발전이 질병의 유토피아적인 세상을 준비해 주는 것이 아니라는 것을 학생들에게 생각하게 한다.

2) 문제상황 파악 단계

　생명공학이 사람의 생명에 또 다른 위험을 가하는 것과 사회 윤리적인 문제상황을 이해하게 한다. 교사는 생명공학과 부작용에 관한 동영상 '아일랜드', 영화 '구세주 아기(맞춤형 아기)' 시청을 통해서 생명공학에서 기술개발에 관한 가이드라인과 법적인 경계가 정해지지 않았을 때 발생하는 문제의 심각성을 인식하고, 생명공학의 발전이 낭만적이지만은 않은 디스토피아적인 면이 있음을 학생들에게 인식시킨다. 또한 올더스 헉슬리의『멋진 신세계』를 소개하는 간단한 읽기 자료를 제공한다. '멋진 신세계'는 인공수정을 통해 인간의 출생 전부터 계급이 정해지는 사회를 묘사한 것으로 과학 문명의 발달로 발생할 수 있는 디스토피아에 대해 경고의 메시지를 던지는 내용이다. 이와 같이 영상과 읽기 자료를 통해 생명공학의 기술로 인해 인간의 삶이 오히려 행복하지 못할 수도 있다는 메시지를 던져 학생들이 문제상황을 충분히 인식할 수 있도록 돕는다. 다음은 문제상황 파악을 위한 동영상 자료와 읽기 자료이다.

올더스 헉슬리의『멋진 신세계』속의 인공수정 및 배양에 의한 인간의 등급화

1932년에 발표한 작품으로, 인간의 존엄성을 상실한 미래 과학 문명의 세계를 신랄하게 풍자하고 있는 작품이다.

멋진 신세계는 언뜻 보기에 앞으로 펼쳐질 멋진 미래의 세계를 나타낸 것처럼 보이나 사실은 저작자인 올더스 헉슬리가 기계 문명의 발달이 가져올 디스토피아를 경고하고 있는 내용이다.  과학 문명이 극도로 발달한 가상의 미래를 배경으로 한 이 작품은 대전쟁이 일어난 후 거대한 세계정부가 설립되어 모든 인간이 인공수정을 통해 태어나며 세계 인구가 일정하게 유지되는 상황을 묘사하고 있다. 이 세계에서는 아이들의 양육과 교육이 전적으로 국가의 책임으로 맡겨지고 있으며, 그들의 지능에 따라 어떤 삶을 살게 될지가 이미 결정되어 있다. 사람들은 알파, 베타, 감마, 델타, 엡실론 계급으로 나뉘며 각자 맡은 직분에 충실하며 계급상승을 꿈꾸지 않고 살아가는 미래 세계가 암울하게 묘사되고 있다.

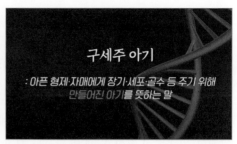

[그림 12-1] **문제상황 파악을 위한 읽기 및 동영상 자료**[1]

3) 참여 단계

생성형 AI 기반 CBL의 참여 단계는 학생들이 해결해야 할 대주제인 빅 아이디어 (The Big Idea)와 핵심질문 및 도전과제를 도출하는 과정이다.

이 단계에서는 학생들이 적극적으로 참여하여 생명공학의 어두운 면에 관한 영상 자료와 읽기 자료를 통해 문제점을 발견하고, 이것을 해결하기 위한 빅 아이디어를 제시하며, 핵심질문을 도출하여 도전과제를 이끌어 낸다. 학생들이 제시된 글 속에서 발견한 문제점을 자유롭게 제시하기 위해 잼보드를 이용하였다.

[그림 12-2] **잼보드를 활용한 의견 모으기**

---

1) 출처: 영화 아일랜드(복제인간 관련내용), https://www.youtube.com/watch?v=e65F1jzBJ0A, 연합뉴스(맞춤형 아기 관련), https://www.youtube.com/watch?v=zibJQ-AC7sM.

[그림 12-2]와 같이 학생들은 모둠별로 잼보드에 생명공학의 발전으로 생길 수 있는 문제점에 대한 의견을 제시하였다. 그 결과, 각 모둠의 대표 의견을 모아 The Big Idea를 선정하였으며 〈표 12-7〉과 같이 도전과제 해결에 필요한 핵심질문을 구성하고 도전과제를 작성하였다.

〈표 12-7〉 **핵심질문 및 도전과제 작성 예시**

The Big Idea	생명공학 발전에 대한 올바른 이해와 인식
핵심질문	생명공학의 다양한 사례 속에서 나타나는 디스토피아 현상을 학생들이 이해하고, 디스토피아 현상을 AI 도구를 활용하여 알게 하려면 어떻게 하면 될까?
도전과제	생명공학의 디스토피아 현상을 경고하는 홍보물을 제작하라.

4) 조사 단계

조사 단계는 학생들이 도전과제를 해결하기 위해 구체적인 조사 활동을 진행하는 단계이다. 조사 활동을 진행하기 위해서는 핵심질문에 따라 세부적인 질문을 만들어 다양한 사례를 조사할 수 있는 구체적인 질문을 만들어 보아야 한다.

〈표 12-8〉 **핵심질문 쪼개기를 통한 질문 유목화 예시**

핵심질문	생명공학의 다양한 사례 속에서 나타나는 디스토피아 현상을 학생들이 이해하고, 디스토피아 현상을 AI 도구를 활용하여 알게 하려면 어떻게 하면 될까?
핵심질문 쪼개기	① 생명공학 기술에는 어떤 것이 있을까? ② 생명공학 기술의 디스토피아 사례에는 어떤 것이 있을까? ③ 생명공학 기술이 잘못 사용된다면 어떤 일이 발생할까? ④ 생명공학 기술의 디스토피아 현상을 홍보하기 위해 필요한 AI 도구에는 어떤 것이 있을까? ⑤ 생명공학 기술의 문제점을 이해하고 인식하게 할 수 있는 홍보 방법은 무엇일까?

이 단계에서는 생명공학의 다양한 사례와 홍보를 어떤 방법으로 할 것인가를 결정하는 것이 중요하다. 이때 학생들은 생성형 AI 도구를 활용해서 다양한 도움을 받을 수 있다.

학생들이 생성형 AI 도구를 이용하여 조사한 다양한 생명공학의 디스토피아 관련 질문 내용은 다음과 같다.

〈표 12–9〉 **생명공학의 디스토피아 질문 사례**

생명공학은 인간의 질병 치료에 많은 공헌을 하고 있다. 하지만 인간의 생명을 오히려 위협하거나 사회적, 윤리적으로 문제가 될 수 있는 생명공학의 사례를 알고자 학생들이 생성형 AI에게 던진 질문

- 유전자 검사를 통해 미리 암 발생률을 알고 발생하지 않은 장기 일부를 제거한다면 좋은 점과 우려할 점은?
- 생물공학을 이용한 생물무기는 엄청난 재앙을 만들어 내는데 이를 어떻게 막을 수 있을까?
- 생물복제가 무분별하게 이루어질 수 없게 하려면 어떻게 하면 좋을까?
- 생명공학 기술로 인간의 수명을 늘릴 때 발생되는 문제를 어떻게 해결할 수 있을까?
- 생명공학을 위해 생산된 실험동물의 관리 소홀로 인해 자연계에 방출된다면 어떤 문제점이 생길까?
- 생명공학의 기술을 이용하여 인간의 몸을 개조하게 된다면 어떻게 될까?
- GMO는 식량생산에는 획기적인 면이 많지만 인간의 신체 안에서 오랜 기간 동안 그 작용에 영향이 없다고 단정 지을 수 있을까?
- 유전공학 기술로 야간에 발광하는 유전자를 식물에 도입하면 시각적으로 매력적이며 광고 및 장식용으로 사용될 수 있지만 생태계에 미치는 잠재적인 영향은 무엇일까?

　　학생들이 이러한 세부적인 질문을 만들고 난 뒤 생성형 AI를 이용하여 자료를 조사하며, 생명공학의 디스토피아 현상을 경고하는 홍보물을 제작하는 활동을 한다. 학생들이 조사한 자료를 정리할 수 있는 학습지를 〈표 12–10〉과 같이 제공하였다.

〈표 12–10〉 **학생 활동지 예시**

📖 **내가 바라보는 생명과학의 디스토피아**

학번, 이름		점수	

생명과학의 발전은 DNA 구조가 발견된 1950년 이후 너무나 급속도로 발전해 왔습니다. 유전자를 편집하는 시대, 원하는 맞춤형 아기를 만들 수 있는 시대, 품종 개량을 통해 식량 생산을 극대화하는 시대, 줄기세포를 이용해 배양육을 만드는 시대입니다.
인류의 건강 증진을 위하여 발전된 생명공학에 과연 부작용은 없을까요? 여러분이 생각하는 생명공학이 가져다주는 달달한 열매 말고, 뒤따르는 재앙에 대해 생각해 봅시다. 내가 바라보는 생명공학의 디스토피아를 서술해 주세요. 서술 시 생명공학의 특정 기술을 제시하고 그 기술의 달콤한 열매와 뒤따르는 씁쓸한 진실을 함께 제시하기 바랍니다. 미래사회를 준비하는 생명과학도로서 열매와 부작용을 잘 알고 부작용을 개선하는 것이 중요합니다.

내가 바라보는 생명공학의 디스토피아

디스토피아의 원인 생명공학 기술: (   )
근거 제시를 통해 내가 바라보는 생명공학의 디스토피아 글쓰기

학생이 작성한 사례를 제시하면 다음과 같다.

디스토피아의 원인 생명공학 기술: 정자 기증에 따른 인공수정
근거 제시를 통해 내가 바라보는 생명공학의 디스토피아 글쓰기

임신을 위해 기증자가 제공하는 정자가 필요한 여성이 사용할 수 있도록 인간의 정자를 정자 기증자로부터 증여받아 보관하는 정자은행이 있다. 의학적으로 기증자의 정자를 이용하여 성공한 임신은 우리가 흔히 알고 있는 임신과 차이점이 없다. 정자 기증자는 나이와 병력과 관련된 구체적인 요구사항을 충족해야만 한다. 많은 국가가 현재 불임이거나 난임인 부부들을 위하여 이 기술을 사용하고 있다.

현재 우리나라의 사회는 저출산, 고령화 사회이면서 1인 가구가 늘어나고 동성 부부를 법으로 인정해야 한다는 분위기가 일어나고 있어, 정자 기증을 통한 인공수정에 대해 많은 관심이 쏠리고 있다. 그러나 이는 많은 문제를 일으킬 수 있다. 윤리적인 차원에서 문제를 바라보면, 우리나라의 저출산 문제를 해결하기 위한 방안으로 아이를 낳아 키울 것을 강요하는 사회적 압력이 들어올지도 모른다. 해외에서는 정신병, 성격장애, 유전병을 가진 남성들이 거짓말로 속이고 정자를 기증한 사실이 뒤늦게 밝혀진 사례가 있다. 미국의 정신병력을 가진 전과자가 1주일에 2번씩 정자를 기증하여 36명의 생물학적 아버지가 된 사실이 뒤늦게 밝혀지기도 했다.

이러한 것을 막기 위한 방법은 다음과 같다.

첫째, **정자 기증의 윤리적 문제해결을 위한 법적 규제 강화**

현재 우리나라에서는 정자 기증에 대한 법적 규제가 매우 미흡한 실정이다. 정자 기증의 대상, 기증자의 자격요건, 기증자의 신상정보 공개 여부 등과 관련하여 명확한 법적 근거가 마련되어 있지 않으므로 미래 사회를 위해서는 법적 규제를 강화해야 한다.

둘째, **정자 기증 과정의 투명성 강화**

정자 기증 과정의 투명성을 강화하는 것도 중요하다. 정자 기증자가 정신병, 성격장애, 유전병 등을 가진 남성인지 여부를 정확히 파악하기 위해서는 기증 과정을 투명하게 관리해야 한다. 이를 위해 정자 기증자의 신상정보를 철저히 관리하고, 정자 기증자의 건강 상태를 정기적으로 검진하는 등의 조치를 취할 수 있어야 한다.

이와 같은 방법으로 정자 기증을 통한 인공수정의 윤리적 문제를 해결하고, 불임 부부, 미혼 여성, 동성 부부 등에게 희망을 주는 의료 기술로 정착될 수 있도록 노력해야 할 것이다.

*(출처: 이○윤)

5) 실행 단계

실행 단계에서는 '생명공학의 디스토피아 현상을 경고하는 홍보물을 제작하라'를 수행하기 위한 활동을 한다.

이 단계는 생명공학의 발전이 장밋빛 행복만 있는 것이 아니라 그에 따른 부작용이 수반되고 있음을 알고 사람들에게 관심을 가지게 하기 위한 정보제공을 하는 단계이다. 생명공학의 우려할 부분이 될 수 있는 디스토피아를 표현하고 보완점을 홍보함으로써 학생들이 비판적 사고를 할 수 있도록 기대한다.

실행하는 방법은 프레젠테이션, 카툰, 동영상, 팸플릿 등 다양한 형식이 있다. 쉽게 실행하기 위한 방안으로 생성형 AI를 활용해 보는 것도 좋다.

다음은 생성형 AI를 활용하여 만든 홍보 산출물의 대표적 사례이다.

(1) 구글 제미나이를 이용한 홍보물

카툰은 일반적인 글보다 시각적으로 흥미를 유발하며 전달력이 좋아 학생들에게 좀 더 잘 다가갈 수 있는 실행 방법이다. 이때 스토리를 어떻게 연결해야 할지 막막할 수 있다. 문학적 소양이 부족한 학생들은 생성형 AI를 이용해서 대본 작성에 도움을 받을 수 있다. 대본에 반드시 들어가야 할 요소인 등장인물, 줄거리, 전달하고자 하는 메시지를 생성형 AI에 제공하여 대본 작성에 도움을 받는 것이다. 〈표 12-11〉은 수명연장의 기술 발전이 이루어졌을 때 발생할 수 있는 디스토피아를 홍보하기 위해 모둠이 카툰 제작의 기본 대본 작성을 생성형 AI 도구, 구글 제미나이로부터 도움을 받아 작성한 것이다.

〈표 12-11〉 구글 제미나이를 활용해 생성한 카툰 제작 시나리오 예시 1

질문	생명공학 기술로 인간의 수명을 늘린다면 발생되는 문제를 어떻게 해결할 수 있을까? 이 질문에 해당하는 카툰을 제작하기 위한 줄거리를 작성해 달라.
답변	♠ 등장인물 이지수: 50대 생명공학 연구원 김철수: 지수의 친구, 50대 직장인 박준서: 지수의 동료 연구원, 40대 중년 김박사: 생명공학 박사

> ♠ 스토리
>
> 지수는 생명공학 기술로 인간의 수명을 늘리는 연구에 매진하고 있다. 그는 연구에 성공하여 수명이 늘어난 사람들을 만나고, 그들의 삶을 통해 인간의 수명을 늘리는 기술이 가져올 문제점들을 발견한다.
>
> 지수와 그의 친구, 동료 연구원들의 이야기를 통해 진행된다. 지수는 연구에 성공하여 수명이 늘어난 사람들을 만나게 된다. 그들은 건강하고 활기찬 삶을 살고 있지만, 동시에 노인 인구 증가, 고용 및 복지 문제, 사회적 갈등 등의 문제에 직면해 있다.
>
> 지수는 이러한 문제점들을 해결하기 위해 고민한다. 그는 연구를 중단할지, 아니면 연구를 계속할지 결정해야 한다. 결국, 지수는 연구를 계속하기로 결정하면서 문제점들을 해결할 수 있는 사회적, 제도적 방법을 찾는 것이 중요하다고 생각한다.

완성한 스토리를 이용하여 다음과 같은 카툰을 제작하였다. 카툰은 망고보드나 캔바의 카툰 템플릿을 사용하여 쉽게 제작할 수 있다. 인물, 말풍선, 배경 등을 자유롭게 넣을 수 있으며 전달하고자 하는 메시지를 인상 깊게 표현할 수 있다.

생명연장의 기술로 인한 문제점을 생각해 봅시다

생명연장으로 인해 생기는 문제점을 생각해 봅시다

생명연장으로 인해 생기는 문제점을 생각해 봅시다

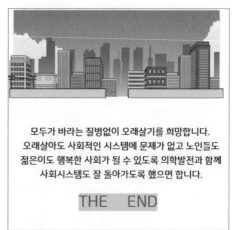

[그림 12-3] **평균수명 연장에 관한 카툰(학생 작품 예시)**

　　○○ 모둠에서 만든 카툰 작품은 평균수명이 연장되었을 때 고령화로 인해 생길 수 있는 고용안정 문제와 젊은 계층과 나이 든 계층 간의 사회적 갈등 문제가 생길 수 있는 디스토피아 현상을 경고하고 있다. 또한 생명공학의 발전과 더불어 사회 시스템이 법적으로 잘 갖춰져야 한다는 모둠의 의견을 제시하고 있다.

(2) 감마를 이용한 홍보물

　　감마는 생성형 AI를 이용해서 쉽게 PPT를 제작할 수 있는 AI 도구이다. 원하는 주제에 관한 설명을 제시하면 8매 정도의 PPT를 만들어 준다. 모둠 학생들이 어떤 내용이 들어가야 할 것인가에 대해 서로 토의하면서 질문을 던질 수 있다. 다음은 유전자 검사로 인해 나타날 수 있는 디스토피아적 사례를 제시한 산출물이다.

질문 유전자 검사를 통해 미리 암 발생률을 알고 발생하지 않은 장기 일부를 제거한다면 좋은 점과 우려할 점에 관하여 프레젠테이션을 만들어 줘.

[그림 12-4] **감마를 활용해 생성한 프레젠테이션(학생 작품 예시)**

[그림 12-4]는 감마를 이용해서 만든 PPT로, 유전자 검사를 통해 질병에 대한 정확한 정보를 얻을 수 있지만 개인정보의 무단 공개 우려, 검사 결과의 불확실성에 대한 이해와 각오 등의 위험성이 있다는 것을 보여 준다.

(3) 브루를 활용한 홍보물

브루는 생성형 AI를 이용해서 동영상을 만드는 AI 도구이다. 학생들이 제작한 자료인 PPT를 PDF로 전환하여 쉽게 동영상을 제작할 수 있다. PDF 파일을 브루에서 불러와 전달하고자 하는 내용의 자막을 본인의 목소리나 사이트에서 제공하는 성우의 목소리로 더빙하여 영상을 제작할 수 있다. 이때 중요한 것은 사전 PPT 자료를 전달력 있게 잘 만드는 것이다. 어떤 내용을 넣을 것인가에 관한 지식적, 내용적 도움을 구글 제미나이, 클로바X, 뤼튼 등의 생성형 AI로부터 받을 수 있다.

[그림 12–5]는 브루를 이용하여 만든 모둠의 산출물이다.

[그림 12–5] **브루를 활용해 생성한 동영상 장면**

이 작품은 유전자 조작으로 원하는 특성을 갖도록 만든 맞춤형 아기로 인해 생길 수 있는 윤리적 문제와 인간의 존엄성 파괴에 대한 디스토피아 현상을 경고하고 있다.

(4) 아이작을 이용한 스토리보드 만들기

아이작은 AI와 빅데이터 기술을 활용해 광고 창작을 돕는 웹 서비스로, AI 카피라이팅 서비스를 제공하여 광고하고자 하는 상품의 정보를 넣으면 AI가 광고 카피를 만들어 주는 서비스이다.

[그림 12–6]은 아이작의 도구 중 스토리보드 제작을 이용한 것이다. 원하는 내용을 입력하면 이미지를 만들어 주는 방법을 활용하여 학생이 만든 오가노이드(미니장기)에 관한 생명공학 기술의 간단한 홍보자료이다.

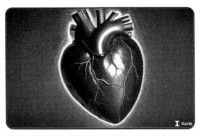

오가노이드는 실험실에서 만든 미니장기를 말합니다
오가노이드와 같이 만든 미니장기를 이용하여 새로 개발한 신약의 안정성을 동물실험을 하지 않고 실시할 수 있습니다

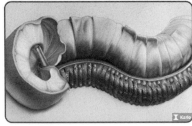

만약 미니장기를 무분별하게 만들어 장기를 판매한다면 어떤 일이 발생할까요?

미니장기의 생산과 사용이 현실화되기 전에 문제점을 검토하여 공정성 접근성을 확보하고 안전성을 검토하여 윤리적 문제가 발생하지 않는 법적 시스템을 확보하는 것이 중요합니다

[그림 12-6] 아이작을 활용해 생성한 오가노이드(미니장기) 스토리보드 일부 장면

이 작품은 오가노이드(미니장기)에 관해 스토리보드를 만든 사례이다. 새로운 신약이 개발될 때 안정성 검사를 위해 동물실험을 하게 되는 경우가 많다. 오가노이드(미니장기)가 개발된다면 인간의 축소된 장기에 직접 인체의 유해성 검사를 하게 되므로 동물 학대의 위험성을 줄이고, 부작용 등을 더 정확하게 판별할 수 있는 좋은 점이 있다. 하지만 무분별한 장기 판매의 디스토피아 현상이 있음을 경고하는 메시지를 던지고 있다.

6) 발표 및 성찰단계

이 단계는 제작한 홍보물을 발표하고 발표한 것에 대해 다른 학생들의 의견을 듣고 성찰 글쓰기를 하는 단계이다.

CBL 기반의 수업은 재미있고 자발적이며 도전적인 탐구를 할 수 있도록 해 준다. 2022 개정 교육과정에서 제시하고 있는 핵심 역량은 자기관리, 지식정보처리, 창의적 사고, 심미적 감성, 협력적 소통, 공동체 역량이다. CBL 수업 방법으로 구상한 '생명공학의 디스토피아 현상을 경고하는 홍보물을 제작하라' 수업은 미래에 생길 수 있는 생명공학 발전의 문제점에 대해 체계적으로 살펴볼 수 있으며 친구들과의 협력적 소통 역량을 키울 수 있는 수업이다.

생명공학의 미래에 대한 자기 성찰 글쓰기를 통해 다가올 미래의 암울한 디스토피아를 생각해 보면서 미리 준비할 수 있는 기회가 될 것이다. 특히 생명공학을 전공하고자 하는 학생들에게 좋은 도전과제가 될 수 있다.

수업 후 학생들의 성찰 글쓰기에서 말하고 있는 사례를 소개하면 다음과 같다.

〈표 12-12〉 **성찰 글쓰기 작성 예시**

윤○명	맞춤형 아기에 대한 수업활동을 통해 이 학생은 생명공학기술이 인간의 수명을 늘릴 수 있는 잠재력을 알게 되었습니다. 맞춤형 아기의 장점으로는 유전적 질환의 예방이나 개선, 우수한 유전적 특성의 선택, 건강한 유전자의 전달 등이 있습니다. 이러한 장점들은 인간의 건강과 품질을 향상시키는 데 도움을 줄 수 있습니다. 하지만 맞춤형 아기에는 단점과 윤리적인 문제가 존재합니다. 예를 들어, 맞춤형 아기 기술의 확산으로 인한 사회적 격차의 확대, 인간의 다양성 감소, 유전적 차별 등이 그 예입니다. 이러한 문제들은 심각한 윤리적 고민을 유발할 수 있습니다. 맞춤형 아기에 대한 윤리적 문제를 보완할 수 있는 방안으로 카툰으로 표현하는 활동을 선택했습니다. 카툰은 직접적이고 간결한 형태로 사회적 문제를 다룰 수 있는 도구이므로 맞춤형 아기에 대한 진실을 표현하여 친구들에게 알리는 활동이 보람 있었습니다.
이○지	생명공학 기술과 유전자 편집에 대해 더 깊이 이해할 수 있는 기회를 가질 수 있었습니다. 생명공학 기술은 인간의 수명을 늘리는 가능성을 제시하고 있으며 특히 유전자 편집의 장점은 많이 있습니다. 첫째, 유전자 편집을 통해 유전적인 질환과 관련된 유전자를 수정할 수 있습니다. 이는 많은 사람이 유전적인 질환이나 유전적인 위험을 가진 경우에도 건강하고 풍요로운 삶을 누릴 수 있게 해 줍니다. 둘째, 유전자 편집은 신약 개발과 질병 치료에 큰 도움을 줍니다. 유전자를 수정함으로써 특정 질병에 대한 저항성을 갖는 개체를 만들어 내고, 이를 통해 효과적인 치료 방법을 개발하는 데 도움이 될 수 있습니다. 하지만 유전자 편집에는 단점과 보완해야 할 점도 있습니다. 먼저, 유전자 편집의 부작용과 위험성이 존재할 수 있습니다. 유전자 편집 기술은 아직까지 실험적인 단계이기 때문에 예측할 수 없는 부작용이 발생할 가능성이 있습니다. 또한 유전자 편집은 인간의 생물학적 특성을 수정하는 것이므로 윤리적인 문제도 제기될 수 있습니다. 이러한 문제들을 보완하고 해결하기 위해서는 철저한 연구와 윤리적인 가이드라인이 필요하다는 것을 깨달았습니다. 특히 카툰으로 표현해 보는 활동은 심각한 이슈에 관심을 가질 수 있도록 하는 활동이었습니다.

4. 생성형 AI 기반 CBL 수업 평가

1) CBL 수업의 평가 방향

'생명공학의 디스토피아 현상을 경고하는 홍보물을 제작하라' 수업은 학습자들이 CBL을 통해 생명공학에 대한 지식을 습득하고, 문제해결 능력을 키워 도전 목표를 달성할 수 있는 기회를 제공하는 수업이다. 따라서 이 수업의 평가 방향은 다음과 같이 세 가지로 나눌 수 있다.

첫째, 학습자의 지식과 기술 습득 여부이다. 홍보물 제작을 위해서는 생명공학에 대한 지식과 기술이 필요하다. 따라서 평가는 학습자들이 이러한 지식과 기술을 얼마나 습득했는지 여부를 중심으로 이루어진다. 이를 위해서는 홍보물 제작에 사용된 자료와 정보, 홍보물의 내용과 형식 등을 평가할 수 있다.

둘째, 학습자의 문제해결 능력이다. 홍보물 제작은 복잡한 문제를 해결하는 과정이다. 따라서 평가는 학습자들이 이러한 문제를 어떻게 해결했는지 여부를 중심으로 이루어진다. 이를 위해서는 홍보물 제작의 과정과 결과, 적절한 홍보매체 등을 평가할 수 있다.

셋째, 도전과제의 목표 달성 여부이다. 홍보물 제작의 목표는 생명공학의 디스토피아 현상을 효과적으로 경고하는 것이다. 따라서 평가는 홍보물이 이러한 목표를 달성했는지 여부를 중심으로 이루어진다. 이를 위해서는 홍보물의 내용, 디자인, 전달 효과 등을 평가할 수 있다.

2) 평가 루브릭 작성 및 평가

도전의 목표 달성, 지식과 기술 습득, 문제해결 능력을 중시하는 CBL 수업의 일반적인 평가 방향에 기반하여, 이 수업에서는 활동 단계별로 산출되는 결과물을 중심으로 수행평가영역을 생명공학의 디스토피아 사례조사 30%, 홍보물제작 50%, 홍보물 발표하기 20%로 설정하고 평가 방법과 채점기준을 〈표 12-13〉과 같이 구성하였다.

〈표 12-13〉 **'생명공학 디스토피아 현상 경고 홍보물 제작' 평가영역 및 채점기준**

평가과제	배점	평가요소	채점기준			
생명공학 디스토피아 현상 경고 홍보물 제작	30	내가 바라보는 생명공학의 디스토피아 사례조사	1. 생명공학의 사례가 제시되었다. 2. 생명공학의 사례의 발전된 기술적 면과 뒤따르는 부정적 면이 제시되었다. 3. 부정적인 면을 개선할 수 있는 보완책이 제시되었다.			
			3가지를 모두 만족함.	2가지를 만족함.	1가지를 만족함.	미제출
			30	25	20	10
	50	내가 바라보는 생명공학의 디스토피아 홍보물 제작	1. 내용 작성 시 생성형 AI 기술을 사용하였다. 2. 홍보물의 디자인이 주제에 적합하고, 전달 효과가 좋다. 3. 전달하고자 하는 내용을 표현하는 매체 선정이 적절하다. 4. 생명공학의 디스토피아 현상을 효과적으로 경고하였다.			
			4가지를 모두 만족함.	3가지를 만족함.	1~2가지를 만족함.	미제출
			50	45	40	10
	20	홍보물 발표하기	1. 메시지 전달이 잘 되었다. 2. 명료한 목소리로 호소력 있게 설명하였다. 3. 질문에 대한 답변이 우수하다.			
			2가지를 모두 만족함.	1가지를 만족함.		미제출
			20	15		10

3) 평가 결과 기록

생성형 AI를 활용한 CBL 수업의 평가 결과는 학습자의 학습 성과를 파악하고, 학습 과정을 개선하는 데 중요한 역할을 한다. 이를 통해 학습자에게 적절한 피드백을 제공하고, 학습목표를 달성하기 위한 방향성을 제시할 수 있다.

교사는 학습자가 어떤 노력을 했는지, 어떤 지식과 기술을 습득했는지, 어떤 문제해결 능력을 발휘했는지 평가 결과를 바탕으로 학습자에게 피드백을 제공해야 하며 학습자는 자신의 학습 성과를 파악하고, 부족한 부분을 보완할 수 있다.

피드백을 통해 학습자의 학습 동기를 유발하고, 학습 효과를 높이는 데에도 활용될 수 있다. '생명공학의 디스토피아 현상을 경고하는 홍보물을 제작하라'의 수업 과정 및 결과에 대한 평가를 기반으로 한 교사의 피드백 사례는 〈표 12-14〉와 같다.

〈표 12-14〉 **수업 과정 및 결과에 대한 교사의 피드백 예시**

- 생성형 AI 활용 시 명료하고 원하는 답을 얻을 수 있는 질문을 할 때 어려움을 느끼고 있으므로 프롬프트에 질문을 할 때 상세하면서도 필요한 답변을 얻을 수 있는 질문의 중요성에 대하여 안내함.
- 학생들이 주제에 대한 이해와 분석력을 바탕으로 홍보물을 제작했는지 확인하고, 주제에 대한 충분한 조사와 분석을 통해 홍보물의 내용을 구성하고, 이를 효과적으로 전달하고 있는지 안내함.
- 다양한 시각적 요소와 디자인을 활용하여 홍보물을 흥미롭게 구성하고, 메시지를 효과적으로 전달할 수 있는 방법을 모색함.
- 학생들이 자기주도적 학습 능력과 학습 태도를 발휘하여 홍보물을 제작하고 있으며 도전과제를 달성하기 위해 노력하는 자세가 보임.

〈표 12-15〉는 '생명공학 디스토피아 현상을 경고하는 홍보물 제작하라' 수업 활동 평가 결과를 학교생활기록부 특기사항에 기록하기 위해 작성한 예시이다.

〈표 12-15〉 **학교생활기록부 특기사항 기록 예시**

- 생명과학 수업에서 유전병의 종류와 특징을 조사하고 발표하는 과제를 수행하면서 유전공학의 디스토피아 사례를 살펴보고 보완할 수 있는 대책을 설계하는 카툰을 제작했음.
- 카툰의 스토리텔링과 디자인이 우수하여 유전공학의 우수성 뒤에 숨어 있는 어두운 면을 다른 학생들이 알 수 있도록 제작함.
- 맞춤형 아기의 윤리적 문제와 미래의 유전공학 발전에 대한 윤리적 가이드라인에 대해 상세하게 설명하는 영상을 브루를 이용해 제작하여 학생들에게 윤리적 문제에 대한 관심을 유발시킴.
- 생명과학에 대한 이해를 높이고 생명공학 기술의 활용 과정에서 나타나는 문제점과 이에 대한 사회적 책임을 인식하여 생명윤리 쟁점에 대해 의사 결정할 수 있는 능력을 배웠다는 소감을 남김.

제**13**장
그린·디지털 융합 스타트업
창업 아이템을 설계하라-사회

 **기후위기를 지속가능한 경제적 발전의 관점에서
어떻게 해결할까**

현재, 세계는 전쟁, 갈등, 기후변화, 환경 파괴, 천연자원의 고갈, 식량 부족, 빈곤, 감염병 발생, 생태계 변화, 인구 구조의 변화, 경제 불평등 등 다양하고 복잡한 문제들이 심화되어 가고 있다. 특히 기후변화는 우리의 삶을 위협하는 기후위기로 전환되었다. 기후위기는 환경 문제뿐만 아니라 경제적 위기와 맞물리면서 인류가 해결해야 할 중요한 문제로 부각되었다.

바로 지금, 기후위기를 경제적인 관점에서 접근하여 지속가능한 경제구조를 구축할 수 있는 방안 모색은 매우 시급하고도 긴요한 문제가 되었다. 이는 온실가스의 원인을 제공하고 있는 화석연료의 사용을 줄이고 녹색산업과 녹색 일자리로의 전환을 요구한다. 이러한 문제해결을 위해서 교육적 접근의 필요성도 커지고 있다. 이와 같은 문제의식으로부터 고등학교『통합사회』교과에서 기후위기에 대응하며 지속가능한 경제 발전을 위한 '그린·디지털 융합 스타트업 창업 아이템을 설계하라'라는 CBL 수업을 기획하였다.

이 수업은 두 가지 활동에 중점을 두었다. 첫째, CBL(도전기반학습) 수업 절차에 따라서 학생들은 스스로 도전하고 싶은 도전과제를 설정하고, 다양한 조사 활동을 진행하여 도전과제 해결안을 결과 보고서로 작성하는 활동을 한다. 둘째, 생성형 AI를 활용해서 '그린·디지털 융합 스타트업' 회사 설립을 위한 창업 아이템을 도출하고, 결과 보고서를 인공지능 브루(Vrew)로 제작하여 발표하는 활동을 한다. 이러한 활동을 통해 학생들은 기후위기 문제를 지속가능한 경제발전의 관점에서 바라보고, 양질의 일자리를 창출할 수 있는 창의적인 문제해결역량을 기르고자 하였다.

1. 생성형 AI 기반 CBL 수업 교육과정 분석

1) 교육과정 및 성취기준 분석

지속가능한 경제 발전을 위한 '그린 · 디지털 융합 스타트업 창업 아이템을 설계하라'는 수업은 2015 개정 사회과 교육과정 『통합사회』 대단원 [Ⅵ. 미래와 지속가능한 삶]의 성취기준 [10통사09-02]와 [10통사09-03]을 기반으로 한다. 이 내용은 2022 개정 사회과 교육과정 『통합사회2』 대단원 [Ⅴ. 미래와 지속가능한 삶]의 성취기준 [10통사2-05-02]와 [10통사2-05-03]에서도 이어진다. 이들 성취기준은 다음과 같다.

〈표 13-1〉 CBL 수업 진행을 위한 성취기준 선정

교육과정	2015 개정	2022 개정
영역(단원)	Ⅵ. 미래와 지속가능한 삶	Ⅴ. 미래와 지속가능한 삶
성취기준	[10통사09-02] 지구적 차원에서 사용 가능한 자원의 분포와 소비 실태를 파악하고, 지속가능한 발전을 위한 개인적 노력과 제도적 방안을 탐구한다. [10통사09-03] 미래 지구촌의 모습을 다양한 측면에서 예측하고, 이를 바탕으로 자신의 미래 삶의 방향을 설정한다.	[10통사2-05-02] 지구적 차원에서 에너지 자원의 분포와 소비 실태를 파악하고, 기후변화에 대한 대응과 지속가능한 발전을 위한 제도적 방안과 개인적인 노력을 탐구한다. [10통사2-05-03] 미래 사회의 모습을 다양한 측면에서 예측하고, 이를 바탕으로 세계시민으로서 자신의 미래 삶의 방향을 설정한다.

성취기준 해설에서 나타난 특징을 살펴보면, 2015 개정 사회과 교육과정에서는 지구적 차원에서 사용 가능한 자원의 분포와 소비 실태를 석유, 석탄, 천연 가스 등을 중심으로 살펴보고, 지속가능한 발전을 위한 경제, 환경, 사회의 균형 있는 성장을 강조한다(교육부, 2015d, p. 136). 2022 개정 사회과 교육과정에서는 화석에너지 자원의 소비를 기후변화와 관련해서 비판적으로 이해하고, 이를 토대로 기후변화에 대한 적

극적인 대응을 통해 경제, 환경, 사회의 균형을 이루는 지속가능 발전을 제도적, 개인적 차원에서 모색하도록 하고 있다(교육부, 2022d, p. 121).

따라서 수업 주제인 기후위기에 대응하면서 지속가능한 경제발전을 위한 '그린·디지털 융합 스타트업 창업 아이템을 설계하라'는 2015 개정 사회과 교육과정에서 출발하였지만, 2022 개정 사회과 교육과정에서도 중요한 수업 주제이다. 이 수업을 통해서 학생들은 기후위기를 경제적 관점에서 가능한 경제발전과 융합할 수 있는 방안을 탐구하게 된다. 학생들은 도전과제를 해결해 가는 과정에서 지구 공동체의 발전과 개인의 삶의 질을 향상시킬 수 있는 창의적 문제해결역량을 강화하게 될 것이다. 그러한 과정을 통해 비판적 사고, 창의적 사고, 의사결정력 등의 교과 역량과 함께 메타인지 역량도 키워 가게 될 것이다.

2) 학습내용 분석

『통합사회2』에서는 화석에너지 자원 중심의 지구적 소비 실태를 비판적으로 이해하고, 이에 대한 대안으로 재생에너지 중심의 탈탄소 산업으로 녹색산업을 제안한다. 이러한 내용을 반영하여 [학습내용]을 두 가지로 분석하였다. [학습내용 1]에서는 화석에너지 중심의 지구적 자원의 분포와 실태를 학습한다. [학습내용 2]에서는 화석에너지 사용으로 인해서 야기된 기후변화에 대한 대응 노력과 지속가능한 발전을 위한 방안을 적극적으로 탐구한다.

- [학습내용 1] 지구적 차원에서 사용 가능한 에너지 자원의 분포와 실태 이해
- [학습내용 2] 기후위기 대응 노력과 지속가능한 발전 방안 탐구

이 수업에서는 [학습내용 1]에 대한 학습을 마치고, [학습내용 2]를 중심으로 생성형 AI 기반 CBL 수업을 진행하고자 한다. [학습내용 2] 수업에서는 녹색산업을 통해서 기후위기에 대처할 수 있는 방안을 적극 탐색할 필요가 있다. 기후위기에 대처하면서 지속가능한 경제발전을 위한 양질의 일자리를 창출할 수 있는 방안을 적극적으로 탐구한다. 이를 통해 갈수록 심각해지고 있는 기후변화를 기후위기의 문제로 인식하고, 기후위기의 문제를 경제적인 관점에서 적극적으로 대응하기 위한 대응책과 결합하여 그린정책과 디지털 기술의 융합을 통해서 지속가능한 경제 발전을 모색하

고자 한다. 그리하여 학생들은 자신들의 미래 삶의 문제를 깊이 있게 사고하고, 동료와 협력적 관계 속에서 생성형 AI 도구를 활용하여 다양한 해결책을 도출하며, 창의적인 문제해결역량을 강화시켜 간다.

3) 도전과제 도출

학생들이 [학습내용 2]를 토대로 탐구할 과제를 '기후위기에 대응하면서 지속가능한 경제발전은 어떻게 가능할까?'라는 탐구질문의 형태로 제기한다. 이러한 탐구질문은 학생들이 탐구를 진행할 경우에 너무나 포괄적인 질문이기 때문에 어떻게 방향을 잡아야 할지 막연할 수 있다. 그래서 탐구질문에 대한 방향을 일정 부분 한정해서 학생들이 도전할 수 있도록 도전과제를 제시해 줄 필요가 있다. 이 수업에서는 [학습내용 2]에 기반하여 다음과 같은 도전과제를 설정하였다.

> 그린·디지털 융합 스타트업 창업 아이템을 설계하라.

교사는 학생들이 도전과제를 해결하기 위해서 관련 핵심 지식을 이해할 수 있게 설명하고, 문제상황을 설정하여, CBL의 수업 단계에 따라서 도전과제를 해결할 수 있도록 수업을 설계, 실행, 평가하도록 한다.

4) 학습자 및 환경 분석

교사는 생성형 AI 기반 CBL 수업을 통해서 도전과제를 해결해야 할 주체인 학습자에 대한 이해와 함께 학습자가 수업을 진행할 수 있는 학습환경을 분석한다. 이 수업을 진행하게 될 대상은 다음과 같은 특징을 가지고 있다.

- 대상 학년: 고등학교 1학년
- 학생 구성: 「통합사회」 수업을 수강하는 1학년 전체
- 학생 특징: 이 수업은 1학년 2학기 마지막 단원으로 학생들의 적극적인 수업 참여를 위한 동기유발이 중요함.

이 수업은 고등학교 1학년『통합사회』수업을 수강하는 학생 전체를 대상으로 설계하였다. 그러나 수업 실행은 고등학교 1학년 학생이 아닌 직무 연수에 참여한 교사를 대상으로 진행하였다. 그 이유는 실제 수업을 실행할 대상인 학생이 없는 상태에서 2023년 12월, 직무 연수에 참여한 교사를 대상으로 수업을 실시할 수밖에 없었다. 그러나 생성형 AI 기반 CBL 수업을 위한 [교육과정 분석-수업 설계-수업 실행-수업 평가]는『통합사회』수업을 수강하는 학생을 대상으로 한다.

수업을 실행하게 될 학생들은 교육청에서 제공한 크롬북을 가지고 있었으며, 교실은 전자칠판 및 와이파이가 가능한 학습환경이 잘 구비되어 있다.

- **학습환경**: 개인용 크롬북, 전자칠판과 와이파이가 구비된 교실 환경
- **생성형 AI 도구**: 뤼튼, 코파일럿, 브루 등

수업 실행 대상인 연수 교사들은 실습을 통해서 생성형 AI 도구인 뤼튼, 코파일럿, 브루 등을 활용할 수 있는 환경이 조성된 상태이다. 학생들 역시 생성형 AI 도구 활용 안내만 간단히 해도 기능을 쉽게 활용할 수 있다고 판단된다. 이와 함께 다음과 같은 에듀테크도 함께 활용한다.

- **구글 슬라이드**: 도전과제 해결을 위한 조사활동 결과를 구글 슬라이드에 정리하기
- **패들렛**: PPT 보고서 및 최종 완성된 동영상을 패들렛에 올려서 발표하기

CBL 수업은 기본적으로 도전과제를 해결해 가는 과정에서 동료와 협력적 관계를 갖는 것이 중요하다. 따라서 모둠별로 협업을 통해서 도전과제를 해결할 수 있는 환경을 제공할 필요가 있다. 이 수업에서는 구글 슬라이드를 활용하여 협업할 수 있는 분위기를 조성한다. 모둠별로 도전과제 해결을 위해서 진행한 조사활동 보고서는 구글 슬라이드에 정리한다. 정리된 도전과제 보고서는 PPT로 다운받아서 브루를 활용하여 동영상으로 제작한다. 동영상으로 제작한 최종 보고서는 패들렛에 올려서 발표한다.

2. 생성형 AI 기반 CBL 수업 설계

수업 주제인 '그린·디지털 융합 스타트업 창업 아이템을 설계하라'를 성공적으로 실현하기 위해서는 치밀한 수업 설계가 필요하다. 수업 설계는 [학습목표 설정]-[교수·학습 과정안 설계]-[평가 및 산출물 계획]-[교수·학습 전략]을 중심으로 진행한다. 학습목표는 생성형 AI 기반 CBL 수업을 통해서 추구하고자 하는 목표를 중심으로 설정한다. 그리고 CBL 수업의 단계에 따라 교수·학습 활동을 구체화하여 교수·학습 과정안을 설계한다. 이를 토대로 평가계획과 교수·학습 전략을 세운다. 이들 요소를 중심으로 생성형 AI 기반 CBL 수업을 다음과 같이 설계하였다.

1) 학습목표 설정

수업에서 설정한 [도전과제] 해결을 통해 성취하고자 하는 학습목표는 〈표 13-2〉와 같다.

〈표 13-2〉 **생성형 AI 기반 CBL 수업의 학습목표 설정**

1. 지식·이해	기후위기를 지속가능한 경제발전과 연계하여 설명할 수 있다.
2. 과정·기능	그린·디지털 융합 스타트업 창업 아이템 설계 보고서를 제작하여 발표할 수 있다.
3. 가치·태도	그린·디지털 융합 스타트업 창업의 중요성을 이해하고 존중하는 태도를 가진다.

생성형 AI 기반 CBL 수업을 통해 달성하고자 하는 학습목표 설정은 Bloom의 신교육목표 분류에 따른 여섯 가지 인지적 영역(기억, 이해, 적용, 분석, 평가, 창안)과 네 가지 지식의 유형(사실적 지식, 개념적 지식, 절차적 지식, 메타인지)을 충분히 고려한다. 인지적 영역에서는 도전과제 해결을 위해 필요한 지식을 기억 및 이해하고, 도전과제 해결을 위해서 필요한 지식을 적용 및 분석하고 평가하여 새로운 지식을 창안할 수 있도록 한다.

네 가지 지식의 관점에서 볼 때, 기후위기의 문제 관련 사실적 지식을 먼저 이해하도록 한다. 그리고 지속가능한 경제발전, 스타트업 창업, 그린·디지털 융합과 관런한 개념적 지식을 이해한다. CBL 단계에 따른 절차적 지식을 활용해서 기후위기에 대처하는 지속가능한 양질의 일자리를 창출하는 도전과제를 해결하도록 한다. 그린 · 디지털 융합 스타트업 창업 아이템을 설계하는 전 과정에 대한 성찰을 통해서 메타인지 능력을 함양한다.

수업 활동을 진행하는 동안에 학생들은 도전과제를 설정하여 해결하는 과정에서 생성형 AI 도구를 활용해서 정보를 수집 및 분석하고, 분석한 정보를 활용하여 자신들이 원하는 그린 · 디지털 융합 스타트업 창업 아이템을 창안한다.

2) 교수 · 학습 과정안 설계

기후위기에 대처하는 지속가능한 경제발전을 위한 '그린 · 디지털 융합 스타트업 창업 아이템을 설계하라' 수업 진행을 위한 교수 · 학습 과정안은 CBL 수업의 절차에 따라 설계한다. 교수 · 학습 과정안은 교육과정 분석에 따른 도전과제를 기반으로 〈표 13-3〉과 같이 설계한다.

〈표 13-3〉 **교수 · 학습과정안 개요**

도전과제	그린 · 디지털 융합 스타트업 창업 아이템을 설계하라.				
학습목표	1. 기후위기를 지속가능한 경제발전과 연계하여 설명할 수 있다. 2. 그린 · 디지털 융합 스타트업 창업 아이템 설계 보고서를 제작하여 발표할 수 있다. 3. 그린 · 디지털 융합 스타트업 창업의 중요성을 이해하고 존중하는 태도를 가진다.				
학습요소	기후위기, 지속가능한 경제발전, 그린 · 디지털 융합, 창업 아이템				
핵심 역량	비판적 사고력	∨	의사소통능력	∨
	문제해결력	∨	정보처리능력	∨
	창의융합능력(비판적 사고)	∨	협업능력	∨
학습자료	활동 안내 자료, 개인용 컴퓨터, 학생 활동지	**교수 · 학습 방법**	도전기반학습(CBL)		

단계	교수 · 학습 활동	차시
핵심 지식 이해	• 핵심 지식 이해: 지속가능한 발전, 그린 · 디지털 융합, 스타트업 • 활동안내: 수업 진행 소개 및 모둠 구성, 역할 설정, 수행평가 안내 • 스타트업 회사 설립: 회사명, 경영 철학, 일자리 창출 계획	1차시
문제 상황 파악	• 동기유발: 기후위기의 심각성 인식(동영상 시청) • 문제상황: 기후위기를 경제적 관점에서 접근할 수 있는 방안 모색 • 탐구문제: 기후위기에 대처하면서 지속가능한 경제발전 방안 탐구	2차시

참여	• The Big Idea: 지속가능한 발전 • 핵심질문: 도전과제 해결에 필요한 핵심질문 구성 • 도전과제: 그린·디지털 융합 스타트업 창업 아이템 설계	3차시
조사	• 핵심질문 쪼개기: 도전과제를 해결할 수 있도록 핵심질문을 잘게 쪼개기 • 조사활동: 질문을 유목화하여 조사할 내용을 정리해서 역할 분담하기 • 활동결과 정리: 그린·디지털 융합 스타트업 창업 설계안 정리	
실행	• 실행계획: 그린·디지털 융합 스타트업 창업 회사 설계안을 브루로 제작 완성 • 실행결과 정리: 브루로 제작한 동영상을 다른 사람과 공유 및 평가 결과 정리	4차시
발표 및 성찰	• 도전과제 결과 보고서 발표 및 평가하기 • 성찰일기를 작성하여 창의적 활동 과정에서 배우고 느낀 점 성찰하기 • 도전과제 결과 보고서 공유(학교, 지역사회, 인터넷 공유)	5차시

3) 평가 및 산출물 계획

수업 활동 결과는 과정중심 수행평가로 진행한다. 평가는 CBL의 단계별 수업 과정에서 산출되는 주요 산출물과 필수 평가 항목을 설정하여 계획을 세운다. 이들 주요 산출물을 대상으로 평가하고자 하는 필수 평가 항목을 통해서 기르고자 하는 핵심 역량도 함께 설정한다. 그리고 이러한 주요 산출물, 필수 평가 항목, 핵심 역량은 과정중심 수행평가계획서로 작성하여 학생들에게 안내한다. 평가계획은 〈표 13-4〉와 같이 수립한다.

〈표 13-4〉 **주요 산출물과 필수 평가 항목 및 핵심 역량**

단계	주요 산출물	필수 평가 항목	핵심 역량
핵심 지식 이해	• 활동 **1** -지속가능한 발전, 그린·디지털 융합, 스타트업 창업	핵심 지식 이해의 적절성	문제해결역량
문제상황 이해	• 활동 **2** -기후위기 극복을 경제적 관점에서 접근하기	문제상황 분석의 타당성	비판적 사고력
참여	• 활동 **3** -대주제, 핵심질문, 도전과제 도출	도전과제 도출의 타당성	문제해결역량
조사	• 활동 **4** -조사결과 정리 및 도전과제 해결안 도출	조사 결과 정리 및 도전과제 해결안의 타당성	창의융합능력 문제해결역량

| 실행 | • 활동 5
−최종 보고서 브루 제작 | 최종 보고서 제작의 적절성 | 문제해결역량
협업능력 |
| 발표 및 성찰 | • 활동 6
−브루 보고서 발표 및 성찰
−도전과제 해결 결과 보고서 공유 | 발표의 충실성, 성찰의 구체성 | 의사소통능력
메타인지능력 |

4) 교수 · 학습 전략

CBL은 학생들이 실제 세계와 연관된 문제를 자기주도적이면서 협력적으로 해결하게 도움으로써 팀워크와 협력적 학습 능력을 향상시킬 수 있도록 하는 수업이다. 따라서 교사는 학생들이 도전적인 과제를 설정하여, 자기주도적인 학습을 촉진하고, 협력적 관계를 통해서 도전과제를 해결할 수 있도록 피드백을 제공하며, 이에 적절한 교수 매체를 활용할 수 있는 교수 · 학습 전략을 짜야 한다. 이 수업의 '그린 · 디지털 융합 스타트업 창업 아이템을 설계하라'는 도전과제의 성공적 해결을 위한 교수 · 학습 전략은 〈표 13−5〉와 같다.

〈표 13−5〉 **생성형 AI 기반 CBL 수업의 교수 · 학습 전략**

교수 · 학습 전략	설명
도전적인 과제 설정	학습자의 적극적인 관심을 유발할 수 있는 도전적인 과제를 설정하여 학습자의 잠재력을 발현할 수 있도록 돕는다. 이를 위해서 '그린 · 디지털 융합 스타트업 창업'을 자신의 장래 삶과 연계하여 내재적 동기유발에 초점을 맞춰서 다양한 도전과제를 설정할 수 있도록 돕는다.
자기주도적 학습 촉진	CBL의 단계에 따라 생성형 AI 도구를 활용하여 도전과제를 도출함으로써 최종 보고서를 작성하는 과정은 학생들의 자기주도적 학습을 촉진하도록 돕는다. 이를 위해 교사는 적절한 발문을 통해서 확산적 사고와 수렴적 사고를 유도한다.
협력학습 촉진	도전과제 해결을 위한 참여, 조사, 실행, 활동 결과 보고서 작성, 발표 및 성찰에 이르는 전 과정을 모둠 활동으로 진행함으로써 협력학습을 촉진한다. 그린 · 디지털 융합 스타트업을 위한 창업 아이템을 도출하고, 최종 보고서를 작성하여 발표하는 과정에서의 협력적 학습이 학생들의 성장을 촉진하도록 한다.
피드백 제공	교사는 도전과제 해결의 전 과정에서 학생들의 활동을 돕기 위해서 활동을 지속적으로 모니터링하고, 적시에 피드백을 제공하여 도전과제를 성공적으로 도출할 수 있도록 돕는다.

교수 매체 활용	학생들이 그린·디지털 융합 스타트업 창업 아이템 설계를 위한 문제상황을 이해하여 도전과제를 도출하고, 도전과제를 해결해 가는 과정에서 학습의 효율성을 돕기 위해서 구글 슬라이드, 패들렛 등의 에듀테크를 활용하고, 뤼튼, 코파일럿, 브루 등의 생성형 AI 도구를 활용한다.

　교수·학습 전략을 추진함에 있어서 전제되어야 하는 것은 도전과제가 갖는 사회적 맥락에 대한 이해이다. '그린·디지털 융합 스타트업 창업 아이템을 설계하라'는 주제는 기후위기에 대응하면서 지속가능한 경제발전을 위한 양질의 일자리 창출 문제의 해결을 추구한다. 이는 두 가지 차원에서 중요한 사회적 맥락을 갖고 있다.

　첫째, 지구 공동체가 기후위기 문제를 도전과제로 설정하고 있다. 기후위기 문제는 화석연료 사용으로 인한 탄소 배출의 문제에 대해 신재생 에너지 또는 그린 정책의 실현을 요구한다. 이들 문제를 어떻게 풀어가야 할 것인가가 중요한 도전과제이다. 둘째, 양질의 일자리 창출이라는 경제적 문제해결을 포함하고 있다. 스타트업 창업은 혁신적인 기술과 아이디어를 바탕으로 새로운 가치를 창출하는 비즈니스 모델을 만들어 내야 한다. 스타트업 창업은 기존 시장에 이미 존재하는 문제를 혁신적인 기술을 적용해서 해결하거나, 아니면 새로운 아이템으로 시장을 창출해야 한다. 스타트업 창업 회사는 혁신적인 기술과 아이디어를 보유하고 있어야 할 뿐만 아니라, 창업 자금이나 마케팅 전략도 충분하지 않은 상태이다. 이들 문제를 극복하기 위한 전략을 세워서 창업에 성공하기 위해서는 창업 아이템을 창의적으로 설계해야 한다.

3. 생성형 AI 기반 CBL 수업 실행

　수업 실행 단계는 생성형 AI 기반 CBL 수업 설계에 따라서 구성한 '교수·학습 과정안'을 중심으로 수업을 실행해 가는 과정이다. 주제인 '그린·디지털 융합 스타트업 창업 아이템을 설계하라'는 수업은 CBL의 수업 단계에 따라서 [핵심 지식 이해 단계]-[문제상황 파악 단계]-[참여 단계]-[조사 단계]-[실행 단계]-[발표 및 성찰 단계]의 순으로 실행한다. 수업 실행은 직무 연수에 참여한 교사들을 대상으로 실시하였지만, 이들 교사들이 수업할 대상인 학생을 전제로 하여 필요한 부분도 함께 안내하였다.

1) 핵심 지식 이해 단계

교사는 학생들에게 지속가능발전, 그린 · 디지털 융합, 스타트업 창업의 의미를 설명하여 본 수업 진행에서 가장 중요한 핵심 지식을 이해하도록 안내한다. 먼저, PPT 자료와 동영상을 활용해서 학생들이 핵심 지식을 충분히 이해할 수 있도록 설명하고, 활동을 안내하고, 모둠을 구성하여 스타트업 창업 회사 이름을 짓고, 경영 철학을 다듬어서 스타트업 창업 회사 설립 준비를 한다.

교사는 본격적인 활동에 들어가기 전에 학생들이 핵심 지식을 충분히 이해하는 것이 수업을 성공적으로 이끌어 가는 데에 가장 중요한 동력이 된다는 것을 인식할 필요가 있다. 동영상을 활용해서 지속가능발전의 의미와 지속가능발전목표에 대한 기본적인 이해를 돕는다. 지속가능발전은 '미래세대가 그들의 필요를 충족할 수 있는 능력을 저해하지 않으면서 현재 세대의 필요를 충족하는 발전'을 말한다. 동영상 시청을 통해서 지속가능발전목표 17개 항목을 설명한다. [그림 13-1]은 핵심 지식 이해를 위해서 활용한 자료이다.

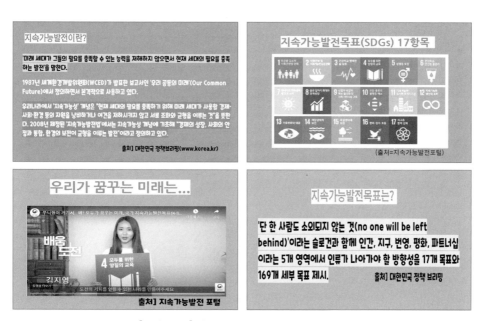

[그림 13-1] 핵심 지식 이해를 위해 활용한 자료

지속가능발전목표(SDGs) 17개 항목 중에서 수업과 관련성을 가진 [8, 13]의 항목을 선정하여, 이들 목표를 융합할 수 있는 방안에 대해서 안내한다.

항목	핵심 내용	내용
8	양질의 일자리와 경제성장	모두를 위한 포용적이고 지속적이며 지속가능한 경제성장과 생산적이고 완전한 고용 및 양질의 일자리 증진
13	기후변화 대응	기후변화와 그 영향에 대응하는 긴급 행동

먼저, 기후변화에 대응하면서 지속가능한 경제발전을 위한 양질의 일자리 창출 방안을 설명한다. 이어서 수업 활동을 상세히 안내하고, 모둠을 구성하여 활동을 시작한다. 각 모둠은 스타트업을 진행하려는 창업 회사로서, 창업하고자 하는 회사명을 정하고, 회사의 경영 철학을 세운다. 이 수업에서는 5개 모둠을 구성하였다.

수업 활동에서 무엇보다 중요한 것은 [그린·디지털 융합 스타트업 창업 아이템 설계]가 무엇인지를 이해하는 것이다. 이는 두 가지 점에서 중요하다. 첫째는 친환경적이며 지속가능발전 원칙에 기반한 창업 아이템을 개발하는 것이다. 둘째는 스타트업을 시작하는 신생 기업은 디지털 기술과 환경보호를 융합한 새로운 비즈니스 모델을 개발하여 일자리 창출에 기여하게 한다(엄윤미, 한성은, 2022, p. 59).

그린·디지털 융합 스타트업 창업 아이템을 개발하는 방법은 생성형 AI를 활용해서 질문하고 답변을 구해서 아이디어를 얻도록 하였다. 연수 교사들에게 〈표 13-6〉과 같이 코파일럿을 활용하여 질문과 답을 할 수 있음을 예시로 안내하였다.

〈표 13-6〉 **코파일럿을 활용한 핵심 지식 이해**

질문	그린·디지털 융합 창업이 뭐지?
답변	**그린·디지털 융합 창업**은 환경 보호와 디지털 기술을 결합하여 새로운 비즈니스를 창출하는 것을 의미합니다. 이는 지속가능한 사회와 환경을 고려한 창업 활동으로, 다음과 같은 측면을 포함할 수 있습니다.

1. **환경 문제해결**: 그린·디지털 융합 창업은 환경 문제를 해결하는 기술과 서비스를 개발합니다. 예를 들어, 태양광 발전, 에너지 효율적인 제품, 친환경 농업 기술 등이 있습니다.
2. **디지털 기술 활용**: 디지털 기술을 활용하여 환경 문제를 해결하거나 새로운 서비스를 제공합니다. 예를 들어, 스마트 그리드, 환경 모니터링 시스템, 친환경 앱 등이 있습니다.
3. **사회적 가치 창출**: 그린·디지털 융합 창업은 이용자와 사회에 긍정적인 영향을 미치는 비즈니스를 추구합니다. 이는 환경 보호뿐만 아니라 사회적 가치를 창출하는 방향으로 나아갑니다.
4. **혁신적인 비즈니스 모델**: 그린·디지털 융합 창업은 기존의 비즈니스 모델을 혁신하여 새로운 시장을 개척하고 성장합니다.

이러한 방식으로 그린·디지털 융합 창업은 환경과 기술을 조화롭게 결합하여 지속가능한 비즈니스를 창출하는 노력입니다.

그린·디지털 융합의 개념 이해는 도전과제 해결에서 가장 중요한 부분이다. 학생들에게 그린·디지털 융합 스타트업 창업이 환경 보호와 디지털 기술의 결합을 통해서 새로운 비즈니스를 창출하는 것임을 강조할 필요가 있다. 개념적인 차원에서 이해가 다소 부족할 경우에는 코파일럿에 더 심화된 질문을 하도록 유도한다.

예를 들어, 〈표 13-6〉에서 '태양광 발전'에 대한 질문을 함으로써 태양광 발전이 화석연료의 문제를 해결할 수 있는 그린 에너지 영역이라는 것을 이해하게 된다. 때로는 교사가 제시한 예시가 학생들의 창의적 사고에 한계를 갖게 하기도 한다. 이 예시 때문인지, 연수 교사들은 그린·디지털 융합 창업 아이템으로 태양열을 활용하는 아이템을 5팀 중에서 3팀이 선정하였다. 이때 교사는 '디지털 기술과 그린 정책의 융합' 아이템을 다양하게 도출할 수 있도록 피드백을 제공한다.

2) 문제상황 파악 단계

'기후위기의 문제를 지속가능한 경제발전의 관점에서 어떻게 해결할까?'와 관련해서【읽기 자료】를 배포하고, 아래 동영상을 학생들이 시청한다.[1] 동영상 시청은 학생들이 문제상황을 충분히 파악해서 해결해야 할 문제가 무엇인지를 확인하는 데 중요한 역할을 한다.

이 연수에서 문제상황 파악은 읽기 자료에 대한 간단한 설명으로 진행하였다. 교사들이 활용할 수 있는 동영상과 읽기 자료는 [그림 13-2]와 같이 제시하였다.

---

1) 기후 불황, 부(富)의 지도가 바뀐다 [이슈 픽 쌤과 함께] | KBS 231015 방송
   https://youtu.be/LdaYwT8Hlrg?si=DUogf1FA-X6SIOLg

기후위기의 문제를 지속가능한 경제발전의 관점에서 어떻게 해결할까?

【읽기 자료】 여름의 이탈리아 폭설, 하와이 산불, 남유럽 폭염 등 전 세계가 유례없는 이상 기후로 고통받고 있다. 기후위기는 환경문제뿐 아니라, 경제위기까지 초래하고 있다. 기후위기의 문제를 경제적 관점에서 접근하고 있는 홍종호 교수(서울대, 환경대학원)의 주장은 매우 설득력이 있다. 홍종호 교수는 자본주의가 기후를 중심으로 움직이는 사례를 RE100, ESG, CBAM을 예로 들어 설명한다. RE100은 기업들이 전력의 100%를 재생에너지로만 공급받겠다는 것이며, ESG는 금융기관이 투자를 결정할 때 기업이 얼마나 환경을 보전하고 사회적 책임을 다하며 투명한 지배구조를 위해서 노력하고 있는가를 기준으로 삼는다는 것, CBAM(탄소국경조정제도)은 유럽 연합이 국제무역에서 탈탄소 기준을 세우고자 하는 것이다. 이제 탈탄소는 선택의 문제가 아니라 기업과 국가 경쟁력 강화에 필수적인 요인이다.

홍종호 교수는 기후위기를 기회로 활용해야 한다고 주장한다. 지속가능한 경제구조를 구축해 에너지 효율을 극대화할 기회가 될 수 있다는 인식의 전환과 기존의 회색 산업과 회색 일자리를 녹색산업, 녹색일자리로 전환하려는 노력이 필요함을 역설한다. 기후위기는 비용만 상승하는 것만 아니라 새로운 시장 창출의 기회, 청년들에게 일자리와 스타트업이 만들어지는 무궁무진한 기회가 될 수 있다고 강조한다. 재생 에너지 산업 및 일자리는 국가 경쟁력에 기여할 것이다. 청년들에게 새로운 창업의 기회를 만들어 줄 것이다.

홍종호 교수는 기후위기에 대응하는 두 가지 방안을 제시한다. 첫 번째는 물리적 리스크 전환 노력이 필요하다. 둘째는 기후변화에 따른 비용상승, 산업별 경쟁력이 저하되는 전환 리스크에 대응해야 한다. 정부 차원에서는 새로운 일자리 창출을 위한 교육과 훈련의 기회를 제공해야 한다. 녹색과 노동을 연계한 실효성 있는 정책을 개발해야 한다. 그린과 디지털 융합을 통한 지속가능한 일자리 창출을 위한 노력이 필요하다.

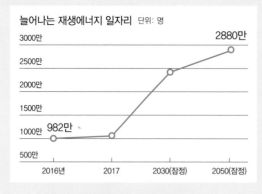

늘어나는 재생에너지 일자리 단위: 명

- 3000만
- 2880만
- 2500만
- 2000만
- 1500만
- 1000만 982만
- 500만

2016년 2017 2030(잠정) 2050(잠정)

자료: 국제재생에너지기구(IRENA).

탐구질문

기후위기를 극복하면서 지속가능한 경제발전을 위한 양질의 일자리를 어떻게 창출할 수 있을까? [그린·디지털 융합]을 통한 지속가능한 일자리 창출 방안은 무엇인가?

[그림 13-2] 문제상황 파악을 위해 활용한 동영상 및 읽기 자료

3) 참여 단계

교사는 학생이 대주제를 생각하고, 핵심질문을 도출하여 도전과제를 이끌어 내도록 내재적 동기를 유발한다. 그러나 CBL 수업에 익숙하지 않은 학생들이 대주제를 이끌어 내어 핵심질문을 도출하고, 도전과제를 도출하는 것은 쉽지 않다. 학생들이 자기주도적으로 대주제를 제기하고, 핵심질문을 구성하여 도전과제를 이끌어 내는 것은 쉽지 않다는 점을 고려하여 교사가 적극 개입할 필요가 있다. 교사는 발문을 통해서 기후위기의 문제가 바로 학생들 자신 삶의 문제와도 밀접한 관련성을 갖는다는 사실을 이끌어 내는 과정이 중요하다.

먼저, 대주제를 찾기 위해서 교사는 학생들이 문제상황에서 해결해야 할 가장 중요한 문제가 무엇인지를 파악하도록 유도한다. 교사는 학생들이【읽기 자료】에서 해결해야 할 문제와 관련해서 중요한 키워드를 세 개 정도 찾아서 밑줄을 긋도록 한다. 키워드 세 개를 포괄하는 상위 개념을 대주제로 설정해 보도록 한다. 이러한 과정을 통해서 다음과 같은 결과를 도출할 수 있다.

The Big Idea	지속가능한 발전
핵심질문	기후위기를 극복하면서 지속가능한 양질의 일자리 창출을 위한 그린·디지털 융합 창업 아이템은 무엇이며, 판매계획, 마케팅 전략, 자금조달 전략은 무엇인가?
도전과제	그린·디지털 융합 스타트업 창업 아이템을 설계하라!

---

2) 위기가 아닌 기회로, 탈탄소 시대의 정의로운 전환 | KBS 231015 방송,
　https://tv.kakao.com/v/441727968

The Big Idea(대주제)는 학생들이 탐구하거나 참여를 통해서 이끌어 낼 수 있는 보편성을 가진 가치 있는 아이디어이다. 학생들 삶의 문제와 관련성을 가지면서 사회적 맥락과 관련성을 가진 문제를 포함하는 대주제를 도출한다. 수업 활동에서는 지속가능발전목표(SDGs) 중에서 기후문제(SDG13)와 양질의 일자리 창출을 통한 지속가능한 경제발전(SDG8)을 포괄할 수 있는 대주제를 선정한다. 대주제는 '기후위기를 극복하고 지속가능한 경제발전을 위한 양질의 일자리 창출'의 의미를 포괄할 수 있는 상위 개념으로 지속가능한 발전을 도출해 내도록 하였다.

핵심질문은 대주제에 기반해서 도전과제를 해결하기 위해서 필요한 핵심질문을 구성한다. 핵심질문에는 '기후위기를 극복하고 지속가능한 경제발전을 위한 양질의 일자리 창출'과 관련해서 '그린 · 디지털 융합 스타트업 창업 아이템 설계'가 하나의 비즈니스 모델이 되도록 한다. 이를 위해서 그린 정책과 디지털 기술의 융합을 추구하는 창업 아이템을 선정하고, 이를 개발하기 위한 자금 마련 전략, 마케팅 전략도 함께 포함하도록 한다.

교사는 학생들이 핵심질문을 간결한 도전과제로 제시하도록 한다. 도전과제는 학생들이 구체적이고 의미 있는 활동을 통해 특별한 해결책을 만들어 낼 수 있는 것을 선정하도록 한다. 이 수업에서 도전과제는 '그린 · 디지털 융합 스타트업 창업을 설계하라!'라고 간결하게 제시하였다.

4) 조사 단계

조사 단계에서는 학생들이 도전과제 해결에 필요한 구체적인 조사활동을 진행한다. 무엇을 조사할 것인지를 결정하기 위해서, 먼저 핵심질문을 잘게 쪼개는 작업이 필요하다. 학생들은 핵심질문을 잘게 쪼개서 유목화하고, 모둠 구성원들이 역할을 정해서 자기에게 주어진 질문을 조사한다. 이 질문에 대한 조사는 학생들이 생성형 AI 도구를 활용하여 질문하고, 답변을 정리한다. 연수 교사들에게는 핵심질문을 잘게 쪼개는 예시를 〈표 13-7〉과 같이 제시하였다.

〈표 13-7〉 핵심질문 쪼개기를 통한 질문 유목화

핵심질문	기후위기를 극복하면서 지속가능한 양질의 일자리 창출을 위한 그린 · 디지털 융합 창업 아이템은 무엇이며, 판매계획, 마케팅 전략, 자금조달 전략은 무엇인가?

핵심질문 쪼개기	① 기후위기를 극복하면서 지속가능한 양질의 일자리 창출은? ② 그린·디지털 융합 스타트업 창업 아이템을 무엇으로 선정할까? ③ 그린·디지털 융합 스타트업 창업 아이템을 어떻게 디자인할까? ④ 스타트업 창업 아이템 개발 자금은 어떻게 조달할 것인가? ⑤ 스타트업 창업 아이템 마케팅 전략을 어떻게 짤 것인가?

　교사는 학생들이 핵심질문을 잘게 쪼개서 질문을 유목화하여 역할을 분담하도록 안내한다. 유사한 질문들은 통합하여 조사 가능한 질문으로 유목화하도록 피드백한다. 질문의 유목화와 역할 분담은 〈표 13-8〉과 같이 정리한다.

〈표 13-8〉 **질문의 유목화 및 역할 분담**

질문	조사 활동 내용	역할 분담
①	창업 회사명, 경영철학, 양질의 일자리 창출 계획	다같이
②	그린·디지털 융합 스타트업 창업 아이템 탐색	다같이
③	그린·디지털 융합 스타트업 창업 아이템 디자인 설계	다같이
④	그린·디지털 융합 스타트업 창업 아이템 자금 조달 계획	모둠원 1, 2
⑤	그린·디지털 융합 스타트업 창업 아이템 마케팅 전략 짜기	모둠원 3, 4

　조사활동은 도전과제의 성격에 따라서 역할을 나누어서 진행하는 방법도 있고, 모둠이 함께 활동을 진행하는 방법도 있다. 이 수업에서는 창업 아이템을 도출하는 과정에서 창의적인 아이디어가 필요하기 때문에 모둠 활동으로 진행하였다. 이때, 교사는 학생들이 확산적 사고를 통해서 다양한 아이디어가 도출되도록 피드백한다. 창업 아이템에 대한 아이디어를 도출하고, 이미지를 디자인으로 구현하는 과정에서는 상호 토론을 통한 협력적 학습이 되도록 돕는다.

　조사활동 과정은 도전과제 해결안을 도출해 가는 과정으로, 전 과정에서 진행한 활동 결과를 PPT로 정리하게 한다. 이 과정은 생성형 AI 도구를 활용해서 반복적인 질문과 답을 구하는 과정이 지속되기 때문에, 교사는 학생들의 활동을 지속적으로 모니터링하고 피드백을 제공한다. 조사활동을 체계화하기 위해서 결과 보고서에 포함할 내용을 제시해 줄 필요가 있다. 이 수업에서는 조사활동 결과 보고서에 포함할 내용을 〈표 13-9〉와 같이 안내하였다.

〈표 13–9〉 **스타트업 창업 설계 보고서에 포함할 내용**

순서	내용
1	표지 제목(스타트업 창업 회사명), 모둠구성원(공동 창업자)
2	창업 회사의 경영 철학 및 일자리 창출 계획
3	그린 · 디지털 융합 스타트업 창업 아이템 선정
4	그린 · 디지털 융합 스타트업 창업 아이템 디자인
5	그린 · 디지털 융합 스타트업 창업 아이템의 특징
6	그린 · 디지털 융합 스타트업 창업 아이템 주요 고객
7	스타트업 창업 아이템 개발을 위한 자금 마련 전략
8	스타트업 창업 아이템 개발을 위한 마케팅 전략
9	역할 및 참고 문헌 정리
10	활동 과정에서 배우고, 느낀 점 정리

[순서: 1~2]는 수업 활동 출발점에서 미리 정할 수도 있고, 창업 아이템 선정 후에 설정해도 좋다. 왜냐하면 창업 아이템을 구체화하는 과정에서 스타트업 창업 회사명과 경영철학을 구체화할 수도 있기 때문이다. 그리고 〈표 13–8〉의 질문내용을 조사하여 〈표 13–9〉의 [순서: 3~8]을 정리하는 활동을 진행한다.

[질문 ① 조사] 코파일럿을 활용하여 질문하고 답변을 정리해서 [그림 13–3]과 같은 예시 자료를 활용할 수 있다.

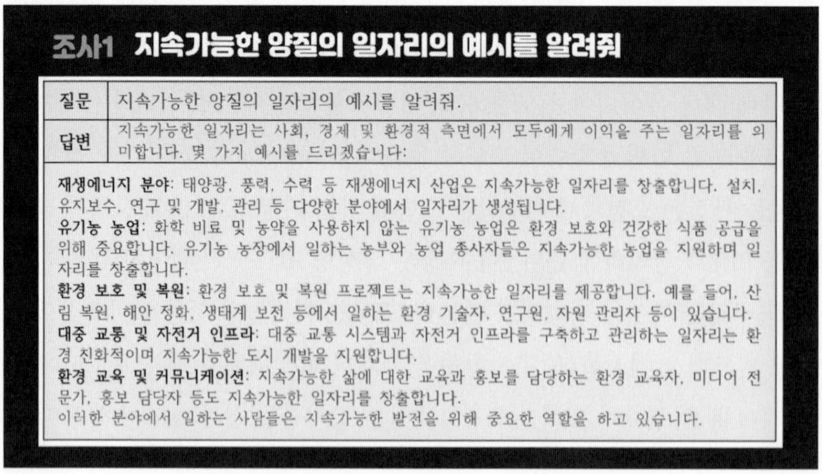
조사1 지속가능한 양질의 일자리의 예시를 알려줘

질문	지속가능한 양질의 일자리의 예시를 알려줘.
답변	지속가능한 일자리는 사회, 경제 및 환경적 측면에서 모두에게 이익을 주는 일자리를 의미합니다. 몇 가지 예시를 드리겠습니다:

재생에너지 분야: 태양광, 풍력, 수력 등 재생에너지 산업은 지속가능한 일자리를 창출합니다. 설치, 유지보수, 연구 및 개발, 관리 등 다양한 분야에서 일자리가 생성됩니다.
유기농 농업: 화학 비료 및 농약을 사용하지 않는 유기농 농업은 환경 보호와 건강한 식품 공급을 위해 중요합니다. 유기농 농장에서 일하는 농부와 농업 종사자들은 지속가능한 농업을 지원하며 일자리를 창출합니다.
환경 보호 및 복원: 환경 보호 및 복원 프로젝트는 지속가능한 일자리를 제공합니다. 예를 들어, 산림 복원, 해안 정화, 생태계 보전 등에서 일하는 환경 기술자, 연구원, 자원 관리자 등이 있습니다.
대중 교통 및 자전거 인프라: 대중 교통 시스템과 자전거 인프라를 구축하고 관리하는 일자리는 환경 친화적이며 지속가능한 도시 개발을 지원합니다.
환경 교육 및 커뮤니케이션: 지속가능한 삶에 대한 교육과 홍보를 담당하는 환경 교육자, 미디어 전문가, 홍보 담당자 등도 지속가능한 일자리를 창출합니다.
이러한 분야에서 일하는 사람들은 지속가능한 발전을 위해 중요한 역할을 하고 있습니다.

[그림 13–3] **코파일럿을 활용한 [질문 ①] 자료 조사 예시**

지속가능한 양질의 일자리는 사회적, 경제적, 환경적 측면에서 모두에게 이익을 주는 일자리로, 재생 가능 에너지 분야, 유기 농업, 환경 보호 및 복원, 대중교통 및 자전거 인프라, 환경 교육 및 커뮤니케이션 분야를 예로 들었다.

[질문 ② 조사] AI 뤼튼을 활용해서 '그린·디지털 융합 창업 아이템의 예시를 알려 줘.'라는 질문에 대한 답변을 [그림 13-4]와 같이 예를 제시해 주었다.

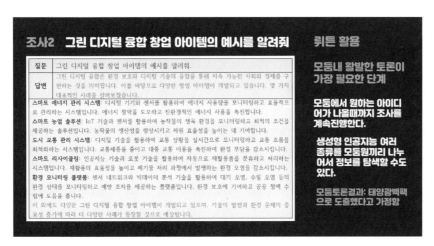

[그림 13-4] 뤼튼을 활용한 [질문 ②] 자료 조사 예시

[조사 ②]부터는 각 모둠을 중심으로 본격적인 활동을 진행한다. 교사는 성공적인 스타트업 창업을 위해서 창업 아이템이 가장 중요하다는 것을 강조한다. 원하는 창업 아이템을 찾아낼 때까지 질문을 지속적으로 할 수 있도록 유도하고 피드백을 제공한다. 창업 아이템을 찾는 과정은 수업 활동에서 가장 시간이 많이 걸리고, 가장 활발하게 토론을 해야 하는 협력적 과정이 중요한 부분이다.

교사는 학생들이 창업 아이템을 도출하는 것이 어렵다고 판단되면, "태양열을 활용한 창업 아이템을 알려 줘."와 같이 구체적인 질문을 하도록 유도한다. 이에 대한 답변으로 AI가 '태양광 백팩'을 추천했다면, "태양광 백팩을 그린·디지털 아이템 형식의 이미지로 그려 줘."라는 질문을 제시하여 [그림 13-5]와 같은 이미지를 구체화한다.

[그림 13-5] [질문 ②]의 추가 질문을 통한 창업 아이템 디자인 도출

　이어서 태양광 백팩을 디지털 기술과 접목이 가능한지를 질문하였다. "'태양광 백팩'을 구현할 수 있는 디지털 기술은 뭐지?"라고 코파일럿에게 질문하였더니 다음과 같은 답을 주었다.

> 태양광 백팩은 태양광 패널이 장착된 백팩으로, 태양광을 전기로 변환하여 스마트폰, 태블릿 또는 노트북과 같은 전자 기기를 충전할 수 있습니다. 이 내장된 태양광 기술을 사용하면 이동 중에 전자 기기를 충전할 수 있으며, 재생 가능한 에너지를 활용합니다. 이러한 백팩은 가볍고 유연한 태양광 패널로 구성되어 있으며, 태양광 에너지를 배터리 팩에 저장합니다. 하이커, 사진작가, 캠핑객 또는 그냥 녹색 에너지를 원하는 경우 이러한 백팩은 좋은 구매입니다. 하지만 태양광 백팩에 필요한 디지털 기술에 대한 구체적인 정보는 제공되지 않았습니다.

　이러한 질문을 통해서 자신들이 창업하고자 하는 그린 · 디지털 융합 창업 아이템의 이미지를 구성한다. 생각보다 창업 아이템을 구하는 과정에서 시간이 많이 소요되었다. 이때 원하는 아이템이 나오지 않을 경우에는 AI의 답변을 참고로 모둠원이 브레인스토밍을 활용하여 최선의 아이템을 도출하도록 적절한 피드백을 제공한다. 모둠별 창업 아이템을 확정했다면, 생성형 AI를 활용하여 창업 아이템의 이미지를 도출해 내고, 그 특징을 그린과 디지털의 관점에서 설명하도록 안내한다.

　[질문 ③ 조사] 〈표 13-8〉의 질문 목록 ③에 따라 창업 아이템 제작에 필요한 비용을 예측해 보고, 자금 마련 전략에 대해서 질문하고, 그 내용을 정리하게 하였다.

　[질문 ④ 조사] 〈표 13-8〉의 질문 목록 ④에 따라서 창업 아이템을 시장에 내보낼

때 아이템을 홍보할 수 있는 마케팅 전략을 AI를 활용하여 정리한다.

　이렇게 조사활동을 통해서 도출된 도전과제 해결안은 PPT를 활용하여 보고서로 작성한다. 본 수업에서는 연수 교사들에게 전체적인 내용을 총괄적으로 설명하고, 모둠별로 조사활동 결과 보고서를 작성하게 하였다. 학생들을 대상으로 수업을 진행할 경우에는 5차시 정도 소요될 것으로 보이지만, 연수에서는 2시간의 제한된 시간을 활용해야 했다. 수업의 전체적인 개요를 30분 정도 설명하고, 70분 정도 모둠별 활동을 진행해서 결과 보고서를 PPT로 완성하고, 브루를 활용하여 동영상으로 제작 및 발표를 진행하였다. [그림 13-6]은 연수 교사들의 활동 모습이다.

[그림 13-6] 연수 교사들의 모둠별 활동 모습

　모둠별 활동은 구글 슬라이드에서 협력학습으로 진행되었다. 다섯 개 모둠이 진행 속도에는 약간씩 차이는 있었지만, 속도감 있게 진행하였다. [그림 13-7]은 가장 빠르게 PPT로 활동 결과 보고서를 작성한 모둠의 결과물이다.

　[그림 13-7]의 '그린 · 스타트 창업 계획서'에 따르면, 4명의 공동 창업자가 설립한 회사는 MIRACLE COMPANY로, 환경보존과 사회공헌, 지배구조의 개선을 추구하는 ESG 가치 경영을 목표로 '그린 스마트 지팡이'를 창업 아이템으로 개발하였다.

　'그린 스마트 지팡이'는 운동 에너지와 열 에너지의 융합이 가장 큰 특징으로, 지팡이가 땅에 닿는 순간, 마찰 에너지가 열 에너지로 전환되어 손잡이가 따뜻해지고, 걸음 수에 따라 포인트가 생성되는 것이다. 노인의 산책과 운동을 장려하여 건강을 유지할 수 있는 기회를 제공하고, 지팡이 사용 시 쌓이는 포인트는 인공관절 수술비로 활용 가능하다. 그린 스마트 지팡이의 사용은 고령화 사회에서 노인층에 투입되는 의료비와 복지비를 감축할 수 있는 효과를 가져올 수 있다. 그리고 에너지 전환 기술이 발달하여 충분히 현실화될 가능성이 높다고 보았다.

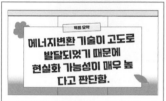

[그림 13-7] 그린·디지털 융합 스타트업 창업 설계 결과 보고서(PPT 양식)

자금 확보 전략은 정부의 지원금, 크라우드 펀딩, 파트너십 형성, 자체 자금 확보 방법을 활용한다. 마케팅 전략은 광고, 온라인 및 오프라인 판매, 노인단체와 연계 및 할인 판매를 활용한다.

이 모둠의 창업 아이템 설계에서 나타난 특징을 살펴보자. 고령화 사회에서 노인 인구층의 증가라는 사회적 맥락을 활용하여, 그린 스마트 지팡이라는 창업 아이템은 마찰 에너지를 열 에너지로 전환함으로써 발생하는 열을 활용하기 때문에 탄소 배출이 일어나지 않아 그린 정책을 충족시킨다. 그리고 열에너지의 발생과 걸음 수를 포인트로 적립하는 디지털 기술을 융합하여 노인들의 의료비와 복지비 지출을 감축시킬 수 있다는 점에서 창의적인 문제해결력이 돋보인다. 이 모둠은 [그림 13-9] 4모둠의 발표로 진행하였는데, 발표 이후 피드백을 받아서 완성도를 높여 제출한 결과 보고서가 [그림 13-7]이다.

5) 실행 단계

실행 단계에서는 PPT로 작성한 그린 · 디지털 융합 스타트업 창업 아이템 설계안을 브루를 활용하여 동영상을 제작하였다. 교사는 [그림 13-8]과 같이 제작 과정을 안내하였다.

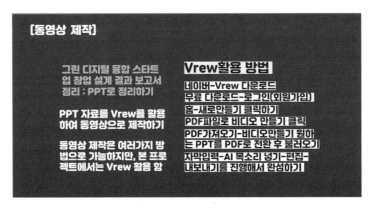

[그림 13-8] 활동 결과 보고서의 동영상 제작 안내

생성형 AI 도구를 활용해서 동영상을 제작할 수 있는 방법은 많다. 본 수업에서 활용한 브루는 동영상 편집을 중심으로 사용자에게 서비스를 제공하는 생성형 AI 도구이다. 브루를 활용하여 동영상을 제작하는 방법은 간단하다. [그림 13-8]의 안내에

따라서 조사활동 결과 정리한 PPT 보고서를 PDF로 변환해서 자막을 입력하고, AI 목소리를 넣고, 편집한 후에 내보내기를 하면 동영상 제작이 완료된다. 이렇게 완성한 동영상은 시연을 통해서 수정 및 보완한다. 브루 제작을 위해서 PPT 내용 정리와 대본에 대해 〈표 13-10〉과 같이 개요를 작성해 보도록 한다.

〈표 13-10〉 **브루를 활용하여 대본 작성하기**

구분	내용
PPT 내용 정리	그린 스마트 창업 설계 내용을 슬라이드를 중심으로 정리한다.
브루 제작 대본 쓰기	브루를 활용해서 그린 스마트 창업 계획서의 내용을 어느 선까지 설명할 것인지의 대본 개요를 정리한다.

브루를 활용해서 최종 보고서를 동영상으로 제작해 봄으로써 도전과제 해결의 최종 결과물을 완성하였다. 이렇게 제작한 동영상을 실행해서 주변 사람들과 공유하고 수정 및 보완한다. 만약에 창업 아이템을 시제품으로 완성했다면 인터넷 판매도 계획할 수 있다. 인터넷 판매 경험을 토대로 다른 사람들의 평가를 받아 보고, 그 결과를 반영할 수도 있다.

6) 발표 및 성찰 단계

그린·디지털 융합 스타트업 창업 아이템 설계의 최종 보고서를 동영상으로 제작하여 함께 실행해 보고, 수정 및 보완을 거쳐 발표를 진행한다. 연수 교사들은 인공지능 목소리로 동영상을 재현하면서 내용을 수정 및 보완하는 장면을 보며, 서로 놀라워하는 모습을 보였다. 그러나 70분 동안에 활동 결과 보고서를 완성하고, 동영상으로 제작하기에는 시간이 너무 부족하였다. 5팀 중에서 1팀은 보고서를 미처 완성하지 못했으며, 4팀은 PPT 보고서를 완성하였고, 그중 3팀은 브루를 활용하여 동영상 제작까지 완성하였다. 학생들이 수업을 진행할 경우에는 5차시 정도 소요될 것이다.

발표는 활동 결과 최종 보고서를 PPT로 먼저 설명한 후에, 브루를 활용한 동영상을 재현하였다. 이렇게 세 모둠이 발표했는데, [그림 13-9]는 모둠의 발표 장면이다.

4모둠 발표 장면   5모둠 발표 장면

[그림 13-9] 연수 교사들의 모둠별 발표 장면

4모둠은 앞에서 제시한 [그림 13-7] 그린 스타트 창업 아이템으로 '그린 스마트 지팡이'를 선정하였다. 운동 에너지를 열 에너지로 전환하는 과정에서 발생한 열을 활용하여 보온 손잡이의 특징을 설명하는 장면이다. 5모둠은 '런닝 발열 조끼' 창업 아이템을 동영상으로 제작한 후 미리보기 상태로 동영상을 재생하고 있다. 사진의 장면은 한 남성이 런닝 발열 조끼를 입고 달리고 있는 모습으로, 달리는 과정에서 발생하는 열 에너지를 활용함으로써 탄소를 발생시키지 않는 친환경 창업 아이템임을 설명 중이다.

[그림 13-7]은 4모둠이 연수 후 수정 및 보완해서 제출한 보고서이다. 그리고 브루를 활용하여 4분 19초 분량의 동영상도 제출하였는데, [그림 13-10]은 동영상의 일부 내용이다.

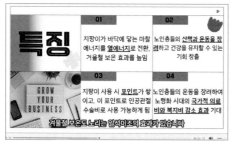

[그림 13-10] 브루 활용 AI 목소리로 제작한 동영상 재생 장면

생성형 AI 기반 CBL 수업은 발표를 마치고 활동에 대한 성찰을 함으로써 최종 마무리가 된다. 성찰은 학생들이 '그린·디지털 융합 스타트업 창업 아이템 설계' 활동 과정에서 배우고 느낀 점을 쓰는 성찰일기를 활용한다. 자신의 경험을 통해서 배운 내용을 정리하고, 그 과정에서 느낀 점을 발표하여 핵심 지식과 가치를 내면화할 수 있는 기회를 갖는다. 학생들은 자신의 활동에 대한 성찰을 통해서 메타인지 역량을 높일 수 있다. 이 수업에서는 연수 교사들이 수업 활동 과정에서 배우고, 느낀 점을 활동 결과 보고서 PPT의 마지막에 기록하도록 하였다. 4모둠이 최종 보고서에 기록한 성찰의 내용은 [그림 13-11]과 같다.

[그림 13-11] 그린·스타트업 창업 설계 과정에서의 성장 역량

[그림 13-11]에 따르면, 그린·스타트업 창업 설계 과정에서 분석력, 문제해결력, 의사결정력, 의사소통 및 협업 역량, 창의적 역량, 심미적 감성역량, 정보처리 역량이 강화되었음을 알 수 있다. 교사는 성찰일기를 통해서 학생들의 역량이 어느 정도 강화되었는지를 알 수 있다. 교사 입장에서도 자신의 수업을 반성적으로 성찰할 수 있는 기회를 가져야 한다. '교육과정 분석은 제대로 하였는지? 수업 설계는 치밀하게 했는지? 수업은 도전목표를 제대로 달성하도록 실행하였는지? 수업 평가는 도전과제 목표 달성과 연관해서 객관적이고 공정하게 했는지?' 등의 지표를 설정하여 교사 스스로에 대해서 반성적으로 성찰해 본다. 교사의 반성적 성찰은 수업의 질적 개선을 위해서 필요한 과정으로 이 과정을 통해서 교사 스스로도 메타인지 역량을 강화할 수 있을 것이다.

4. 생성형 AI 기반 CBL 수업 평가

CBL은 학생들이 실제 세계의 문제를 도전과제로 설정하여 해결하는 과정에서 도전과제 해결에 필요한 지식과 기술을 습득하고, 협력적 관계를 통해서 도전과제 해결책을 도출하여 실행 및 공유 과정으로 문제해결역량을 키우는 학습이다. 따라서 CBL 수업 평가는 학생들이 도전과제를 어떻게 달성하였으며, 도전과제를 해결해 가는 과정에서 어떠한 지식과 기술을 습득하였고, 도전과제 해결 활동을 통해서 학생들의 역량은 얼마나 강화되었는지에 초점을 두고 평가한다.

1) CBL 수업의 평가 방향

CBL 수업의 평가 방향은 '도전의 목표 달성 여부', '학습자의 지식과 기술 습득 여부', '학습자의 문제해결역량'의 세 가지로 나눌 수 있다.

(1) 도전의 목표 달성 여부 평가

CBL 평가의 가장 기본적인 방향은 학습자들이 도전의 목표를 달성했는지 여부를 평가하는 것이다. 본 수업의 도전과제인 '그린 · 디지털 융합 스타트업 창업 아이템을 설계하라'를 통해서 달성하고자 하는 도전목표는 기후위기에 대응하여 양질의 일자리를 창출할 수 있는 스타트업 창업 아이템을 스타트업의 비즈니스 모델에 따라서 창의적으로 설계하는 것이다. 이 도전 목표가 달성되었는지에 대한 여부는 도전과제 해결 결과 보고서인 스타트업 창업 아이템 설계 보고서를 중심으로 평가할 수 있다.

설계 보고서를 중심으로 세부 평가 항목을 설정할 수 있다. 도전목표 달성 여부를 평가하기 위해서 대주제, 핵심질문, 도전과제 선정이 합리적인지? 핵심질문을 잘게 쪼개서 질문을 유목화하였는지, 유목화한 질문에 따라서 조사활동을 충실하게 진행하였는지? 스타트업 창업을 위한 그린 · 디지털 융합 아이템 선정 및 디자인은 합리적인지? 마케팅 전략과 자금조달 계획은 합리적인지를 중심으로 평가할 수 있다. 이를 위해서 학생들이 도출한 조사활동 결과 보고서인 PPT 자료를 참고로 하여 평가한다.

(2) 학습자의 지식과 기술 습득 여부 평가

CBL 수업 평가는 학생들이 도전 과정에서 습득한 지식과 기술을 평가하는 데 초점을 맞춘다. 이를 위해서 학생들이 도전과제를 해결하는 과정에서 어떤 자료와 정보를 활용했으며, 이를 분석하고 활용하는 과정에서 필요한 지식을 어느 정도 활용했는지 평가한다. 그리고 도전과제 해결을 위해서 어떠한 기술을 습득하고, 이를 어떻게 활용했는지 평가한다. 즉, 수업 평가는 도전과제인 '그린·디지털 융합 스타트업 창업 아이템을 설계하라'에서 도전과제 해결에 필요한 지식과 기술을 어떻게 습득하고 활용했는지를 중심으로 평가한다.

이 수업에서 도전과제 해결에 필요한 지식은 기후위기, 지속가능발전, 스타트업 창업, 그린과 디지털 기술과의 융합, 마케팅 전략에 대한 이해를 필요로 한다. 이와 관련해서 각 모둠에서 작성한 보고서에 이들 지식이 어떻게 반영되어 나타나고 있는지 평가한다. 그리고 도전과제 해결에 필요한 기술은 생성형 AI 도구 활용과 에듀테크 활용으로, 이들 기술을 적절히 활용했는지를 중심으로 평가한다. 이를 위해서 도전과제 해결 결과 보고서인 PPT 자료와 AI 도구인 브루를 활용한 동영상 제작물을 중심으로 학생들이 습득한 지식과 기술을 평가한다.

(3) 학습자의 문제해결역량 평가

CBL 수업은 학습자들이 실제 세계에서 존재하는 문제나 상황을 파악하고, 이를 해결하기 위해서 도전과제 해결안을 도출하여 실행하고 공유하는 과정에서 실제 세계에 존재하는 문제를 해결하는 역량을 키우는 데 도움을 주는 학습 방법이다. 따라서 학습자들이 도전과제를 해결해 가는 과정에서 문제상황을 어떻게 파악하고, 도전과제를 해결하기 위해서 필요한 조사활동 및 도전과제는 어떤 방식으로 해결하였는지에 대해서 평가를 실시한다.

'그린·디지털 융합 스타트업 창업 아이템을 설계하라'에서 도전과제를 해결하기 위해 문제상황을 어떻게 파악하였고, 이를 해결하기 위해서 어떤 조사활동을 진행했으며, 조사활동 결과 도전과제 해결에 필요한 최선의 해결책을 도출했는지에 초점을 맞춰 평가한다. 이를 위해서 도전과제 해결 결과 보고서인 PPT 자료와 AI 도구인 브루를 활용한 동영상 제작물을 중심으로 하여 학생들이 활용한 조사활동 과정과 창업 아이템 도출 과정 및 도출된 창업 아이템의 디자인, 그 디자인에 나타난 그린과 디지털 융합의 정도, 그리고 보고서의 마지막에 쓴 성찰일지를 참고로 평가한다.

2) 평가 루브릭 작성 및 평가

　교사는 CBL 수업의 평가 방향으로 설정한 세 가지의 기준인 '도전의 목표 달성 여부', '학습자의 지식과 기술 습득 여부', '학습자의 문제해결역량' 평가를 위한 루브릭을 작성한다. 평가 루브릭은 수행평가 영역별로 평가요소와 평가기준을 중심으로 작성한다. 여기서는 평가 루브릭을 〈표 13-11〉과 같이 작성할 수 있을 것이다.

〈표 13-11〉 **평가요소 및 평가기준 중심의 평가 루브릭 작성**

수행평가 영역명	평가요소	평가기준	배점
PPT 보고서 동영상 제작	도전목표 달성 정도	• 학생들이 실제 세계에서 직면하는 문제를 해결하기 위해서 의미 있는 도전과제를 선정하였는가?	10
		• 그린 · 디지털 융합 창업 아이템의 도출과 마케팅 전략, 자금조달 전략이 비즈니스 모델을 합리적으로 도출하였는가?	10
		• 그린 · 디지털 융합 스타트업 창업 아이템 설계 보고서 PPT가 CBL의 단계에 따라 충실히 작성되었는가?	10
		• 그린 · 디지털 융합 스타트업 창업 아이템 설계 보고서 PPT를 기반으로 동영상을 충실히 제작하였는가?	10
PPT 보고서 동영상 제작	지식과 기술 습득 정도	• 기후위기, 지속가능발전, 스타트업 창업이란 핵심 지식을 이해하고, 활동 결과 보고서에 잘 반영하였는가?	10
		• 조사활동에서 도전과제 해결안을 생성형 AI 도구를 합리적으로 활용하여 PPT 보고서를 작성하였는가?	10
		• 도전과제 해결 PPT 보고서를 동영상으로 제작하는 과정에서 생성형 AI를 적절히 활용하여 제작하였는가?	10
PPT 보고서 동영상 제작 발표 및 성찰	문제해결 역량	• 도전과제 해결안인 PPT 보고서 및 최종 동영상 보고서를 작성하는 과정에서 문제를 합리적으로 해결하였는가?	10
		• 그린 · 디지털 융합 스타트업 창업 설계안의 최종 보고서의 내용을 설득력 있게 발표하였는가?	10
		• 수업 활동 과정에서 배우고, 느낀 점을 구체적으로 표현하였는가?	10

이 수업에서는 평가 루브릭에 따른 평가는 실시하지 않았다. 4모둠의 「그린·디지털 융합 스타트업 창업 설계 결과 보고서」를 중심으로 평가해 보자. 도전 목표 달성 여부 평가에서 볼 때, 창업 아이템인 '그린 스마트 지팡이'는 노인의 삶의 질을 높이기 위해서 필요한 의미 있는 아이템이다. 스타트업의 비즈니스 모델에 따라서 마케팅 전략과 자금 조달 전략을 PPT 보고서로 충실히 작성하고, 동영상으로 제작하여 도전 목표를 충분히 달성하였다. 지식과 기술 습득의 정도를 평가할 때, 기후위기, 지속가능발전, 스타트업 창업의 의미가 회사의 경영 철학과 보고서에 충실히 반영되어 있는 것으로 보아 도전과제 해결에 필요한 지식을 충분히 이해하였다. 이와 더불어 도전과제 해결에 필요한 AI 도구를 충분히 활용하여 보고서를 완성하고 브루를 활용하여 동영상을 충실하게 제작하였다. 문제해결역량 평가에서 볼 때, CBL의 단계에 따라 도전과제 해결안을 합리적으로 도출하여 생성형 AI 브루를 활용한 동영상을 제작하였으며, 발표 및 성찰의 과정을 통해서 탁월한 문제해결력과 창의적 사고가 돋보였다.

학생들을 대상으로 평가를 진행할 경우에는 평가기준을 좀 더 세분화하여 평가 점수를 산출할 필요가 있다.

3) 평가 결과 기록

CBL 수업의 평가 결과, 학습자가 도전 목표 달성을 어느 정도 했는지, 도전과제 해결을 위해서 어떤 지식과 기술을 습득했으며, 도전과제 해결 과정에서 문제해결역량은 어느 정도인지에 대해서 학생에게 피드백을 제공할 수 있다. 수업 과정 및 평가 결과를 토대로 교사는 학생들에게 다음과 같은 내용들을 중심으로 피드백해 줄 수 있다.

〈표 13-12〉 수업 과정 및 결과에 대한 교사의 피드백 예시

• 실제 세계에서 직면하는 문제와 관련하여 대주제를 선정하고, 핵심질문을 도출하며, 핵심질문을 잘게 쪼개서 질문을 유목화하는 활동에 많은 어려움을 느낌. 이러한 문제를 극복하기 위해서는 질문의 중요성을 인식하고, 질문을 통해서 문제를 도출하고 해결해 보는 활동에 적극적으로 참여하려는 노력이 필요함. • 그린·디지털 융합 스타트업 창업 아이템 설계라는 도전과제를 해결하기 위해서 필요한 핵심 지식인 기후위기와 지속가능한 경제발전의 연계성을 이해하는 데에는 별 어려움이 없으나, 그린정책과 디지털 기술을 융합할 수 있는 창업 아이템의 선정에 많은 어려움을 느낌.

물론, AI 도구를 활용하여 창업 아이템을 도출하기 위해서 반복적인 질문을 하였으나, 스타트업에서 요구되는 창의적이고 혁신적인 아이템 도출에는 여전히 어려움을 느낌. 이를 극복하기 위해서는 생성형 AI 도구를 활용해서 도출한 몇 가지 아이디어를 참고로 모둠원끼리 활발한 토론을 통해서 문제를 해결하려는 협력적 노력이 필요함.
- 그린·디지털 융합 스타트업 창업 아이템 설계안을 PPT로 작성하여 보고서를 완성하고 브루를 활용하여 동영상을 제작하는 과정에서 생성형 AI 도구 활용은 매우 잘함. 그러나 조사활동 결과 도전과제 해결안을 도출하여 보고서로 작성하는 과정에서 조사 내용을 구조화하는 데 어려움을 느낌. 이러한 문제를 해결하기 위해서는 팀 협업을 통해서 조사 내용을 구조화하여 도전과제 해결안을 도출하기 위한 집중적인 토론이 필요함.

생성형 AI 기반 CBL 수업의 도전과제인 '그린·디지털 융합 스타트업 창업 아이템을 설계하라'에 대한 수업 평가 결과는 학교생활기록부 특기사항으로 기록한다. 기록은 도전 목표 달성 여부, 지식과 기술 습득 여부, 문제해결역량을 중심으로 〈표 13-13〉과 같이 기록할 수 있다.

〈표 13-13〉 학교생활기록부 특기사항 기록 예시

기후위기에 대응하면서 지속가능한 일자리 창출을 위한 '그린·디지털 융합 스타트업 창업 아이템을 설계하라'는 주제로 진행한 생성형 AI 기반 도전학습에서 '그린 스마트 스타트업 창업'을 도전과제로 선정하여, 도전과제 해결에 필요한 기후위기, 지속가능발전, 그린·디지털 융합 스타트업의 핵심 지식을 충분히 이해하고, 이를 바탕으로 문제상황을 합리적으로 분석하여 도전과제를 선정함. 도전기반학습 절차에 따라 '그린·디지털 융합 스타트업 창업 아이템 보고서'를 21페이지의 슬라이드로 완성하고, 생성형 AI 브루를 활용하여 최종 보고서를 동영상으로 제작 및 발표함. 이 과정에서 모둠장으로서 탁월한 리더십과 문제해결역량을 보임. 특히 창업 아이템으로 선정한 그린 스마트 지팡이는 마찰 에너지를 열 에너지로 전환하여 탄소를 배출하지 않는 친환경적인 아이템으로, 초고령화 사회로 나아가면서 증가하는 노인층의 복지와 건강을 위한 상품 아이템으로 디지털 기술을 활용하여 실현 가능성을 높인 점에서 탁월한 문제해결역량이 돋보임(4모둠장 김○○).

생성형 AI 기반 CBL 수업 결과에 대한 기록은 학생들이 도전과제를 선정하여 해결하는 과정에서 도전 목표를 어떻게 달성하였고, 어떤 지식과 기술을 습득하였으며, 그 과정에서 어떠한 문제해결과 협업능력이 나타나고 있는지를 중심으로 기록한다.

제**14**장

미술사 역할극 시나리오를 만들어 연기하라-미술

 따분하고 어려워하는 미술사 학습, 어떻게 해결할까

미술사 학습은 학생들의 문화적 소양, 비판적 사고력, 예술적 감성 등을 함양하고, 미래 사회를 살아가기 위한 필수 역량을 키우는 데 도움이 되기에 미술과 교육과정에서 미술사를 반드시 배우도록 하고 있다.

그러나 현재의 미술사 수업은 몇 가지 문제에 직면하고 있다. 첫째, 수업이 주로 시험 중심 교육으로 이뤄져 학생들이 단순히 암기하고 시험 후에 잊어버리는 경향이 있다. 둘째, 교사 중심의 수업으로 인해 학생들이 미술 작품을 직접 감상하고 비판적으로 사고하는 기회가 부족하다. 셋째, 학생 중심의 수업이 필요한데 대부분은 교사 주도의 수업이라 학생들이 수업에 적극적으로 참여하지 못하는 경우가 많다.

이러한 문제를 해결하기 위해서는 미술사 학습을 학생 중심으로 전환해야 한다. 특히 역할극을 활용한 미술사 학습은 학생들의 흥미와 참여도를 높이며 비판적 사고력을 키울 수 있는 효과적인 방법이다. 역할극은 학생들이 미술 작품에 몰입하고 직접 경험하며 흥미를 유발한다. 또한 학생들의 참여도를 높이고 비판적 사고력을 키울 수 있다. 그러나 역할극 수업 준비의 어려움으로 실제 수업에 적용하기가 쉽지 않은데, 생성형 AI 도구를 활용하면 이러한 문제를 쉽게 해결할 수 있다. 생성형 AI 도구를 사용하면 미술사 역할극 시나리오를 효과적으로 작성할 수 있고, 학생들의 특성과 수준을 고려하여 맞춤형 시나리오를 만들 수 있다. 또한 AI 도구를 통해 다양하고 창의적인 시나리오를 얻을 수 있어 학습 경험을 풍부하게 만들 수 있다. 하지만 생성형 AI 도구를 사용하는 데에는 정확성과 신뢰성을 확인해야 하는 단점이 있다. 학생들의 창의성을 저해할 우려가 있으므로 교사는 학생들이 생성형 AI 도구를 활용한 시나리오를 수정하고 보완할 수 있도록 지도해야 한다.

이처럼 생성형 AI 도구를 활용한 역할극 수업은 장단점을 갖고 있지만, 교사와 학생이 함께 노력하고 조절하면 미술사 학습의 효과를 높일 수 있다. 이를 통해 학생들은 자기주도적이고 창의적인 학습을 경험하며, 미술사 학습에 대한 흥미와 이해를 높일 수 있을 것이다.

1. 생성형 AI 기반 CBL 수업 교육과정 분석

1) 교육과정 및 성취기준 분석

수업의 주제인 'AI를 활용한 미술사 역할극'은 2015 개정 교육과정 고등학교 『미술』 교과 [감상] 영역의 성취기준 [12미03-01]과 [12미03-02]를 기반으로 한다. 이 내용은 2022 개정 교육과정 고등학교 『미술』 교과 [감상] 영역의 성취기준 [12미03-01]과 [12미03-02]에서도 그대로 이어진다. 이들 성취기준은 다음과 같다.

〈표 14-1〉 CBL 수업 진행을 위한 성취기준 선정

교육과정	2015 개정	2022 개정
영역(단원)	감상	감상
성취기준	[12미03-01] 역사, 정치, 경제, 사회·문화적 맥락에 따른 미술 문화의 다양성을 이해할 수 있다. [12미03-02] 시대와 지역에 따른 미술의 교류와 상호 관련성을 설명할 수 있다.	[12미03-01] 미술의 시대적, 역사적, 사회·문화적 변천 과정을 이해하고 작품을 감상하며 자신의 견해를 논리적으로 표현할 수 있다. [12미03-02] 비평 방법을 활용하여 미술과 시대, 사회, 환경과의 상호 관련성을 분석하고 가치를 판단할 수 있다.

성취기준 해설에서 나타난 특징을 살펴보면, 2015 개정 교육과정 고등학교 미술의 '감상' 영역에서는 '세계 미술 문화의 이해를 통해 상호 관련성을 파악하고 다원적 가치를 존중하며, 미술 작품의 가치를 판단하는 능력을 기른다. 이를 위해 맥락에 따른 미술 문화의 다양성과 시대와 지역에 따른 문화 교류를 이해하며, 비평 관점에 근거

하여 미술 작품의 가치를 판단하고 자료와 정보를 활용하여 논리적으로 서술하는 데 중점을 둔다고 설명하고 있다(교육부, 2015c, p. 38).[1]

2022 개정 교육과정 고등학교 미술의 '감상' 영역 성취기준 [12미03-01]은 미술의 시대적, 지역적, 사회·문화적 변천 과정과 미술 작품의 관련성을 맥락적으로 이해하고 감상하기 위해 설정된 것으로 시대적, 역사적 변화의 맥락 속에서 미술 작품의 특징과 의미, 자신의 견해를 미술 용어를 사용하여 논리적인 글과 말로 표현하는 데 초점을 둔다고 하고 있다(교육부, 2022c, p. 38).[2]

따라서 이 수업의 'AI를 활용한 미술사 역할극'이라는 주제는 2015 개정 교육과정을 기반으로 시작되었지만, 2022 개정 교육과정에서도 중요한 수업의 주제로 다룰 수 있다.

이 수업을 통해 학생들은 미술사 학습을 미술의 시대적, 지역적, 사회·문화적 변천 과정과 미술 작품의 관련성을 맥락적으로 이해하기 위한 관점에서 다루며, 새로운 미술 문화 양식이 나타난 원인을 역사적 사건의 발생과 연결 지어 미술 문화에 대한 정보와 지식을 맥락적으로 구성하고, 모둠별 역할극을 통해 그 시대의 예술가를 연기하며 학습하게 된다. 특히 미술사 역할극을 위한 시나리오 작성을 생성형 AI 도구를 이용해 생성하고, 인공지능이 생성한 시나리오에 역사적 사실과 다른 내용이 있는지 판단해 봄으로써 시대적 상황과 미술 문화의 상호 관련성을 분석하고 가치를 판단할 수 있는 비판적 사고력을 키운다.

2) 학습내용 분석

고등학교 『미술』 교과 [감상] 영역 학습에서는 미술의 시대적, 역사적, 사회·문화적 변천 과정을 이해하고 미술 작품을 시대, 사회, 환경과의 상호 관련성을 분석하여 가치를 판단하도록 하고 있다. 또, 감상 영역 교수·학습 방법 및 유의 사항으로 ① 다양한 시대, 지역, 양식, 민족, 종교 등을 고려하여 세계의 미술 문화를 균형 있게 경험하도록 하고 있으며, ② 프로젝트 학습법을 활용하여 미술 문화 교류에 대한 다양한 자료를 조사하고 종합하여 발표하도록 지도하게 하고 있다.

---

1) 교육부(2015c). 미술과 교육과정. 교육부 고시 제2015-74호 [별책13].
2) 교육부(2022c). 미술과 교육과정. 교육부 고시 제2022-33호 [별책13].

　　이러한 내용을 반영하여 [학습내용]을 두 가지로 분석하여 선정하고, 프로젝트 학습법 중 도전기반학습(CBL)을 도입하였다.

- [학습내용 1] 역사적 사건 발생과 새로운 미술 문화 등장의 상호 관련성 탐구
- [학습내용 2] 예술가 역할극을 통한 미술 문화의 다양성 이해

　　[학습내용 1]은 새로운 미술 문화 양식이 등장하는 데 크게 영향을 미친 역사적 사건과 미술 문화의 상호 관련성을 탐구하는 것이다. 겉으로 드러난 미술 문화의 양식만을 학습하는 것이 아니라 이러한 미술 문화가 나타나게 된 원인을 역사적 사건과의 관련성에서 찾아보도록 함으로써 미술 작품을 맥락적 관점에서 비평할 수 있는 역량을 키우게 한 것이다.

　　[학습내용 2]에서는 탐구 결과를 기반으로 새로운 미술 문화 양식이 등장하게 된 역사적 사건을 기반으로 역할극 시나리오를 작성하고, 역할극에 등장하는 예술가들을 자기가 실제 그 예술가의 배역을 맡아 연기해 봄으로써 예술가와 그들의 작품에 대해 보다 깊이 이해할 수 있도록 한 것이다.

　　이러한 학습 과정에 학생들이 흥미를 갖고 자기주도적으로 참여시키기 위해 생성형 AI 도구를 이용한 도전기반학습(CBL) 모형으로 진행하고자 한다. 역할극을 위한 시나리오 작성을 할 때 학생들이 시나리오 작성에 대한 사전 지식이 부족하면 역할극 수업을 진행하는 데 어려움이 따를 수 있기 때문이다. 그래서 학생들이 생성형 AI 도구를 이용해 관심 있는 미술 문화 양식과 예술가들을 선정하여 역할극을 만들어 보는 과제에 도전해 볼 수 있는 'AI를 활용한 미술사 역할극'이라는 주제를 설정하였다.

3) 도전과제 도출

　　학생들이 미술의 시대적, 지역적, 사회·문화적 변천 과정과 미술 작품의 관련성을 맥락적으로 이해하기 위해 '역사적 사건 발생과 새로운 미술 문화 등장의 상호 관련성을 어떻게 알 수 있을까?'라는 탐구 질문을 생각해 볼 수 있다. 이러한 탐구 질문을 기반으로 학생들이 탐구해 나가려면 질문이 너무나 포괄적이어서 어떻게 방향을 잡아야 할지 몰라 어렵게 생각할 수 있다. 그래서 탐구 질문을 조금 더 쉽게 이해하고 문제해결에 도전해 볼 수 있도록 구체적인 도전과제의 형태로 제시해 줄 필요가 있

다. 이 수업에서는 다음과 같은 도전과제를 설정하고자 한다.

> 생성형 AI 도구를 활용해 역사적 사건을 배경으로 새로운 미술 양식의 등장 과정을 보여 주는 미술사 역할극 시나리오를 만들어 연기하라.

교사는 학생들이 모둠별로 도전과제를 구체화시키고 해결해 나갈 수 있도록 안내한다.

4) 학습자 및 환경 분석

생성형 AI 기반 CBL 미술 수업에 참여하여 도전과제를 해결할 학습자와 수업 진행을 위한 학습환경에 대해 알아보자.

먼저, 이 수업에 참여하는 학생들은 다음과 같은 특징을 가지고 있다.

- **대상 학년**: 고등학교 2학년
- **학생 구성**: 학급당 인원수 20명, 남녀 혼성반
- **학생 특징**: 미술 학습에 관심이 높으나 미술사적 지식이 체계적이지 못함.

수업을 진행하기 위한 학습환경과 수업에 활용한 생성형 AI 도구는 다음과 같다.

- **학습환경**: 교실별로 개인별 태블릿 PC를 사용할 수 있음. 단초점 빔프로젝트가 설치되어 있으며, 와이파이 무선 인터넷 환경이 갖추어져 있음.
- **생성형 AI 도구**: 챗GPT, 코파일럿, 제미나이, 클로바X, 뤼튼 등

코로나19 이후 학교마다 온라인 교육 경험이 쌓이면서 디지털 기기를 수업에 활용할 수 있는 기본적인 환경이 대부분 갖추어져 있어 생성형 AI 기반 CBL 수업을 진행하는 데 큰 어려움은 없다고 볼 수 있다. 교실마다 학생들이 개인별 태블릿 PC를 활용하여 수업에 참여할 수 있는 환경이며 생성형 AI 도구도 특정 도구만 사용하는 것이 아니라 여러 가지 도구를 동시에 사용해 보고 가장 효과적으로 도출한 결과를 학생들이 선택하도록 하면 된다. 또한 생성형 AI 도구의 활용뿐만 아니라 다음과 같은

에듀테크도 함께 활용한다.

• **스팟(SPOT):** 메타버스 공간에서 모둠을 구성하고 모둠별 영상을 선택하여 시청
• **구글 문서:** 모둠원이 동시에 협업해 가며 도전과제 해결 과정과 결과를 온라인 활동지에 기록

스팟(SPOT) 플랫폼은 메타버스 공간을 누구나 쉽게 구축할 수 있는 프로그램으로 교사가 수업을 진행하기 위한 메타버스 교실을 구성해 놓고 학생들을 초대하면 학생들은 자신의 아바타로 참여하여 활동할 수 있다. 오프라인 공간에서도 팀을 구성하고 모둠별로 필요한 영상을 인터넷에서 찾아 시청하게 할 수도 있으나 메타버스 공간에서 활동하면 학생들의 수업 참여도와 자기주도성이 높아지는 장점이 있다.

구글 문서(Docs)는 온라인상에서 학습자들이 같은 문서에 동시에 접속하여 함께 문서를 작성할 수 있는 협업 기능을 제공하고 있다. 교사가 모둠별로 CBL 수업에 필요한 활동지 서식을 만들어 온라인 주소를 학생들에게 공유해 주면 모둠별 활동지에 학생들이 접속하여 문서를 빠르고 효과적으로 작성할 수 있다. 교사도 실시간으로 학생들의 활동 과정을 온라인상에서 모니터링하고 피드백을 줄 수 있어 종이 활동지를 활용하여 수업을 진행하는 것보다 수업의 효과가 매우 크다.

이러한 학습환경 속에서 생성형 AI 도구를 비롯한 다양한 에듀테크를 활용한다면 학생들이 도전과제를 해결하는 데 큰 어려움은 없을 것으로 생각한다. 미술사 역할극 시나리오 작성을 위해 생성형 AI 도구를 이용함으로써 역할극 수업 진행에 대한 장벽을 해결하고, 메타버스 도구와 협업 기능을 제공하는 온라인 활동지 도구를 활용함으로써 수업에 대한 흥미와 참여도를 높여 학습자들이 자기주도적으로 도전과제를 해결해 나갈 수 있다.

2. 생성형 AI 기반 CBL 수업 설계

'AI를 활용한 미술사 역할극' 수업을 성공적으로 진행하기 위해 생성형 AI 기반 CBL 수업으로 설계하고자 한다. 수업 설계는 학습목표 설정, 교수 · 학습과정안 설계, 평가도구 개발, 교수 전략을 중심으로 전개하고, 학습목표는 생성형 AI 기반 CBL 수업을 통해서 추구하고자 하는 목표를 중심으로 설정한다. 설정된 학습목표에 따라서

CBL 수업의 단계별 진행에 따라 교수·학습 활동을 구체화하여 교수·학습과정안을 설계한다. 그리고 교수·학습과정안에 따라서 평가계획과 교수 전략을 세울 필요가 있다. 이들 요소를 중심으로 한 생성형 AI 기반 CBL 수업 설계 과정은 다음과 같다.

1) 학습목표 설정

수업을 진행하기 위해 도출한 [도전과제]를 통해서 성취하고자 하는 학습목표를 다음과 같이 설정하였다.

〈표 14-2〉 **생성형 AI 기반 CBL 수업의 학습목표 설정**

1. 지식·이해	미술의 시대적, 지역적, 사회·문화적 변천 과정에 영향을 미친 역사적 사건을 설명할 수 있다.
2. 과정·기능	생성형 AI 도구를 활용해 미술과 시대, 사회, 환경과의 상호 관련성을 맥락적으로 분석한 역할극 시나리오를 작성하여 연기할 수 있다.
3. 가치·태도	미술 문화의 다원적 가치를 이해하고 존중하는 태도를 가진다.

생성형 AI 기반 CBL 수업을 통해서 달성하고자 하는 학습목표 설정은 Bloom의 신교육목표 분류에 따라서 인지적 과정의 여섯 가지 수준(기억, 이해, 적용, 분석, 평가, 창안)과 지식의 네 가지 유형(사실적 지식, 개념적 지식, 절차적 지식, 메타인지 지식)을 충분히 고려한다. 사실적 지식의 차원에서 시대 변화에 영향을 미친 역사적 사건에 대한 지식을 이해하고, 개념적 지식의 차원에서 미술 문화 양식의 분류에 대한 개념을 이해하도록 한다. 절차적 지식에서 도전과제 해결 과정을 통해 역사적 사건의 발생과 새로운 미술 문화 양식 등장의 상호 관련성을 분석할 수 있도록 한다. 메타인지 지식의 차원에서는 생성형 AI 도구를 활용하여 미술사 역할극 시나리오를 창안할 수 있도록 한다. 이렇게 설정한 학습목표에 학생들이 도달하도록 교수·학습과정안을 설계한다.

2) 교수·학습과정안 설계

'AI를 활용한 미술사 역할극' 수업을 진행하기 위한 교수·학습과정안은 CBL 수업의 절차에 따라 단계적으로 설계한다. 교수·학습과정안에는 교육과정 분석에서 진행된 도전과제를 기반으로 설계한다.

〈표 14-3〉 **교수 · 학습과정안 개요**

도전과제	생성형 AI 도구를 활용해 역사적 사건을 배경으로 새로운 미술 양식의 등장 과정을 보여주는 미술사 역할극 시나리오를 만들어 연기하라.			
학습목표	1. 미술의 시대적, 지역적, 사회 · 문화적 변천 과정에 영향을 미친 역사적 사건을 설명할 수 있다. 2. 생성형 AI 도구를 활용해 미술과 시대, 사회, 환경과의 상호 관련성을 맥락적으로 분석한 역할극 시나리오를 작성하여 연기할 수 있다. 3. 미술 문화의 다원적 가치를 이해하고 존중하는 태도를 가진다.			
학습요소	미술의 시대적 변천 과정, 역사적 사건과 미술 문화 양식의 상호 관련성, 미술사 역할극 시나리오 창안 및 연기			
핵심 역량	비판적 사고력	∨	의사소통능력	∨
	문제해결력	∨	정보처리능력	∨
	창의융합능력(비판적 사고)	∨	협업능력	∨
학습자료	교과서, 교재, 태블릿 PC, 학생 e–활동지	교수 · 학습 방법	도전기반학습(CBL)	

단계	교수 · 학습 활동	차시
핵심 지식 이해	• 핵심 지식 이해: 미술의 시대적 변천 과정(미술사 연대표) • 활동안내: 수업 진행 소개 및 모둠 구성, 역할 설정, 수행평가 제시	1차시
문제 상황 파악	• 동기유발: 시대 변화에 영향을 준 역사적 사건 동영상 시청 • 문제상황: 새로운 미술의 시대적 특징을 맥락적으로 이해하는 방안 모색 • 탐구문제: 역사적 사건 발생과 새로운 미술 문화 등장의 상호 관련성 분석 및 탐구	
참여	• The Big Idea: 역사적 사건과 관련된 미술 문화 양식 • 핵심질문: 도전과제 해결에 필요한 핵심질문 구성 • 도전과제: 미술사 역할극 도전과제 선정	2차시
조사	• 핵심질문 쪼개기: 도전과제를 해결할 수 있도록 핵심질문을 잘게 쪼개기 • 조사활동: 질문을 유목화하여 조사할 내용을 정리해서 역할 분담하기 • 활동결과 정리: 미술사 역할극 시나리오 작성 및 수정 · 보완(생성형 AI 도구 활용)	
실행	• 실행계획: 미술사 역할극 발표 준비(시나리오 배경 화면 제작, 등장인물 캐릭터 가면 제작) • 실행결과: 모둠별 역할극 발표 및 발표 소감 나누기	3~4차시
발표 및 성찰	• 도전과제 결과 보고서 작성 • 성찰일기를 작성하여 활동 과정에서 배우고 느낀 점 성찰하기 • 도전과제 결과 보고서 공유(학교, 지역사회, 인터넷 공유)	5차시

3) 평가 및 산출물 계획

'AI를 활용한 미술사 역할극' 수업을 평가하기 위해서는 CBL 수업 절차의 단계별 활동에서 산출되는 주요 산출물을 기반으로 평가계획을 설계한다. 각 활동의 산출물에서 필수 평가 항목이 무엇인지, 이러한 평가는 어떤 핵심 역량을 키워 주기 위한 것인지를 살펴본다.

〈표 14-4〉 **주요 산출물과 필수 평가 항목 및 핵심 역량**

단계	주요 산출물	필수 평가 항목	핵심 역량
핵심 지식 이해	• 활동 ① −미술사 연대표(미술의 시대적 변천 과정)	핵심 지식 이해의 적절성	문제해결역량
문제상황 이해	• 활동 ② −영상 시청 소감문(새로운 미술 양식의 출현을 맥락적 관점에서 접근하기)	문제상황 분석의 타당성	비판적 사고력
참여	• 활동 ③ −The Big Idea, 핵심질문, 도전과제 도출안	도전과제 해결 방안 도출의 타당성	문제해결역량
조사	• 활동 ④ −미술 양식 및 예술가 조사자료 −도전과제 해결안(역할극 시나리오)	조사 결과 및 도전과제 해결안의 타당성	창의융합능력 문제해결역량
실행	• 활동 ⑤ −시나리오 배경 화면 PPT −등장인물 가면	계획−실행−평가 과정의 적절성 및 충실성	문제해결역량 협업능력
발표 및 성찰	• 활동 ⑥ −미술사 역할극 발표 영상 −도전과제 결과 보고서 및 성찰일기	보고서 발표의 충실성 및 AI 도구 활용의 적절성, 성찰의 구체성	의사소통능력 메타인지능력

4) 교수 · 학습 전략 및 매체 선정

생성형 AI 기반 CBL 수업은 학생이 생성형 AI 도구를 활용하여 자기 능력을 넘어설 수 있는 도전적인 과제를 통해 학습의 즐거움과 성취감을 경험하고, 이를 통해 자기주도적 학습 능력과 협력학습 능력을 기르는 학습 방법이다. 'AI를 활용한 미술사 역할극' 수업을 위한 교수 · 학습 전략은 다음과 같다.

〈표 14-5〉 생성형 AI 기반 CBL 수업의 교수 · 학습 전략

교수 · 학습 전략	설명
도전적인 과제 설정	학습자가 자기 능력을 넘어설 수 있는 '미술사 역할극'이라는 도전적인 과제를 설정하여 학생의 성장을 촉진한다.
자기주도적 학습 촉진	학습자가 스스로 역사적 사건과 미술 양식을 선택하여 학습하고 미술사 역할극 수업 과정을 관리하도록 하여 학생의 자기주도적 학습을 촉진한다.
협력학습 촉진	모둠을 구성하고 역할극의 배역을 담당하는 등 학습자가 다른 학습자와 협력하여 학습하도록 함으로써 학생의 협업능력을 촉진한다.
피드백 제공	교사는 모둠별 프로젝트의 진행 과정과 학습자의 활동 상황을 지속적으로 모니터링하여 학습에 대한 피드백을 제공한다.
교수 매체 활용	학습의 효율성을 높이기 위해 역할극 시나리오 작성 시 생성형 AI 도구를 활용하고, 모둠 보고서 작성 시 협업 기능을 제공하는 구글 문서를 활용하는 등 및 다양한 에듀테크 매체를 활용한다.

3. 생성형 AI 기반 CBL 수업 실행

'AI를 활용한 미술사 역할극' 수업을 성공적으로 진행하기 위해 생성형 AI 기반 CBL 수업을 [핵심 지식 이해 단계]–[문제상황 파악 단계]–[참여 단계]–[조사 단계]–[실행 단계]–[발표 및 성찰 단계]의 순서에 따라 다음과 같이 실행하였다.

1) 핵심 지식 이해 단계

미술사 역할극 수업을 실행하려면 우선 학생들이 미술의 시대적 변천 과정과 흐름에 대한 핵심 지식을 갖추고 있어야 한다. 학생들에게 미술사에 대한 핵심 지식을 습득시키기 위해 교사는 흔히 교과서에 실려 있는 미술사 연대표 자료, 또는 미술사 관련 영상 매체를 활용하여 강의식으로 설명하는 경우가 많다. 이렇게 교사 주도의 강의식 수업 방식은 단기적으로 효과를 볼 수 있을지 모르나 학생들이 핵심 지식을 오랫동안 이해하고 기억하게 하는 데는 한계가 있다.

따라서 학생들이 핵심 지식을 오랫동안 효과적으로 기억하게 하려면 교사 중심이 아닌 학습자 스스로 자기주도성을 가지고 학습할 수 있는 학생 활동 중심의 수업전략이 필요하다. 미술사 학습에서 학습자의 자기주도성을 높이는 방법으로 퍼즐이나 게

임을 활용한 게임 기반 학습 전략을 들 수 있다. 다음은 이 수업에서 학생들이 서양미
술사의 흐름에 대한 핵심 지식을 습득하기 위해 활용할 수 있도록 제작한 퍼즐 게임
형식의 e-활동지 사례이다.

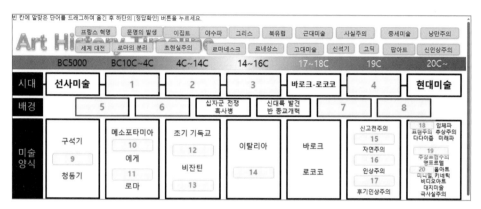

[그림 14-1] **서양미술사 연대표 퍼즐 e-활동지**[3]

2) 문제상황 파악 단계

학생들이 미술사의 흐름에 대한 핵심 지식을 습득했으면 미술사 역할극 수업 진행
을 위한 모둠을 구성하고 모둠별로 역할극의 주제를 선정해야 한다. 모둠을 구성하
는 방법은 여러 가지가 있으나 학습자들의 자기주도성을 높이기 위해 교사가 일방적
으로 정하지 않고 학생들 스스로 모둠을 구성하도록 한다. 이때 학습자들의 흥미와
참여도를 높이기 위해 오프라인 공간인 교실보다 온라인 공간인 메타버스 교실에서
활동할 수 있도록 환경을 조성하면 학습 효과를 더 높일 수 있다. 다음은 학생들이 메
타버스 교실에 접속해서 각자의 아바타로 친구들과 서로 소통하며 모둠을 구성하는
장면이다.

---

3) https://app.lumi.education/run/bsHJ1C 연대표의 빈칸에 알맞은 용어를 옮겨 넣어 가며 학습할 수 있도록
   h5p 문서로 제작된 전자 활동지이다. 로그인 과정 없이 누구라도 접속하여 학습할 수 있다.

[그림 14-2] 메타버스 교실에서 모둠을
구성하는 장면

[그림 14-3] 모둠원을 정하기 위해 가위바위보를
하는 장면

　모둠을 구성하고 나면 새로운 미술 양식의 등장에 영향을 미친 대표적인 역사적 사건에 관한 영상 시청을 통해 역사적 사건 발생과 새로운 미술 문화 등장의 상호 관련성을 분석한다. 역사적 사건에 대한 영상은 교사가 미리 메타버스 교실 영상관[4]에서 학생들이 모둠별로 함께 볼 수 있도록 설치해 놓고 모둠 추첨을 통해 영상을 시청하도록 하였다.

[그림 14-4] 메타버스 교실에 접속하여 활동하는 장면

[그림 14-5] 모둠별로 영상을 시청하는 장면

　영상 시청을 마친 학생은 게시판에 영상을 통해 알게 된 사실을 간단하게 적어 보게 함으로써 문제상황을 충분히 파악해서 해결해야 할 문제가 무엇인지를 분명하게 인식하도록 하였다. 메타버스 학습환경 조성이 어려울 때는 다음과 같은 영상을 인터넷에서 찾아 시청하도록 지도한다.

---

4) 메타버스 영상관
　https://spotvirtual.com/@bife-school/@adk-meta-cinema-W3V/@adk-meta-cinema

[그림 14-6] 메타버스 영상관에 설치한 동영상

3) 참여 단계

생성형 AI 기반 CBL 수업에서 참여 단계는 학생들이 모둠별로 해결해야 할 대주제
인 빅 아이디어(The Big Idea)와 핵심질문 및 도전과제 등을 도출하는 과정이다.

미술사 역할극 수업에서 빅 아이디어는 학생들이 시청한 역사적 사건으로 인해 새
롭게 발생한 미술 문화 또는 미술 양식을 의미한다. 즉, 미술사 역할극의 대주제에 해
당하는 것이다. 예를 들면, 제1차 세계 대전 이후에 새롭게 발생한 미술 양식에는 다
다이즘, 초현실주의 등이 있다. 자기 모둠이 시청한 역사적 사건 이후에 어떤 미술 양
식이 등장했는지 조사해 보고 모둠원들과 토의를 통해 어떤 미술 양식을 대주제로 삼
아 미술사 역할극을 해 볼 것인지를 정하게 한다.

대주제가 정해졌으면 다음 예시와 같이 핵심질문을 구성하고 도전과제를 작성하
게 한다.

〈표 14-6〉 모둠별 핵심질문 및 도전과제 작성 예시

역사적 사건	흑사병 창궐
The Big Idea	르네상스 미술
핵심질문	'흑사병'이라는 역사적 사건이 어떻게 '르네상스'라는 새로운 미술이 등장하는 데 영향을 미치게 되었는지 사회·문화적 맥락에서 알기 쉽게 이해하기 위한 미술사 역할극을 어떻게 만들 수 있을까?
도전과제	흑사병으로 인해 르네상스 미술이 탄생하게 되는 과정을 보여 주는 미술사 역할극을 설계하여 연기하라!

4) 조사 단계

생성형 AI 기반 CBL 수업의 조사 단계는 학생들이 도전과제를 해결하기 위해 구체적인 조사 활동을 진행하는 단계이다. 조사 활동을 진행하기 위해서는, 먼저 핵심질문을 잘게 쪼개는 작업이 필요하다.

〈표 14–7〉 **핵심질문 쪼개기를 통한 질문 유목화 예시**

핵심질문	'흑사병'이라는 역사적 사건이 어떻게 '르네상스'라는 새로운 미술이 등장하는 데 영향을 미치게 되었는지 사회·문화적 맥락에서 알기 쉽게 이해하기 위한 미술사 역할극을 어떻게 만들 수 있을까?
핵심질문 쪼개기	① 흑사병 창궐의 원인은 무엇일까? ② 흑사병이 퍼진 시대의 당대 사회 분위기는 어땠을까? ③ 흑사병 창궐 이후 르네상스 시대의 유명한 화가들은 누가 있을까? ④ 흑사병과 관련된 예술 작품은 무엇이 있을까? ⑤ 역할극을 만들기 위해 필요한 것은 무엇이 있을까?

핵심질문을 잘게 쪼개서 유목화한 다음 각 질문을 누가 조사하고 탐구할지 역할을 분배하여 자기에게 주어진 질문을 탐구한다. 이때 협업 기능을 제공하는 구글 문서를 활용하면 각자 조사한 결과를 모둠원과 쉽게 공유할 수 있다.

〈표 14–8〉 **조사자료 출처 공유 및 역할 분담 예시**

연번	조사자료	웹주소 및 출처	조사자
1	흑사병 창궐 당시의 시대 상황과 레오나르도 다 빈치와의 상관관계	https://www.edaily.co.kr/news/read?newsId=01243126625702664&mediaCodeNo=257	이○랑
2	흑사병 창궐 시대의 복장과 의상	https://www.indiepost.co.kr/post/13346	황○수
3	'신'을 표현한 그림 자료	구글 이미지 검색 키워드 '신'	조○우

자료 조사가 끝나면 조사 결과를 토대로 미술사 역할극을 하기 위한 시나리오를 작성한다. 역할극 시나리오를 학생들이 직접 작성하려면 시나리오 작성 방법에 대한 사전 지식이 필요하나 생성형 AI 도구를 활용하면 쉽게 시나리오를 작성할 수 있다. 자기 모둠에서 수행할 역할극의 주제와 시대 상황, 등장인물 등 시나리오 작성에 필

요한 요소와 조건들이 무엇인지 모둠원들과 토의해 보고, 다음 예시와 같이 생성형 AI 도구에 입력할 시나리오 작성용 프롬프트 문장을 작성한다.

〈표 14-9〉 **역할극 시나리오 프롬프트 작성 예시**

너는 지금부터 시나리오 작가가 되어 역할극 대본 작성을 도와줘야 해.
아래의 역사적 사건으로 인해 새로운 미술 양식이 발생하게 되는 과정을 보여 주는 5분짜리 짧은 역할극을 위한 대본을 작성하고 싶어.
아래의 조건에 맞게 역할극 시나리오를 작성해 줘.
-역사적 사건: 14세기 유럽에서의 흑사병 창궐
-미술 양식: 르네상스 미술
-등장인물: 4명(이 중 1명은 레오나르도 다 빈치로 설정해 줘.)

역할극 시나리오 작성용 프롬프트 문장을 '챗GPT', '코파일럿', '제미나이', '클로바 X' 등 다양한 생성형 AI 도구에 입력하여 시나리오를 생성해 보고 가장 마음에 드는 시나리오를 선택한다. 〈표 14-10〉은 생성형 AI 도구 중 구글 제미나이를 활용해 생성한 역할극 시나리오의 예시이다.

〈표 14-10〉 **구글 제미나이를 활용해 생성한 역할극 시나리오 예시**

장소: 14세기 유럽의 한 도시
등장인물
• 레오나르도 다 빈치: 화가, 조각가, 과학자, 발명가
• 성직자: 흑사병에 맞서 싸우기 위해 노력하는 성직자
• 시민 1: 흑사병으로 인해 고통받는 시민
• 시민 2: 흑사병으로 인해 희망을 잃은 시민

〈1막〉

[장면 1]
흑사병이 창궐한 유럽의 한 도시. 거리에는 죽은 시체가 넘쳐나고, 시민들은 공포에 떨고 있다.
성직자: (시민들에게) 흑사병은 신의 벌입니다. 참회하고 신을 찬양하세요.
시민 1: (성직자에게) 신이 우리를 벌하시는 이유가 뭘까요?
성직자: (고민하며) 잘 모르겠습니다. 하지만 신이 우리를 버리신 것은 아닙니다.

[장면 2]
레오나르도 다 빈치는 흑사병으로 인해 죽은 사람들을 그림으로 그리고 있다.

레오나르도: (자신에게) 이 끔찍한 일을 어떻게 표현할 수 있을까?

⟨2막⟩

[장면 1]
흑사병은 점점 더 심해지고, 도시는 폐허가 된다. 시민들은 절망에 빠진다.
시민 2: (절망하며) 더 이상 희망이 없어요.
시민 1: (시민 2를 위로하며) 아직 희망은 있어요. 신이 우리를 버리지 않으실 거예요.

[장면 2]
레오나르도 다 빈치는 흑사병으로 인해 고통받는 사람들을 그린 그림을 완성한다. 그림은 잔혹하고 비참하지만, 동시에 인간의 생명에 대한 존중과 희망을 담고 있다.
레오나르도: (자신에게) 이 그림이 사람들에게 희망을 줄 수 있을까?

⟨3막⟩

[장면 1]
레오나르도 다 빈치의 그림은 사람들에게 큰 감동을 준다. 사람들은 흑사병으로 인해 잃어버린 희망을 되찾는다.
시민 1: (레오나르도에게) 당신의 그림이 우리를 구했어요.
레오나르도: (시민 1에게) 감사합니다. 저는 단지 사람들에게 희망을 주고 싶었을 뿐입니다.

[장면 2]
흑사병은 결국 종식되고, 도시는 다시 평화를 되찾는다. 레오나르도 다 빈치의 그림은 흑사병을 극복하고 새로운 시대를 열어 가는 상징이 된다.

끝.

⟨해설⟩
이 역할극은 흑사병이라는 역사적 사건이 새로운 미술 양식인 르네상스의 탄생으로 이어지는 과정을 보여 줍니다. 흑사병으로 인해 기존의 가치관과 삶의 방식이 뒤흔들리게 됩니다. 이 과정에서 사람들은 삶의 의미와 가치에 대해 새로운 성찰을 하게 되고, 이는 예술과 문화의 발전으로 이어집니다.
레오나르도 다 빈치는 흑사병으로 인해 고통받는 사람들을 그린 그림을 통해 사람들에게 희망을 주고자 합니다. 그의 그림은 잔혹하고 비참하지만, 동시에 인간의 생명에 대한 존중과 희망을 담고 있습니다. 이 그림은 사람들에게 새로운 시대를 여는 힘을 주게 됩니다.
이 역할극은 흑사병이라는 역사적 사건을 통해 인간의 삶과 예술의 의미에 대해 생각해 볼 수 있는 기회를 제공합니다.

이처럼 생성형 AI 도구를 활용하면 빠르고 쉽게 역할극 시나리오를 작성할 수 있으나 아직 정확성과 신뢰성에 대한 우려가 있어 시나리오 내용에 역사적 사실과 다른 부분이 있는지 반드시 확인하도록 지도해야 한다. 만약 사실과 다른 부분이 있다면 모둠원들과 토의하여 시나리오를 수정·보완한다.

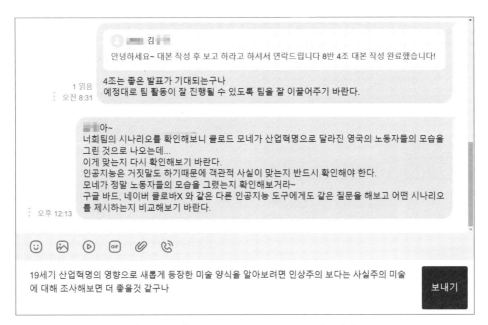

[그림 14-7] **시나리오의 타당성 검토를 지도하는 장면**

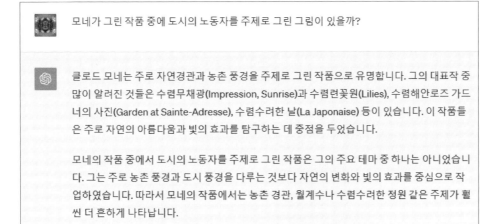

[그림 14-8] **챗GPT를 이용한 시나리오의 정확성 확인 장면**

5) 실행 단계

실행 단계는 역할극을 준비하고 발표하는 과정이다. 역할극 발표는 교실 전면에 무대 공간을 마련하고 칠판에 무대의 배경을 PPT로 띄워 놓은 후 캐릭터 가면으로 얼굴을 가린 상태에서 연기를 하게 하였다. 따라서 모둠원들은 각자 역할을 분담하여 시나리오의 각 장면에 어울리는 배경 화면을 PPT로 제작하고, 역할극에 등장하는 인물들의 가면을 만들어 역할극을 발표할 수 있도록 준비한다.

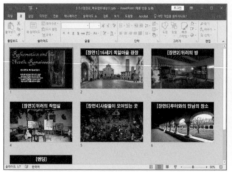 

[그림 14-9] 무대 배경 화면 PPT 장면 예시   [그림 14-10] 등장인물 캐릭터 가면 제작 예시

준비가 완료되었으면 역할극을 발표할 수 있도록 교실의 책상을 뒤로 옮기고 교실 전면 칠판을 향해 의자를 반원형으로 배치하여 무대를 만든 다음, 발표할 때 사용할 배경 화면 PPT를 칠판에 띄울 수 있도록 컴퓨터에 미리 저장해 둔다. 교사는 학생들의 발표 장면을 촬영할 수 있도록 카메라를 설치한다.

역할극 발표에 앞서 역할극 발표 시 대사를 효과적으로 전달하는 방법과 연기할 때 주의할 점에 대하여 안내를 한 다음, 모둠별 발표 순서를 정하고 자기 모둠 순서가 되면 무대 중앙으로 나와 준비한 역할극을 연기하게 한다. 발표를 시작할 때 인사와 함께 역할극 주제와 각자 맡은 배역을 간단하게 소개한 후 연기를 시작한다. 대사를 말할 때는 준비한 예술가 캐릭터 가면으로 자기 얼굴을 가린 상태에서 연기를 한다. 교사는 카메라를 이용해 학생들의 연기 장면을 동영상으로 촬영하고, 연기를 마치고 나면 발표에서 좋은 점과 아쉬운 점을 이야기하며 피드백을 해 준다.

모든 모둠이 역할극 발표를 마치고 나면 각자 자기가 연기한 캐릭터 가면으로 자기 얼굴의 일부분을 가린 셀카 사진을 찍도록 한 다음, 역할극 발표 과정에서 자신이 모둠을 위해 노력한 점과 배우고 느낀 점을 적어 학급 게시판에 사진과 함께 올린다.

[그림 14-11] **역할극 무대 배치 및 발표 장면**

정

우리 모둠의 조장으로서 조장들의 활동을 수시로 중간점검하여 프로젝트 진행에 차질이 없도록 하였다. 친구들을 격려하며 발표 전까지 발표 중에 다양한 제스처와 동선을 함께 의논하도록 이끌고 선생님의 주의사항에 우리 모둠의 작품이 벗어난게 없는지 앞장서서 주의깊게 살폈다. 시나리오를 제작하는 역할을 맡아서 Ai로 시나리오를 생성하는데 역사적 오류도 많고 내용과 분량도 다소 빈약한 점이 많아 이에 어려움이 있었다. 그리하여 직접 인터넷을 열심히 서치하며 화가들의 생애와 작품 설명들을 꼼꼼히 찾아 사실에 근거하여 시나리오의 장면2를 직접 썼다. 특히 르네상스 작품의 의의와 소재의 다양성을 표현하기 위해 각 화가의 대표작을 넣어 이를 해설하는 부분을 연극에 넣어보자는 획기적인 아이디어를 제시하였다.

내가 맡은 화가를 생동감있어 보이게 화가의 처지에 최대한 이입하고 다양한 비언어적 표현을 구사하여 팀의 발표에 풍성함을 더하는 과정에서 팀을 위해 노력하는 나 스스로에게 뿌듯함과 자랑스러움을 느꼈다. 더욱 진실에 입각한 대본을 쓰기위해 세심하게 확인해보는 과정을 가져봄으로써 미술사를 깊이있게 파고 화가들에 대해 더 자세히 알아볼 수 있어 유익하고 인상적이었다.

얀 반 에이크

[그림 14-12] **캐릭터 셀카 사진 및 발표 소감문 예시**

6) 발표 및 성찰 단계

이 단계에서는 미술사 역할극 수업의 진행 과정 및 결과를 보고서로 작성하고 이 과정에서 배우고 느낀 최종 소감문 작성을 통해 자신의 활동을 성찰하는 시간을 가진다.

2차시(참여와 조사 단계)에서 작성했던 모둠별 e−활동지에 다시 접속하여 등장인물 캐릭터 사진 설명, 역할극 배경 화면 설명, 역할극 발표 주요 장면 설명 등 발표 과정 및 결과 내용을 추가하여 최종 보고서를 작성한다.

학생들은 모둠원들과 실시간으로 e−활동지에 작성한 글을 서로 확인하면서 협력적인 글쓰기를 한다. 역할극의 주요 장면은 교사가 올려 준 역할극 발표 영상에서 주요 장면을 캡처하여 사진을 첨부하고 각 장면에 대한 설명을 작성한다.

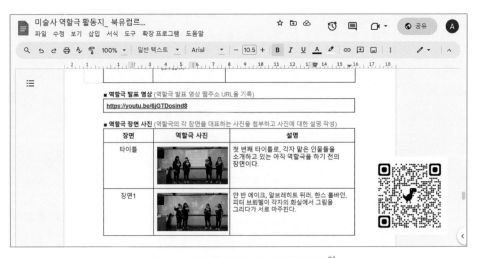

[그림 14−13] 역할극 활동 보고서 작성 예시[5]

보고서의 마지막 부분에는 미술사 역할극 활동을 마무리하면서 어떤 점을 배우고 느꼈는지 배움 일기를 작성한다. 모둠원들이 작성한 배움 일기를 함께 읽으며 지식을 확장해 나갈 수 있다. 다음은 학생들이 작성한 배움 일기의 사례이다.

---

5) QR코드를 통해 구글 문서를 이용해 작성한 보고서 예시를 볼 수 있다.
   https://docs.google.com/document/d/1oGr1oZ13VMiRt71bSr8D837GHLO6bGLf8_JQ5m6ykE0/edit?usp=sharing

〈표 14-11〉 배움 일기 작성 예시

이○서	이번 역할극에서 자료를 조사하고 대본을 작성했으며, 프랑수아 제라르 역을 맡아 연기했다. 프랑스 대혁명에 대해 들어는 봤지만 잘 알지는 못했었다. 하지만 이번에 자료조사와 역할극 대본을 수정하는 과정에서 프랑스 대혁명에 대해 자세히 알게 되었다. 프랑스 대혁명이 신고전주의 미술에 어떤 영향을 미쳤는지, 신고전주의 미술은 프랑스 대혁명의 어떤 부분에 영향을 받아 탄생하게 되었고 그 시대의 작가들은 어떤 미술을 추구하였는지 명확하게 알게 되어 정말 유익하고 뜻깊은 시간이었다. 자료를 조사하는 과정에서 신고전주의 작가들의 작품들도 많이 찾아보았는데, 신고전주의 미술이 전쟁을 기반으로 한 사실적인 느낌의 작품들이 많았다는 것을 깨닫게 되었고, 이러한 그림들을 통해 이 시대의 사람들이 어떤 삶을 살았고 어떠한 일을 겪었는지, 프랑스 대혁명이 신고전주의 미술 작가들에게 어떤 영향을 주었는지도 파악할 수 있었다.
강○미	신고전주의 화가들이 활동하던 시대를 조사하면서 신고전주의 작가와 작품들에 대해 더욱 많이 알게 되었다. 또한 직접 장 오귀스트 도미니크 앵그르란 화가의 역을 연기하면서 이 사람이 신고전주의에 대해 얼마나 열정이 넘치는 사람인지 알게 되었다. 연기 이외에도 역할극 활동지 작성을 맡아 팀원들과 함께 주도적으로 작성하였고, 캐릭터 하나하나의 특성 또한 직접 조사하였다. 이번 연극을 통해 신고전주의의 화가들과 작품은 물론 그 시대적 배경까지 동시에 배울 수 있어서 매우 뜻깊은 시간이었다.
김○주	연극에 필요한 가면을 제작하고, 조제프 앙투안 베르나르 역을 맡아서 연기하였다. 연극을 준비하는 과정에서 전혀 몰랐던 예술가에 대해 새롭게 알게 된 점이 좋았다. 또 조제프 베르나르의 작품을 감상하며 그의 조각품들은 간결하면서도 표현주의적으로 묘사되었다는 특징이 있다는 것을 알게 되었다.
나○서	역할극의 배경 화면 PPT를 제작하고 자크 루이 다비드 역을 맡아 연기하였다. 이 화가의 작품들을 교과서나 여러 책에서 본 적이 있었으나 화가에 대한 자세한 내용을 잘 알지 못했는데 역할극을 하면서 자세히 알게 되었다. 주인공 인물을 맡은 만큼 인물 해석에 신경을 쓰려고 하였다. 그래서 많은 자료조사를 통해 프랑스 혁명과 신고전주의 미술, 그리고 자크 루이 다비드에 관한 지식을 알 수 있게 해 준 이 수업이 너무 유익하였다고 생각한다. PPT 배경 화면을 시대에 맞게 어울리도록 장면을 고르는 데에 신경을 많이 썼다. 역할극에서 더욱 적극적인 행동과 연기력을 펼치지 못한 것이 조금 아쉬웠지만 대사 전달을 확실히 한 것에 뿌듯함을 느꼈다.

4. 생성형 AI 기반 CBL 수업 평가

도전기반학습(CBL)은 학습자들이 실제 세계의 문제를 해결하기 위해 협력하여 학습하는 방법이다. 따라서 CBL 평가는 학습자들이 도전의 목표를 달성하기 위해 어떤 지식과 기술을 습득하고, 이를 어떻게 활용했는지에 초점을 맞추어 이루어져야 한다.

1) CBL 수업의 평가 방향

CBL 수업의 평가 방향은 '도전의 목표 달성 여부', '학습자의 지식과 기술 습득 여부', '학습자의 문제해결 능력' 등 크게 세 가지로 나눌 수 있다.

첫째, CBL 평가의 가장 기본적인 방향은 학습자들이 도전의 목표 달성 여부를 평가하는 것이다. 이를 위해서는 도전의 목표가 명확하게 설정되어 있어야 하며, 목표 달성 여부를 측정할 수 있는 지표가 마련되어 있어야 한다. 이 수업의 도전목표는 '생성형 AI 도구를 활용해 역사적 사건을 배경으로 새로운 미술 양식의 등장 과정을 보여 주는 미술사 역할극 시나리오를 만들어 연기하라'이므로 학습자들이 도전의 결과로 미술사 역할극을 역사적 사건과 미술 양식의 상호 관련성을 맥락적으로 이해할 수 있게 연기했는지 평가한다. 이러한 미술사 역할극 도전과제의 목표 달성 여부를 측정하기 위한 가장 핵심적인 지표로는 학생들의 역할극 연기 장면 관찰을 통해 알 수 있다.

둘째, CBL 평가는 학습자들이 도전의 과정에서 습득한 지식과 기술을 평가하는 데에도 초점을 맞추어야 한다. 이를 위해서는 학습자들이 도전의 과정에서 어떤 자료와 정보를 활용했으며, 이를 어떻게 분석하고 활용했는지에 대한 평가가 이루어져야 한다. '생성형 AI 도구를 활용해 미술사 역할극 시나리오를 만들어 연기하라'는 도전의 경우, 학습자들이 미술의 역사와 문화에 대한 지식을 얼마나 습득했는지, 이를 바탕으로 미술사 역할극 시나리오를 어떻게 제작했는지에 대한 평가가 이루어져야 한다. 이를 위해서는 학습자들이 조사한 자료를 검토하거나, 시나리오의 내용과 형식에 대한 평가를 할 수 있다.

셋째, CBL 수업은 학습자들이 실제 세계의 문제를 해결하는 능력을 키우는 데에도 도움이 되는 학습 방법이다. 따라서 CBL 평가는 학습자들이 도전의 과정에서 어떤 방식으로 문제를 해결했는지에 대한 평가도 이루어져야 한다. '미술사 역할극' 도전의 경우, 학습자들이 문제를 어떻게 정의하고, 해결을 위한 다양한 방법을 모색했으며, 다양한 방법 중에서 최적의 해결책을 선택했는지에 대한 평가가 이루어져야 한다. 이를 위해서는 학습자들이 도전의 과정을 기록한 보고서를 검토하거나, 학습자들이 작성한 배움 일기를 평가의 지표로 삼을 수 있다.

또, CBL 수업의 평가 방법은 크게 정량적 평가와 질적 평가로 나눌 수 있다. 정량적 평가는 수치나 점수로 학습자의 성과를 측정하는 방법이다. 도전의 목표 달성 여부,

학습자의 지식과 기술 습득 정도, 문제해결 능력 등을 평가하는 데에 유용하다. 질적 평가는 학습자의 성과를 설명하고 해석하는 방법이다. 도전의 과정과 결과를 종합적으로 평가하는 데에 유용하다. CBL 평가는 도전의 목표와 성격에 따라 정량적 평가와 질적 평가를 적절히 혼합하여 사용하는 것이 바람직하다. 학습자들이 도전의 과정에 적극적으로 참여하고, 그들의 학습이 의미 있게 이루어질 수 있도록 평가 과정을 설계하는 것이 중요하다.

2) 평가 루브릭 작성 및 평가

CBL 수업의 평가를 위한 채점 루브릭은 〈표 14-12〉와 같이 '도전의 목표 달성 여부', '지식과 기술 습득', '문제해결 능력', '협업능력', '창의성' 등 CBL 수업에서 중요하게 생각하고 있는 다섯 가지 평가요소를 기준으로 구성할 수 있다.

〈표 14-12〉 **CBL 수업의 평가를 위한 채점 루브릭 예시**

평가기준 (배점)	매우 우수 (5점)	우수 (4점)	보통 (3점)	미흡 (2점)
도전의 목표 달성 여부	도전의 목표를 명확히 이해하고, 이를 효과적으로 달성했다.	도전의 목표를 이해하고, 이를 달성하기 위한 노력을 보였다.	도전의 목표를 이해하는 데 어려움을 보였거나, 이를 달성하기 위한 노력이 부족했다.	도전의 목표를 이해하지 못하거나, 이를 달성하기 위한 노력이 전혀 없었다.
지식과 기술 습득	지식과 기술을 깊이 있게 이해하고, 이를 효과적으로 활용했다.	지식과 기술을 어느 정도 이해하고, 이를 활용하는 데 노력을 보였다.	지식과 기술을 이해하는 데 어려움을 보였거나, 이를 활용하는 데 어려움을 겪었다.	지식과 기술을 이해하지 못하거나, 이를 활용하는 데 전혀 노력을 기울이지 않았다.
문제해결 능력	문제를 효과적으로 정의하고, 다양한 해결책을 모색하여 최적의 해결책을 선택했다.	문제를 정의하고, 해결책을 모색하는 데 노력을 보였다.	문제를 정의하는 데 어려움을 보였거나, 해결책을 모색하는 데 어려움을 겪었다.	문제를 정의하거나, 해결책을 모색하는 데 전혀 노력을 기울이지 않았다.
협업능력	팀원들과 원활하게 협력하여 도전에 성공했다.	팀원들과 협력하는 데 노력을 보였다.	팀원들과 협력하는 데 어려움을 겪었다.	팀원들과 협력하지 않았다.
창의성	도전에 대한 독창적인 아이디어를 제시하고, 이를 효과적으로 구현했다.	도전에 대한 아이디어를 제시하고, 이를 구현하는 데 노력을 보였다.	도전에 대한 아이디어를 제시하는 데 어려움을 보였거나, 이를 구현하는 데 어려움을 겪었다.	도전에 대한 아이디어를 제시하거나, 이를 구현하는 데 전혀 노력을 기울이지 않았다.

도전의 목표 달성, 지식과 기술 습득, 문제해결 능력을 중시하는 CBL 수업의 일반적인 평가 방향에 기반하여, 이 수업에서는 활동 단계별로 산출되는 결과물을 중심으로 수행평가영역을 역할극 시나리오 20%, 역할극 발표 50%, 보고서 30%로 설정하고 평가 방법과 채점기준을 〈표 14-13〉과 같이 구성하였다.

〈표 14-13〉 '미술사 역할극' 평가영역 및 채점기준 작성 예시

수행평가 영역명	평가 방법 및 채점기준				
역할극 시나리오 (20%)	평가요소	배점	채점기준			
	대본의 통합적 이해	20	자신이 맡은 역할의 입장에서 시대적, 사회적, 문화적, 예술적 관점을 통합적으로 이해한 내용이 드러나는 대사를 작성함.	각자 맡은 역할 입장에서 시대적, 사회적, 문화적, 예술적 관점 중 일부를 통합하여 이해한 내용이 드러나는 대사를 작성함.	각자 맡은 역할 입장에서 시대적, 사회적, 문화적, 예술적 관점 중 통합하지 않고 피상적인 수준의 대사를 작성함.	수업에 참여하였으나 대본을 작성하지 않음.
			20	16	12	4
역할극 발표 (50%)	평가요소	배점	채점기준			
	연기 표현	50	자신의 역할에 맞는 □음성, □몸짓, □표정, □의상, □도구를 효과적으로 사용하여 역할의 감정을 극적으로 표현하고 동료들과 □협업함			
			5~6개에 해당	3~4개에 해당	1~2개에 해당	수업에 참여하였으나 연기 표현을 하지 않음.
			50	40	30	10
보고서 (30%)	평가요소	배점	채점기준			
	보고서 작성	30	미술사 역할극 과정과 결과를 빠짐없이 정리하고 활동을 통해 배우고 느낀 점을 구체적으로 작성함.	미술사 역할극 과정과 결과를 정리하고 활동을 통해 배우고 느낀 점을 작성함.	미술사 역할극 과정과 결과를 일부 정리하고 활동을 통해 배우고 느낀 점을 간단하게 작성함.	수업에 참여하였으나 보고서를 작성하지 않음.
			30	24	18	6

평가영역 중 '역할극 시나리오 대본'과 '활동 보고서'는 질적 평가 방법을, '역할극 연기 발표'는 정량적 평가 방법을 사용하는 등 질적 평가와 정량적 평가를 적절히 혼합함으로써 학습자들이 도전 과정에 적극적으로 참여하고, 그들의 학습이 의미 있게 이루어질 수 있도록 평가 과정을 설계하였다.

또한 평가 단계에서 점수화시키지는 않았지만 다른 모둠의 역할극 발표 영상을 다

시 보면서 우수한 모둠을 선정하고 그 이유를 적어 보게 하는 동료평가를 함으로써 지식을 더욱 확산시키도록 하였다.

[그림 14-14] 동료평가를 위해 영상과 과제를 제시한 화면

[그림 14-15] 동료평가를 위해 댓글을 작성하는 장면

역할극을 발표할 때는 자신의 발표에 몰입하여 발표를 어떻게 했는지 잘 모를 수 있다. 교사가 발표 장면을 촬영하여 학습용 커뮤니티에 올려 주고 다시 시청하게 하면 자기 모둠의 발표 장면뿐만 아니라 다른 모둠의 발표를 자세히 관찰하면서 부족한 부분에 대한 성찰과 더불어 우수한 모둠의 사례를 통해 배움을 심화시킬 수 있다.

3) 평가 결과 기록

생성형 AI 기반 CBL 수업의 평가 결과는 학습자의 학습 성과를 파악하고, 학습 과정을 개선하는 데 활용될 수 있으며, 학습자에게 피드백을 제공하는 데에도 활용될 수 있다. 교사는 학습자가 도전의 목표를 달성하기 위해 어떤 노력을 했는지, 어떤 지식과 기술을 습득했는지, 어떤 문제해결 능력을 발휘했는지 학습자에게 평가 결과를 설명하고, 학습의 방향을 제시하는 것이 좋다. AI 활용 미술사 역할극 수업 과정 및 결과에 대한 평가를 기반으로 한 교사의 피드백 사례는 〈표 14–14〉와 같다.

〈표 14–14〉 '미술사 역할극' 수업 과정 및 결과에 대한 교사의 피드백 예시

- 새로운 미술 문화 양식이 등장하게 된 원인을 시대의 변화와 관련된 역사적 사회·문화적 배경지식과 연결 지어 생각하는 데 어려움을 느낌. 이를 극복하기 위해서는 미술뿐 아니라 다양한 학문 분야로 사고를 확장시킬 필요가 있으며, 검색에만 의존하는 것이 아니라 미술사 역할극을 통해 지식을 종합적으로 재구조화시킬 필요가 있음을 인식하게 됨.
- 미술사 역할극 수행을 위한 시나리오 작성에 어려움을 느낌. 생성형 AI 도구를 활용해 시나리오 작성 방법에 대한 이해도를 높였으며 인공지능이 생성한 시나리오의 타당성을 검토하는 과정을 통해 AI 활용에 대한 비판적 사고력을 기르는 모습을 보임.
- 미술사 역할극 발표에 어려움과 두려움을 느꼈으나 역할극 소품으로 사용하기 위한 예술가 얼굴 가면 제작과 자신이 맡은 배역의 대사 연습을 통해 인물에 대한 이해도가 높아지면서 발표에 대한 두려움이 사라지고 자신감을 얻는 모습을 보임.

생성형 AI 기반 CBL 수업의 평가 결과를 학교생활기록부 특기사항에 구체적으로 기록하기 위해 다음과 같은 방법을 생각해 볼 수 있다.

첫째, 평가기준을 중심으로 기록한다. 예를 들어, 도전의 목표 달성 여부 평가기준에서 '도전의 목표를 명확히 이해하고, 이를 효과적으로 달성했다.'는 평가를 받은 경우, '도전의 목표를 이해하고, 이를 달성하기 위한 노력을 보였으며, 도전의 결과를 통해 미술사 관련 지식과 기술을 깊이 있게 이해하고, 이를 효과적으로 활용하는 능력을 키울 수 있었음.'이라고 기록할 수 있다.

둘째, 학습자의 성장 가능성을 강조한다. 예를 들어, 문제해결 능력 평가기준에서 '문제를 효과적으로 정의하고, 다양한 해결책을 모색하여 최적의 해결책을 선택했다.'는 평가를 받은 경우, '도전의 과정에서 문제를 정의하고, 해결책을 모색하는 데 어려움을 겪었지만, 교사의 도움을 받아 이를 극복하고, 문제해결 능력을 향상시킬

수 있었음.'이라고 기록할 수 있다.

셋째, 진로와의 연계를 제시한다. 예를 들어, 협업능력 평가기준에서 '팀원들과 원활하게 협력하여 도전에 성공했다.'는 평가를 받은 경우, '도전의 과정에서 팀원들과 협력하는 데 어려움을 겪었지만, 팀원들과의 소통을 통해 이를 극복하고, 협업능력을 향상시킬 수 있었음. 이러한 경험을 통해 미래에 다양한 분야에서 협업능력을 발휘할 수 있는 인재로 성장할 것으로 기대됨.'이라고 기록할 수 있다.

이처럼 도전기반학습 평가 결과를 학교생활기록부 특기사항으로 기록할 때는 학습자의 학습 성과를 정확하고 공정하게 평가하고, 학습자의 성장 가능성과 진로와의 연계를 제시하는 것이 바람직하다.

〈표 14-15〉는 미술사 역할극 수업 활동 평가 결과를 학교생활기록부 특기사항에 기록하기 위해 작성한 예시이다.

〈표 14-15〉 학교생활기록부 특기사항 기록 예시

- 시대 변화에 따라 새롭게 등장한 미술문화 양식을 역사적 사건과 연결 지어 이해하고, 이를 미술사 역할극을 통해 발표하기 위한 자료를 모둠원들과 협력하여 적극적으로 조사하는 모습을 보임.
- 생성형 AI 도구를 이용한 미술사 역할극 시나리오 만들기 활동에 관심을 가지고 열심히 참여하는 모습을 보임. 다양한 인공지능 도구가 생성한 시나리오를 비교·분석하고, 역사적 사실과 어긋나는 부분을 수정·보완해 나가는 과정을 통해 창의적인 발상과 비판적 사고력을 발휘함.
- 미술사 역할극에 필요한 소품으로 예술가 가면을 인물의 특징이 잘 드러나도록 개성 있게 제작함. 자신이 맡은 배역 인물에 몰입하여 큰 목소리로 대사를 전달하고 다양한 제스처를 통해 인물의 내면을 생동감 넘치게 연기하는 모습을 보임.
- 모둠원들과 협력하여 미술사 역할극의 과정과 결과가 잘 드러나도록 정리하여 보고서를 완성함. 특히 인물을 연기하면서 느낀 감정을 솔직하게 표현하였으며, 활동 과정을 스스로 돌아보며 배운 내용을 상기하고 성찰하는 태도를 보임.

제**15**장

안전하고 지속가능한 삶을 위한 안전 상품을 개발하라-정보

 우리는 안전한가

우리 삶 도처에 안전을 위협하는 요소들이 도사리고 있다. 언론에서는 안전사고로 인한 사건, 사고들이 끊임없이 보도되고 있다. 이처럼 우리는 안전하지 않은 세상 속을 살고 있다. 안전 욕구는 신체적, 감정적, 경제적 위험으로부터 보호받고 싶은 인간의 기본 욕구이다. 또한 안전은 4대 빅 이슈(Big Issues: 사람,[1] 환경,[2] 번영,[3] 지구촌 평화[4]) 모두에서 언급되고 있을 만큼 중요한 요소로, 이에 대한 실질적 대응을 준비하는 것은 지속가능한 삶의 목표로 중요하다.

지속가능한 발전목표(UN SDGs)에는 안전을 강조하는 항목들이 광범위하게 제시되어 있다. 3번 건강과 복지, 9번 혁

신 및 기반구조, 11번 지속가능한 도시 및 지역, 특히 11.5는 안전하고 지속가능한 도시화를 위한 기반 조성을 목표로 하며 '안전'을 강조하고 있다. 이처럼 지속가능한 발전목표의 대영역 모두에서 '안전'을 목표로 하고 있는 만큼 안전은 인류가 존속하고 발전해 나가는 필수 요소 중 하나이며 여러 이유로 현재 인류는 안전의 위협 속에서 살고 있기도 하다. 따라서 안전을 대주제로 하여 교과와 접목시켜 안전한 세상 만들

---

1) 사람: 1번 빈곤 퇴치, 2번 기아종식, 3번 건강과 웰빙
2) 환경: 13번 기후변화 대응, 14번 해양 생태계 보존, 15번 육상 생태계 보존
3) 번영: 9번 산업 · 혁신 사회기반시설, 11번 지속가능한 도시와 공동체
4) 지구촌 평화: 16번 정의 · 평화 효과적인 제도

기 CBL 프로젝트를 진행하고자 한다.

지속가능한 삶을 위해 중요 요소인 '안전'을 빅 아이디어로 하여 안전하고 지속가능한 삶을 위한 안전 상품을 개발하는 도전과제를 설정하였다. 이를 위해 도전기반학습(CBL)을 기반으로 생성형 AI를 활용한 정보–사회–영어 교과융합 프로젝트를 통해 안전의식을 일깨우고, 나아가 컴퓨팅 기술을 활용한 안전의 위험을 방지할 수 있는 상품 개발 및 문제해결에 도전하도록 한다. 또한 이 프로젝트를 통해 안전 캠페인 활동을 함께 전개하도록 하여 앎이 삶으로 이어지는 실천 과정 속에서 안전의식과 실천적인 행동의 변화를 일깨우는 CBL 수업을 설계하였다.

1. 생성형 AI 기반 CBL 수업 교육과정 분석

1) 교육과정 및 성취기준 분석

안전을 빅 아이디어(UN SDGs 3번, 9번, 11번)로 안전 상품 개발을 도전과제로 하는 CBL 수업을 설계하기 위해 다음과 같이 교육과정을 분석하고 재구성하였다. 수업의 주제인 '안전하고 지속가능한 삶을 위한 안전 상품을 개발하라'는 2015 개정 실과(기술가정)정보과 교육과정 『고등학교 정보』 대단원 [IV. 컴퓨팅 시스템]의 성취기준을 기반으로 한다. 이 내용은 2022 개정 실과(기술가정)정보과 교육과정 『고등학교 정보』 대단원 [V. 디지털 사회와 인공지능]의 성취기준으로 이어진다. 이들 성취기준은 다음과 같다.

성취기준 해설에서 나타난 특징을 살펴보면, 기존 실생활 문제해결을 위한 프로그래밍을 강조하는 2015 개정 교육과정과 달리, 2022 개정 교육과정은 문제해결을 위한 협업과 산출물, 그리고 사회적 영향력을 강조하고 있다. 특히 기존 정보 교육과정에 『V. 디지털 사회와 인공지능』이 신설 추가되면서 디지털 기술을 활용한 실생활 문제해결을 강조하고 있다. 또한 실생활의 문제를 해결하기 위해 협력하도록 하였으며 산출물을 만들고 이를 공유하는 활동과 빅데이터 분석을 추가하여 아날로그 및 디지털 데이터 기반의 탐색 및 예측 활동과 인공지능의 사회에 미치는 영향력을 평가하도록 하고 있다.

따라서 수업의 주제인 '안전하고 지속가능한 삶을 위한 안전 상품을 개발하라'는

〈표 15-1〉 CBL 수업 진행을 위한 성취기준 선정

교육과정	2015 개정	2022 개정
영역(단원)	IV. 컴퓨팅 시스템	V. 디지털 사회와 인공지능
성취기준	[12정보05-03] 문제해결에 적합한 하드웨어를 선택하여 컴퓨팅 장치를 구성한다. [12정보05-04] 피지컬 컴퓨팅 장치의 동작을 제어하기 위한 프로그램을 작성한다.	[12정보05-01] 컴퓨터를 활용한 생활 속 문제해결 사례를 탐색하고 일상생활 속 문제를 해결하기 위한 알고리즘을 다양한 방법으로 표현한다. [12정보05-03] 실생활의 문제를 해결하는 프로그램을 협력하여 작성하고, 산출물을 타인과 공유한다. [12정보05-05] 인공지능이 만들어지는 과정을 체험하고, 인공지능이 사회에 미치는 영향을 탐색한다.

2015 개정 교육과정을 기반으로 시작되었지만, 2022 개정 교육과정에서도 중요한 수업의 주제이다. 이 수업을 통해 학생들은 안전을 실제 생활과 연계하여 인공지능, 빅데이터와 컴퓨팅 시스템의 관점에서 다루며 '생태전환교육', '민주시민교육', '디지털·AI 소양 함양교육'을 목표로 안전하고 지속가능한 삶을 위한 도전과제를 수행함으로써 인류 공동체의 발전과 삶의 질을 향상시킬 수 있는 역량을 강화할 수 있다. 그리하여 공학적 지식(인공지능, 빅데이터, IoT 등)의 이해 능력, 창의적 문제해결 능력, 실천 능력 등의 정보 교과 역량을 강화하고자 한다.

2) 학습내용 분석

- [학습내용 1] 문제해결을 위한 피지컬 컴퓨팅의 이해
- [학습내용 2] 실생활 문제해결을 위한 탐구 및 인공지능의 활용 방법

『정보』에서 프로그래밍은 안전의 문제를 해결하기 위한 설루션을 제안하고 이를 프로그래밍 언어로 구현하여 자동화하며, 컴퓨팅 시스템을 구성하고 프로그래밍을 통해 제어한다. 때로는 관련 빅데이터를 생성 또는 수집하여 빅데이터를 분석하고 안전을 예측하여 대비할 수 있도록 하며 관련 인공지능을 개발·공유하고 평가한다.

3) 도전과제 도출

학생들이 [학습내용]을 토대로 탐구해야 할 탐구과제는 '어떻게 안전한 세상을 만들 수 있을까?'라는 탐구 질문의 형태로 제기할 수 있다. 이러한 탐구 질문에 기반해서 학생들이 탐구해 나가기에는 포괄적인 질문이기 때문에 어떻게 방향을 잡아야 할지 막막할 수 있다. 그래서 탐구 질문에 대한 방향을 일관되게 유지하기 위해서 학생들이 도전해 보고 싶은 도전과제의 형태로 제시해 준다. 이 수업에서는 [학습내용]에 기반하여 다음과 같은 도전과제를 설정하고자 한다.

> 안전하고 지속가능한 삶을 위한 안전 상품을 개발하라.

교사는 학생들이 도전과제에 기반해서 모둠별로 이를 구체화하여 문제를 해결해 나갈 수 있도록 안내한다. 특히 학생들로 하여금 주제를 자신의 생활로 확장하여 실제 문제를 해결할 수 있도록 안내하며, 문제해결을 위해 실제 데이터를 활용하여 탐구 분석하도록 한다. 또한 디지털 기술을 적극적으로 활용하고 서로 협력하여 산출물을 만들며 이를 공유하고 만든 결과물이 사회에 미치는 영향력을 평가하도록 안내한다.

4) 학습자 및 환경 분석

생성형 AI 기반 CBL 수업을 통해 도전과제를 해결해야 할 주체인 학습자 및 학습환경을 분석한다. 먼저, 이 수업을 진행할 학생은 다음과 같은 특징을 가지고 있다.

- **대상 학년**: 고등학교 1학년
- **학생 구성**: 남학생 16명, 여학생 4명
- **학생 특징**: 특성화고등학교 재학생으로 취업과 진학을 동시에 준비함.

수업에 참여하는 학생들은 1인 1디바이스(안드로이드 태블릿)를 가지고 있으며, 교실에는 전자칠판이 구비되어 있다. 실습실에는 전자칠판과 IoT 개발 장비(아두이노, 마이크로비트, 센서키트), 인공지능 개발 및 빅데이터 분석을 할 수 있는 컴퓨팅 기기(노트북, 데스크톱)들이 구비되어 있으며 유무선이 지원되고 있다.

- **학습환경**: 개인별 태블릿(교실), 노트북 및 IoT 개발 장비(실습실) 구비됨.
  교실 및 실습실에는 전자칠판과 와이파이 상시 활용 가능
- **생성형 AI 도구**: 뤼튼, 코파일럿, 브루

CBL 기반 챗GPT 활용 수업 환경은 탐구과제에 기반한 도전과제를 해결할 수 있는 환경이 충분히 구비되어 있다. 교사가 활용하고자 하는 챗GPT 활용 프로그램은 뤼튼, 모니카, 브루이며, AI 코스웨어로 부산에듀원2.0을 활용한다. 이미 여러 교과를 통해서 챗GPT 등의 생성형 AI 도구를 활용한 수업 경험을 하여 기본적인 활용 능력을 갖춘 학생들이기 때문에, 교사가 의도한 생성형 AI 도구를 활용한 프로그램을 충분히 이해하고 활용할 수 있다. 또한 생성형 AI 기반 CBL 수업을 진행하면서 교사는 다음과 같은 에듀테크를 함께 활용하고자 한다.

〈표 15-2〉 **생성형 AI 기반 CBL 수업에 활용되는 에듀테크**

종류	활용 방법
Copilot	파워 APPS, 파워 Automate, 파워 BI 등 활용 AI 어플 개발
에듀원2.0	코딩 교육, 인공지능 개발, 빅데이터 분석
스케치	IoT 개발
주피터노트북	인공지능 개발, 빅데이터 분석
패들렛	개발 흐름도 및 알고리즘 표현하기, 탐구조사자료 탑재, 개발보고서(아이디어 포함) 탑재, 결과 보고서 탑재
구글 클래스룸	교수지원자료, 학습지원자료 공유 플랫폼
구글 설문	CBL 기반 인공지능 활용 수업 결과에 대한 학생 의견 설문 조사

교사가 수업을 진행하는 교실에서는 학생들의 학습환경은 생성형 AI의 활용이 가능하며 학생들이 안전시스템 장치를 만들기 위한 실습실은 인공지능 개발과 빅데이터 분석이 가능한 환경으로 구성되어 있다. 또한 이동성을 지닌 노트북을 이용하여 학생들은 언제, 어디서든 자유롭게 도전과제 해결을 위해서 AI 도구를 활용할 수 있다. 따라서 생성형 AI 기반 CBL 수업의 기본적인 활용 도구인 생성형 AI 도구를 충분히 활용해서 '안전을 위한 상품 개발'을 할 수 있을 것이다.

이러한 활동에서 학생들은 자신의 삶에 영향을 미치고 있는 안전의 문제를 찾아내고 해결 방안을 탐구하며 지속가능한 세상을 만들기 위해 도전한다. 사회의 많은 영

역에서 안전의 문제가 끊임없이 나오고 있는 상황 속에서, 학생들의 시각으로 사회의 안전 문제를 고찰하고 생활 속 안전을 지켜내기 위한 안전 상품을 개발한다. 나아가 창업으로 이어질 수 있는 인사이트를 얻을 수도 있으며, 자신의 진로와 연계한 안전 상품 개발을 통해 진로 설계를 돕고 동기를 강화할 수 있을 것으로 기대한다.

안전의 문제를 청소년 스스로의 힘으로 해결하기 위해 도전하면서 개인적 성장과 나아가 모두가 안전한 지속가능한 삶을 도모할 수 있을 것이며 그 과정 속에서 안전 의식을 일깨우며 안전불감증으로 인해 발생할 수 있는 문제들을 예방할 수 있을 것이다. 이를 통해 안전의 문제에 능동적으로 대처할 수 있는 안전 의식을 강화함과 동시에 생성형 AI, 인공지능과 빅데이터 등의 공학적 기술의 융합을 통한 협력적 문제해결 활동은 미래 핵심 역량을 강화하는 데 도움이 될 것이다.

2. 생성형 AI 기반 CBL 수업 설계

'안전하고 지속가능한 삶을 위한 안전 상품을 개발하라'를 주제로 CBL 기반 생성형 AI 활용 수업으로 진행하기 위해서 교육과정에 대한 분석 및 재구성이 필요하다. 수업 설계는 [학습목표 설정]-[교수 · 학습 과정안 설계]-[평가 및 산출물 계획]-[교수 · 학습 전략]을 중심으로 진행한다. 학습목표를 달성하기 위해 CBL의 각 단계에 따라 교수 · 학습 활동을 구체화하여 교수 · 학습 과정안을 설계한다. 이를 토대로 평가계획 및 교수 · 학습 전략을 세운다. 이들 요소를 중심으로 생성형 AI 기반 CBL 수업을 다음과 같이 설계하였다.

1) 학습목표 설정

수업 진행을 위해서 설정한 [도전과제] 해결을 통해 성취하고자 하는 학습목표는 〈표 15-3〉과 같다.

〈표 15-3〉 생성형 AI 기반 CBL 활용 수업의 학습목표 설정

1. 지식 · 이해	안전문제를 해결하기 위한 컴퓨팅 장치를 구성하고 알고리즘을 작성할 수 있다.
2. 과정 · 기능	생활 속 안전 문제해결 사례를 탐색하고 안전 문제해결을 위한 아이디어를 발견할 수 있다.
3. 가치 · 태도	생활 안전 장치를 협력하여 만들고 산출물을 타인과 공유하며 사회적 영향력을 탐색할 수 있다.

생성형 AI 기반 CBL 수업을 통해서 달성하고자 하는 학습목표 설정은 Bloom의 신교육목표 분류에 따라서 여섯 가지 인지적 과정과 지식의 네 가지 유형을 충분히 고려한다.

사실적 지식의 차원에서 컴퓨팅 장치 구성 방법을 이해하고 개념적 지식의 차원에서 알고리즘의 표현 방법에 대해 이해하도록 한다. 절차적 지식에서 도전과제 해결과정의 절차를 통해서 생활 속 안전 문제를 해결하기 위한 사례를 탐색하고 이를 통해 문제해결 아이디어를 실제 인공지능 컴퓨팅 시스템(장치)으로 구현하여 실제 문제에 적용해 본다. 메타인지적 차원에서 생활 속 안전 문제를 해결하기 위한 인공지능 컴퓨팅 시스템이 사회에 어떠한 영향을 끼치는지 사회적 영향력을 평가하고 피드백을 반영하여 수정 · 보완한다.

이러한 수업 활동을 진행하는 동안 학생들은 도전과제를 설정하고 해결하는 과정에서 생성형 AI 도구를 활용하여 정보를 수집 및 분석하고, 분석한 정보를 활용하여 자신들이 원하는 지속가능한 사회를 만드는 데 기여할 수 있는 인공지능 안전 장치를 설계 및 창안한다.

2) 교수 · 학습 과정안 설계

수업을 위한 교수 · 학습 과정안은 CBL의 기본 프레임워크인 '참여(Engage)-조사(Investigate)-실행(Act)'을 기반으로 하여 〈표 15-4〉와 같이 설계한다. 도전과제를 발견하고 정의하는 것은 참여 단계에서 '안전'이라는 빅 아이디어를 기반으로 학생들이 탐구질문을 하며 생활 속 문제를 주도적으로 찾아가도록 하는 것이 이상적인 방안이지만, 학생들이 도전과제에 대한 실마리를 통해 쉽게 CBL 과정 속에 녹아들도록 하기 위해 〈표 15-4〉와 같이 문제상황을 제시하였다.

〈표 15–4〉 **교수 · 학습과정안 개요**

도전과제	안전하고 지속가능한 삶을 위한 안전 상품을 개발하라.		
학습목표	1. 안전문제를 해결하기 위한 컴퓨팅 장치를 구성하고 알고리즘을 작성할 수 있다. 2. 생활 속 안전 문제해결 사례를 탐색하고 안전 문제해결을 위한 아이디어를 발견할 수 있다. 3. 생활 안전 장치를 협력하여 만들고 산출물을 타인과 공유하며 사회적 영향력을 탐색할 수 있다.		
학습요소	피지컬 컴퓨팅, 알고리즘 작성, 인공지능 활용, 인공지능 개발, 빅데이터 분석		
핵심 역량	비판적 사고력	∨	의사소통능력	∨
	문제해결력	∨	정보처리능력	∨
	창의융합능력(비판적 사고)	∨	협업능력	∨
학습자료	노트북, 태블릿, 학생 활동지	교수 · 학습 방법	도전기반학습(CBL)

단계	교수 · 학습 활동	차시
핵심 지식 이해	• 핵심 지식 이해: 피지컬 컴퓨팅, 파이썬 프로그래밍	3차시
문제 상황 파악	• 동기유발: UN SDGs 영상 시청(모두의 평화와 번영을 위해 해결해야 할 과제 고찰), 안전공익광고 영상 시청(안전의 중요성 고찰) • 브레인스토밍: 17가지 목표 중 가장 많이 언급된 안전이 가지는 의미는? • 수업안내: CBL 수업 안내, 팀빌딩, 평가 안내 • 본질적 질문: 어떻게 안전한 세상을 만들 수 있을까? • 탐구과제: 안전하고 지속가능한 삶을 위한 안전 상품을 개발하라!	4차시
참여 단계 (E)	• 빅 아이디어: 안전 • 핵심질문: 도전과제 해결에 필요한 핵심질문 구성 • 도전과제: 안전하고 지속가능한 삶을 위한 상품 개발	
조사 단계 (I)	• 질문분할: 도전과제를 해결할 수 있도록 핵심질문을 잘게 쪼개기 • 조사활동: 질문을 유목화하여 조사할 내용을 정리해서 역할 분담하기 • 활동정리: 생활 안전 상품 개발 계획서 작성(노션AI)	5차시
실행 단계 (A)	• 실행계획: 생활 안전 상품 개발(AIoT), 안전캠페인 활동(뤼튼, 브루) • 소셜임팩트: 개발한 생활 안전 상품의 사회적 영향력 고찰 • 산출물: 생활안전상품(시제품), 캠페인 콘텐츠(쇼츠, e북), 결과 보고서 등 제작	6~8 차시
평가 — 발표 평가	• 도전과제 결과 보고서 발표, 작품 시연 및 평가하기(평가 루브릭) • 도전과제 결과 보고서 공유(학교, 지역사회, 인터넷 공유)	9차시
평가 — 성찰	• 패들렛을 활용하여 활동 과정에서 배우고 느낀 점을 성찰일지로 작성하고 피드백	

3) 평가 및 산출물 계획

CBL 수업의 평가는 과정 중심 수행평가로 진행된다. 평가는 CBL의 단계별 수업 과정에서 산출되는 학생 산출물과 필수 평가 항목을 설정하여 계획을 세운다. 이들 주요 산출물을 대상으로 평가하고자 하는 필수 평가 항목을 통해서 기르고자 하는 핵심역량도 함께 설정한다. 이러한 주요 산출물, 필수 평가 항목, 핵심 역량은 과정 중심 평가계획서로 작성하여 학생들에게 안내한다. 평가계획은 〈표 15-5〉와 같이 수립한다.

〈표 15-5〉 **주요 산출물과 필수 평가 항목 및 핵심 역량**

단계	주요 산출물	필수 평가 항목	핵심 역량
핵심 지식 이해	• 활동 1 -피지컬 컴퓨팅, 파이썬 프로그래밍에 대한 이해 학습	• 핵심 지식 이해의 적절성	지식정보처리 역량
문제상황 이해	• 활동 2 -세계 공동체 구성원에게 요구되는 포용적 가치와 태도, 책임감 있는 자세	• 문제상황 분석의 타당성	공동체 역량
참여 단계	• 활동 3 -The Big Idea, 핵심질문, 도전과제 도출안	•[도전과제 해결 방안 도출]의 타당성	지식정보처리 역량
조사 단계	• 활동 4 조사 -조사결과 정리 및 도전과제 해결안 도출	•[조사 결과 정리 및 도전과제 해결안]의 타당성	창의적 사고 역량
실행 단계	• 활동 5 실행 -실행계획-실행	•[실행계획-실행] 과정의 충실성 • 결과물의 완성도, 효과, 독창성	협력적 소통 역량 창의적 사고 역량 공동체 역량
발표 및 성찰	• 활동 6 발표 및 성찰 -발표 및 평가, 성찰 -정리 및 공유	• 발표 및 성찰의 충실성	협력적 소통 역량 지식정보처리 역량

4) 교수 · 학습 전략

CBL 수업은 학생들이 지속가능한 발전목표에 관한 영상을 통해 세계 공동체 구성원에게 요구되는 포용적 가치와 태도, 책임감 있는 자세에 대한 동기 부여를 통해 자신의 생활을 돌아보고 앎을 삶 속으로 옮겨 가는 지식의 전이를 경험하도록 한다. 또한 빅 아이디어 '안전'을 중심으로 실제 생활 속 문제를 비판적으로 탐구하고 협력적으로 해결함으로써 지식정보처리 역량과 협력적 소통 역량을 함양할 수 있도록 한다. 또한 이해 수준의 아는 것에서 끝나지 않고 CBL 수업 이전까지 학습한 프로그래밍과 피지컬 컴퓨팅을 실제 문제해결에 적용하여 창의적 문제해결역량을 함양할 수 있으며 CBL 참여 단계의 문제를 분석하고 정의하는 단계와 그리고 실행 단계의 산출물에 대한 사회적 영향력을 검토하는 단계에서 학생들은 창의적 사고 역량을 함양하게 된다. 나아가 학생들은 CBL 과제에 도전함으로써 인류 공통의 문제에 대한 협력적이고 실천적인 자세를 함양함으로써 인격적으로 한층 더 성장하는 계기가 될 것이다.

'안전하고 지속가능한 삶을 위한 안전 상품을 개발하라'를 주제로 한 CBL 수업을 성공적으로 이끌기 위해서 〈표 15-6〉과 같이 교수 · 학습 전략을 세운다.

〈표 15-6〉 생성형 AI 기반 CBL 수업의 교수 · 학습 전략

교수 · 학습 전략	설명
도전적인 과제 설정	생활 안전 상품 개발이라는 도전과제를 통해 학생들은 인류 공통의 문제를 자신의 삶 속의 문제로 수용하고 받아들임으로써 공동체 역량을 함양한다.
자기주도적 학습 촉진	학생들은 CBL 전 과정에서 생성형 AI 도구와 에듀테크를 활용하여 탐구 조사하고 생성형 AI와 AIDT를 활용하여 AI와 토의토론하며 자기주도적으로 문제해결을 위해 도전한다. 학생들이 포기하지 않고 도전할 수 있도록 교사는 늘 격려하며 적절한 발문을 통해서 확산적 사고와 수렴적 사고를 유도한다.
협력학습 촉진	학생들은 협력하여 공동의 아이디어를 만들고 이를 생활 안전 시스템(장치)으로 구현하기 위해 협력함으로써 협력적 소통 역량을 함양한다.
피드백 제공	교사는 도전과제 해결의 전 과정에서 학생들을 돕기 위해서 활동을 지속적으로 모니터링하고, 적시에 피드백을 제공하여 도전과제를 성공적으로 도출할 수 있도록 한다.
교수 매체 활용	학생들은 CBL의 전 과정에서 생성형 AI, 패들렛 등의 적절한 도구를 선택하여 적극적으로 활용한다.

3. 생성형 AI 기반 CBL 수업 실행

수업 실행 단계는 생성형 AI 기반 CBL 수업 설계에 따라서 구성한 교수·학습 과정안을 중심으로 수업을 실행해 가는 과정이다. 주제인 '안전하고 지속가능한 삶을 위한 안전 상품을 개발하라'는 CBL 수업의 각 단계에 따라서 [핵심 지식 이해 단계]–[문제상황 파악 단계]–[참여 단계]–[조사 단계]–[실행 단계]–[발표 및 성찰 단계]의 순으로 실행한다.

1) 핵심 지식 이해 단계

교사는 학생들에게 CBL 수업에 앞서 이전까지 학습한 피지컬 컴퓨팅과 파이썬 기반 프로그래밍 실습 내용을 확인하고 이를 활용한 CBL 수업을 안내한다. 특히 CBL의 도전과제인 '안전하고 지속가능한 삶을 위한 상품'을 개발하기 위해서는 파이썬 기반의 프로그래밍에 대해 충분한 숙지가 되어 있어야 한다.

파이썬 기반의 프로그래밍 실습을 위해서 AI 코스웨어인 에듀원2.0을 활용하여 개별 맞춤형 자기주도적 학습을 실시하고 문제해결을 위해 상시 대기 중인 인공지능 튜터의 도움을 받아 진행할 수 있다. 에듀원2.0 플랫폼의 장점은 인공지능이 학생들의 학습 데이터를 분석하여 학습 활동과 EPS 분포 등에 대한 분석 보고서를 작성해 준다는 점이다. 교사는 이를 통해서 학생들이 학습 태도, 참여도, 문제 풀이 현황, 학습 시간 등을 상세하게 확인하고 개별 맞춤형 피드백을 제공한다. 또한 교사는 학생들의 학습 촉진자로서 학생 학습을 모니터링하고 도구 사용 및 실습에 어려움을 겪는 학생

에듀원2.0 파이썬 프로그래밍   에듀원2.0 학습 데이터 분석 대시보드

[그림 15-1] 핵심 지식 이해를 위해 활용한 AI 코스웨어(에듀원2.0)

이 없는지 면밀히 살피고, 다른 활동에 빠지지 않게 모둠별 실습을 하도록 하여 사고를 미연에 방지한다.

2) 문제상황 파악 단계

빅 아이디어 '안전'과 관련해서 학생들이 동영상 두 개를 함께 시청하도록 한다. 첫 번째 영상[5]은 지속가능발전목표에 대한 이해를 돕는 영상이고 두 번째 영상[6]은 안전의 중요성을 알려 주는 영상으로 학생들에게 단순히 시청만 하는 것이 아니라 시청하고 난 소감을 댓글로 작성하도록 함으로써 분명한 주제의식을 일깨운다.

지속가능발전목표(SDGs) 이해 영상   안전의 중요성 이해 영상

[그림 15-2] 문제상황 파악 및 주제의식 고취를 위한 영상

동영상을 활용해서 학생들에게 동기유발을 하고 안전이라는 대주제를 인식하는 활동으로 넘어가기 위해 교사는 학생들에게 '17가지 목표 중 가장 많이 언급된 안전이 가지는 의미'가 무엇인지 떠오르는 단어를 슬라이도(sli.do)로 브레인스토밍을 한다.

교사는 브레인스토밍을 통해 학생들에게 대주제인 '안전'에 대해 환기시킨다. 그런 다음, CBL 수업과 평가에 대해 안내한다. 학생들은 팀빌딩을 통해 주제 탐구를 위한 모둠을 구성하고 역할을 설정한다. 팀빌딩이 끝나면 교사는 학생들에게 "어떻게 안전한 세상을 만들 수 있을까?"라는 본질적 질문(EQ)과 '안전하고 지속가능한 삶을 위한 안전 상품을 개발하라'라는 미션을 제안하면서 주제 탐구의 시작을 알린다. 교사

5) 지속가능발전목표(SDGs) 실천을 위한 주사위를 던져 볼까요? | 코이카,
   https://youtu.be/oWwq1yavkkc?si=BRa2DGr3izL9t75O.
6) 안전공익광고 방심과 안심편 | 공익광고,
   https://youtu.be/RwB3_cK-byY?si=zFv7l82XER7FjQg4.

안전 브레인스토밍(슬라이도)

브레인스토밍 결과(슬라이도)

[그림 15-3] 빅 아이디어 '안전'에 관한 브레인스토밍

는 큰 맥락의 미션을 제안하고 이후 CBL 프레임워크 제1단계인 참여 단계에서 학생들은 모둠별로 자신들의 생활 속에서 안전 문제를 발견하고 세부 주제 탐구 영역을 설정한 후 그에 따른 도전과제를 설정하게 된다.

학생들은 안전하고 지속가능한 삶을 위한 상품 개발을 하기 위해 생성형 AI 도구를 활용할 수 있다. 생성형 AI에게 프롬프트 질문을 통해 관련 지식 정보나 아이디어, 개발 방법, 프로그램 코드 등의 초안을 얻어서 이를 수정·보완하여 활용할 수 있다. 〈표 15-7〉과 같이 핵심 지식 중 가장 중요한 개념인 '피지컬 컴퓨팅'에 대해 코파일럿을 활용하여 질문과 답을 정리할 수도 있다.

〈표 15-7〉 코파일럿을 활용한 핵심 지식 이해

질문	피지컬 컴퓨팅이란 무엇이며 어떤 방식으로 이루어질까?
답변	피지컬 컴퓨팅(Physical Computing)은 컴퓨터를 사용하여 현실 세계의 물리적인 사물이나 환경과 상호 작용하는 것을 의미합니다. 이는 주로 센서, 액추에이터(Actuator), 마이크로 컨트롤러, 소프트웨어 등을 조합하여 물리적인 세계와 디지털 컴퓨팅을 결합하는 방식으로 이루어집니다.
질문	구체적인 예를 들어서 설명해 볼까?
답변	피지컬 컴퓨팅은 컴퓨터를 사용하여 사람이나 다양한 물체와 상호 작용하며 물리적인 환경을 제어하거나 모니터링하는 기술이라고 할 수 있습니다. 예를 들면, 센서를 사용하여 주변 환경의 정보를 감지하고, 이 정보를 처리하여 특정 동작이나 작업을 수행하는 것이 포함됩니다. 피지컬 컴퓨팅은 다양한 분야에서 응용되는데 다음과 같은 몇 가지로 설명할 수 있습니다.

1. 인터랙티브 아트 및 디자인: 센서와 액추에이터를 활용하여 사람들과의 상호 작용을 통한 창의적인 아트 및 디자인 작품을 생성할 수 있습니다.

2. 교육 분야: 학생들이 센서와 마이크로 컨트롤러 등을 사용하여 프로그래밍 및 물리적인 실험을 경험하도록 하는 교육 목적으로 활용됩니다.

3. 스마트 홈 및 IoT(IoT): 센서를 통해 집안의 환경을 감지하고, 액추에이터를 통해 가전제품이나 조명 등을 제어하는 등의 스마트 홈 시스템에서 활용됩니다.

4. 의료 분야: 환자의 상태를 센싱하고 모니터링하여 의료 전반에 걸쳐 사용할 수 있습니다.

피지컬 컴퓨팅은 현실 세계와 디지털 세계 간의 경계를 허물고 새로운 상호 작용의 형태를 탐구하며, 창의적인 응용 분야에서 계속해서 발전하고 있습니다.

3) 참여 단계

CBL 프레임워크의 제1단계인 참여 단계는 학생들이 대주제에 관해 고찰하고 자신의 실제 생활 속 문제를 탐구 조사하고 문제를 발견하여 정의하는 단계이다. 참여 단계에서 교사는 지속가능한 발전목표 중 교과와 연관된 '안전'을 빅 아이디어로 제시하였는데 학생들이 어느 수준으로 성장했다면 교과와 연관된 대주제 선정도 학생 스스로 하고 이 대주제에 대해 다양한 질문을 하며 브레인스토밍을 하게 된다. 하지만 CBL을 처음 교실에 도입하기 위해서 교사는 학생들을 위한 친절한 안내자가 되어야 학생들이 당황하거나 길을 잃지 않는다. 그런 이유로 3단계의 프로세스를 변경하여 교사가 대주제와 본질적 질문, 문제상황, 도전과제를 직접 제시하며 시작하였음을 밝힌다.

〈표 15-8〉 **참여 단계 학생 활동 포맷팅**

참여 단계	
빅 아이디어	안전
핵심질문 (Essential Question)	어떻게 안전한 세상을 만들 수 있을까?
도전과제 (Challenge)	안전하고 지속가능한 삶을 위한 안전 상품을 개발하라!

핵심질문 쪼개기

1. 안전이란 어떤 상태일까?
2. 안전은 나와 무슨 상관이 있을까?
3. 살아가면서 안전의 문제와 연결되는 순간이 있었을까?
4. 안전은 누구에게 어떤 영향을 끼칠까?
5. 안전은 왜 필요한 것일까?
6. 안전을 확보해야 하는 이유는 무엇일까?
7. 안전은 왜 중요한가?
8. 안전한 상태를 유지하거나 만들기 위해서는 어떻게 해야 할까?
9. 어디에서 안전이 문제가 될까?
10. 누구에게 안전이 문제가 될까?
11. 안전은 우리 삶의 어떤 문제와 연결되어 있을까?
12. 안전한 세상을 만들기 위해 무엇을 할 수 있을까?

학생들이 조사 단계에서 개진하는 질문들은 구체적인 실행과 도전을 하는 다음 단계로 나아가도록 만들어 주는 구심점이 될 것이다. 학생들은 빅 아이디어인 '안전'을 자신의 삶의 문제로 확장하여, '안전'이 자신의 삶과 무슨 상관이 있는지, 자신의 삶속에 내재된 어떤 문제와 연결되어 있는지 구체적인 질문(Guiding Questions)으로 핵심질문 쪼개기를 통해 실생활과 연결 지으며 빅 아이디어를 고찰하고 다양한 질문을 기록하며, 질문 가운데 핵심적인 질문을 선택하도록 한다. 가령, '어떻게 안전한 세상을 만들 수 있을까?' 그리고 '안전한 세상을 만들자!'를 구체적인 실행과 도전과제로 설정한다.

참여 단계에서 학생들이 문제를 탐구하고 도전과제를 설정하도록 하는 것은 결코 쉽지 않다. 이를 돕기 위해 교사는 학생들에게 본질적 질문을 자신의 생활 속 질문과 연계하도록 제안한다.

4) 조사 단계

조사 단계에서 학생들은 도전과제 해결에 필요한 조사활동을 진행한다. 특히 교사가 제안한 도전과제를 맥락으로 학생 자신의 삶의 맥락에서 당장 도전해 볼 수 있으며 이러한 도전을 통해 문제를 해결할 수 있는 구체적인 방법을 도출한다. 이 과정에서 학생들은 교과에서 학습한 기본 개념인 파이썬 기반 IoT 구현 방법 등에 대한 조사와 심화학습을 진행한다.

교사는 학생들에게 교과에서 요구하는 학습목표(IoT로 생활 속 문제를 해결할 수 있다)와 문제를 해결하기 위한 아이디어(우리 삶의 안전을 지키는 상품)를 연결 짓도록 한다. 학생들은 자신의 삶 속에서 안전을 위협받는 요소(문제)를 찾아내고 안전 상품 아이디어를 개진해야 한다. 설루션을 정했다면 문제해결에 도달하기 위한 여정을 계획하고 도전적인 과정에 참여한다. 즉, 학생들은 '안전한 세상을 만들자!'라는 도전 과제를 위하여 '조사' 단계에서 구체적인 방법과 안전을 위한 상품 개발을 모색하는 것이다.

〈표 15–9〉 대주제(안전)와 삶을 연결 짓고 유목화하기

1. 나와 가족의 하루 일상을 돌아보고 그중 안전을 필요로 하는 목록 정하기
2. 안전한 생활을 위해서 실천해야 할 일 우선순위 정하기
3. 나의 이웃을 돌아보고 그들에게 필요한 안전 목록 정하기
4. 안전을 위협하는 요소 찾아보기
5. 위협 요소를 제거할 수 있는 방법 찾아보기
6. 위협 요소를 제거하고 안전한 세상을 만들 수 있는 장치, 시스템, 아이디어를 적어 보기
7. 안전한 또는 안전하지 않은 순간들, 뉴스기사, 토픽 등을 조사해서 기록하기
8. 안전을 지켜 주기 위한 장치나 시스템에는 어떤 것들이 있는지 조사하기
9. 이런 장치들을 개선할 수 있는 여지나 방법은 없는지 아이디어 적어 보기

이런 방법들을 실천하기 위해서 혹은 구현하기 위해서 기술적인 방법이나 아이디어를 담은 참고자료(교과서, 웹 검색, 전문가 인터뷰, 정보 잡지, 유튜브 영상, SNS 정보, 생성형 AI 등)를 통해 도움을 받을 수 있다. 그리고 실천해 보고, 만들어 보고, 시도해 보도록 한다. 이러한 도전적 시도를 통해서 작은 변화, 혹은 결과를 엿볼 수 있다. 그리고 학생들은 이런 도전과정 속에서 교사로부터 지속적인 피드백을 받으며 계획 수정–도전을 반복한다. 교사는 학생들에게 '왜(Why) 그렇게 생각하지?'와 '어떻게 (How) 해결할 수 있을까?', '더 좋은 방법은 없을까?', '그게 과연 최선일까?' 등의 질문으로 피드백을 하며 학생들로 하여금 삶의 문제를 민감하게 고찰할 수 있는 비판적 사고를 하게 한다. 학생들은 질문에 대한 답변을 하기 위해 자신들의 아이디어를 설명하고 자연스럽게 학생–교사, 학생–학생 간 소통을 하며 의견을 나누고 상호 피드백을 주고받는다. 이때, 의견을 나누는 방법들은 좀 더 다양하고 유연하게 학생들의 수준이나 환경에 맞게 수정할 수 있다.

또한 교사는 학생들이 자신의 생활 속 문제 사례들을 찾고 이를 패들렛에 등록한 후 루피를 활용하여 유목화하는 활동을 하게 하여 문제를 구조적으로 고찰할 수 있도록 이끌어 줌으로써 학생들은 보다 쉽게 문제를 발견하고 도전과제를 정의할 수 있다.

| 검색 엔진 활용 주제 탐색 | ChatGPT 의견 수집 | 모니카 의견 수집 |

[그림 15-4] **주제 탐구(검색 엔진, 생성형 AI: 챗GPT, 모니카AI)**

학생들은 안전 상품 개발에 대한 아이디어를 얻기 위해 모둠 간 토의를 할 수 있으며 [그림 15-4]와 같이 검색 엔진을 활용하여 주제 탐색을 함으로써 기존 사례를 조사 분석하여 상품을 개선할 수도 있다. 또한 챗GPT 등을 활용하여 생성형 AI가 제안하는 아이디어를 초안으로 발전시켜 나갈 수도 있다. 이렇게 도전과제를 수행하는 과정 속에서 생성형 AI와 같은 디지털 도구는 상시로 활용할 수 있어야 하므로 필요할 때마다 생성형 AI 도구를 매번 접속해서 활용하는 것이 아니라, 자주 사용하는 검색 엔진에 맞추거나 혹은 자신에게 잘 맞는 도구를 백 그라운드에서 상시 활성화되어 있도록 해 두면 간편하다. [그림 15-4]의 맨 우측에 있는 그림은 혹자가 사용하는 모니카 AI를 활용한 의견 수집 화면이다. 이렇게 설정하여 사용하면 검색 엔진, 챗GPT, 모니카AI의 답변을 한 번에 받아서 동시에 비교 분석하며 생성 콘텐츠의 무결성 검사 및 활용에 용이하다.

[그림 15-5(좌)]와 같이 학생들은 안전 상품에 대한 아이디어를 얻기 전에 먼저 안전과 자신의 생활을 연결 짓고 실제 안전 문제 사례들을 찾아서 패들렛에 등록한다.

 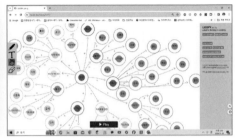

생활 속 안전 문제 조사하기(패들렛)   안전 문제 유목화(루피)

[그림 15-5] **문제 발견 및 정의(패들렛, 루피)**

이때 적절한 수준으로 찾아지면 안전 문제를 분야별로 유목화한다. 이들 중 안전 문제를 선정하고 도전과제를 설정한다. 가령, 교통안전 문제 중에서 스쿨존에서의 교통안전 문제해결을 도전과제로 설정하는 것이다.

[그림 15-5(좌)]에는 학생들이 무작위로 안전 문제를 업로드하기 때문에 좁은 화면에 많은 자료를 수집한 후 유목화하기가 여의치 않다. 그래서 좀 더 유목화를 시각적으로 표현하기 위해 [그림 15-5(우)]와 같이 추론하기 도구인 루피(Loopy)를 활용하여 안전 문제를 유목화하였다. 루피를 활용하면 안전 문제의 원인과 결과의 인과관계를 명확하게 표현할 수 있어서 문제해결의 실마리를 찾는 데 유익하다.

5) 실행 단계

실행 단계는 학생들이 직접 '행동하는(ACT)—만들고, 실천하고, 제안하고, 공유하는' 단계이다. 이 단계에서 학생들은 온·오프라인의 다양한 채널을 통해 본격적으로 데이터를 수집하고 이를 평가·분석한다. 학생들은 지난 일주일 동안의 삶의 기록을 통해 스스로의 안전 의식을 점검하고 안전 수준을 평가해 본다(오프라인 활동). 친구들이나 주변 지인들에게 온라인 설문을 만들어서 안전의식을 진단하고 공공데이터 포털 등의 실제 데이터를 검색하여 데이터 분석을 한다(테크 활용 온라인 활동).

안전 사고를 예방하기 위한 예측 기반 정책 제안, 시민의식 고취 활동, 관련 설루션 상품 개발 등의 활동을 하며 자신의 도전 과정과 결과물 시연 및 전시하기, 시청 홈페이지에 시민 정책 제안하기, 유튜브 쇼츠를 통한 캠페인 활동하기 등을 통해 산출물을 공유하고 결과물의 사회적 영향력을 평가한다. 이 과정에서 생성형 AI를 통해 콘텐츠를 생성하여 활용하고, 아이디어를 얻고, 글의 초안을 생성한 후 이들 생성 결과물에 대해 왜곡된 사실이 없는지, 문제는 없는지, 문법적으로 맞는지 등 인공지능 활용 생성물의 무결성, 신뢰성, 정확성 등을 점검한 후 자신의 언어로 목표 지식을 담아 더욱 정교하게 다듬어서 활용한다.

학생들은 문제해결을 위해 때로는 생성형 AI와 협업하고 토의나 토론을 진행할 수 있다. 특히 산출물을 만들기 위해 학생들은 생성형 AI로부터 기초적인 코딩을 도움받아 작성한 후, 이를 수정·보완하고 최적화하여 작품을 제작할 수 있으며 보고서 작성 등에도 도움을 받을 수 있고 다양한 형태로 지식을 재구성할 수 있다. 특히 저작권에 민감한 이미지는 생성형 AI의 도움을 받아 생성하여 활용한다.

1단계	2단계	3단계	4단계
			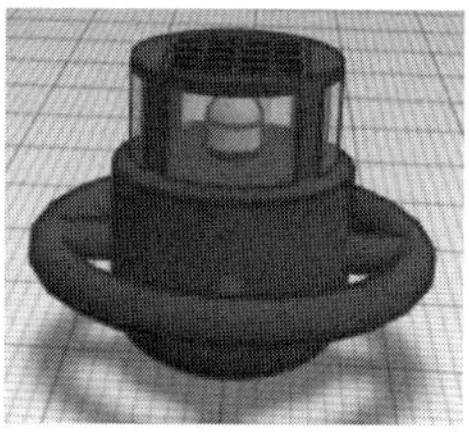
아이디어 구체화 (123D)	하드웨어 개발 (3D 프린터, 아두이노)	코딩 및 테스트 (생성형 AI 활용)	완성 및 시연

[그림 15-6] **안전 상품 개발하기**

[그림 15-6]과 같이 학생들은 조사 단계에서 나온 아이디어를 구체화한다. 이를 위해 필기구로 종이에 그리는 방법도 있고, 123D와 같은 3D 도구를 활용하여 만들고자 하는 상품을 구체적으로 모델링하고 3D 프린터로 출력하여 직접 상품의 외관을 제작할 수도 있다. [그림 15-6]의 첫 번째 그림은 TinkerCAD의 123D라는 웹 어플리케이션으로 제작하고자 하는 상품을 디자인한 것이다. 이 상품은 이안류에 휩쓸린 조난자를 구조하는 장치를 만든 것이다. 두 번째 사진은 3D로 제작한 상품이 실제 상황에서 조난자를 인식하여 구조할 수 있도록 아두이노와 센서 등을 활용하여 피지컬 컴퓨팅 장치를 구성하고 있는 모습이다. 장치에 대한 하드웨어적인 제작이 끝나면 자동으로 동작할 수 있도록 파이썬 코딩을 해야 한다. 이 과정은 학생들이 가장 어려워하고 실패와 좌절을 많이 맛보게 되는 단계로, 이 단계에서는 입출력을 정확하게 설계하여 프롬프트를 입력한 후 생성형 AI가 생성한 코드를 복사하여 사용한다. 보통은 그대로 사용했을 때 오류가 발생한다. 오류를 수정하기 위해 모둠원과 토의·토론을

하고 다시 오류 상황을 생성형 AI에게 리포팅하여 소스 코드를 재생성받아 또 테스트하는 디버깅 과정을 계속 반복함으로써 코드를 완성한다. 다양한 상황을 연출하여 완성된 제품을 테스트하고 이 과정에서 충분한 여유 시간이 있다면, 제품에 대한 사회적 영향력을 고찰한 후 상품에 반영하여 다시 개발할 수 있다.

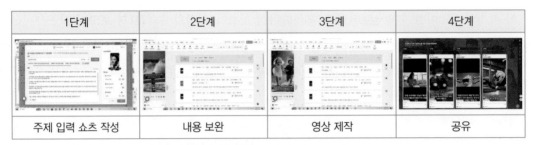

1단계	2단계	3단계	4단계
주제 입력 쇼츠 작성	내용 보완	영상 제작	공유

[그림 15-7] 브루를 활용한 안전 캠페인 쇼츠 만들기

안전 캠페인 활동은 각 모둠별로 세부 하위 분야를 정하여 쇼츠를 작성하는데, 이때 활용할 수 있는 다양한 도구 중 여기서는 브루를 활용하여 제작한다.

[그림 15-7]과 같이 브루를 활용하여 쇼츠를 작성할 수 있다. 먼저 브루를 실행하고 텍스트를 기반으로 영상 제작하기를 선택한 후 주제어(예: 교통안전예방 방안)를 입력하면 첫 번째 화면처럼 영상 생성 인공지능, 브루가 쇼츠 대본을 자동으로 생성한다. 생성된 콘텐츠를 그대로 쓰지 말고, 생성된 쇼츠 대본을 두 번째 화면처럼 모둠 토의를 거쳐 수정·보완한 다음 브루 영상 만들기를 하면 인공지능이 이미지와 배경음악을 생성하여 자동으로 영상을 만들어 준다. 생성된 쇼츠는 [그림 15-7]의 네 번째 화면처럼 패

◀안전 캠페인 쇼츠
– http://gg.gg/18qwni

[그림 15-8] 안전 캠페인 쇼츠 영상 공유 패들렛

들렛에 업로드하여 공유한다. 공유된 쇼츠를 감상한 후 각자 감상평을 댓글로 달아서 평가한다. 쇼츠 영상은 [그림 15-8] QR 코드에서 확인할 수 있다.

결과 보고서는 감마, 톰, 노션AI 또는 뤼튼과 같은 도구를 활용하여 생성형 AI의 도움을 받아서 초안을 작성한 후 CBL 전 활동 과정을 정리 및 PPT에 추가하고 발표 연습과 함께 개발 상품 시연도 준비한다.

6) 발표 및 성찰 단계

결과 보고서 프레젠테이션에는 활동의 전 과정이 들어간다. 빅 아이디어 고찰부터 문제분석 및 정의, 도전과제, 해결 방안(아이디어), 개발과정, 최종 상품 및 동작 시연, 분야별 안전캠페인 쇼츠까지 발표할 내용을 일목요연하게 작성하고 발표는 5분 발표, 2분 시연, 3분 질의응답으로 제한하여 진행한다.

CBL 수업을 통해 학생들은 다양한 영역에서 중복되지 않게 안전을 지키는 상품들을 직접 개발하기도 하고, 아이디어와 설루션만 제안하기도 했지만 창의적이고 다채로운 결과물들을 확인할 수 있었다.

| (1) aBDR(해상 조난자 구조장치)
(수상안전) | (2) VIK(한국의 바이러스 알림이)
(보건안전) | (3) 스쿨존안전지킴이
(교통안전) |

[그림 15-9] **학생 산출물 예시(안전 상품)**

[그림 15-9 (1)]은 이안류로 인한 해상 조난자를 구조하기 위한 수상 안전 장치이다. 매년 여름이면 해수욕장에서 이안류로 인해 속수무책으로 사고를 당하는데 학생들은 부산이 겪고 있는 문제로 선정하여 해상 조난자 구조장치를 개발했다. 이 작품은 로봇경진대회, 인공지능해커톤에서 고등부 1위로 부산시장상을 수상한 작품이다.

[그림 15-9 (2)]는 한국의 바이러스(Virus in Korea)라는 제품으로 이 제품은 모바일 어플이다. 한국의 지역별로 발생하는 바이러스성 질병을 시각화하여 표시하고 전염

병 정보를 교환하는 커뮤니티를 통해 보건안전에 빠르게 대처할 수 있도록 돕는 작품으로 이 작품은 부산청소년창업경진대회에서 최우수상을 수상한 작품이다.

[그림 15-9 (3)]은 스쿨존안전지킴이로, 이 시스템은 허스키렌즈라는 AI 객체인식 렌즈를 활용하여 스쿨존 내의 사람을 감지하고 다가오는 차량에게 사람의 존재 유무를 알린다. 또한 사람들에게는 다가오는 차량의 정보를 경광등으로 알림으로써 스쿨존 교통사고를 예방하는 상품이다. 이 제품은 부산창업경진대회에서 우수상을 수상하였다([그림 15-10] 참조).

학생들이 개발한 상품들은 수업에서 만들어 보고 끝내는 것이 아니라 실제 창업과 연계하여 사업계획서를 작성하고 이를 가지고 부산창업경진대회, 부산청소년창업경진대회 등의 창업 관련 대회나 인공지능 해커톤 등 인공지능 관련 대회에 출품하여 경쟁력을 높이고 포트폴리오도 만든다.

부산창업경진대회 발표 장면 (고등부 1위)	부산로봇경진대회 부산시장상 수상(고등부 1위)	인공지능해커톤 부산교육감상 수상

[그림 15-10] CBL 수업 학생 작품 발표 및 수상 장면

발표를 하면서 학생들은 작품(산출물) 평가와 발표 평가를 같이 실시한다. 교사는 미리 학생들에게 평가 루브릭을 안내하고 동료평가를 준비시킨다. 평가를 위해 경청의 자세는 필수임을 주지시킨다. 발표와 평가가 끝나면 모든 자료와 산출물을 클라우드(구글 드라이브)에 업로드하여 정리하고 공유한다.

CBL 수업의 마무리 단계에서 발표와 평가 및 정리 활동을 마치고 나면 교사는 학생들에게 활동에 대한 성찰을 하게 함으로써 최종 마무리를 한다. 이때, 학생들에게 활동 과정 속에서 배우고 느낀 점을 성찰일기(패들렛 활용)를 통해 정리하도록 구체적으로 요구한다. 이 성찰 과정을 통해 학생들은 중요한 협력적 소통, 창의적 문제해결 역량, 공동체 역량 등의 가치를 내면화하는 기회를 가지게 되며 나아가 스스로를 돌아보며 반성적 사고를 통해 자신의 경험과 태도를 보완하고 확장하며 메타인지 역량

을 높일 수 있다.

교사는 학생들의 수업 성찰을 통해 자신의 CBL 수업을 돌아보고 수정·보완할 점을 점검하여 다음 수업에 반영한다. 또한 학생들의 성찰일지에 녹아 있는 수업 만족도와 학생 개별 학습 활동 만족도 등을 점검하고 학생 맞춤형의 즉각적인 개별 피드백을 주도록 한다.

4. 생성형 AI 기반 CBL 수업 평가

CBL은 학생들이 자신이 선택한 실제 문제를 도전과제로 설정하여 해결하고 대응하는 과정에서 필요한 지식과 기술을 습득하고 협력과 소통을 통해서 도전과제 해결책을 도출하여 실행하는 일련의 과정으로 학습을 이끌어 내는 학습 방법이다. 이 방법은 단순한 지식 전달이 아니라 학습자들이 도전과제에 직면하고 창의적이고 협력적인 방식으로 문제를 해결하도록 유도한다. 그렇기 때문에 단순한 지식 습득이 아닌 학습자의 다양한 능력을 종합적으로 강화하는 데 초점이 맞춰져 있다. 이러한 CBL의 특징은 학습자가 미래의 도전과제에 대응할 수 있는 역량을 키우는 데 도움이 된다. 그런 면에서 CBL은 미래교육에 가장 근접한 교수법이다. 이에 학생들이 안전 상품을 개발하면서 영어로 안전 캠페인 쇼츠를 만들고 영어 프롬프트를 구성해서 AI 콘텐츠를 생성하는 등 교과 융합 수업(STEAM)으로 진행하였으며, 문제해결을 위해 목적에 맞게 다양하고 효율적인 도구를 적절하게 활용하면서 AI 도구들의 활용 능력도 배양하였다. 특정 상황의 문제를 해결하기 위한 안전 상품 개발이라는 도전적인 상황에서 실패와 성공을 경험하며 지속적인 학습과 발전, 성장을 이루어 낼 수 있다.

1) CBL 수업의 평가 방향

CBL 수업의 평가 방향은 학생의 성장에 초점을 맞추어 '도전과제 해결에 대한 평가', '결과 보고서 도출에 대한 평가', '발표에 대한 평가', '모둠활동 과정에 대한 평가'의 네 가지로 나누어 실시한다. 또한 학생 산출물 중에서 안전 상품(작품)에 대한 평가는 별도로 실시하며 이 평가를 토대로 우수한 작품에 대한 완성도를 높여서 학생 포트폴리오로 만들게 된다.

(1) 도전과제 해결에 대한 평가

이 수업의 도전과제는 '안전하고 지속가능한 삶을 위한 상품을 개발하라'를 통해서 안전하고 지속가능한 삶에 긍정적인 영향을 줄 수 있는 안전 상품 또는 아이디어를 개발하는 것으로, 창의성, 적절성, 다양성, 문제해결성, 사회적 영향성의 다섯 가지 측면에서 도전과제 해결에 대한 평가를 실시한다. 이를 평가하기 위해서 창의적 방법으로 문제를 발견하고 정의했는지 창의성 평가, 지속가능한 발전 목표 주제 선정에 맞게 충분한 양의 질적인 데이터를 수집하여 학습하였는지 적절성 평가, 충분한 근거를 바탕으로 통찰하였으며 다양한 관점에서 문제점을 분석하고 통합하여 문제를 잘 정의하였는지 다양성 평가, 발견한 문제에 대한 적절한 대안을 제시하고 창의적으로 문제를 해결하였는지 문제해결성 평가, 사회적 영향력에 대해 다각도로 충분한 고찰을 함으로써 문제해결을 위한 실효성 있는 작품을 제작하였는지 사회적 영향성을 평가를 한다.

〈표 15-10〉 **도전과제 해결에 대한 평가 항목 및 평가기준**

	창의성	창의적인 방법으로 문제를 발견하고 정의하였다.
	적절성	지속가능한 발전 목표 주제 선정에 맞게 충분한 양의 질적인 데이터를 수집하여 학습하였다.
도전과제 해결	다양성	충분한 근거를 바탕으로 통찰하였으며 다양한 관점에서 문제점을 분석하고 통합하여 문제를 잘 정의하였다.
	문제해결성	발견한 문제에 대한 적절한 대안으로 제시하고 창의적으로 문제를 해결하였다.
	사회적 영향성	사회적 영향력에 대해 다각도로 충분한 고찰을 함으로써 문제해결을 위한 실효성 있는 작품을 제작하였다.

(2) 결과 보고서 도출에 대한 평가

학생들은 문제탐색부터 도전과제 해결에 이르는 CBL의 전 과정을 결과 보고서로 작성하여 정리하고 이를 발표한다. 결과 보고서를 통해 학생들의 학습 과정을 확인할 수 있기 때문에 결과 보고서 도출에 대한 평가를 다음과 같이 실시한다.

〈표 15-11〉 **결과 보고서 도출에 대한 평가 항목 및 평가기준**

결과 보고서 도출	작성 절차 준수	주제 선정, 문제 정의, 데이터 수집, 학습, 모델링, 일반화, 사회적 영향력 분석의 절차에 따라 도전과제를 완수했다.
	조직성, 간결성	모델링 시뮬레이션, 목업 시연이 잘 이루어졌다.
	일관성	문제 정의-해결 방안-사회적 영향력 분석이 일관되게 제시되었다.
	도구 활용성	과제 해결을 위해 적절한 도구 및 방법을 활용하되 자신의 힘으로 수정·보완 단계를 거쳐 능숙하게 활용하였다.

결과 보고서 도출에 대한 평가는 작성 절차 준수, 조직성 및 간결성, 일관성, 도구 활용성의 네 가지 측면에서 평가한다. 결과 보고서 도출을 위한 작성 절차 준수의 측면에서는 주제 선정, 문제 정의, 데이터 수집, 학습, 모델링, 일반화, 사회적 영향력 분석의 절차에 따라 도전과제를 완수했는지, 조직성 및 간결성의 측면에서는 모델링 시뮬레이션, 목업 시연 등이 잘 이루어졌는지, 일관성의 측면에서는 문제 정의-해결 방안-사회적 영향력 분석이 일관되게 제시되었는지, 도구 활용성 측면에서는 과제 해결을 위해 적절한 도구 및 방법을 활용하되 자신의 힘으로 수정·보완하는 단계를 거쳐 능숙하게 활용하였는지를 평가한다.

(3) 발표에 대한 평가

발표에 대한 평가는 효과성, 명료성과 호응의 측면에서 평가한다. 먼저, 효과성, 명료성의 측면에서 학습내용에 대한 명확한 이해를 토대로 전달력 있게 효과적으로 시연하고 명료하게 발표하였는지, 호응의 측면에서는 정해진 시간에 맞추어 시연 및 발표를 하였으며 질의응답에 적절히 대응했는지, 경청의 태도를 견지했는지 평가한다. 특히 결과 보고서와 발표에는 학생들의 학습 성취와 성장 정도가 잘 드러나므로 이 과정에서는 질문을 통해 성취도를 점검하여 반영할 수도 있다.

〈표 15-12〉 **발표에 대한 평가 항목 및 평가기준**

발표	효과성, 명료성	학습내용에 대한 명확한 이해를 토대로 전달력 있게 효과적으로 시연하고 명료하게 발표하였다.
	호응	정해진 시간에 맞추어 시연 및 발표하였으며 질의응답에 적절히 대응했다. 타인의 발표를 경청하였다.

(4) 모둠활동 과정에 대한 평가

모둠활동 과정에 대한 평가는 협업, 의사소통, 태도의 세 가지 측면에서 진행한다.

〈표 15–13〉 **모둠활동 과정에 대한 평가 항목 및 평가기준**

모둠활동 과정	협업	역할을 합리적이고 명확하게 분담하며 상호 작용하였다.
	의사소통	타인의 의견을 존중하고 근거를 통해 주장하며 이견을 조율하고 문제해결을 위한 주제 중심의 대화를 활발하게 전개하였다.
	태도	어려움에 봉착했을 때 포기하지 않고 다양한 방법으로 시도하였다.

먼저, 협업의 측면에서 역할을 합리적으로 명확하게 분담하여 상호 작용하였는지, 의사소통의 측면에서 타인의 의견을 존중하고 근거를 통해 주장하며 이견을 조율하고 문제해결을 위한 주제 중심의 대화를 활발하게 전개하였는지, 태도 면에서는 어려움에 봉착했을 때 포기하지 않고 다양한 방법으로 시도하였는지 평가한다. 이러한 모둠활동 과정에는 학생 역량과 태도가 잘 드러나기 때문에 이를 평가하는 중요한 지표가 될 수 있다.

2) 평가 루브릭 작성 및 평가

교사는 CBL 수업의 평가 방향으로 설정한 네 가지 기준인 '도전과제 해결', '결과 보고서 도출', '발표', '모둠활동 과정'을 평가하기 위한 루브릭을 작성한다. 평가 루브릭은 평가영역별 평가요소와 평가기준을 구체적으로 설정하여 작성한다. '안전하고 지속가능한 삶을 위한 안전 상품을 개발하라'에서는 평가요소와 평가기준을 중심으로 한 평가 루브릭을 〈표 15–14〉와 같이 작성하였다.

〈표 15-14〉 **생성형 AI 기반 CBL 수업의 평가 루브릭**

평가 루브릭			배점
평가영역	평가요소	평가기준	
도전과제 해결	창의성	창의적인 방법으로 문제를 발견하고 정의하였다.	5
	적절성	지속가능한 발전 목표 주제 선정에 맞게 충분한 양의 질적인 데이터를 수집하여 학습하였다.	10
	다양성	충분한 근거를 바탕으로 통찰하였으며 다양한 관점에서 문제점을 분석하고 통합하여 문제를 잘 정의하였다.	5
	문제해결성	발견한 문제에 대한 적절한 대안으로 제시하고 창의적으로 문제를 해결하였다.	10
	사회적 영향성	사회적 영향력에 대해 다각도로 충분한 고찰을 함으로써 문제해결을 위한 실효성 있는 작품을 제작하였다.	10
결과 보고서 도출	작성 절차 준수	주제 선정, 문제 정의, 데이터 수집, 학습, 모델링, 일반화, 사회적 영향력 분석의 절차에 따라 도전과제를 완수했다.	5
	조직성, 간결성	모델링 시뮬레이션, 목업 시연이 잘 이루어졌다.	5
	일관성	문제 정의-해결 방안-사회적 영향력 분석이 일관되게 제시되었다.	5
	도구 활용성	과제 해결을 위해 적절한 도구 및 방법을 활용하되 자신의 힘으로 수정·보완 단계를 거쳐 능숙하게 활용하였다.	10
발표	효과성, 명료성	학습 내용에 대한 명확한 이해를 토대로 전달력 있게 효과적으로 시연하고 명료하게 발표하였다.	15
	호응	정해진 시간에 맞추어 시연 및 발표하였으며 질의응답에 적절히 대응하였다.	5
모둠활동 과정	협업	역할을 합리적이고 명확하게 분담하며 상호 작용하였다.	5
	의사소통	타인의 의견을 존중하고 근거를 통해 주장하며 이견을 조율하고 문제해결을 위한 주제 중심의 대화를 활발하게 전개하였다.	5
	태도	어려움에 봉착했을 때 포기하지 않고 다양한 방법으로 시도하였다.	5

학생들은 발표를 하는 동안 미리 공유받은 사본 문서(구글 시트)를 통해 평가 루브릭 기반의 동료평가에 참여한다. 산출물 중 안전 상품에 대한 평가는 〈표 15-15〉와 같이 PMI 기법을 적용하여 평가 루브릭을 작성하였다.

〈표 15-15〉 **안전 상품에 대한 PMI+S 평가 루브릭**

상품명	이안류 인명 구조 장치			
주요기능	이안류에 휩쓸린 사람을 구조하는 장치			
P	M		I	S
긍정적인 면, 좋은 점은?	부정적인 면, 나쁜 점은?		흥미로운 점, 독창성은?	사회적 영향력은?
-인명 구조에 용이함. -급물살, 이안류 등 다양한 곳에 활용성이 높아 보임. -디자인이 수려하고 돋보임. -매년 발생하는 물놀이 안전사고에 큰 도움이 될 것으로 보임.	-실현가능성이 낮음. -스크류가 돌아가면서 사람이 다칠 위험이 높음. -인공지능이 위험 상황과 장난치는 상황을 구분하기 힘들어 보임.		-이안류에 대한 분석이 흥미로움. -외관, 내관 디자인이 독창적임.	-생명을 구조함. -이안류 문제해결 가능성 -인명 구조원, 해양 경찰과의 협업을 통한 실현가능성(완성도) 높일 수 있음.

3) 평가 결과 기록

교사는 CBL 수업의 전 과정에 걸쳐서 면밀히 살피고 종합해서 학생의 성장 정도를 구체적으로 기록한다. 학습자가 어떻게 문제를 분석하고 정의하였는지, 도전과제와 해결책을 어떻게 도출하였는지, 그 과정 속에서 어떻게 협력하고 소통했으며 어떤 도구들을 어떻게 활용했는지, 관련 지식과 기술을 어떻게 연관 짓고 심화 학습해서 안전 상품을 개발했는지, 도전 결과에 대한 사회적 영향력을 충분히 고찰하여 만들었는지, 그 과정 속에서 어떤 역량을 보였는지 등 학생에게 피드백을 제공할 수 있다. 안전하고 지속가능한 삶을 위한 안전 상품 개발의 전 과정 및 평가 결과를 토대로 교사는 학생들에게 다음과 같은 내용들을 중심으로 피드백을 해 줄 수 있다.

〈표 15-16〉 **수업 과정 및 결과에 대한 교사의 피드백 예시**

- 이안류로 인해 발생하는 인명피해를 줄이고자 '이안류 조난 방지 장치' 아이디어를 제안하고 이를 개발하기 위해 코딩 서적을 탐독하고 오픈 소스를 분석하는 열정을 보임.
- 문제 정의를 위해 다양한 조난사고 사례를 수집하고 이안류에 대해 논문을 찾아 심층학습을 하며 분석적인 탐구 자세로 문제를 발견하고 정의함.
- 실제 개발 단계에서 수중 모터 구동의 문제를 발견하고 이를 해결하고자 모둠원들과 함께 각종 수중 모터의 종류를 분석하고 조사하여 최적의 모터를 찾아서 극복하는 등 창의적 문제해결역량이 뛰어남.
- 계속된 오류와 디버깅 작업에도 포기하지 않고 시종일관 모둠원들을 다독이며 인공지능을 활용한 코딩 도출 및 최적화 방법을 알려 주며 다 함께 참여할 수 있도록 이끄는 리더십을 보임.
- 프로젝트 전반에 걸쳐 문제해결에 필요한 적절한 디지털 도구를 선택 및 활용하는 역량이 뛰어나고 시간 관리에 철저하며 발표 시 충분한 근거와 자료를 바탕으로 명료하고 자신감 있게 발표함.
- 다양한 현실적인 상황들을 고려하여 추가 보완점을 제시하고 이를 위한 여지를 남겨 둠으로써 스스로 더욱 발전하고자 하는 강한 열정과 의지를 보임.

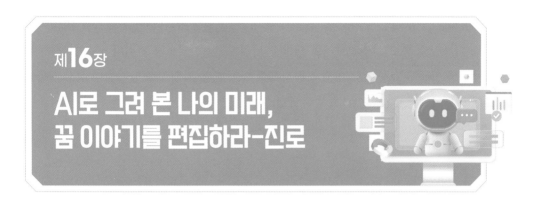

제16장

AI로 그려 본 나의 미래, 꿈 이야기를 편집하라-진로

 ## 자기다운 삶에 관심을 가지고 행복한 미래를 어떻게 설계할까

미래를 꿈꾸는 10대, 꿈 많은 이 시기에 꿈이 없다고 외치는 청소년들을 학교 현장에서 많이 만나게 된다. 이들에게 길을 안내하고 행복한 미래를 스스로 설계할 수 있도록 돕는 길은 무엇일까? "나는 뭐든 될 수 있어."라는 말을 하며 관심 있는 일에 도전할 수 있도록 어떤 학습환경을 만들어 주면 좋을까? 교사라면 누구나 한 번쯤 고민해 본 경험이 있을 것이다. 수업과정에서 학생들이 작은 성취를 통해 '뭐든 할 수 있다'는 자기효능감을 기를 수 있다면 '자기다운 삶'에 관심을 가지고 각자의 꿈 이야기를 설계하는 데 도움이 될 것이다.

청소년들이 살아갈 미래사회는 디지털 전환에 따른 산업의 변화, 기후 환경 위기, 인구절벽 문제 등 예측하기 어려운 불확실한 문제들에 직면하게 된다. 이러한 디지털 대전환 시대에 미래사회가 요구하는 역량 있는 인재, 즉 창의적으로 문제를 해결할 수 있는 인재로 성장하기 위해 『진로와 직업』 시간에 생성형 AI를 활용하여 주도적으로 자신의 진로를 탐색하고 정보를 편집해 꿈 이야기를 디자인해 보는 수업을 기획하였다. 이 수업과정에서 '편집'은 중요한 의미를 가진다. 정보의 홍수 시대, 생성형 AI를 활용한 수업 과정에서 정보를 분석하고 분류하여 자신에게 필요한 정보를 새롭게 디자인하거나 다양한 콘텐츠를 재편집하여 창의적인 결과물을 만들어 볼 수 있기 때문이다.

이러한 학습경험 속에서 생성형 AI를 활용해 자신의 진로와 적성을 확인하고 다양한 직업과 학과를 탐색해 보았다. 그 후 미래의 자신을 상상하며 뤼튼, 브루, 플루닛 스튜디오 등을 활용해 자서전, 신문기사, 뉴스, 동영상 등 다양한 콘텐츠로 꿈 이야기를 디자인해 봄으로써 진로개발 역량을 키워 나갈 수 있도록 하였다. 또한 학생들이 제작한 작품을 모둠별로 새롭게 편집하여 완성도 높은 창작물로 만들어 북크리에이터에 전자책으로 디자인하고 발표하였다.

1. 생성형 AI 기반 CBL 수업 교육과정 분석

1) 교육과정 및 성취기준 분석

수업 주제인 'AI로 그려 본 나의 미래, 꿈 이야기를 편집하라'는 2015 개정 교육과정 『진로와 직업』 대단원 [IV. 진로디자인과 준비]의 성취기준 [12진로04-03]과 [12진로04-04]를 기반으로 한다. 이 내용은 2022 개정 교육과정 『진로와 직업』 대단원 [III. 진로 설계와 실천]의 성취기준 [12진로03-02]와 [12진로03-03]과 같은 맥락으로 이어지고 있다. 이들 성취기준은 다음과 같다.

〈표 16-1〉 CBL 수업 진행을 위한 성취기준 선정

교육과정	2015 개정	2022 개정
영역(단원)	IV. 진로디자인과 준비	III. 진로 설계와 실천
성취기준	[12진로04-03] 자신의 진로 목표와 관련 있는 직업·대학·학과를 탐색할 수 있다. [12진로04-04] 개인 및 직업세계의 변화를 검토하여 자신의 진로계획을 재점검하고 수정할 수 있다.	[12진로03-02] 잠정적인 진로 목표를 설정하고 고등학교 졸업 이후의 장단기 진로 계획을 설계한다. [12진로03-03] 나의 진로 목표에 따라 진학 또는 취업에 필요한 학업 계획을 세우고 실천한다.

성취기준 해설에 나타난 특징을 살펴보면, 2015 개정 교육과정에서는 자신이 선택한 직업과 진로에 대한 구체적인 청사진을 그려 보고 이에 대한 체계적인 준비가 이루어질 수 있도록 진로 경로를 계획하는 것을 강조한다(교육부, 2015a, p. 84).[1] 2022 개정 교육과정에서는 관심 분야에 대한 구체적인 진로 정보를 탐색하고 자신의 진로 특성과 연계하는 활동 등을 통해 보다 심화된 진로 탐색이 이루어질 수 있도록 하는 데

중점을 두고 있다(교육부, 2022a, p. 12).[2]

자기다운 삶에 관심을 가지고 각자의 꿈 이야기를 설계하는 데 도움을 주기 위한 'AI로 그려 본 나의 미래, 꿈 이야기를 편집하라'라는 주제는 2015 개정 교육과정을 기반으로 기획되었지만, 2022 개정 교육과정 수업에서도 충분히 활용될 수 있다. 이 수업을 통해 학생들은 자기답지 못한 삶, 꿈을 찾을 수 없어 좌절하고 있는 현재의 자신을 성찰하며 '누구나 뭐든 될 수 있다'는 자기효능감을 찾을 수 있는 방안을 탐구문제로 설정한다. 탐구문제를 기반으로 도전과제를 선정하고 도전과제를 수행하는 과정을 통해서 자신의 진로를 자발적으로 설계하고 학습에 대한 내적 동기를 강화함으로써 주도적으로 진로개발 역량을 함양해 나갈 수 있도록 한다.

2) 학습내용 분석

학교 진로교육은 학생이 자신의 진로를 창의적으로 개발하고 지속적으로 발전시켜 성숙한 민주시민으로서 행복한 삶을 살아갈 수 있는 역량을 기르는 것이다. 『진로와 직업』 대단원 [IV. 진로디자인과 준비]에서는 자신의 진로 목표를 바탕으로 고등학교 이후의 진로에 대하여 체계적인 계획을 수립하고 상황 변화에 대응하는 역량을 기르는 것이 목표이다. 이러한 내용을 반영하여 [학습내용]을 두 가지로 분석하였다.

- [학습내용 1] 진로 의사결정, 진로 목표, 진로 설계의 의미 학습
- [학습내용 2] 구체적인 진로 정보를 활용하여 잠정적인 진로 목표 설정 및 진로 설계 방안 탐구

[학습내용 1]은 진로 의사결정, 진로 목표, 진로 설계의 의미를 학습한다. 그리고 [학습내용 2]에서는 구체적인 진로 정보를 활용하여 잠정적인 진로 목표 설정 및 진로 설계 방안을 탐구한다. 여기서는 [학습내용 1]에 대한 학습이 이미 진행되고 난 이후 [학습내용 2]의 수업을 중심으로 수업을 설계하여 실행하는 과정을 생성형 AI 기반 CBL 수업으로 구성하여 진행하고자 한다. [학습내용 2] 수업에서는 구체적인 진로 정보를 활용하여 잠정적인 진로 목표 설정 및 진로 설계 방안 탐구를 위해 자신을 성

---

1) 교육부(2015a). 교양교과 교육과정. 교육부 고시 제2015-74호 [별책19].
2) 교육부(2022a). 교양교과 교육과정. 교육부 고시 제2022-33호 [별책19].

찰하고, 다양한 매체를 활용해 진로 정보를 재탐색하여 진로를 설계해 봄으로써 가슴 뛰는 꿈 이야기를 디자인해 볼 수 있는 도전학습을 시행한다.

3) 도전과제 도출

학생들이 [학습내용 2]를 토대로 탐구해야 할 내용은 '자기다운 삶에 관심을 가지고 행복한 미래를 어떻게 설계할까?'라는 형태로 제기하였다. 이러한 탐구질문에 기반해서 학생들이 탐구해 나갈 도전과제를 보다 구체적으로 제시해 줄 필요가 있다. 이 수업에서는 [학습내용 2]에 기반하여 다음과 같은 도전과제를 설정하고자 한다.

> AI로 그려 본 나의 미래, 꿈 이야기를 편집하라.

도전과제에서 꿈 이야기를 '편집'하는 것은 앞서 언급하였듯이 중요한 의미를 가진다. 생성형 AI를 활용한 수업 과정에서 넘쳐 나는 정보를 분석하고 분류하여 자신에게 필요한 정보를 새롭게 디자인하거나 다양한 콘텐츠를 재편집하여 창의적인 결과물을 만들어 내는 것은 학생들에게 새로운 도전이다.

4) 학습자 및 환경 분석

생성형 AI 기반 CBL 수업을 통해서 도전과제를 해결해야 할 주체인 학습자에 대한 이해와 함께 학습자가 수업을 진행할 수 있는 학습환경을 함께 분석한다. 먼저, 이 수업을 진행하게 될 학생은 다음과 같은 특징을 가지고 있다.

> • **대상 학년**: 고등학교 1학년
> • **학생 구성**: 학급당 인원수 24명, 남학생
> • **학생 특징**: 잠정적인 진로 목표를 설정하고 고등학교 졸업 이후의 장단기 진로 계획을 설계하고 실천해야 하는 상황

이 수업을 진행하기 위한 학습환경과 수업에 활용한 생성형 AI 도구는 다음과 같다.

- **학습환경**: 학생 개인별 태블릿 PC 사용 가능하며 진로활동실에 단초점 빔프로젝트가 설치되어 있고 와이파이 무선 인터넷 환경이 갖추어져 있음.
- **생성형 AI 도구**: 뤼튼, 제미나이, 플루닛 스튜디오, 브루 등

학교현장은 최근 2~3년 사이 에듀테크를 활용한 디지털 기반 학습환경이 대부분 구축되어 있어 생성형 AI 기반 CBL 수업을 진행하는 데 큰 어려움은 없다. 학생들은 다양한 교과 시간, 개인별 태블릿 PC로 생성형 AI를 활용한 수업 경험이 있기 때문에 여러 도구를 사용하고 적용해 본 후 자신이 원하는 결과물을 효과적으로 도출할 수 있는 도구를 선택해서 사용하면 된다. 또한 생성형 AI 프로그램의 활용과 함께 다음과 같은 에듀테크를 활용하고자 한다.

- **구글 클래스룸**: 수업 안내 및 도전과제 해결을 위한 질문지와 계획서 올리기
- **북크리에이터**: 도전과제 해결 결과 창작물을 북크리에이터에서 전자책으로 재편집하기

구글 클래스룸을 활용하면 모든 학급의 학생들에게 수업에 대한 안내와 질문지나 활동지, 모둠별 활동계획서 등의 양식을 공유하고 과제방을 통해 결과물을 받을 수 있어 학생과 소통이 원활하게 이루어진다. 특히 생성형 AI를 활용한 창작물이나 프롬프트에 질문하는 법과 관련된 정보를 공유함으로써 학생들이 새로운 과제에 도전해 볼 수 있도록 동기를 부여해 줄 수도 있다.

북크리에이터는 무한한 옵션을 가지고 있으면서도 사용하기 쉬운 디지털 북 메이킹 도구이다. 학생들은 생성형 AI를 활용해 자신의 진로를 탐색하고 정보를 편집해 꿈을 디자인한 후 모둠을 구성하여 뤼튼, 브루, 플루닛 스튜디오 등을 활용하여 꿈 이야기를 재편집하여 북크리에이터에서 모둠별로 전자책을 제작하고 발표해 봄으로써 진로개발 역량을 키워 나갈 수 있도록 한다. 자기다운 삶에 관심을 가지고 행복한 미래를 설계하기 위해 생성형 AI를 활용해 꿈 이야기를 편집해 보는 활동은 자신의 진로와 적성을 재확인하고 미래를 상상하며 진로를 구체적으로 설계해 봄으로써 진로개발역량을 함양하는 데 도움을 줄 수 있는 학습이다.

2. 생성형 AI 기반 CBL 수업 설계

'AI로 그려 본 나의 미래, 꿈 이야기를 편집하라'는 수업을 진행하기 위해 생성형 AI 기반 CBL 수업으로 설계하고자 한다. 수업 설계는 학습목표 설정, 교수·학습 과정안 설계, 평가 도구 개발, 교수 전략을 중심으로 진행하고 학습목표는 생성형 AI 기반 CBL 수업을 통해서 추구하고자 하는 목표를 중심으로 설정한다. 학습목표 설정 후 CBL 수업의 단계별 진행에 따라 교수·학습 활동을 구체화하여 교수·학습 과정안을 설계한다. 그리고 교수·학습 과정안에 따라서 평가계획과 교수 전략을 세울 필요가 있다. 이들 요소를 중심으로 생성형 AI 기반 CBL 수업을 다음과 같이 설계하였다.

1) 학습목표 설정

이 수업을 진행하기 위해 도출한 도전과제를 통해서 성취하고자 하는 학습목표는 〈표 16-2〉와 같이 설정하였다.

〈표 16-2〉 생성형 AI 기반 CBL의 학습목표 설정

1. 지식·이해	진로 의사결정의 요인과 변화 가능성을 이해하고 진로 목표에 따른 진로 설계의 중요성을 설명할 수 있다.
2. 과정·기능	생애 진로 목표를 이룬 자신의 모습을 생성형 AI 도구를 활용해 다양한 콘텐츠로 제작하여 발표할 수 있다.
3. 가치·태도	자기다운 삶에 관심을 가지고 잠정적인 진로 목표 달성을 위해 유연하면서도 건강한 태도를 가진다.

생성형 AI 기반 CBL 수업을 통해서 달성하고자 하는 학습목표 설정은 Bloom의 신 교육목표 분류에 따라서 인지적 과정의 여섯 가지 수준(기억, 이해, 적용, 분석, 평가, 창안)과 지식의 네 가지 유형(사실적 지식, 개념적 지식, 절차적 지식, 메타인지 지식)을 충분히 고려한다. 사실적 지식의 차원에서 진로 의사결정에 영향을 주는 요인을 이해하고, 개념적 지식의 차원에서 공익의 가치 개념을 이해하도록 한다. 절차적 지식에서 도전과제 해결 과정의 절차를 통해 진로 목표가 개인의 내적·외적인 환경요인

에 따라 변경될 수 있음을 인식하게 한다. 메타인지적 차원에서 생성형 AI를 활용하여 자신의 꿈 이야기를 새로운 창작물로 표현하는 학습 과정에서 자신을 성찰할 수 있는 기회를 가질 수 있다. 이렇게 설정한 학습목표에 학생들이 도달할 수 있도록 교수·학습 과정안을 설계한다.

2) 교수·학습 과정안 설계

'AI로 그려 본 나의 미래, 꿈 이야기를 편집하라'는 수업을 진행하기 위한 교수·학습 과정안은 CBL 수업의 절차에 따라 단계적으로 설계한다. 교수·학습 과정안은 교육과정 분석에서 진행된 도전과제를 기반으로 설계한다.

〈표 16-3〉 **교수·학습과정안 개요**

도전과제	AI로 그려 본 나의 미래, 꿈 이야기를 편집하라.			
학습목표	1. 진로 의사결정 요인과 변화 가능성을 이해하고 진로 목표에 따른 진로 설계의 중요성을 설명할 수 있다. 2. 생애 진로 목표를 이룬 자신의 모습을 생성형 AI 도구를 활용해 다양한 콘텐츠로 제작하여 발표할 수 있다. 3. 자기다운 삶에 관심을 가지고 잠정적인 진로 목표 달성을 위해 유연하면서도 건강한 태도를 가질 수 있다.			
학습요소	진로 의사결정의 요인과 변화 가능성, 진로 목표에 따른 진로 설계, 생애 진로 목표를 이룬 자신의 모습을 콘텐츠로 제작			
핵심교과 역량	비판적 사고력	V	의사소통능력	V
	문제해결력	V	정보활용능력	V
	창의융합능력(비판적 사고)	V	협업능력	V
학습자료	교과서, 교재, 태블릿 PC, 학생 활동지	교수·학습 방법	도전기반학습(CBL)	

단계	교수·학습 활동	차시
핵심 지식 이해	• 핵심 지식 이해: 진로 의사결정 요인, 공익의 가치 • 활동안내: 수업 진행 소개 및 모둠 구성, 역할 설정, 수행평가 제시	1차시
문제 상황 파악	• 동기유발: 청소년들의 낮은 행복지수 인식(보도영상 시청) • 문제상황: 잠정적 진로 목표에 따른 진로 설계 방안 모색 • 탐구문제: 자기다운 삶에 관심을 가지고 행복한 미래를 설계하는 방안 탐구	2차시

참여	• The Big Idea: 자기다운 삶의 목표(꿈 이야기) • 핵심질문: 도전과제 해결에 필요한 핵심질문 구성 • 도전과제: AI로 그려 본 나의 미래, 꿈 이야기 도전과제 선정	
조사	• 핵심질문 쪼개기: 도전과제를 해결할 수 있도록 핵심질문을 잘게 쪼개기 • 조사활동: 질문을 유목화하여 조사할 내용을 정리해서 역할 분담하기 • 활동결과 정리: 꿈 이야기에 담을 진로 목표 및 진로 설계 정리(생성형 AI 도구 활용)	3차시
실행	• 실행계획: 생애 진로 목표를 이룬 자신의 모습을 다양한 콘텐츠로 제작(생성형 AI 도구 활용) • 실행결과: 북크리에이터에 모둠별 우리들의 꿈 이야기 전자책으로 편집	4~5 차시
발표 및 성찰	• 북크리에이터 전자책 발표 및 평가하기 • 활동 후기를 작성하여 활동 과정에서 배우고 느낀 점 성찰하기 • 도전과제 결과 창작물 북크리에이터 공유(학생, 교사, 학교 인터넷 공유)	6차시

3) 평가 및 산출물 계획

'AI로 그려 본 나의 미래, 꿈 이야기를 편집하라'는 수업을 평가하기 위해서는 CBL 수업 절차의 단계별 활동에서 산출되는 주요 산출물을 기반으로 평가계획을 설계한다. 각 활동의 산출물에서 필수 평가 항목이 무엇인지, 이러한 평가는 어떤 핵심 역량을 키워 주기 위한 것인지를 살펴본다.

〈표 16-4〉 **주요 산출물과 필수 평가 항목 및 핵심 역량**

단계	주요 산출물	필수 평가 항목	핵심 역량
핵심 지식 이해	• 활동 1 –진로 의사결정 요인	핵심 지식 이해의 적절성	문제해결역량
문제상황 이해	• 활동 2 –진로 목표에 따른 진로 설계를 종합적 관점에서 접근하기	문제상황 분석의 타당성	비판적 사고력
참여	• 활동 3 –The Big Idea, 핵심질문, 도전과제 도출안	도전과제 해결 방안 도출의 타당성	문제해결역량
조사	• 활동 4 –조사결과 정리 및 도전과제 해결안 도출	조사 결과 정리 및 도전과제 해결안의 타당성	창의융합능력 문제해결역량

실행	• 활동 5 –생성형 AI 활용 작품 –북크리에이터를 활용한 꿈 이야기	계획 및 실행과정의 적절 성과 충실성	문제해결역량 협업능력
발표 및 성찰	• 활동 6 –북크리에이터에 담긴 창작물 발표 –도전과제 결과 공유 및 성찰	발표의 충실성 성찰의 진정성 및 구체성	의사소통능력 메타인지능력

4) 교수 · 학습전략

'자기다운 삶'에 관심을 가지고 행복한 미래를 자발적으로 설계하기 위한 'AI로 그려 본 나의 미래, 꿈 이야기를 편집하라'는 생성형 AI 기반 CBL 수업의 교수 · 학습 전략은 다음과 같다.

〈표 16–5〉 생성형 AI 기반 CBL 수업의 교수 · 학습 전략

교수 · 학습 전략	설명
도전적인 과제 설정	학습자가 진로 목표에 따른 진로 설계 후 미래의 자신을 상상하며 '꿈 이야기 편집'이라는 도전적인 과제를 설정하여 진로개발역량을 촉진한다.
자기주도적 학습 촉진	학습자 스스로 다양한 진로정보망 및 생성형 AI를 통해 확인한 정보를 재구성하여 진로 목표에 도달한 자신을 상상하며 구체적인 꿈 이야기를 다양한 콘텐츠로 표현해 봄으로써 자기주도적 학습을 촉진한다.
협력학습 촉진	생성형 AI를 활용해 설계하고 표현한 개인별 꿈 이야기를 모둠별로 북크리에이터에서 협력적으로 작업하여 '우리의 꿈 이야기'로 재구성하여 발표함으로써 협력학습을 촉진한다.
피드백 제공	교사는 모둠별 수업의 진행 과정과 학습자의 활동 상황을 지속적으로 모니터링하여 학습에 대한 피드백을 제공한다.
교수 매체 활용	학생 개인별 태블릿 PC를 사용해 모둠별로 뤼튼, 브루, 플루닛 스튜디오 등을 활용하여 꿈 이야기를 신문기사, 뉴스, 동영상 등으로 재편집한 후 북크리에이터로 전자책을 만들고, 효율적인 수업진행을 위해 구글 클래스룸 등 에듀테크 매체도 활용한다.

3. 생성형 AI 기반 CBL 수업 실행

'AI로 그려 본 나의 미래, 꿈 이야기를 편집하라' 수업을 성공적으로 진행하기 위해 생성형 AI 기반 CBL 수업 단계인 [핵심 지식 이해 단계]–[문제상황 파악 단계]–[참여 단계]–[조사 단계]–[실행 단계]–[발표 및 성찰 단계]의 순서에 따라 다음과 같이 실행하였다.

1) 핵심 지식 이해 단계

'AI로 그려 본 나의 미래, 꿈 이야기를 편집하라'는 수업을 실행하기 위해 다양한 매체를 활용해 자신의 흥미와 적성을 찾아보거나 심리검사 결과 분석을 통해 알게 된 자신의 특성을 고려해 진로 의사결정을 어떻게 하는 것이 진로 목표에 도달할 수 있는 길인지를 알고 시도해 볼 수 있도록 안내해야 한다.

핵심 지식 이해 단계에서 자신은 결정장애가 있어 진로 목표를 정할 수 없다고 말하는 학생들에게 진로 의사결정의 유형과 각각의 장·단점을 알고 합리적으로 진로 의사결정을 할 수 있도록 안내한다. 이를 위해 PPT 자료와 동영상을 활용해 학생들이 핵심 지식을 충분히 이해할 수 있도록 하였다. '핵심 지식 이해'를 위해서 활용한 자료는 [그림 16-1]과 같다.

진로 의사결정에 있어 중요한 점은 자신의 진로와 관련하여 의사결정을 스스로 해 보고 현재 자신이 할 수 있는 무엇인가를 자발적으로 시도해 보는 것이다. 자발적으로 시도해 보는 과정 속에서 자신이 좋아하고 잘할 수 있는 분야를 확인하게 되고 이러한 과정을 통해 하고 싶은 일을 구체적으로 설계해 볼 수 있다. 또한 청소년 시기의 진로 목표는 다양한 상황과 이유로 변경될 수 있어 지속적으로 점검하고 분석하는 과정을 통해 자신이 처한 상황에 맞게 개선할 수 있도록 지도하는 것이 필요하다.

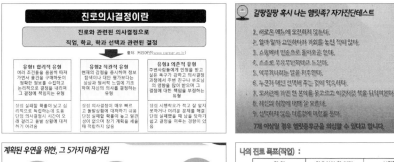

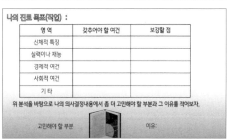

[그림 16-1] 핵심 지식 이해를 위해 활용한 자료[3]

2) 문제상황 파악 단계

'자기다운 삶에 관심을 가지고 행복한 미래를 어떻게 설계할까?'라는 탐구 질문이 왜 중요하고 필요한지 학생들이 인식할 수 있도록 신문기사와 영상을 함께 제시하였다. 동영상 시청은 학생들이 문제상황을 충분히 파악해서 해결해야 할 문제가 무엇인지를 확인하는 데 도움을 준다.

OECD 국가 중 우리나라 청소년들이 높은 학업 성취 수준에도 불구하고 학습에 대한 동기는 최하위 수준인 보도자료와 청소년 행복지수에 대한 통계청 자료를 통해 우리나라 학생들이 현재의 삶을 불행하게 느끼며 절망감 속에서 힘들게 공부하고 있는 현실을 이해한다. 자기답게 사는 것보다 외부의 시선에 마음을 빼앗겨 자신이 진정 원하는 일이 무엇인지, 자기가 좋아하고 잘할 수 있는 일이 무엇인지 찾지 못해 힘들어하는 자신을 성찰하고 다양한 매체를 활용해 진로 정보를 재탐색하여 진로를 설계해 봄으로써 가슴 뛰는 꿈 이야기를 디자인하는 것이 도전과제임을 인식하도록 한다.

---

3) 동영상 출처: [고등학교] 괜찮아 너의 선택이잖아~(진로의사결정능력개발),
  https://www.career.go.kr/cnet/front/web/movie/catMapp/catMappView.do?ARCL_SER=1024092.

문제상황 파악을 위해 활용한 읽기 자료[4]

韓행복지수 세계 59위… 청소년 '삶 만족도'는 꼴찌

연령대별 삶의 만족도 조사에서 30대가 가장 높고 60대 이상이 가장 낮은 것으로 나타났다. 한국의 행복지수는 세계 146개국 중 59위로 조사됐다.

13일 통계청이 발표한 '한국의 사회동향 2022'에 따르면 한국인의 삶의 만족도(10점 만점) 평균 점수는 지난해 6.3점이었다. 2013년 5.7점, 2018년 6.1점으로 조금씩 상승하는 추세이다. 연령대별로는 30대의 만족도(6.5점)가 가장 높았다. 일자리를 찾고 가족을 구성하는 시기가 늦어진 영향으로 풀이된다. 반면, 노후에 대한 불안과 빈곤 문제로 인해 50대 이후부터 삶의 만족도는 점차 낮아졌다. 50대 6.3점, 60세 이상 6.1점, 65세 이상 6.0점으로 조사됐다.

아동·청소년의 삶의 만족도는 6.6점으로 경제협력개발기구(OECD) 회원국 중 최하위였다. 한국을 제외한 OECD 주요국 평균은 7.6점이다.

한국의 행복지수(10점 만점)는 최근 3년(2019~2021년) 평균 5.94점에 그쳤다. 세계 59위로 미국(16위), 일본(54위)에 비해 낮은 순위이다. 이 부문 1위는 핀란드로 3년 평균 7.82점을 기록했다.

소득 대비 재산세 부담 정도는 저소득층이 고소득층보다 더 큰 것으로 조사됐다. 2020년 기준 소득 하위 10%(1분위)의 재산세 부담 비율은 6.15배였다. 같은 기간 소득 상위 10%(10분위)의 재산세 부담 비율은 0.29배에 불과했다. 소득 하위 10%의 재산세 부담이 상위 10%의 약 20배에 달한 것이다. 재산세 부담 비율은 소득 분위별 재산세액 비중을 소득 비중으로 나눈 값이다. 고가 주택을 보유한 저소득 은퇴자들로 인해 저소득층의 재산세 부담이 커진 것으로 분석된다.

잠 못 자고 공부하는 아이들… 아동·청소년 87% "행복하지 않아"[5]   원하는 대로 살고 싶다면 '박스'를 탈출하라[6]

---

4) 출처: 韓행복지수 세계 59위…청소년 '삶 만족도'는 꼴찌.
https://www.donga.com/news/Society/article/all/20221214/116985749/1.

5) 출처: https://www.youtube.com/watch?v=aO91CQG0zSI.

6) 출처: https://www.youtube.com/watch?v=CYmyp77d1BU.

3) 참여 단계

생성형 AI 기반 CBL 학습의 참여 단계는 학생들이 해결해야 할 대주제인 빅 아이디어(The Big Idea)를 선정하고, 핵심질문과 도전과제를 도출하는 과정으로 앞 단계에서 문제상황을 깊이 인식하고 동기부여가 잘될 수 있도록 하는 것이 중요하다.

읽기 자료를 통해 우리나라 청소년들의 삶의 만족도가 OECD 회원국 중 최하위인 사실을 인식하도록 한 후 우리나라 청소년들이 행복하지 않은 이유에 관해 생각하고 발표해 본다. 서로 이야기를 나눈 후 자기다운 삶에 관심을 가지고 행복한 미래를 설계하기 위해 필요한 The Big Idea 및 핵심질문과 도전과제를 도출한다.

'우리나라 청소년들은 왜 행복하지 않은가?'에 대한 각자의 생각을 포스트잇에 적고 모둠별로 이야기를 나눈 후 발표한 내용 중 모두가 공감하는 내용을 칠판에 붙인다. '입시로 인한 경쟁, 수면 부족, 자유가 없는 삶, 꿈이 없는 삶, 단조롭고 반복되는 삶, 어른들의 기대, 어른들의 평가, 지옥 같은 내신 관리, 앞이 보이지 않는 답답함, 하고 싶은 걸 할 수 없는 현실' 등 다양한 이야기가 나왔다.

이어서 자신이 기쁘고 행복한 순간은 언제인지를 포스트잇에 적고 모둠별로 공유한 후 공감되는 내용을 칠판에 붙이도록 하였다. '원하는 것을 자유롭게 할 수 있을 때, 게임이나 음악감상을 내 맘대로 할 수 있을 때, 원하는 성적을 받았을 때, 부모님이나 선생님께 인정받을 때, 꿈이 이루어진 걸 상상할 때, 존중받고 배려받을 때, 맛있는 거 먹고 편히 쉴 때, 용돈 받을 때' 등 다양한 이야기가 나왔다.

두 가지 사례를 비교해 보면서 자기다운 삶에 관심을 가지고 행복한 미래를 설계하기 위해 필요한 빅 아이디어를 찾기 위해 행복한 감정과 불행한 감정에 가장 크게 작용하는 것이 무엇인지, 우리가 행복한 삶을 위해 가장 관심을 가져야 할 대상이 누구인지에 관해 이야기를 나눈다. 그리고 KBS 다큐멘터리 '대한민국은 행복한가'에서 삶의 만족도에 대한 대한민국과 덴마크 길거리 투표 상황을 보여 준다. 대한민국은 53%, 덴마크는 93%가 만족한다는 답변을 확인한 후 높은 수준의 사회복지를 바탕으로 타인과 비교하고 경쟁하는 삶보다 자신의 기준으로 만족할 수 있는 삶에 대해 생각해 볼 수 있도록 한다. 상대적으로 느끼는 부족함, 박탈감, 자신감 결여로 불행해하고 있지는 않은지 자신을 돌아보게 한다. 행복한 삶을 위해 누구에게 관심을 가지고 질문을 던져야 하는지 학생들은 대답한다. '나는 누구이며, 나답게 살기 위해 나는 무엇을 해야 하는가?' 이 과정을 통해 도출한 빅 아이디어는 '자기다운 삶의 목표(꿈 이야기)'이다.

빅 아이디어에 기반해서 이 문제를 해결하기 위한 핵심질문과 도전과제를 〈표 16-6〉과 같이 도출하였다.

〈표 16-6〉 핵심질문 및 도전과제 작성 예시

The Big Idea	자기다운 삶의 목표(꿈 이야기)
핵심질문	나는 누구이며, 나답게 살기 위해 나는 어떻게 해야 하는가에 대한 해답을 찾기 위해 무엇을 해야 하며 자신이 꿈꾸는 행복한 미래를 어떻게 설계해 볼 수 있을까?
도전과제	AI로 그려 본 나의 미래, 꿈 이야기를 편집하라.

4) 조사 단계

생성형 AI 기반 CBL 학습의 조사 단계는 학생들이 도전과제를 해결하기 위해 구체적인 조사 활동을 진행하는 단계이다. 조사 활동을 진행하기 위해서는, 먼저 핵심질문을 잘게 쪼개는 작업이 필요하다.

〈표 16-7〉 핵심질문 쪼개기를 통한 질문 유목화 예시

핵심질문	나는 누구이며, 나답게 살기 위해 나는 어떻게 해야 하는가에 대한 해답을 찾기 위해 무엇을 해야 하며 자신이 꿈꾸는 행복한 미래를 어떻게 설계해 볼 수 있을까?
핵심질문 쪼개기	① 나는 어떤 존재인가? ② 내가 좋아하는 것은 무엇인가? ③ 내가 잘할 수 있는 것은 무엇인가? ④ 내가 가치 있게 생각하는 것은 무엇인가? ⑤ 내가 생각하는 행복한 삶의 기준은 무엇인가? ⑥ 나의 진로 적성과 관련된 대표적인 직업 분야 중 관심 있는 분야는? ⑦ 관심 분야에 종사하는 사람들의 전공 분야는? ⑧ 관심 학과(전공)에서 요구하는 핵심 역량은? ⑨ 자신의 진로 역량 개발을 위해 시도해 보아야 할 학습경험이나 활동은? ⑩ 잠정적인 진로 목표에 따른 진로 설계 후 미래 행복한 자신의 모습을 그려 본다면?

　세부적 질문은 핵심질문을 해결하기 위해 필요한 질문인가, 조사 가능한 질문인가를 생각해 본 후 교사의 피드백을 통해 조사할 내용의 순서를 정해서 생성형 AI를 활용해 조사해 본다. 이때 ①~⑤는 자신에게 직접 질문하고 스스로 답변한 내용을 작성하면 된다.

〈표 16-8〉 **자신에게 질문하고 답변한 사례**

자신에게 질문하고 답변하기[질문 ①~⑤]	
① 나는 어떤 존재인가?	목표가 분명한 사람, 실행하는 사람
② 내가 좋아하는 것은 무엇인가?	체스, 오목 두기 등 두뇌를 사용하는 활동, 축구·농구·야구
③ 내가 잘할 수 있는 것은 무엇인가?	분석하기, 효율적인 방법 고민하기, 체계적인 일
④ 내가 가치 있게 생각하는 것은 무엇인가?	사회적인 관점에서는 최대한 많은 사람의 삶을 편리하게 만드는 것이 가장 가치 있다고 생각한다. 개인적인 관점에서는 목표를 위해 '꾸준히' 노력하는 것이 목표를 이루는 데 가장 중요하다고 생각한다.
⑤ 내가 생각하는 행복한 삶의 기준은 무엇인가?	내가 생각하는 행복한 삶은 마음가짐에 따라 달라진다고 생각한다. 가난해도 안분지족하며 행복하게 사는 사람이 있고 돈이 많아도 항상 불행하게 사는 사람이 있다. 또한 예를 들면, 이번 시험에서 똑같은 2등급을 맞았다고 해도 학생들이 느끼는 행복감은 어떻게 생각하느냐에 따라 다를 것이다. 따라서 행복한 삶은 돈이나 명예에 관계없이 그 사람의 마음가짐이 정한다고 생각한다.

　〈표 16-9〉의 질문 ⑥~⑩은 생성형 AI를 활용한 질문과 답변의 예시이다. 교사는 학생들에게 자신이 원하는 정보를 얻기 위해 프롬프트에 질문을 어떻게 하면 좋을지 사례를 통해 안내하고 학생들이 생성형 AI를 효과적으로 활용해 볼 수 있도록 지도한다.

〈표 16-9〉 **생성형 AI에게 질문하고 답변한 사례**

생성형 AI를 활용한 질문과 답변 예시 [질문 ⑥~⑩]		
⑥ 나의 진로 적성과 관련된 대표적인 직업 분야 중 관심 있는 분야는?	질문 내용	한 고등학생의 진로 유형이 탐구형, 관습형, 기업형이야. 이 고등학생이 진로에 관해서 상담을 해야 하는데 어떤 직업을 추천해 줘야 할까?
	확인 내용	1. 연구 및 분석 관련 직업: 연구원, 데이터 분석가, 시장 연구 분석가, 통계학자 등이 있습니다. 이들 직업은 탐구형의 성격을 활용하여 정보를 수집하고, 분석하는 능력을 필요로 합니다. 2. 경영 및 사무 관련 직업: 사무 관리자, 회계사, 재무 관리자, 경영 컨설턴트 등이 있습니다. 이들은 관습형의 성격을 활용하여 조직적이고 체계적인 업무를 수행하며, 회사의 운영 및 관리에 필요한 역량을 발휘할 수 있습니다. 3. 기업가 및 사업 관련 직업: 기업가, 경영자, 마케팅 전문가, 판매 관리자 등이 있습니다. 이들은 기업형의 성격을 활용하여 리더십을 발휘하고, 사업 아이디어를 창출하며, 조직의 성장을 위한 전략을 수립합니다. 그러나 이러한 직업 추천은 해당 고등학생의 세부적인 성향, 흥미, 능력 등을 고려한 것이 아니므로, 그에 대한 좀 더 구체적인 정보를 바탕으로 조정이 필요할 수 있습니다. 이러한 추가 정보를 제공해 주시면, 더욱 정확한 직업 추천을 할 수 있을 것입니다.
⑦ 관심 분야에 종사하는 사람들의 전공 분야는?	질문 내용	데이터 분석가의 핵심 역량을 고려해서 한 고등학생의 학과에 대해서 상담을 해야 하는데, 어떤 학과를 추천해 주면 좋을까?
	확인 내용	데이터 분석가의 핵심 역량을 키울 수 있는 학과로는 통계학과, 컴퓨터공학과, 정보시스템학과, 경영정보학과 등이 있습니다. 이 중에서 가장 적합한 학과를 선택하는 것은 고등학생의 흥미와 장래희망, 성적 등을 종합적으로 고려해야 합니다. 특히 데이터 분석가가 되기 위해서는 다양한 학문 분야에 걸친 지식이 필요하므로, 복수전공이나 부전공, 학과 간 협동 프로그램 등을 활용하는 것도 좋습니다.
⑧ 관심 학과(전공)에서 요구하는 핵심 역량은?	질문 내용	컴퓨터공학과를 목표로 공부하는 한 고등학생이 있어. 이 고등학생이 컴퓨터공학과에 들어가기 위해서 어떠한 핵심 역량을 중심적으로 키워야 할까?
	확인 내용	컴퓨터공학과에 입학하기 위해 고등학생이 키워야 할 핵심 역량은 다음과 같습니다. 1. 수학적 역량: 컴퓨터공학은 수학적 원리와 이론에 깊이 기반하고 있습니다. 특히 논리학, 대수학, 확률론, 통계 등에 대한 이해가 중요합니다.

		2. 프로그래밍 기초: 컴퓨터공학의 핵심은 프로그래밍입니다. Python, Java, C++ 등의 언어에 대한 기초적인 이해가 필요하며, 알고리즘과 자료구조에 대한 이해도 중요합니다. 3. 문제해결 능력: 컴퓨터공학은 기본적으로 문제를 해결하는 학문입니다. 따라서 복잡한 문제를 분석하고 효과적인 해결책을 찾아내는 능력이 중요합니다. 4. 창의성: 새로운 소프트웨어를 개발하거나 기존의 문제를 해결하기 위해서는 창의적인 사고가 필요합니다. 5. 계속적인 학습 의지: 컴퓨터공학은 끊임없이 발전하고 변화하는 분야입니다. 이에 따라 새로운 기술과 언어를 배우는 능력, 즉 학습 능력이 중요합니다. 이러한 역량을 키우기 위해서는 학교에서 제공하는 수학과 컴퓨터 관련 과목을 충실히 이수하는 것이 중요합니다. 또한 개인적으로 프로그래밍을 연습하거나, 관련 동아리 활동, 프로그래밍 경진대회 참여 등을 통해 실제 경험을 쌓는 것도 매우 유용합니다.
⑨ 자신의 진로 역량 개발을 위해 시도해 보아야 할 학습경험이나 활동은?	질문 내용	만약 내가 컴퓨터공학과를 목표로 공부하고 있는 고등학생이라고 하자. 컴퓨터공학과와 연관해서 내가 앞으로 같이 학습해야 하는 고등학교 교과는 뭐가 있을까?
	확인 내용	컴퓨터공학과를 목표로 하고 있는 고등학생이라면, 다음과 같은 고등학교 교과를 중점적으로 학습하는 것이 도움이 될 수 있습니다. 1. 수학: 특히 이산수학, 대수학, 기하학, 미적분학 등은 컴퓨터공학의 핵심적인 분야인 알고리즘 설계, 데이터 구조, 그래픽, 인공지능 등에서 중요한 역할을 합니다. 2. 물리학: 특히 전자공학과 컴퓨터 하드웨어 설계에 필요한 기본적인 지식을 제공합니다. 3. 정보과학: 프로그래밍 기초, 컴퓨터 시스템, 데이터베이스 등 컴퓨터공학의 기본적인 개념을 배울 수 있습니다. 4. 영어: 많은 컴퓨터공학 관련 자료와 국제적인 학문 교류가 영어로 이루어지기 때문에 영어 능력은 중요합니다. 또한 가능하다면 프로그래밍 언어를 미리 배워 보는 것도 좋습니다. Python이나 Java 등의 언어는 초보자가 배우기에 적합하며, 컴퓨터공학의 핵심 개념을 이해하는 데 도움이 될 수 있습니다. 이러한 학습은 고등학교 교과 외적으로도 진행할 수 있습니다.
⑩ 잠정적인 진로 목표와 진로 설계 후 미래 행복한 자신의 모습을 그려 본다면?	질문 내용	20년 후 인공지능 기술을 활용해 의료 분야에서 큰 성과를 거둔 사례를 신문기사로 작성해 줄 수 있겠니?
	확인 내용	[그림 16-3] 생성형 AI 뤼튼이 작성한 기사 내용

5) 실행 단계

실행 단계에서는 진로 목표에 도달한 자신을 상상하며 자신의 꿈과 공동의 가치를 연결해 구체적인 꿈 이야기를 생성형 AI 도구인 뤼튼, 브루, 플루닛 스튜디오 등을 활용해 디자인해 본다. 이어서 생성형 AI를 활용해 설계하고 표현한 개인별 꿈 이야기를 모둠별로 북크리에이터에 새로운 창작물로 디자인한다.

개인별 꿈 이야기를 북크리에이터에 모둠원이 함께 새로운 창작물로 디자인하기 위해 계획서를 작성하고 아이디어를 공유한다.

〈표 16–10〉 **생성형 AI를 활용한 우리의 꿈 이야기 창작물로 표현하기 활동 계획서 예시**

팀원 (학번, 이름)	10706류○경, 10707박○현, 10708박○호, 10709배○민, 10710서○준	
전자책 명	타임스톤을 통해 보는 미래	
도전과제	*생성형 AI를 활용해 알게 된 진로정보를 활용해 꿈을 구체화할 수 있는 콘텐츠 개발	
도전기반학습 핵심요소	창의성, 협력, 도전	
기본 구성	개인의 진로적성을 고려한 꿈 디자인 및 학업설계 과정에서 정리한 내용을 생성형 AI를 활용해 자서전, 소설, 신문기사, 웹툰, 노래, 동영상 등 다양한 콘텐츠로 작업한 후 모둠별로 전자책에 2차 디자인함.	
페이지	아이디어 및 콘텐츠	역할 담당
1	신문표지	류○경(대표)
2	자서전 소개 형식	류○경
3	신문기사	박○현
4	웹툰	박○호
5	웹툰	배○민
6	신문기사	서○준

브레인스토밍	* 진로와 적성을 고려한 학업계획을 실천할 수 있는 내적 동기 – 내 가슴을 뛰게 하는 구체적인 자신의 미래 상상하고 구상해 보기 * 어떤 콘텐츠로 표현할 것인가? 〈자신의 20년 후의 미래의 모습을 표현하는 것이다.〉 * 각자의 개성을 살려서 표현 후 편집할 것인가? 〈예〉 * 처음부터 방향을 잡고 일관성 있게 표현할 것인가? 〈신문 형태로 하지만 그 안에 각자 다른 구성으로 표현할 것이다.〉 * 시점을 언제로 할 것인가(5년 후, 10년 후, 20년 후 등)? 〈20년 후〉 * 디자인을 어떻게 할 것인가? 〈신문형 디자인〉 * 생성형 AI(뤼튼 등 다양한 도구) 활용 방안 〈뤼튼, 브루 등 다양하게 활용〉

북크리에이터는 무한한 옵션을 가지고 있으면서도 사용하기 쉬운 디지털 북 메이킹 도구이다. 도구의 'discover'에서 볼 수 있듯이 유치원생, 초등학생들도 쉽게 책을 만들 수 있을 정도로 도구가 직관적이고 편리하다. 이 도구를 활용하여 이미지, 비디오 및 오디오가 포함된 간단한 책이나 만화를 제작하고 출판할 수 있다. 학생은 코드를 사용하여 수업 라이브러리에 가입하여 교사가 만든 책에 액세스할 수 있다. 무엇보다 수업 라이브러리에 추가하여 반 친구들과 공유함으로써 협업이 가능한 책 만들기 도구이다.

[그림 16-2]는 교사의 라이브러리 일부 모습이다. 북크리에이터를 활용해 각자의 꿈 이야기를 새로운 콘텐츠로 재편집하는 과정에서 생성형 AI 도구인 브루, 플루닛 스튜디오 등을 활용해 모둠별로 협업하여 만든 전자책이 전시되어 있다.

[그림 16-2]가 완성되기까지 단계는 학생 개인이 〈표 16-7〉과 〈표 16-8〉을 통해 탐색한 정보를 기반으로 자신의 꿈 이야기를 뤼튼이나 제미나이 등을 활용해 자서전, 신문기사, 소설 등으로 표현해 달라는 요청을 한다. 다음으로 학생들은 생성형 AI가 작성한 신문기사, 자서전 등의 내용에 이미지를 넣어 자신의 꿈 이야기를 편집한다. 이렇게 각자가 편집한 꿈 이야기를 북크리에이터에서 모둠별로 협력하여 우리의 꿈 이야기로 재편집하여 전자책을 완성한다.

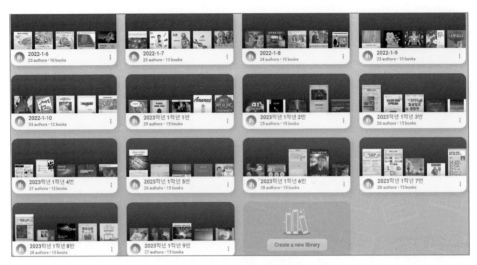

[그림 16-2] 북크리에이터 반별 학생 작품

[그림 16-3]은 생성형 AI 뤼튼과 빙 이미지 크리에이터를 활용하여 미래 뉴스기사를 만든 학생의 작품으로 평소 관심을 가지고 있는 의료 분야와 인공지능 기술을 접목한 미래기술에 대한 기사를 편집한 작품이다.

[그림 16-3] 생성형 AI 뤼튼, 빙 이미지 활용 학생 개인 작품 예시

[그림 16-4]는 생성형 AI 뤼튼과 네이버의 이미지를 활용하여 미래뉴스 기사를 만든 학생 작품으로 유명 조리사와 한류 배우가 되어 성공한 사례로 편집되어 있다.

[그림 16-4] 생성형 AI 뤼튼, 빙 이미지 크리에이터, 네이버 활용 학생 개인 작품 예시

[그림 16-5]는 개인의 꿈 이야기를 북크리에이터에서 생성형 AI 뤼튼, 플루닛 스튜디오 등을 활용해 모둠원이 협력적으로 새로운 콘텐츠로 재편집하여 전자책으로 만든 작품이다. 각자의 꿈 이야기가 담긴 우리의 꿈 이야기를 재편집하는 과정에서 플루닛 스튜디오를 활용한 뉴스 영상 제작 발표는 자신의 멋진 미래를 더욱 생생하게 만날 수 있게 해 준다.

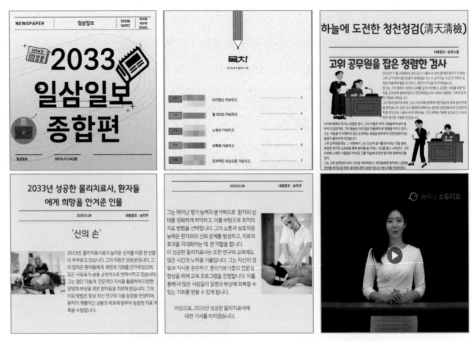

[그림 16-5] 생성형 AI 뤼튼, 플루닛 스튜디오 활용 모둠 작품 예시

[그림 16-6]은 생성형 AI 챗GPT3.5, 비즈컴, 빙 이미지 크리에이터를 활용해 모둠원이 협력적으로 새로운 콘텐츠로 재편집하여 전자책으로 만든 작품이다. 우리의 꿈 이야기를 재편집하는 과정에서 이미지를 생성하는 다양한 AI 도구 중 빙 이미지 크리에이터를 활용하여 이미지를 생성하는 경우가 많은데 비즈컴은 스케치한 그림을 실사로 디자인해 줌으로써 새로운 창작품을 만들 수 있게 도와준다.

[그림 16-6] **생성형 AI 챗GPT3.5, 비즈컴, 빙 이미지 크리에이터 활용 모둠 작품 예시**

6) 발표 및 성찰 단계

이 단계는 수업을 마무리하면서 생성형 AI를 활용해 설계하고 표현한 개인별 꿈 이야기를 모둠별로 북크리에이터에 새로운 창작물로 디자인하여, 전자책을 모둠원이 함께 발표한 후 책에 후기로 남긴 소감을 확인하고 수업 과정을 통해 배우고 느낀 점을 통해 성찰하는 시간이다.

자신이 활용한 생성형 AI를 사용해 본 소감, 자신을 알아 가기 위해 어떤 질문을 던졌으며, 자신의 질문에 답변한 내용 중 어떤 부분을 강조하고 싶었고 공감된 내용이 무엇이었는지 등에 관해 수업 과정에서 자신이 새롭게 알게 되거나 느낀 점을 통해 성찰할 수 있도록 한다. 그리고 진로 목표를 이룬 미래의 자신을 상상했을 때 어떤 마음이 들었으며 앞으로의 학습 및 활동 계획을 들어 보는 시간을 가진다. 패들렛을 활용하거나 구글 클래스룸에 소감문 양식을 올려 자기평가서로 활용하여 교과목별 세부능력 및 특기사항 기재 시 활용할 수도 있다.

[그림 16-7]은 생성형 AI를 활용해 꿈 이야기를 편집한 후 북크리에이터에서 모둠별로 만든 전자책을 발표하는 장면이다. 모둠에서 활용한 생성형 AI 도구에 대한 소개와 프롬프트에 어떤 질문을 해서 작품이 어떻게 나왔는지 그 과정을 설명한다. 특히 생성형 AI가 만들어 준 신문기사 내용이나 자서전 내용 중 본인에게 영감과 감동을 준 내용을 소개함으로써 자신의 강점을 발견하고 자기다운 삶에 자긍심을 가질 수 있는 계기를 마련한다.

[그림 16-7] 생성형 AI 활용 작품 발표 장면

[그림 16-8]은 생성형 AI 활용 수업 후기 중 예시 자료이다. 자신의 미래 모습을 상상하며 현재 자신이 무엇을 어떻게 준비할지 진지하게 고민하며 진로 목표에 따른 진로경로를 구체적으로 디자인해 보는 과정 속에서 한층 높아진 진로 성숙도를 확인해 볼 수 있다.

후기

10706 류○경

이번 활동을 하면서 나의 미래에 대해 다시 한번 생각해보게 되어서 좋았다. 또한 전에는 몰랐던 실질적인 자료와 나에게 필요한 능력 등에 대한 정보를 알게 되서 실용적이고 내가 쓴 내용을 바탕으로 앞으로 더 찾아야 할 부분에 대해 알게 되었다. 이를 바탕으로 내가 되고 싶은 미래의 나의 모습과 유사한 다른 직업과 기술 등 다양한 업종에 대한 새로운 길을 알게 되었다.
앞으로는 이 과정을 통해 얻은 정보로 지금보다 더 많은 진로에 대한 길을 만들어 나가야겠다고 다짐하게 되었다.

10707 박○현

20년 이후에 나의 모습을 생각하면서 이 활동을 하면서 나의 미래 직업 원하는 미래 모습에 대해 알기 위해 그 직업에 대한 세부사항 그 직업 되기 위해 그 길 그 직업이 기저야하는 마음 가짐 등을 알게 되고 또 이 직업을 하기 위한 노력 등을 ai에게 물어보면서 알게 되고 힘든 일이다를 알게 되었다 그래서 우리가 어른이 되면서 직업에 대해 더 깊이 이해하기 위해서 생각을 하게 되었던거 같다 그리고 이 직업을 가지면 갖추어야 하는 마음가짐 등을 이 한 직업이 아닌 여러가지 다른 직업을 희망하게 되더라도 이 마음가짐 희망을 꼭 기억해 내가 생각하는 이상적인 직업을 가진 사람이 되었다

10708 박○호

20년 후의 나를 그리는 웹툰을 만들면서, 생명공학 연구원이라는 꿈을 향해 나아가는 여정을 표현하는 것은 무척이나 의미있었다. 웹툰 제작을 통해 과학적인 호기심과 창의성을 발휘하며, 캐릭터의 성장과 전문성을 반영하려 노력했다. 또, AI 기술을 이용해 그려진 그림을 보고 웹툰을 직접 그려보고 직접 그린 그림을 3D 그림으로도 바꾸어보면서 기술의 발전히 잘 나타나고 있는 것 같아서 우리 사회와 과학계가 자랑스러웠다. 협업, 문제해결, 혁신적 사고 등의 역량 또한 강조하며, 이를 통해 생명공학 분야에서의 성공을 이루기 위한 태도와 노력을 고스란히 드러내려고 노력했다. 이 프로젝트를 통해 나 자신의 역량을 더욱 실감하고 미래로 나아가기 위한 첫 걸음을 내딛은 것 같아 만족스러웠다.

후기

10709 배○민

나의 미래 모습을 웹툰으로 만들어보았는데, 나의 인생을 4컷으로만 표현하기에는 많이 부족했다. 나의 거창한 여정을 4컷으로 표현하려니 많이 서툴렀던 것 같다. 좀 더 만들고 싶은 내용이 있지만 최대한 줄여서 그러보니 완성도가 많이 떨어진 것 같다. 그래도 bing image creator를 이용하여 그림을 만드니까 그림 퀄리티가 매우 좋았던 것 같다. AI를 이용해 만화를 만들고 나의 역량을 키워 목표에 더 다가가는 과정이 흥미롭고 의미 있었다고 생각한다. 이를 통해 앞으로 AI를 활용하여 경영학과에 대해 더 알아보고 관련 직업, 대학교, 필요 역량등을 조사해서 나의 꿈을 키워나가야겠다.

10710 서○준

이번 활동을 하기 위해 지금 나와 같은 목표 (게임개발)를 가지고 있는 친구에게서 정보를 얻었다. 실질적으로 필요한 능력이라거나, 게임 자체 개발 외에 음악이나 디자인과 같은 부류는 어떤 능력을 요구하는지에 대해 많은 정보를 얻을 수 있었다. 지금 이 활동에서는 필요한 덕목이나 학과, 과목은 자세히 설명되지 않았으나, 생성형 AI로 그것들에 대해 조사함으로써 그 요구조건을 알 수 있었고, 내가 무엇을 해야 하는지를 보다 자세히 알 수 있었다.
앞으로는 이 생각들을 실행에 옮길 예정이다. 지금까지는 생각은 했지만 정작 시도해본 적은 적었으니 이제 변화가 필요할 것으로 생각된다. 직접 프로그래밍 언어 (C언어와 같은 것)도 해보고, 필요하다면 음악도 시도해보면서 꿈에 가까워지는 것이 지금 내가 할 수 있는 최선의 일이다. 지금까지 멀게만 느껴지고 막연했던 꿈을 현실적으로 바라볼 수 있게 한 활동이었다.

제작: 미리캔버스

[그림 16-8] 생성형 AI 활용 수업 후기 예시

생성형 AI를 활용해 CBL 수업을 진행하면서 새롭게 인식한 사실들이 있다. 인공지능에 의해 대체될 직업이 많아질 것을 걱정하던 학생들이 인공지능을 활용해 문제를 해결하면서 인공지능 기술을 이해하고 어떻게 활용하느냐에 관심을 가지게 되었으며 협력적 소통의 대상으로 인식하게 된 점이다. 이러한 인식은 학생들에게 더욱 다

양한 AI 도구를 활용해 보고자 하는 학습 의지로 나타났다. 챗GPT3.5, 뤼튼, 제미나이 사용을 시작으로 이미지를 그려 주는 빙 이미지 크리에이터, 스케치한 작품을 실사로 디자인해 주는 비즈컴, 동영상을 제작해 주는 브루와 플루닛 스튜디오까지 다양한 AI 도구를 활용해 꿈 이야기를 편집하였다. 학생들의 작품과 발표, 그리고 후기를 통해 생성형 AI 기반 CBL 수업은 학생과 교사가 함께 도전하고, 함께 배우며 성장할 수 있는 수업임을 확신할 수 있었다.

4. 생성형 AI 기반 CBL 수업 평가

1) CBL 기반 수업 평가 방향

CBL 수업의 평가 방향은 도전목표 달성을 위한 '학습자의 지식과 기술 습득 여부', '학습자의 문제해결 능력', '도전목표 달성 여부'로 나눌 수 있다.

'AI로 그려 본 나의 미래, 꿈 이야기를 편집하라'는 학습자들이 도전기반학습(CBL)을 통해 자기다운 삶의 목표를 설계하고 디자인해 보는 수업으로 수업과정에서 도전하는 목표에 달성하기 위해 어떤 지식과 기술을 습득하고 이를 활용해 문제를 어떻게 해결해 나갔는지를 평가해 볼 수 있다.

첫째, 학습자의 지식과 기술 습득 여부이다. 자기다운 삶의 목표를 설계하기 위해서는 진로 의사결정에 대한 지식과 진로탐색을 위한 기술이 필요하다. 따라서 평가는 학습자들이 진로 의사결정을 하기 위해 자신의 특성을 이해하고 진로 정보를 탐색한 후 진로 목표에 따른 진로 설계를 종합적으로 제시한 자료를 평가할 수 있다.

둘째, 학습자의 문제해결 능력이다. 생성형 AI를 활용해 꿈 이야기를 창의적으로 구성하는 과정에서 학습자의 문제해결 능력을 평가할 수 있다. 구체적으로 새로운 생성형 AI 도구에 대한 다양한 시도와 창의적인 표현으로 자신의 꿈 이야기를 디자인한 콘텐츠와 목표에 도달하기 위한 실천과제 등을 평가할 수 있다.

셋째, 도전과제의 목표 달성 여부이다. 생성형 AI를 활용해 꿈 이야기를 다양한 창작물로 편집해 본 수업은 자기다운 삶의 목표를 설계하는 데 그 목적이 있다. 따라서 자기다운 삶의 이야기 속에 담긴 진정성, 자신의 꿈 이야기가 소중하듯이 타인의 꿈 이야기도 소중하게 생각하며 경청하고 공감하는 태도, 각자의 꿈 이야기를 우리의 꿈 이야기로 전자책을 만드는 과정에서의 협력과 소통 등을 평가할 수 있다.

2) 평가 루브릭 작성 및 평가

도전의 목표 달성, 지식과 기술 습득, 문제해결 능력을 중시하는 CBL 수업의 일반적인 평가 방향에 기반하여, 이 수업에서는 활동 단계별로 산출되는 결과물을 중심으로 수행평가영역을 질문지 작성 40%, 꿈 이야기 제작 40%, 창작물 발표하기 20%로 설정하고 평가 방법과 채점기준을 〈표 16−11〉과 같이 구성하였다.

〈표 16−11〉 '**AI로 그려 본 나의 미래, 꿈 이야기' 평가영역 및 채점기준**

영역명	평가 방법 및 채점기준					
질문지 작성 (40%)	평가요소	배점	채점기준			
	타당성 및 적절성	40	① 자신의 특성을 이해할 수 있는 질문을 하였다. ② 진로 정보를 상황에 맞게 재편집하였다. ③ 진로 목표에 따른 진로 설계를 종합적 관점에서 제시하였다.			
			3가지 모두 만족	1~2가지만 만족	만족 항목 없으나 수업에 참여함.	미참여
			40	35	30	25
꿈 이야기 제작 (40%)	평가요소	배점	채점기준			
	창의성과 도전정신	40	① 생성형 AI를 활용해 꿈 이야기를 창의적으로 구성하였다. ② 새로운 콘텐츠로 도전과제를 표현하였다. ③ 꿈에 다가가기 위한 실천과제가 제시되었다.			
			3가지 모두 만족	1~2가지만 만족	만족 항목 없으나 수업에 참여함.	미참여
			40	35	30	25
발표하기 (20%)	평가요소	배점	채점기준			
	협력과 소통	20	① 자기다운 삶의 이야기에 진정성이 드러나 있다. ② 전하고자 하는 메시지가 잘 전달되었다. ③ 모둠원들의 협력과 소통 과정이 잘 드러나 있다.			
			3가지 모두 만족	1~2가지만 만족	만족 항목 없으나 수업에 참여함.	미참여
			20	18	15	12

3) 평가 결과 기록

　생성형 AI를 기반으로 한 CBL 수업, 'AI로 그려 본 나의 미래, 꿈 이야기를 편집하라' 수업의 평가 결과는 학습자의 자기이해 과정 및 진로탐색 과정을 파악하고 진로 목표와 경로를 재점검하는 데 활용될 수 있다. 교사는 학습자가 자신을 이해하고 성찰하기 위해 어떤 노력을 했는지, 어떤 지식과 기술을 습득했는지, 어떤 문제해결 능력을 발휘했는지 학습자의 평가 결과를 바탕으로 학습자에게 피드백을 제공함으로써 학습자는 자신의 진로 목표를 점검하고 보완하며 지속적으로 관리해 나가는 태도를 함양할 수 있다.

　'AI로 그려 본 나의 미래, 꿈 이야기를 편집하라'의 수업 과정 및 결과에 대한 평가를 기반으로 한 교사의 피드백 사례와 학교생활기록부 작성 예시는 다음과 같다.

〈표 16-12〉 **수업 과정 및 결과에 대한 교사의 피드백 예시**

- 선택장애가 있어 진로 의사결정을 하기가 어렵다는 학생의 경우, 자신의 직업 가치관을 체크리스트를 통해 확인한 후 자신이 우선순위라고 생각하는 항목에 부합하는 직업을 워크넷을 통해 탐색해 볼 수 있도록 안내함.
- 자신의 진로 특성을 몰라 진로 설계를 하지 못하는 학생의 경우, 직업카드를 활용한 자기이해 활동, 커리어넷을 통한 심리검사 결과 분석 등을 통해 자신을 이해할 수 있도록 안내함.
- 생성형 AI를 활용해서 자신의 진로특성과 연계한 진로정보를 찾는 질문지 작성 과정에서 질문을 어떻게 해야 원하는 정보를 얻을 수 있는지 몰라 힘들어하는 학생에게 프롬프트에 질문하는 방법을 안내하고 재시도해 볼 수 있게 함.
- 모둠원 중 소극적으로 참여하는 학생으로 인해 전체에게 피해가 가는 것을 걱정하는 경우, 팀워크를 발휘해 과제수행에서 어려움을 겪고 있는 부분을 도와줌으로써 문제를 해결해 나감.

〈표 16-13〉 학교생활기록부 기록 예시

- 자기다운 삶에 관심을 가지고 다양한 정보매체를 활용해 진로 정보를 탐색하고 편집하는 과정에서 생성형 AI를 활용해 관심 분야에 대해 폭넓게 이해함.
- 새로운 매체에 대한 호기심과 적응력이 뛰어난 모습을 보이며 적절한 어휘와 문장을 사용해 필요한 질문을 하고 원하는 정보를 재편집하는 능력이 매우 우수하였음.
- 자신의 진로 의사결정 과정을 성찰하고 진로 목표를 점검한 후 관련 책을 읽고 관심 분야의 개념이 적용된 사례를 체계적으로 설명함.
- 미래의 시점을 정해 진로 목표를 성공적으로 달성한 상황을 상상하며 생성형 AI를 활용해 미래신문을 제작하고 모둠별로 새로운 창작물을 전자책으로 디자인함.
- 과제수행 과정에서 창의적인 아이디어와 기획력을 발휘하여 창작물을 완성하는 데 기여하였으며 모둠원 간에 협력적으로 소통하며 문제를 해결하는 능력이 돋보였음.
- 꿈 이야기를 발표하는 과정에서 공공의 가치와 연계해 꿈을 이루어 가고자 하는 열정을 확인할 수 있었으며 주도적으로 진로를 개발해 나가는 역량이 돋보였음.

에필로그

우리는 생성형 AI 기반 CBL 수업을 진행하면서 학생들이 도전과제를 해결하여 결과물을 도출하는 과정에서 생성형 AI 활용이 가져오는 수업의 효과에 대해서 놀라운 경험을 하기도 했고, 여러 가지 문제점과 한계점, 그리고 어려움에 직면하기도 했다. 이와 같은 경험을 여기에 정리해 봄으로써 이후에 이러한 수업을 진행할 경우에 고려해야 할 사항을 함께 생각해 보고자 한다.

1. 생성형 AI 기반 CBL 수업의 효과

CBL은 학생들에게 현실적인 도전과제를 제공하여 문제해결 능력과 창의력을 키우는 데 도움을 주었다. 도전과제를 해결하기 위해 학생들은 서로 협력하고 팀워크를 발전시키며 실제 세계에서의 문제에 대한 해결책을 모색하면서 이론적 지식뿐만 아니라 실무 능력과 경험을 쌓을 수 있었다. 특히 정보 교과의 많은 부분—프로그래밍, 사물인터넷, 피지컬 컴퓨팅, 인공지능과 빅데이터 등—은 이론적 배경 지식을 가지고 실제적 문제해결역량을 기르는 것이 중요한데 CBL은 매우 유용하고 효과적인 학습 방법임을 경험할 수 있었다.

한편, CBL 수업에서 생성형 AI를 활용했을 때 학생들의 코딩 경험을 향상시킬 수 있었다. 코딩은 학생들에게는 어려운 도전이며 시간이 많이 필요한데 생성형 AI를 통해 실시간으로 코드를 작성하고 즉각적인 피드백을 받을 수 있어서 자기주도적 학습과 문제해결 능력을 강화할 수 있다. 하지만 생성형 AI에 의존할 수 있으며 학습자를 수동적으로 만들고 깊이 있는 사고를 방해할 수 있다. 따라서 교수자는 학습자에게 생성형 AI를 활용하여 코드를 작성하더라도 정확하게 생성되었는지 코드를 면밀히 분석하도록 하고, 실행했을 때 왜 오류가 발생하는지 찾아서 끈기 있게 프롬프트에 대한 수정 입력을 반복하게 함으로써 실행 가능한 코드를 만들도록 해야 한다. 특히 실행되는 코드라 할지라도 코드를 최적화할 수 있는 방안, 더 나은 알고리즘으로 실행될 수 없는지 여부 등을 검토하여 코드 최적화를 할 수 있도록 안내하여야 한다.

CBL 수업에서는 무엇보다 도전과제 해결을 위한 계속된 도전과 실패를 통해 학습자들이 배우며 성장하게 되므로 실제 삶의 문제를 도전과제로 설정할 수 있도록 해야 한다. 또한 실현 가능한 창의적 아이디어를 개진하고 이를 해결하기 위한 도구와 방법 중 하나로 생성형 AI를 적극적으로 활용할 수 있다. 특히 하나의 도구로 생성형 AI를 활용하되 맹신하거나 의존하지 않도록 비판적인 사고력과 깊이 있는 배경 지식을 통해 생성 결과에 대한 무결성을 철저히 검증하고 질적인 평가를 하도록 해야 한다.

생성형 AI 기반 CBL 수업을 진행하면서 가장 실감할 수 있었던 수업의 효과는 수업 중에 졸거나 엎드려서 자는 학생이 없었다는 점이다. 'AI로 그려 본 나의 미래, 꿈 이야기를 편집하라'는 주제를 도전과제로 해결해 가면서 학생들은 새로운 콘텐츠에 놀라워하며 인공지능으로 새로운 정보를 편집하고 꿈 이야기를 그려 나갔다. 이 과정에서 무엇보다 놀라운 것은 학생들이 상호 소통하면서 도전과제를 해결하고, 협업능력과 창의적인 문제해결력을 키워 간다는 사실이다.

학생들은 도전과제를 해결해 가는 과정에서 새로운 디지털 도구를 활용하고 상호 협력적으로 소통하면서 협업능력을 키워 갔다. 자신들이 해결해야 할 도전과제를 정하고, 도전과제 해결을 위해 조사해야 할 내용을 정해서 역할을 분담한 후에 각자의 역할을 책임감 있게 수행해 갔다. 도전과제를 선정하거나 과제를 해결해 가는 과정에서 모둠원끼리 상호 소통과 협력하는 과정을 통해서 꿈 이야기를 편집해 보는 학습 경험 자체가 학생들 스스로 소통과 협업의 중요성을 체험해 가면서 자연스럽게 협업능력이 강화되어 가는 과정이었다. 이러한 학습 경험은 학생들뿐만 아니라 교사에게도 새로운 도전과 보람, 그리고 희망을 가져다주었다.

또한 학생들이 도전과제를 선정하고 과제를 해결하여 자신의 꿈을 편집해 가는 전 과정에서 문제해결력이 강화되는 것을 볼 수 있었다. 이는 학생들의 활동 결과물인 꿈 이야기 편집 자료에서 잘 드러났다. 수업의 결과물뿐만 아니라, 수업의 진행 과정에서 학생들이 도전과제를 창의적으로 해결해 가고 있다는 것을 많이 발견할 수 있었다. 가장 인상적인 모습 중 하나는 한 친구가 꿈 이야기를 생성형 AI로 편집하는 과정에서 실수로 자신이 작업한 내용이 지워져서 당황해했을 때였다. 그때 한 친구는 "걱정하지 마. 다시 하면 돼. 10번, 100번 지워져도 괜찮아." 하며 미안해하는 친구를 오히려 위로하고 다독여 주었다. 이러한 위로와 배려는 문제를 해결할 수 있다는 자신감의 표출이었다.

2. 수업 진행의 어려움과 극복과정

CBL은 학습자에게 높은 수준의 자기주도 학습과 문제해결 능력을 요구하기 때문에 모든 학생이 동일한 수준으로 이를 수행하기에는 어려움이 있었다. 이러한 부분을 극복하고자 문제상황과 도전과제를 교수자가 제시하여 가이드하고 CBL의 전 과정―아이데이션, 협력, 토의토론, 코딩, 문제해결 등―에서 생성형 AI를 적극적으로 활용할 수 있도록 하였다.

CBL 수업에서 생성형 AI를 활용할 때에는 학생들의 기술 수준과 학습 속도에 맞추어 적절한 콘텐츠를 제공하는 것이 중요하다. 또한 AI가 제공하는 피드백의 정확성과 효율성을 높이기 위해 교사는 학습자의 학습 활동을 면밀히 관찰하고 피드백을 줘야 하지만 단위시간 내에 한 명의 교사가 다수의 학생을 모두 살펴보기에는 분명한 한계가 있었다. 이에 부산 에듀원을 활용하여 교사가 미리 제작한 학습 콘텐츠로 학생들은 자기주도적 학습을 실시하고 학습 과정에서 발생하는 궁금증이나 오류에 대해서 AI 튜터의 도움을 받도록 하였다. AI가 학습 데이터를 실시간으로 분석하여 학습 진도, 반복 횟수, 평가 현황, 도전 횟수 등에 대한 보고서를 대시보드로 생성함으로써 학생은 자신의 대시보드를 통해 메타인지적 학습 활동을 이어 나갈 수 있으며, 교사는 학생의 대시보드를 통해 모든 학생의 학습 활동과 상황을 살피고 개별 맞춤형 피드백을 주어 효율적으로 학생의 성장을 도울 수 있다.

3. 문제점과 한계점

CBL은 시간과 자원이 많이 필요하며, 학생을 지원하고 안내하기 위해 세심한 수업 설계와 준비가 필요했다. 학생들의 학습 활동을 돕기 위해 개별적인 지도와 피드백이 필요했으며 학생들이 선정한 세부 도전과제에 따라서는 현실적이고 환경적인 제약으로 인해 실현 가능성에 한계가 있었다.

생성형 AI가 생성한 콘텐츠의 할루시네이션(hallucination) 현상이나 거짓 허위정보 생성, 편향된 정보 생성 등 생성 결과의 품질이나 정확성에 대한 의문 등이 생성형 AI의 한계이다. 이로 인해 학생들의 창의성과 깊이 있는 사고를 제한할 우려가 있으며 AI가 제공하는 피드백이 모든 학생에게 다 적합하고 적절한 것은 아닐 수 있다. 이 밖에도 저작권 논란, 개인정보 침해, 의존성 등 다양한 윤리적 문제와 쟁점이 존재한다. 교사와 학생 모두, 생성형 AI를 활용함에 있어서 이러한 윤리적 문제를 정확하게 인식하고 적절히 대응할 수 있어야 할 것이다.

생성형 AI 답변의 오류 가능성을 학생들에게 알려 줄 필요가 있다. 생성형 AI가 만들어 내는 답변이 완전하지 못한 경우도 있으며, 오류가 있을 수 있다는 사실을 알려 주어야 한다. 그래서 실제 사례를 활용하여 AI 도구의 오류 가능성을 보여 주고, 이를 바탕으로 AI가 작성한 답변을 분석하며, 그 안에 포함된 오류를 검증해 보아야 한다. 때로는 동일한 질문을 다양한 생성형 AI에게 질문하여 답변을 비교해 보도록 안내하였다. 예를 들어, 유전공학의 기술에 관한 의문을 제시하였을 때 잘못된 정보에 대해 답변하는 경우도 있어 다른 자료를 검토하여 검증해 보았다. 하지만 일반적인 질문의 경우(대본 쓰기 등)에는 도움을 받기가 쉬워 활용도가 높았다.

생성형 AI를 활용하여 수행평가를 할 경우 정확한 채점기준을 명시할 필요가 있다. 생성형 AI를 전적으로 활용하여 과제를 해결할 경우, 학생들의 개별적인 능력과 역량이 잘 드러나지 않는 과제를 만들어 내는 경우가 많이 발생한다. 예를 들어, PPT를 제작해 주는 감마를 사용할 경우 생성형 AI가 제작한 내용을 토대로 학생의 의견과 내용, 주장하고 싶은 부분이 들어가야 하며 다시 수정·보완해서 자료를 제출할 수 있도록 지도하는 것이 바람직하다. 처음 도전하는 생성형 AI 활용 수업이라 필자는 이런 점을 충분히 안내하지 못하였다. 이러한 점들은 앞으로 개선해 나가야 할 문제이다.

생성형 AI 기반 CBL 수업은 혁신적인 학습 방법으로 많은 장점을 제공하지만, 동시에 주의해야 할 점과 극복해야 할 어려움들이 존재한다는 것을 경험하였다. 이러한 요소들을 충분히 고려하며 생성형 AI를 지혜롭고 효과적으로 활용함으로써 학생들의 학습 경험을 향상시키는 노력이 중요할 것이다.

4. 문제점 극복을 위한 교수자 가이드

생성형 AI 기반 CBL 수업을 진행하면서 직면한 문제점을 극복하고 수업의 효율성을 높이기 위해서 교수자가 중요하게 생각해야 하는 내용은 다음과 같다.

교수자는 생성형 AI의 원리를 학생들에게 가르쳐야 한다. 이를 통해 학생들이 미래의 핵심 기술을 이해하고, 창의적인 아이디어를 구현하며, 사회적 책임을 인식하고, 사회적 가치를 창출하는 데 기여하도록 해야 한다. 이를 통해 학습 데이터의 윤리적 문제를 인식하고, 예방 방법을 배울 수 있다.

교수자는 수업에 활용한 생성형 AI의 한계점에 대해 학생들에게 소개하고 교육해야 한다. 할루시네이션은 생성형 AI가 사실이 아닌 답을 사실인 것처럼 대답하는 현상을 말한다. 이것은 생성형 AI가 정답을 생성하는 것이 아니라 가장 정답일 확률이 높은 답변을 생성해 내기 때문에 발생한다는 것을 충분히 인지시켜야 한다.

교수자는 교육 목적과 목표에 따라 지식을 전달하고 어떤 기술을 학습자에게 제공하고자 하는지 명확히 하고, 과목과 수업의 특성을 고려하여 어떤 종류의 생성형 AI 모델을 사용할 것인지 결정하여 생성형 AI 기반 CBL 수업을 설계해야 한다.

교수자는 생성형 AI를 활용하여 평가 방법을 설계할 때 학생들의 부담을 최소화하면서도 학생들의 학습 성과를 정확하게 평가할 수 있도록 해야 한다. 생성형 AI가 쉽게 만들어 낼 수 있는 텍스트형 과제뿐만 아니라 평가를 다면화하여 학생의 다양한 역량을 평가할 수 있도록 해야 한다.

교수자는 생성형 AI 기반 CBL 수업을 공유해야 한다. 학생들과 함께했던 수업에 대한 피드백은 학습 성과를 개선하는 데 중요한 역할을 하므로 생성형 AI를 활용하여 학생들의 피드백을 수집하고 활용 방안에 대해 동료 교사와 공유하도록 한다.

교수자는 생성형 AI의 기술적 한계를 인식하고 학생들에게 이를 알려 주고 지도해야 한다. 또한 무분별하게 생성형 AI를 활용하여 과제물을 작성하는 것에 대해 출처 표기를 요구하며 주의를 기울이게 해야 한다. 교수자는 생성형 AI를 활용함에 있어서 질문(프롬프트) 제작 또는 작성 시에 개인정보가 들어가지 않도록 학생들에게도 주의 깊게 지도해야 한다.

교수자도 생성형 AI의 변화에 지속적인 관심이 필요하다. 교사 스스로도 AI 기술에 대한 지식을 지속적으로 학습해야 한다. 하루가 다르게 새로 등장하는 AI 기술에 관한 교육을 통해 어떤 것을 수업에 적용할 수 있는지, 효과적인지, 어떻게 학생들에게 선택적으로 하게 할 것인지, AI 기술의 안전한 사용 등에 대해 배우기를 소홀히 해서는 안 될 것이다.

5. 생성형 AI 활용 글쓰기 교육이 나아갈 방향

생성형 AI가 등장하여 국어교육에서 가장 먼저 큰 영향을 받는 부분은 바로 작문 교육 쪽일 것이다. 작문은 글쓰기와 연계된다. 글쓰기는 국어교육의 문제뿐만 아니라, 도전과제를 해결하고 그 결과물을 창출해 내는 전 교과 과정에서 필수적인 작업이다. 통상적으로 글쓰기의 과정을 '내용 생성-구성, 조직-표현-점검과 조정'이라 생각했을 때, 생성형 AI는 글의 주 자료가 되는 내용 생성 측면에서 큰 역할을 담당할 수 있다.

학습자들이 빈 종이를 상대로 가장 먼저 만나게 되는 고민이 바로 '무엇을 써야 할 것인가'에 대한 것이다. 이는 '글쓰기의 목적'에 해당되는 고민이기도 하지만, 동시에 '글쓰는 이가 글에 어떠한 구체적 내용을 동원할 수 있는가'에 대한 고민이기도 하다. 따라서 목적만 분명히 정해진다면, 목적에 맞는 '구체적 내용의 생성과 동원'은 생성형 AI의 도움으로 충분히 손쉬워진 상황이다. 이와 같이 산출된 내용을 이후의 단계에서 조직, 구성하고, 문장으로 다듬는 것은 학습자가 직접 해 나갈 수 있다.

문제는 생성형 AI의 기술이 이러한 조직 및 구성과 표현까지도, 정교한 프롬프트 작성을 통해 해낼 수 있는 단계라는 점이다. 그렇게 된다면, 글을 구성함에 있어서 앞으로 사람이 하는 일이란 도대체 무엇인지, 더 나아가 앞으로의 세상을 살아가는 학습자들에게 작문 혹은 창작 교육이 과연 필요한지에 대한 의문이 들 수밖에 없다.

그러나 첨단 기술이 발달할수록, 작문교육, 더 나아가 국어교육의 본래 목표가 지향하는 바가 무엇인지에 대한 고집스럽고 진지한 고찰은 반드시 필요하다. 교육의 국면에서, 학습자가 생산해 내는 글쓰기는 최종 효과 혹은 유용성을 지향하는 것을 목적으로 하지 않는다. 글쓰기의 '과정'에서 학습자가 더 나은 글을 산출해 내기까지의 노력에 방점을 두고, 그 과정 속에서 학습자의 사고력을 발달시키는 것이 본래 지향해야 할 목적임을 잊지 말아야 한다.

인간은 문자를 발명하고, 이 문자를 통해 지식을 쌓고, 시공간의 한계를 뛰어넘는

지혜를 축적해 왔다. 글쓰기의 발명과 발달은 인류 문명이 획기적으로 발전할 수 있는 커다란 계기였다. 또한 글쓰기 능력이란, 한 사람이 쌓아 온 체계적 지식 및 사고력의 깊이를 가늠해 보는 능력으로 여전히 중요하게 취급되고 있다.

앞으로의 세상에 기술이 더없이 발달해 가더라도 사유하는 인간, 깊이 사유할 줄 아는 인간은 더욱 필요하다. 눈부신 기술에 잠식당하지 않고, 어떻게 하면 인간다움을 유지하며 기술과 인류가 공존해 갈 수 있을까를 고민하는 일은 앞으로의 인간 사회의 존속이 달린 문제로 거론된다. 그런 점에서, 미래 세대인 학습자를 대상으로 글쓰기 교육은 생성형 AI에 그 자리를 쉽게 내어주어서는 안 된다.

단순히 효율적인 글쓰기 결과물 산출을 유도하는 수업이 아니라, 글쓰기의 과정에 좀 더 집중하여 학습자가 지식을 습득하고 디지털 기술을 활용하여 다양한 형태로 재구성하여 구체화하고, 장기적으로 효과를 발휘할 자신의 사고력으로 내재화를 유도하는 수업을 설계해야 한다. 생성형 AI를 활용한 글쓰기 수업에 대한 이와 같은 고민과, 이를 현실화할 능력은 앞으로 국어교육과 작문교육을 담당할 교수자들에게 더욱 요구될 것이다.

애플의 교육 담당 부사장인 존 카우치는 디지털 시대, 교실이 없는 시대의 교사가 어떻게 가르치고 학생은 무엇을 배워야 하는가와 관련해 다음과 같이 말했다. "교사는 확장 가능한 질문을 던지고 확장 가능한 활동을 제시하는 '학습 조력자'이자 '맥락 전문가'가 되어야 한다."는 것이다. AI 기반 CBL 수업은 학생들이 스스로 도전해 보고자 하는 주제를 정하고 도전과제를 새로운 콘텐츠로 창작해 봄으로써 자신도 뭔가 할 수 있다는 자신감, 즉 자기효능감을 가질 수 있는 학습 경험이다. 이 과정에서 협업능력과 문제해결력이 강화되어 갔다. 뿐만 아니라 다양한 생성형 AI를 활용하는 과정에서 생성형 AI와 소통하는 질문법을 고민하며 어휘력과 문해력을 키워 나가고 자신에게 필요한 정보를 재편집하는 뛰어난 정보 활용 능력도 보여 주었다. 이제, 교사는 존 카우치가 주장하듯이 학습의 조력자와 맥락 전문가로서 학생들이 자기주도적으로 도전과제를 선정하여 문제를 해결할 수 있는 학습 경험의 장을 만들어 가야 할 것이다. 그 중심에 '생성형 AI 기반 CBL 수업'이 중요한 해결 방안이 될 것이라고 믿는다.

참고문헌

강현석 외 공역(2005). 교육과정 수업 평가를 위한 새로운 분류학: Bloom 교육목표분류학의 개정. 아카데미프레스.

[고등학교] 괜찮아 너의 선택이잖아~(진로의사결정능력개발). https://www.career.go.kr/cnet/front/web/movie/catMapp/catMappView.do?ARCL_SER=1024092.

교육부(2015a). 교양교과 교육과정. 교육부 고시 제2015-74호 [별책19].

교육부(2015b). 국어과 교육과정. 교육부 고시 제2015-74호 [별책5].

교육부(2015c). 미술과 교육과정. 교육부 고시 제2015-74호 [별책13].

교육부(2015d). 사회과 교육과정. 교육부 고시 제2015-74호 [별책7].

교육부(2015e). 실과(기술가정)정보과 교육과정. 교육부 고시 제2015-74호 [별책10].

교육부(2015f). 영어과 교육과정. 교육부 고시 제2020-255호 [별책14].

교육부(2015g). 인공지능 수학 교육과정. 교육부 고시 제2015-74호 [별책8].

교육부(2022a). 교양교과 교육과정. 교육부 고시 제2022-33호 [별책19].

교육부(2022b). 국어과 교육과정. 교육부 고시 제2022-33호 [별책5].

교육부(2022c). 미술과 교육과정. 교육부 고시 제2022-33호 [별책13].

교육부(2022d). 사회과 교육과정. 교육부 고시 제2022-33호 [별책7].

교육부(2022e). 실과(기술가정)정보과 교육과정. 교육부 고시 제2022-33호 [별책10].

교육부(2022f). 영어과 교육과정. 교육부 고시 제2022-33호 [별책14].

교육부(2022g). 인공지능 수학 교육과정. 교육부 고시 제2022-33호 [별책8].

기후 불황, 부(富)의 지도가 바뀐다 [이슈 픽 쌤과 함께] | KBS 231015 방송, https://youtu.be/LdaYwT8Hlrg?si=DUogf1FA-X6SIOLg.

김민희 외(2014). 교육학의 이해. 학지사.

김산하(2016). 김산하의 야생학교: 도시인의 생태감수성을 깨우다. 갈라파고스.

김인철(2023). CBL기반 ML학습 프로그램이 창의적 문제해결력에 미치는 영향. 대구교육대학교 교육대학원 석사학위논문.

나혜원(2022). Bloom의 신교육목표분류학에 따른 2015 개정 특수교육 기본교육과정 진로와 직업 성취기준 분석. 조선대학교 교육대학원 석사학위논문.

도전기반학습(CBL)은 무엇인가요? https://www.park3min.com/759.

미래엔(2017). 고등학교 통합사회. 교육부 검정 교과서.

박기범(2016). Bloom의 신교육목표분류학에 기반한 사회과 성취기준 분석-2015 개정 초등 사회과 교육과정을 중심으로. 서울교육대학교 韓國初等教育, 제27권, 제4호.

박길자 외(2023). 교사를 위한 블렌디드 러닝 기반 PBL 수업의 이해와 실제. 학지사.

박성익, 임철일, 이재경, 최정임, 조영환(2021). 교육공학과 수업. 교육과학사.

세종교육(2018-158). 학습자 참여형 수업 활성화를 위한 실태분석. 교육정책연구회2018-03.

수지 보스, 존 라머 지음, 장밝음 옮김(2020). 프로젝트 수업 어떻게 할 것인가?(2). 지식프레임.

韓행복지수 세계59위⋯청소년 '삶 만족도'는 꼴찌. https://www.donga.com/news/Society/article/all/20221214/116985749/1.

엄윤미, 한성은(2020). 미래학교(학교는 사라지지 않는다). 스리체어스.

영화 아일랜드 줄거리. https://www.youtube.com/watch?v=XU7p-Uq1gMY.

오정숙(2014). 교육학의 이해. 학지사.

올더스 헉슬리(1998). 멋진 신세계. 문예출판사.

위기가 아닌 기회로, 탈탄소 시대의 정의로운 전환 | KBS 231015 방송, https://tv.kakao.com/v/441727968.

위대현(2019). BLOOM의 신교육목표분류학에 기반한 초등 사회과 수업목표 분석. 서울교육대학교 전문대학원 석사학위논문.

윤옥한(2023). ChatGPT 등장과 교양교육의 방향 탐색. 한국콘텐츠학회논문지, 제23권, 제5호.

장경원, 이미영, 김정민, 박문희, 전미정, 이수정(2019). 알고 보면 만만한 PBL 수업. 학지사.

정은희(2020). Bloom의 신교육목표분류학에 근거한 2015 개정 특수교육 기본교육과정 사회과 수업목표 분석. 조선대학교 대학원 석사학위논문.

존 라머, 존 머겐달러, 수지 보스 지음, 최선경 · 장밝음 · 김병식 옮김(2017). 프로젝트 수업이란 무엇인가? 지식프레임.

존 카우치, 제이슨 타운 지음, 김영선 옮김(2020). 교실이 없는 시대가 온다. 어크로스.

채주혜(2021). Dewey의 '하나의 경험'에 기반한 사례기반학습의 교수전략 탐색. 한양대학교 대학원 석사학위논문.

Orlich, D., Harder, R., Callahan, R., Trevisan, M., & Brown, A. (2010). *Teaching strategies: A guide to effective instruction.* Boston, MA: Wadsworth.

Reynolds, D., & Farrell, S. (1996). *Worlds apart? A review of international surveys of education: Achievement involving England.* London: Her Majesty's Stationery Office.

UNIST(2023). 생성형 AI 활용 가이드. UNIST TF 혁신팀.

Wiggins, G., & McTighe, J. (2005). *Understanding by design* (2nd ed.). Alexandria, VA: Association for Supervision and Curriculum Development ASCD.

ACOT 연구관련 자료. Apple-ACOT2Whitepaper.pdf

http://data.busan.go.kr

http://kosis.kr

http://kostat.go.kr

http://www.index.go.kr

https://bigdata.seoul.go.kr

https://datalab.naver.com

https://designer.microsoft.com/

https://impactlibrary.net/entry/UN-SDGs-info

https://wrtn.ai/

https://www.data.go.kr

https://www.park3min.com/759

https://www.spatial.com

https://www.youtube.com/watch?v=aO91CQG0zSI

https://www.youtube.com/watch?v=CYmyp77d1BU

https://youtu.be/oWwq1yavkkc?si=BRa2DGr3izL9t75O

https://youtu.be/RwB3_cK-byY?si=zFv7l82XER7FjQg4

저자 소개

박길자(Park Gil Ja)

부산대학교 사범대학 일반사회교육과 졸업

한국교원대학교 대학원 사회교육학박사

대구대학교 겸임교수 및 대학 강사

부산광역시 중등교사 및 수석교사

현 한국교육나눔연구소 이사

〈주요 저서 및 논문〉

한국의 사회와 문화(2013), 한국 사회의 이해(2017) 교과서 집필

나도 할 수 있어요! 과정중심 프로젝트 수업(디자인펌킨, 2019)

가짜뉴스 탐구 프로젝트에 관한 실행연구(부산교육 이슈페이퍼 44-1호, 2020) 외 다수 논문

교사를 위한 블렌디드 러닝 기반 PBL 수업의 이해와 실제(학지사, 2023)

〈이메일〉 pk0014@hanmail.net

정보배(Jeong Bo Bae)

부산대학교 사범대학 국어교육과 졸업

부산대학교 대학원 국어교육학박사

부산광역시교육청 국어교사

현 부산대학교 국어교육과 조교수

〈주요 저서 및 논문〉

완판 판소리계 소설의 독자기대 연구(부산대학교 대학원 박사학위논문, 2018)

핵심 역량 함양을 위한 고소설 이본(異本) 비교 교육방안 연구(국어교육학회, 2020)

토끼전 토별문답 대목의 인물 전고(典故)의 활용과 서사적 기능(한국고소설학회, 2020)

교사를 위한 블렌디드 러닝 기반 PBL 수업의 이해와 실제(학지사, 2023)

〈이메일〉 jbb2021@pusan.ac.kr

심은희(Shim Eun Hee)

부산대학교 사범대학 영어교육과 졸업

부산광역시교육청 중등 영어교사

한국협동학습연구회 부산지역모임 대표

사단법인 함께교육(구, 한국협동학습연구회) 회원

수업과성장연구소 펠로우

현 연제고등학교 부장 교사

〈이메일〉 tcfgrace90@gmail.com

김재우(Kim Jae Woo)
인제대학교 전산학과 졸업
부경대학교 정보통신교육 석사
충남대학교 수학교육(복수전공 자격 취득)
인공지능 선도학교 및 인공지능 융합교육중심고 운영
생성형AI 교원지원단 및 부산교육에듀원 지원단 활동
현 삼정고등학교 부장 교사
〈주요 저서 및 논문〉
모두의 빅데이터, 새로운 세상을 열다(부산광역시교육청, 2019)
콕 집어서 살펴보는 인공지능교육(부산광역시교육청, 2020)
교육에서의 메타버스(MIE)(부산광역시교육청, 2021)
한국영재 진흥원 매거진 집필(2023)
(ChatGPT 및 생성형 AI를 수업에 활용한 사례)
〈이메일〉superjaewoo@sj.hs.kr

송혜진(Song Hye Jin)
부산대학교 생물교육학과 졸업
올해의 과학교사상 수상(한국과학창의재단, 2013)
명품과학수업 선정(한국창의재단, 2015)
현 정관고등학교 수석교사
〈주요 저서 및 논문〉
지역 환경 교과서 『부산의 환경과 미래』 집필(부산광역시교육청, 2021)
부산의 교실밖 생태환경 길잡이 1, 2(부산광역시교육청, 2023, 2024)
교사를 위한 블렌디드 러닝 기반 PBL 수업의 이해와 실제(학지사, 2023)
〈이메일〉haejins@hanmail.net

박해원(Park Hae Won)
부산대학교 사범대학 미술교육과 졸업
신라대학교 대학원 컴퓨터교육학석사
현 한국조형예술고등학교 수석교사
〈주요 저서 및 논문〉
2015 개정 고등학교 『미술』 교과서(해냄에듀, 2016)
나도 할 수 있어요! 과정중심 프로젝트 수업(디자인펌킨, 2019)
누구나 할 수 있는 메타버스 활용 수업(도서출판 어가, 2022)
교사를 위한 블렌디드 러닝 기반 PBL 수업의 이해와 실제(학지사, 2023)
〈이메일〉eduart@naver.com

이분여(Lee Boon Yeo)

부산대학교 컴퓨터공학과 졸업

부산교육청 고교 교사, 교원 및 관리자 연수 강사, 교육과정 및 콘텐츠 개발위원 등

현 부산엘리트고등학교 교장, GEG 부산 리더, 인텔 시니어 트레이너

〈주요 저서 및 논문〉

중학교『정보』, 고등학교『프로그래밍』교과서 집필

모두의 빅데이터, 새로운 세상을 열다(부산광역시교육청, 2019)

인공지능기반교육 가이드북(부산광역시교육청, 2019)

빅데이터로 알아보는 아빠의 하루(교육부, 2021)

〈이메일〉 lebien99@hanmail.net

장영주(Chang Young Ju)

동아대학교 국민윤리학과 졸업

동아대학교 일반대학원 교육학박사

동아대학교 겸임교수 및 중등교사

부산광역시 학력개발원 진학전문위원

한국대학교육협의회 상담위원

현 동아고등학교 수석교사

〈주요 저서 및 논문〉

니체의 '차라투스트라는 이렇게 말했다'에 나타난 교육적 인간상에 대한 연구(2021)

청소년을 사로잡는 진로디자인1~4(부산광역시교육청, 2020~2023)

〈이메일〉 withjyj@hanmail.net

생성형 AI 기반
CBL 수업의 이해와 실제
Generative AI-Based CBL Classes : Theory and Practice

2024년   5월 20일 1판 1쇄 인쇄
2024년   5월 30일 1판 1쇄 발행

지은이 • 박길자 · 정보배 · 심은희 · 김재우 · 송혜진 · 박해원 · 이분여 · 장영주
펴낸이 • 김진환
펴낸곳 • ㈜ 학지사

　　　　　04031 서울특별시 마포구 양화로 15길 20 마인드월드빌딩
대표전화 • 02-330-5114　　팩스 • 02-324-2345
등록번호 • 제313-2006-000265호

홈페이지 • http://www.hakjisa.co.kr
인스타그램 • https://www.instagram.com/hakjisabook

ISBN 978-89-997-3126-6 93370

정가 23,000원

저자와의 협약으로 인지는 생략합니다.
파본은 구입처에서 교환해 드립니다.

이 책을 무단으로 전재하거나 복제할 경우 저작권법에 따라 처벌을 받게 됩니다.

출판미디어기업 학지사

간호보건의학출판 **학지사메디컬** www.hakjisamd.co.kr
심리검사연구소 **인싸이트** www.inpsyt.co.kr
학술논문서비스 **뉴논문** www.newnonmun.com
교육연수원 **카운피아** www.counpia.com
대학교재전자책플랫폼 **캠퍼스북** www.campusbook.co.kr